Fölsch

Das neue FamFG in Familiensachen

AnwaltsPraxis

Das neue FamFG in Familiensachen

2. Auflage 2009

Von
Richter Peter Fölsch
derzeit Amtsgericht Kiel

Zitiervorschlag:
Fölsch, Das neue FamFG, § 1 Rn 1

Copyright 2009 by Deutscher Anwaltverlag, Bonn
Umschlaggestaltung: gentura, Holger Neumann, Bochum
Satz: Satzbetrieb Schäper, Bonn
Druck: Bercker Graphischer Betrieb, Kevelaer
ISBN 978-3-8240-1058-5

Bibliografische Information der Deutschen Bibliothek
Die Deutsche Bibliothek verzeichnet diese Publikation in der Deutschen Nationalbibliografie; detaillierte bibliografische Daten sind im Internet über http://dnb.ddb.de abrufbar.

Für mein Anni

Vorwort

Bereits im Dezember 2008 wurde das zum September 2009 in Kraft getretene FGG-Reformgesetz im Bundesgesetzblatt verkündet. Seitdem ist eine Vielzahl von Aufsätzen und Büchern zum FamFG veröffentlicht worden. Auch der BGH hat schon in einigen wenigen Entscheidungen Bezug auf das FamFG genommen. Selbst der Gesetzgeber sah sich veranlasst, sich noch einmal mit dem FamFG zu beschäftigen. Herausgekommen ist dabei das sogenannte FamFG-Berichtigungsgesetz, das über 40 Neuerungen enthält. In diesem Gesetz wurde auch der für die Praxis so wichtige § 15a RVG (Anrechnung) geschaffen.

Die 2. Auflage dieses Buches verarbeitet all diese neuen, wichtigen Aspekte. Das Buch ist damit auf dem aktuellen Gesetzgebungsstand zum 1. September 2009.

Im Übrigen bleibt es ein Kernanliegen des Buches, die Struktur des FamFG in Familiensachen verständlich und nachvollziehbar zu machen. Das Buch soll dem Praktiker, insbesondere Rechtsanwälten, Fachanwälten für Familienrecht, Richtern und Familienrichtern, den Einstieg in das FamFG und die Handhabung mit dem FamFG erleichtern.

Lübeck, im August 2009   Peter Fölsch

Vorwort zur 1. Auflage

Der Gesetzgeber ordnet zum 1. September 2009 das gesamte familiengerichtliche Verfahren vollständig neu und reformiert grundlegend die FGG-Sachen. Wesentlicher Inhalt des FGG-Reformgesetzes ist ein „Gesetz über das Verfahren in Familiensachen und in den Angelegenheiten der freiwilligen Gerichtsbarkeit (FamFG)". Für das familiengerichtliche Verfahren erbringt die Reform u.a. folgende Änderungen:

Die Regelungen zum Familienverfahrensrecht werden an einem einheitlichen Standort, dem FamFG, zusammengefasst. Als Folge werden sämtliche familienrechtliche Spezialregelungen aus der ZPO und weitere Verfahrensgesetze entfernt, insbesondere wird das 6. Buch der ZPO vollständig aufgehoben. Die familiengerichtliche Zuständigkeit wird zu einem „Großen Familiengericht" erweitert. Das FamFG sieht einen einstweiligen Rechtsschutz vor, der hauptsacheunabhängig ist und ausgleichende Lösungen erleichtert. Elemente des Cochemer Modells werden zur Beschleunigung von Verfahren über das Umgangs- und Sorgerecht eingeführt. Die Beteiligungs- und Mitwirkungsrechte betroffener Kinder werden gestärkt. Vorschriften zur Durchsetzung von Entscheidungen zum Sorgerecht, zur Herausgabe und zu Umgangsregelungen werden effektiver gestaltet. Zusätzlich wird ein „Gesetz über Gerichtskosten in Familiensachen (FamGKG)" eingeführt und das RVG hinsichtlich der anwaltlichen Vergütung in Familiensachen erneuert. Das BGB wird unter anderem in Einzelpunkten zur elterlichen Sorge abgeändert.

Das Buch enthält eine systematische Darstellung des **familiengerichtlichen Verfahrens** nach dem neuen FamFG einschließlich der familienrechtlichen Änderungen im BGB sowie der dazugehörigen Kostenvorschriften. Dabei werden die rechtlichen und praktischen Auswirkungen der Reform auf das familiengerichtliche Verfahren betrachtet und Praxishinweise für den Umgang mit dem neuen Recht gegeben.

Ein Kernanliegen des Buches ist es, die Struktur des FamFG in Familiensachen verständlich und nachvollziehbar zu machen. Wann gilt das FamFG Allgemeiner Teil in Familiensachen? Wann ist in Familiensachen auf die ZPO zurückzugreifen? Welche Regelungstechnik hat der Gesetzgeber für die Familiensachen gewählt? Das Buch gibt Antworten auf diese und viele andere Fragen, um dem Praktiker den Einstieg und die Handhabung des FamFG zu erleichtern.

Lübeck, im November 2008　　　　　　　　　　　　　　　　　　Peter Fölsch

Inhaltsverzeichnis

Seite

§ 1 Grundlagen 23
  A. Schwerpunkte des FGG-Reformgesetzes 23
  B. Gesetzgebungsverfahren 25
  C. Inkrafttreten und Übergangsregelungen 26
    I. Inkrafttreten 26
    II. Übergangsregelungen 26
    III. Gesetzesvorhaben zur Abänderung und Ergänzung des FGG-Reformgesetzes 29
  D. Rückblick zur Rechtslage vor dem FGG-Reformgesetz 32
    I. FGG 32
    II. Familiengerichtliches Verfahren 33
    III. Gerichtskosten in Familiensachen 34
  E. Wesentliche Reforminhalte im FamFG 35
    I. Überblick 35
    II. Einzelne Kernpunkte des FamFG einschließlich GVG 38
      1. Geltung des GVG 38
      2. Verfahrensbeteiligte (§ 7 FamFG) 39
      3. Aufklärung des Sachverhalts (§§ 29, 30 FamFG) 39
      4. Vergleich (§ 36 FamFG) 40
      5. Rechtsbehelfsbelehrung (§ 39 FamFG) 40
      6. Änderungen im Rechtsmittelrecht 40
        a) Beschwerde (§§ 58 ff. FamFG) 40
        b) Rechtsbeschwerde (§§ 70 ff. FamFG) 42
        c) Anfechtung von Neben- und Zwischenentscheidungen 43
      7. Einstweiliger Rechtsschutz (§ 49 FamFG) 44
      8. Verfahrenskostenhilfe (§§ 76 ff. FamFG) 45
      9. Kosten (§§ 80 ff. FamFG) 45
      10. Vollstreckung (§§ 86 ff. FamFG) 46
      11. Großes Familiengericht; Auflösung des Vormundschaftsgerichts (§§ 151, 186, 210, 266 FamFG, § 23b GVG) 46
      12. Kindschaftssachen (§§ 151 ff. FamFG) 47
      13. Gewaltschutzsachen (§§ 210 ff. FamFG) 48
      14. Unterhaltssachen (§§ 231 ff. FamFG) 48
      15. Güterrechtssachen (§§ 261 ff. FamFG) 49
      16. Sonstige Familiensachen (§§ 266 ff. FamFG) 50
      17. Betreuungs- (§§ 271 ff. FamFG) und Unterbringungssachen (§§ 312 ff. FamFG) 50
      18. Nachlass- und Teilungssachen (§§ 342 ff. FamFG) 50

19. Registersachen und unternehmensrechtliche Verfahren
(§§ 374 ff. FamFG) 51
20. Freiheitsentziehungssachen (§§ 415 ff. FamFG) 51
21. Aufgebotsverfahren (§§ 433 ff. FamFG) 52
III. Aufbau und Regelungstechnik des FamFG 53
IV. Inhaltsübersicht des FamFG 54
F. Grundstrukturen und -elemente des neuen familiengerichtlichen Verfahrens
im FamFG 65
I. Überblick 65
II. Differenzierung: Familienstreitsachen – Ehesachen – fG-Familiensachen 65
G. Wesentliche Reforminhalte im FamGKG 70

§ 2 FamFG AT: Allgemeine Vorschriften, erstinstanzliches Verfahren, Beschluss 72

A. Allgemeine Vorschriften des FamFG und gerichtsverfassungsrechtliche
Regelungen des GVG 72
I. Grundlagen 72
II. Anwendungsbereich des FamFG und des GVG 73
1. Anwendungsbereich des FamFG 73
2. Verankerungen aller FamFG-Sachen im GVG 73
III. Gericht 74
1. Rechtsweg in Familiensachen 74
2. Sachliche Zuständigkeit in Familiensachen 75
3. Sonstiges zur internen Gerichtsorganisation 76
4. Örtliche Zuständigkeit 76
5. Ablehnung von Gerichtspersonen 77
IV. Beteiligte 77
1. Beteiligung des Antragsteller in Antragsverfahren kraft Gesetzes 78
2. Hinzuziehung materiell-rechtlich Beteiligter 78
3. Kann-Beteiligter 80
4. Unterrichtungspflicht 81
5. Hinzuziehungsentscheidung und Anfechtbarkeit 82
6. Klarstellung zu den Voraussetzungen der Beteiligung 83
V. Verfahrensfähigkeit 83
VI. Anwaltszwang 84
VII. Bekanntgabe; formlose Mitteilung 85
VIII. Fristen, Wiedereinsetzung 85
IX. Antragsrücknahme; Beendigungserklärung 88
1. Antragsrücknahme 88
2. Beendigungserklärung 88
X. Nichtöffentlichkeit der Verhandlung in Familiensachen 89

B.	Erstinstanzliches Verfahren	89
I.	Einleitung des Verfahrens	90
	1. Einleitung auf Antrag	90
	2. Einleitung von Amts wegen	90
	3. Form eines Antrags oder einer Anregung	91
II.	Amtsermittlungsgrundsatz und Mitwirkung der Beteiligten	91
	1. Amtsermittlungsgrundsatz	91
	2. Mitwirkungspflichten	92
	3. Wahrheitspflicht	93
III.	Verfahrensleitung durch das Gericht	93
	1. Hinwirkungspflicht zum Sachvortrag	93
	2. Hinweispflicht zur Sache in Antragsverfahren	94
	3. Hinwirkungspflicht zu Verfahrenshandlungen	95
	4. Zeitpunkt und Aktenkundigkeit von Hinweisen	95
	5. Anfertigung eines Vermerk über Termin oder Anhörung	95
IV.	Beweiserhebung und förmliche Beweisaufnahme	96
	1. Beweiserhebung	96
	2. Förmliche Beweisaufnahme	97
	a) Wortlaut des § 30 FamFG	97
	b) Förmliche Beweisaufnahme im pflichtgemäßen Ermessen	98
	c) Zwingend durchzuführende förmliche Beweisaufnahme	99
	d) Soll-Verpflichtung für förmliche Beweisaufnahme	99
	e) Gelegenheit zur Stellungnahme über Ergebnis der förmlichen Beweisaufnahme	103
V.	Termin	103
VI.	Vergleich	104
VII.	Entscheidungsgrundlage	105
	1. Freie Überzeugung des Gerichts	105
	2. Wahrung des rechtlichen Gehörs bei der Entscheidungsfindung	106
C.	Beschluss	108
I.	Entscheidungsform: Beschluss	108
II.	Rechtsbehelfsbelehrung	110
III.	Wirksamwerden gerichtlicher Beschlüsse	113
IV.	Bekanntgabe des Beschlusses	114
V.	Berichtigung und Ergänzung des Beschlusses	115
VI.	Formelle Rechtskraft	115
VII.	Rechtskraftzeugnis	115
VIII.	Wirksam bleibende Rechtsgeschäfte	115

§ 3 Das Buch 2 FamFG über die Verfahren in Familiensachen 116

A. Familiensachen: § 111 FamFG 116
B. Begriff der Familienstreitsachen: § 112 FamFG 117

Inhaltsverzeichnis

C. Familienstreitsachen – Ehesachen – fG-Familiensachen 118
   I. Ausgangspunkt im FamFG 118
   II. Grundlegende ZPO-Verweisungen in Familienstreitsachen 119
      1. Verweis auf die ZPO in Bezug auf Allgemeine Vorschriften und das Verfahren in erster Instanz 119
      2. Weitere Verweise auf die ZPO: §§ 117–120 FamFG 121
      3. Zusammenfassende Übersicht für Familienstreitsachen 122
   III. Grundlegende ZPO-Verweisungen in Ehesachen 123
      1. Verweis auf die ZPO in Bezug auf Allgemeine Vorschriften und das Verfahren in erster Instanz 123
      2. Weitere Verweise auf die ZPO: §§ 117–120 FamFG 124
      3. Zusammenfassende Übersicht in Ehesachen 125
   IV. Reine fG-Familiensachen 126
D. Die allgemeinen Vorschriften der §§ 114–116 FamFG 128
   I. Anwaltszwang in selbstständigen Familienstreitsachen für Beteiligte bzw. in Ehesachen und Folgesachen für Ehegatten 128
   II. Zurückweisung von Angriffs- und Verteidigungsmitteln in Familienstreitsachen und Ehesachen 129
   III. Entscheidung durch Beschluss in Familiensachen 129
   IV. Wirksamkeit von Endentscheidungen in Familienstreitsachen und Ehesachen 130
      1. Wirksamkeit von Endentscheidungen in Familienstreitsachen 130
      2. Wirksamkeit von Endentscheidungen in Ehesachen 130
E. Die einzelnen Familiensachen 131
   I. Ehesachen 131
      1. Einführung 131
      2. Allgemeine Vorschriften für alle Ehesachen 131
         a) Örtliche Zuständigkeit und Abgabe bei Anhängigkeit mehrerer Ehesachen 132
         b) Antrag 133
         c) Eingeschränkte Amtsermittlung 133
         d) Persönliche Anhörung der Ehegatten 133
      3. Besondere Vorschriften für Scheidungssachen und Folgesachen 134
         a) Antragsschrift 134
         b) Außergerichtliche Streitbeilegung (§ 135 FamFG) 136
         c) Verbund (§ 137 FamFG) 137
         d) Auflösung des Verbunds 140
   II. Kindschaftssachen 141
      1. Einführung 141
      2. Örtliche Zuständigkeit und Abgabe 142
      3. Vorrang- und Beschleunigungsgebot in Kindschaftssachen 144
      4. Hinwirken auf ein Einvernehmen 151

		5. Verfahren bei Kindeswohlgefährdung	153

      5. Verfahren bei Kindeswohlgefährdung 153
      6. Verfahrensbeistand 153
      7. Sachverständigengutachten 156
      8. Abänderung und Überprüfung von Entscheidungen und gerichtlich gebilligten Vergleichen 157
      9. Weitere Regelungen 158
  III. Abstammungssachen 158
  IV. Adoptionssachen 160
  V. Ehewohnungssachen und Haushaltssachen 160
  VI. Gewaltschutzsachen 162
      1. Allgemeines 162
      2. Begriff der Gewaltschutzsache 163
      3. Örtliche Zuständigkeit 164
      4. Wirksamkeit der Endentscheidung und Vollstreckung 164
      5. Einstweilige Anordnung 165
  VII. Versorgungsausgleichssachen 165
  VIII. Unterhaltssachen 167
      1. Besondere Vorschriften nach den §§ 231–245 FamFG 167
         a) Einführung zu den Unterhaltssachen 167
         b) Örtliche Zuständigkeit und Abgabe an das Gericht der Ehesache . 168
         c) Verfahrensrechtliche Auskunftspflichten 169
            aa) Verfahrensrechtliche Auskunftspflicht der Beteiligten (§ 235 FamFG) 170
            bb) Verfahrensrechtliche Auskunftspflicht Dritter (§ 236 FamFG) 173
         d) Abänderung von Unterhaltstiteln 175
            aa) Einführung 175
            bb) Abänderung gerichtlicher Entscheidungen 176
            cc) Abänderung von Vergleichen und Urkunden 178
            dd) Verschärfte Haftung 178
      2. Besondere Vorschriften für die einstweilige Anordnung 179
      3. Vereinfachtes Verfahren über den Unterhalt Minderjähriger 180
  IX. Güterrechtssachen (§§ 261 ff. FamFG) 181
  X. Sonstige Familiensachen 183
      1. Grundsätzliches 183
      2. Katalog der sonstigen Familiensachen 185
      3. Örtliche Zuständigkeit und Abgabe an das Gericht der Ehesache ... 187
  XI. Lebenspartnerschaftssachen 188

§ 4 Einstweilige Anordnungen in Familiensachen 189
A. Grundlagen des FamFG AT 189
  I. Einstweilige Anordnung: Antrag, Verfahren und Entscheidung 189

1. Voraussetzungen und Maßnahmen der einstweiligen Anordnung 189
   a) Anhängigkeit der Hauptsache keine Voraussetzung 189
   b) Eilbedürfnis und Verbot der Vorwegnahme der Hauptsache 190
   c) In Betracht kommende Maßnahmen der einstweiligen Anordnung 191
2. Zuständigkeit 191
3. Verfahren 193
   a) Einleitung des Verfahrens 193
   b) Anwendung von Vorschriften der Hauptsache 193
   c) Selbstständigkeit des Verfahrens der einstweiligen Anordnung .. 194
   d) Kosten 196
II. Einleitung des Hauptsacheverfahrens 196
III. Aufhebung oder Abänderung der einstweiligen Anordnung 197
IV. Außerkrafttreten der einstweiligen Anordnung 198
V. Rechtsmittel 199
VI. Vollstreckung 200
B. Besonderheiten in Familiensachen (Buch 2 FamFG) 201
   I. Familienstreitsachen: § 119 FamFG 201
   II. Kindschaftssachen: § 157 Abs. 3 FamFG 202
   III. Gewaltschutzsachen: § 214 FamFG 202
   IV. Versorgungsausgleichssachen 203
   V. Unterhaltssachen: §§ 246–248 FamFG 203
      1. Besondere Vorschriften für die einstweilige Anordnung 203
      2. Einstweilige Anordnung vor Geburt des Kindes 205
      3. Einstweilige Anordnung bei Feststellung der Vaterschaft 205
C. Zulässigkeit einer negativen Feststellungsklage zur Verteidigung gegen eine einstweilige Anordnung 206
D. Übersicht 207

§ 5 Rechtsmittel, Rechtsbehelfe und Abänderung in Familiensachen 211

A. Beschwerde und Rechtsbeschwerde gegen Endentscheidungen 211
   I. Übersicht über die Beschwerde gegen Endentscheidungen 211
   II. FamFG AT: §§ 58–75 FamFG 215
      1. Beschwerde gegen Endentscheidungen 215
         a) Einführung 215
         b) Zulässigkeit der Beschwerde 215
            aa) Statthaftigkeit 215
               (1) Anfechtbarkeit von Endentscheidungen 215
               (2) Ausschlüsse zum Prüfungsumfang des Beschwerdegerichts 216
            bb) Beschwerdeberechtigte 217

		cc) Statthaftigkeit der Beschwerde nach Erledigung der Hauptsache	218
		dd) Wert der Beschwer oder Zulassung der Beschwerde	219
		ee) Beschwerdefrist	221
		ff) Einlegung der Beschwerde	222
		gg) Begründung der Beschwerde	224
	c)	Verzicht und Rücknahme	225
	d)	Anschlussbeschwerde	225
	e)	Zuständiges Beschwerdegericht	225
	f)	Beschwerdeverfahren	226
		aa) Keine Abhilfe in Familiensachen	226
		bb) Zulässigkeitsprüfung durch das Beschwerdegericht	227
		cc) Weiteres Beschwerdeverfahren	227
		dd) Einzelrichter beim Beschwerdegericht	228
	g)	Entscheidung des Beschwerdegerichts	229
2.	Rechtsbeschwerde		231
	a)	Grundzüge	231
	b)	Zulässigkeit der Rechtsbeschwerde	232
		aa) Statthaftigkeit und Zulassung der Rechtsbeschwerde	232
		bb) Frist der Rechtsbeschwerde	233
		cc) Form der Rechtsbeschwerde	234
		dd) Inhalt der Rechtsbeschwerde und der Rechtsbeschwerdebegründung	234
		ee) Postulationsfähigkeit	234
	c)	Rechtsbeschwerdegründe	234
	d)	Anschlussrechtsbeschwerde	235
	e)	Rechtsbeschwerdegericht: BGH	235
	f)	Prüfungsumfang und Entscheidung über die Rechtsbeschwerde	235
	g)	Zurückweisungsbeschluss	236
	h)	Sprungrechtsbeschwerde	237
	i)	Keine Nichtzulassungsbeschwerde	238
III.	Beschwerde gegen einstweilige Anordnungen		238
IV.	Besonderheiten in Familiensachen (Buch 2 FamFG)		238
1.	Familienstreitsachen und Ehesachen: § 117 FamFG und vollständiger Anwaltszwang nach §§ 114, 64 Abs. 2 S. 2 FamFG		238
	a)	Ausgangspunkt	238
	b)	Besonderheiten in § 117 FamFG für die Beschwerde gegenüber §§ 58–69 FamFG	240
		aa) Begründung der Beschwerde (§ 117 Abs. 1 S. 1–3 FamFG)	240
		bb) Versäumung der Beschwerdebegründungsfrist (§ 117 Abs. 5 FamFG)	243

Inhaltsverzeichnis

    cc) Verwerfung der Beschwerde als unzulässig (§ 117 Abs. 1
      S. 4 FamFG) 245
    dd) Hinweispflicht bei Absehen von der Wiederholung einzelner
      Verfahrensschritte (§ 117 Abs. 3 FamFG) 246
    ee) Weitere Einzelpunkte (§ 117 Abs. 2 und 4 FamFG) 247
  c) Besonderheiten in § 117 FamFG für die Rechtsbeschwerde gegenüber §§ 70–75 FamFG 248
  d) Besonderer Anwaltszwang 249
    aa) § 114 FamFG 249
    bb) Einlegung der Beschwerde (§ 64 Abs. 2 S. 2 FamFG) 249
 2. Weitere besondere Einzelvorschriften für Ehesachen 249
  a) Verzicht auf Anschlussrechtsmittel in Scheidungssachen und Folgesachen 249
  b) Befristung von Rechtsmittelerweiterung und Anschlussrechtsmittel in Scheidungssachen und Folgesachen 250
  c) Zurückverweisung in Scheidungssachen und Folgesachen 250
  d) Erweiterte Aufhebung in Scheidungssachen und Folgesachen ... 250
 3. Kindschaftssachen 251
 4. Abstammungssachen 251
 5. Versorgungsausgleichssachen 252
  a) Zulässigkeit der Beschwerde 252
  b) Rechtsbeschwerde 252
 6. Unterhaltssachen 252
B. Beschwerde und Rechtsbeschwerde gegen Zwischen- und Nebenentscheidungen 252
 I. Einführung in den Problembereich 252
 II. Zu den §§ 567–572 ZPO in entsprechender Anwendung 254
 III. Auslegungsschwierigkeiten bei fG-Familiensachen und Nichtfamiliensachen 255
  1. Vorschriften mit ausdrücklichem Verweis auf §§ 567–572 ZPO entsprechend 255
  2. Vorschriften ohne ausdrücklichen Verweis auf §§ 567–572 ZPO entsprechend 257
 IV. Auslegungsschwierigkeiten bei Familienstreitsachen und Ehesachen 257
 V. Seitenblick: Weitere Rechtsbehelfe in FamFG-Sachen 259
C. Abänderung 259
 I. FamFG AT: § 48 Abs. 1 FamFG 259
 II. Besonderheiten in Familiensachen (Buch 2 FamFG) 260
  1. Familienstreitsachen und Ehesachen: § 113 FamFG 260
  2. Kindschaftssachen: § 166 FamFG 260
  3. Abstammungssachen: § 184 FamFG 261
  4. Adoptionssachen: §§ 197, 198 FamFG 261

Inhaltsverzeichnis

      5. Versorgungsausgleichssachen: §§ 225–227 FamFG 261
      6. Unterhaltssachen: §§ 238–240 FamFG 261
D. Anhörungsrüge 261
   I. FamFG AT: § 44 FamFG 261
      1. Hervorzuhebende Voraussetzungen 262
         a) Anfechtbare Entscheidungen 262
         b) Geltendmachung einer entscheidungserheblichen Verletzung rechtlichen Gehörs 262
         c) Neue und eigenständige Gehörsverletzung durch das angerufene Gericht 264
         d) Form, Inhalt, Frist 265
      2. Entscheidung mit materiell-rechtlicher Gestaltungswirkung; § 48 Abs. 3 FamFG 266
      3. Verletzung anderer Verfahrensgrundrechte 267
         a) Keine außerordentliche Beschwerde 267
         b) § 44 FamFG analog bzw. Gegenvorstellung 268
   II. Besonderheiten in Familiensachen 270
E. Wiederaufnahme 271
   I. FamFG AT: § 48 Abs. 2 FamFG 271
   II. Besonderheiten in Familiensachen (Buch 2 FamFG) 271
      1. Familienstreitsachen und Ehesachen: § 113 FamFG 271
      2. Abstammungssachen: § 185 FamFG 271
      3. Adoptionssachen: §§ 197, 198 FamFG 272

§ 6 Vollstreckung familienrechtlicher Titel 273
A. Vollstreckung gemäß FamFG AT 273
   I. Allgemeine Vorschriften 273
      1. Vollstreckungstitel 273
      2. Vollstreckungsverfahren 275
         a) Einleitung des Vollstreckungsverfahrens 275
         b) Weitere Regelungen 275
      3. Anfechtbarkeit von Beschlüssen im Vollstreckungsverfahren 275
   II. Vollstreckung von Entscheidungen über die Herausgabe von Personen und die Regelung des Umgangs 276
      1. Grundlagen 276
      2. Ordnungsmittel 277
         a) Sanktionscharakter 277
         b) Verschuldenserfordernis 278
         c) Belehrungspflicht 279
         d) Höhe von Ordnungsgeld und Ordnungshaft 280
      3. Anwendung unmittelbaren Zwangs 281
      4. Richterlicher Durchsuchungsbeschluss 282

5. Vollstreckungsverfahren 282
6. Ausschluss und Einstellung der Vollstreckung 283
7. Eidesstattliche Versicherung über den Verbleib 283
III. FamFG-Vollstreckung nach der subsidär geltenden ZPO 283
1. Anwendung der ZPO 283
2. Vollstreckung in Gewaltschutzsachen und Ehewohnungssachen 284
3. Vollstreckung in Abstammungssachen 285
B. Vollstreckung von einstweiligen Anordnungen 285
C. Besonderheiten in Familiensachen (Buch 2 FamFG) 285
I. Familienstreitsachen: § 120 FamFG 285
II. Ehesachen: § 120 FamFG 286
III. Ehewohnungssachen: § 209 FamFG 287
IV. Gewaltschutzsachen: § 216 FamFG 287
V. Unterhaltssachen: §§ 242, 244, 245 FamFG 288
D. Übersicht 288

§ 7 Familiensachen mit Auslandsbezug 292
A. Grundlagen 292
B. Internationale Zuständigkeit 292
C. Anerkennung und Vollstreckbarkeit ausländischer Entscheidungen 293

§ 8 Kosten 294
A. Kostentragungspflicht 294
I. Grundsatz: §§ 80–84 FamFG 294
1. Umfang der Kostenpflicht 294
2. Grundsatz der Kostenpflicht 295
    a) Entscheidung nach billigem Ermessen 295
    b) Einschränkungen für das billige Ermessen bei der Kostenentscheidung 297
    c) Weitere Regelungen in § 81 FamFG 298
3. Junktim der Kostenentscheidung mit der Hauptsacheentscheidung .. 298
4. Kostenpflicht bei Vergleich, Erledigung und Rücknahme 298
5. Rechtsmittelkosten 299
II. Besonderheiten in Familiensachen gemäß Buch 2 FamFG 300
1. Familienstreitsachen und Ehesachen 300
2. Weitere Besonderheiten in Ehesachen 300
3. Abstammungssachen: § 183 FamFG 301
4. Unterhaltssachen: § 243 FamFG 301
B. Kostenfestsetzung 302
I. Grundsatz: § 85 FamFG 302
1. Entsprechende Anwendung der §§ 103–107 ZPO 302

Inhaltsverzeichnis

	2. Anfechtung von Kostenfestsetzungsentscheidungen	302
	II. Besonderheiten in Familiensachen gemäß Buch 2 FamFG	303
C.	Verfahrenskostenhilfe	304
	I. Grundsatz: §§ 76–78 FamFG	304
	1. Einführung	304
	2. Voraussetzungen	305
	3. Beiordnung eines Rechtsanwalts	306
	4. Verfahrenskostenhilfeprüfungsverfahren	309
	5. Verfahrenskostenhilfebewilligung	309
	6. Anfechtung	311
	II. Besonderheiten in Familiensachen gemäß Buch 2 FamFG	312
	1. Familienstreitsachen und Ehesachen	312
	2. Scheidungssachen: Erstreckung der Verfahrenskostenhilfebewilligung	313
D.	Gerichtskosten und Rechtsanwaltsvergütung	313
	I. Gerichtskosten in Familiensachen (FamGKG)	313
	1. Neugestaltung der Gerichtskosten in Familiensachen	313
	2. Struktur des FamGKG	316
	3. Zur Streitwertfestsetzung nach dem FamGKG	318
	a) Allgemeine Wertvorschriften	318
	b) Besondere Wertvorschriften	320
	c) Wertfestsetzung	324
	d) Verfahrenswertbeschwerde	325
	aa) Vorbemerkungen	325
	bb) Grundzüge der Verfahrenswertbeschwerde	325
	II. Rechtsanwaltsvergütung (RVG)	327
	1. Gebührenrechtliche Angelegenheiten	327
	2. Keine Neuregelung der Beratungshilfegebühren	328
	3. Einigungsgebühr in Kindschaftssachen	329
	4. Einigungsgebühr in der Berufung/Revision gleichstehenden Verfahren	330
	5. Sonstige Anpassungen	330

§ 9 BGB-Familienrecht 332

A. Umgangspflegschaft bei Umgang des Kindes mit seinen Eltern (§ 1684 Abs. 3 BGB) 332
   I. Grundlagen und Voraussetzungen 332
   II. Verfassungsrechtliche Bedenken 333
   III. Gegenstand der Umgangspflegschaft 334
   IV. Befristung der Anordnung 334
   V. Weiteres 334
   VI. Vergütung des Umgangspflegers 335

VII. Umgangspflegschaft bei Umgang des Kindes mit anderen Bezugspersonen (§ 1685 Abs. 3 BGB) 335
B. Materiell-rechtliche Abänderungsbefugnis (§ 1696 BGB) 335
C. FamFG-Folgeänderungen im BGB 336
D. Überführung von BGB-Vorschriften in das FamFG 337
E. Veränderungen bei den Genehmigungsvorschriften im Vormundschaftsrecht . 337

§ 10 Änderungen der ZPO mit und ohne Bezug zu Familiensachen 339
A. Aufhebung der Bücher 6, 9 ZPO sowie Folgeänderungen 339
B. Zuleitung von PKH-Unterlagen an den Verfahrensgegner 339
C. Abänderungsklage 340
D. Untersuchung zur Feststellung der Abstammung 340
E. Revisionsgründe 341
F. Seitenblick: § 119 GVG in bürgerlichen Rechtsstreitigkeiten 341

§ 11 Anhang: Gesetzestext der §§ 111–120 FamFG 343

§ 12 Anhang: Gesetzestexte mit wichtigen FamFG-Änderungen . 348
A. Gesetz zur Änderung des Zugewinnausgleichs- und Vormundschaftsrechts .. 348
B. Gesetz zur Strukturreform des Versorgungsausgleichs 351
C. Das „FamFG-Berichtigungsgesetz" 356

Literaturverzeichnis

Baumbach/Lauterbach/Albers/Hartmann, Zivilprozessordnung, 67. Aufl., 2009
Bumiller/Harders, FamFG, Freiwillige Gerichtsbarkeit, 9. Aufl., 2009
Bumiller/Winkler, Freiwillige Gerichtsbarkeit, 8. Aufl., 2006
Hartmann, Kostengesetze, 39. Aufl., 2009
Horndasch/Viefhues, Kommentar zum Familienverfahrensrecht, FamFG, 1. Aufl., 2009
Keidel/Kuntze/Winkler, Freiwillige Gerichtsbarkeit, 15. Aufl., 2003
Kroiß/Seiler, Das neue FamFG, 1. Aufl., 2009
Meyer-Seitz/Frantzioch/Ziegler, Die FGG-Reform: Das neue Verfahrensrecht, 1. Aufl., 2009
Musielak, Zivilprozessordnung, 6. Aufl., 2008
Roßmann, Taktik im neuen familiengerichtlichen Verfahren, 1. Aufl., 2009
Schneider/Wolf, Rechtsanwaltsvergütungsgesetz, 4. Aufl., 2008
Schulte-Bunert/Weinreich, FamFG, 1. Aufl., 2009
Thomas/Putzo, Zivilprozessordnung, 29. Aufl., 2008
Zimmermann, Das neue FamFG, 1. Aufl., 2009
Zöller, Zivilprozessordnung, 27. Aufl., 2009

§ 1 Grundlagen

A. Schwerpunkte des FGG-Reformgesetzes

Der Gesetzgeber reformiert das Verfahren in Familiensachen und in Angelegenheiten der freiwilligen Gerichtsbarkeit in einem „Gesetz zur Reform des Verfahrens in Familiensachen und in den Angelegenheiten der freiwilligen Gerichtsbarkeit (FGG-Reformgesetz – FGG-RG)". Kern des aus 117 Artikeln bestehenden FGG-Reformgesetzes ist das FamFG, dem ein FamGKG zur Seite gestellt ist.

1

Das „Gesetz über das Verfahren in Familiensachen und in Angelegenheiten der freiwilligen Gerichtsbarkeit (FamFG)" (Art. 1 FGG-Reformgesetz) regelt das familiengerichtliche Verfahren sowie das fG-Verfahren vollständig neu. Der Allgemeine Teil des FamFG wird auf den Stand eines modernen Verfahrensgesetzes gebracht.[1] Das familiengerichtliche Verfahren wird nach Verfahrensgegenständen gegliedert und in zwölf Abschnitten übersichtlich gestaltet. Schwerpunkte der Reform sind:[2]

2

- Einführung einer Definition, wer Beteiligter des Verfahrens ist und welche Rechte die Beteiligten haben,
- Klärung der Frage, wann eine förmliche Beweisaufnahme nach den Regeln der ZPO stattzufinden hat,
- Verschärfung der Sanktionsmöglichkeiten bei der Vollstreckung von Kindesumgangs- und Kindesherausgabeentscheidungen: Einführung von Ordnungsgeld und -haft bei Missachtung gerichtlicher Umgangsregelungen,
- Einführung einer generellen Befristung der Beschwerde,
- Ersetzung der bisherigen weiteren Beschwerde zum OLG durch die Rechtsbeschwerde zum BGH. Die Rechtsbeschwerde ist in der Regel zulassungsbedürftig. In besonders grundrechtsrelevanten Bereichen ist die Rechtsbeschwerde dagegen zulassungsfrei.[3]
- Einführung des Großen Familiengerichts: Das Familiengericht ist auch für bestimmte Verfahren mit Bezug zu Ehe und Familie zuständig, die bislang vor den Zivilgerichten oder Vormundschaftsgerichten zu führen waren.
- Beschleunigung von Umgangs- und Sorgeverfahren: Einführung einer obligatorischen, kurz bemessenen Frist (ein Monat) zur Durchführung eines ersten

---

1 BT-Drucks 16/6308, 1; Jacoby, FamRZ 2007, 1703; Borth, FamRZ 2009, 157 (158).
2 BT-Drucks 16/6308, 1 f.
3 Vgl. BT-Drucks 16/9733, 1.

§ 1 Grundlagen

Termins, um längere Umgangsunterbrechungen zu vermeiden; Förderung der gütlichen Einigung der Eltern über das Umgangs- und Sorgerecht,
- Präzisierung der Voraussetzungen zur Bestellung eines Verfahrenspflegers (neu: Verfahrensbeistand) zur Wahrung der Interessen des Kindes,
- Einführung des Umgangspflegers zur Erleichterung der Durchführung des Umgangs in Konfliktfällen,
- Umstellung des Abstammungsverfahrens auf ein fG-Verfahren,
- Straffung des gerichtlichen Verfahrens durch Erweiterung der Auskunftspflichten der Parteien und der gerichtlichen Auskunftsbefugnisse gegenüber Behörden und Versorgungsträgern in Unterhalts- und Versorgungsausgleichssachen.

3 Dagegen ist eine Regelung über ein sogenanntes **vereinfachtes Scheidungsverfahren** ohne Anwaltszwang **nicht** gesetzgeberisch weiterverfolgt worden. Die Bundesregierung hat von einer solchen Regelung im Regierungsentwurf abgesehen, nachdem für sie erkennbar wurde, dass sich eine solche Regelung im Bundestag nicht durchsetzen lassen würde. Der Gedanke eines vereinfachten Scheidungsverfahrens ohne Anwaltszwang hat vielfältige Kritik erfahren.[4] Auch der Bundesrat hat in seiner Stellungnahme einen Regelungsentwurf über ein vereinfachtes Scheidungsverfahren ohne Anwaltszwang nicht eingebracht, obwohl zuvor der Finanzausschuss des Bundesrats dieses ausdrücklich vorgeschlagen hatte.[5]

4 *Hinweis*

Möchten Betroffene einer Familiensache Angelegenheiten, soweit gesetzlich zulässig, außergerichtlich einvernehmlich regeln, so steht ihnen der Weg zum Notar auch dann offen, wenn sie nach ihren persönlichen und wirtschaftlichen Verhältnissen die Kosten des Notars nicht aufbringen können. Denn der Notar ist nach § 17 Abs. 2 BNotO zur Gewährung einer sogenannten Notarkostenhilfe verpflichtet: Einem Beteiligten, dem nach der ZPO die Prozesskostenhilfe zu bewilligen wäre, hat der Notar seine Urkundstätigkeit in sinngemäßer Anwendung der ZPO vorläufig gebührenfrei oder gegen Zahlung der Gebühren in Monatsraten zu gewähren.

5 In einem neuen „**Gesetz über Gerichtskosten in Familiensachen (FamGKG)**" (Art. 2 FGG-Reformgesetz) wird ein einheitliches Gerichtskostenrecht in Familiensachen geschaffen. Das FamGKG führt für die gerichtliche Praxis in Familien-

---

4 Vgl. nur Bergerfurth, FF 2005, 178; Groß, AnwBl. 2006, 337; Born, NJW 2006, Heft 26, S. III; vgl. aber auch Fölsch, NJW 2007, Heft 32, S. III; befürwortend: Meyer-Seitz/Kröger/Heiter, FamRZ 2005, 1430 (1434 f.); Zypries, NJW 2005, Heft 23, S. III.
5 Vgl. BR-Drucks 309/02/07, 39–43: § 134a FamFG-E.

sachen gegenüber dem Nebeneinander von GKG und in der KostO zu einer erheblichen Vereinfachung.[6]

In den weiteren Artikeln des FGG-Reformgesetzes sind u.a. folgende Gesetze von den Änderungen betroffen: BGB, HGB, LebenspartnerschaftsG, GVG, EGGVG, ZPO, EGZPO, RPflG,[7] BerHG, ZVG, GBO, JGG, BNotO,[8] BeurkG, GKG, JVEG, RVG.

Das bisherige FGG wird vollständig aufgehoben, ebenso Buch 6 und 9 der ZPO.

B. Gesetzgebungsverfahren

Dem FGG-Reformgesetz sind vor Einleitung des Gesetzgebungsverfahrens langjährige Vorarbeiten des Bundesjustizministeriums vorausgegangen.[9] Ein erstes Zwischenergebnis stellte ein Problemkatalog vom 2.5.2002 dar. Anfang Juni 2005 legte das Bundesjustizministerium einen ersten Referentenentwurf für ein FGG-Reformgesetzes vor. Das Bundesjustizministerium veröffentlichte am 14.2.2006 einen ergänzten – nunmehr vollständigen – Referentenentwurf, welcher nochmals im Juni 2006 erweitert wurde. An die vorgelegten Referentenentwürfe schloss sich eine intensive Diskussion in Politik, Fachkreisen, Wissenschaft, Praxis und Literatur an. Das Bundesjustizministerium wertete die umfangreichen Stellungnahmen aus und änderte den Referentenentwurf nochmals – auch hinsichtlich der Nummerierung von Paragraphen – ab.

Die Bundesregierung hat am 9.5.2007 den Gesetzesentwurf eines FGG-Reformgesetzes beschlossen und den Entwurf am 10.5.2007 in den Bundesrat eingebracht.[10] Hierzu hat der Bundesrat am 6.7.2007 eine umfangreiche Stellungnahme beschlossen.[11] Die Bundesregierung hat am 7.9.2007 eine Gegenäußerung zu der Stellungnahme abgegeben[12] und den Gesetzesentwurf in den Bundestag eingebracht. Am 11.10.2007 hat sich der Bundestag in der ersten Lesung mit dem Entwurf des FGG-Reformgesetzes befasst.[13] Auf Beschluss des Rechtsausschusses des Bundes-

---

6 BT-Drucks 16/6308, 2.
7 Vgl. hierzu: Rellermeyer, Rpfleger 2009, 349.
8 Vgl. zu den Auswirkungen des FGG-Reformgesetzes für die notarielle Praxis: Heinemann, DNotZ 2009, 1.
9 Ausführlich zur Entwicklung des FGG-Reformgesetzes: Meyer-Seitz/Frantzioch/Ziegler, Die FGG-Reform: Das neue Verfahrensrecht, S. 13–32.
10 Vgl. BR-Drucks 309/07 = BT-Drucks 16/6308.
11 Vgl. BR-Drucks 309/07 (Beschluss) = BT-Drucks 16/6308, 360 ff.
12 Vgl. BT-Drucks 16/6308, 403 ff.
13 Vgl. BT-Plenarprot. 16/118, 12219–12228.

tags vom 24.10.2007 fand am 11. und 13.2.2008 eine öffentliche Anhörung statt.[14] Sodann gab der Rechtsausschuss am 23.6.2008 seine Beschlussempfehlung ab.[15] Aufgrund eines Versehens im Rechtsausschuss gab es hierzu einen Änderungsantrag des Vorsitzenden des Rechtsausschusses als Abgeordneten mit drei Änderungen zur Beschlussempfehlung des Rechtsausschusses.[16] In zweiter und dritter Lesung nahm der Bundestag am 27.6.2008 den Gesetzesentwurf mit den vorgeschlagenen Änderungen an.[17] Am 19.9.2008 stimmte der Bundesrat dem Entwurf zu.[18] Nach Veröffentlichung im Bundesgesetzblatt am 22.12.2008 hat der Entwurf für ein FGG-Reformgesetz[19] nunmehr Gesetzeskraft erhalten.

C. Inkrafttreten und Übergangsregelungen

I. Inkrafttreten

9 Art. 112 des FGG-Reformgesetzes regelt dessen Inkrafttreten. Das FGG-Reformgesetz ist am 1.9.2009 in Kraft getreten. Der Zeitraum zwischen Verkündung und Inkrafttreten ist weiträumig gewählt worden, um zeitlich den notwendigen Anpassungen der Landesgesetzgebung gerecht zu werden.[20] Damit ist der Praxis genügend Zeit gegeben worden, um sich mit den Neuerungen des Gesetzes vertraut zu machen und die notwendigen organisatorischen Umstellungen durchzuführen.[21]

II. Übergangsregelungen

10 Übergangsregelungen zum FGG-Reformgesetz sind in dessen Art. 111 bestimmt. Art. 111 FGG-Reformgesetz ist durch das Gesetz zur Strukturreform des Versorgungsausgleichs[22] um die Abs. 2–5 erweitert worden. Die Vorschrift gilt für alle

---

14 Die schriftlichen Stellungnahmen der Sachverständigen sowie die Protokolle der öffentlichen Anhörung können unter www.bundestag.de eingesehen werden. Vgl. auch die strukturierte Darstellung bei: Meyer-Seitz/Frantzioch/Ziegler, Die FGG-Reform: Das neue Verfahrensrecht, S. 21–26.
15 BT-Drucks 16/9733; siehe zum Beratungsverlauf im Rechtsausschuss auch: Meyer-Seitz/Frantzioch/Ziegler, Die FGG-Reform: Das neue Verfahrensrecht, S. 26–28.
16 BT-Drucks 16/9831.
17 BT-Plenarprot. 16/173, 18482.
18 BR-Plenarprot. Nr. 847, 271.
19 Gesetz zur Reform des Verfahrens in Familiensachen und in den Angelegenheiten der freiwilligen Gerichtsbarkeit (FGG-Reformgesetz – FGG-RG) vom 17.12.2008, BGBl 2008 I, 2586.
20 BT-Drucks 16/6308, 359.
21 BT-Drucks 16/9733, 306.
22 BGBl 2009 I, 700.

Verfahren, die im FGG-Reformgesetz geregelt sind.[23] Die Übergangsregelungen sollen gewährleisten, dass sich Gerichte und Beteiligte auf die geänderte Rechtslage – insbesondere auch im Hinblick auf den Rechtsmittelzug – einstellen können.[24] Auf bereits eingeleitete Verfahren sowie auf Verfahren, deren Einleitung bereits beantragt wurde, findet das neue FGG-Reformgesetz keine Anwendung.

Art. 111 FGG-Reformgesetz („Übergangsvorschrift") lautet: **11**

„(1) Auf Verfahren, die bis zum Inkrafttreten des Gesetzes zur Reform des Verfahrens in Familiensachen und in den Angelegenheiten der freiwilligen Gerichtsbarkeit eingeleitet worden sind oder deren Einleitung bis zum Inkrafttreten des Gesetzes zur Reform des Verfahrens in Familiensachen und in den Angelegenheiten der freiwilligen Gerichtsbarkeit beantragt wurde, sind weiter die vor Inkrafttreten des Gesetzes zur Reform des Verfahrens in Familiensachen und in den Angelegenheiten der freiwilligen Gerichtsbarkeit geltenden Vorschriften anzuwenden. Auf Abänderungs-, Verlängerungs- und Aufhebungsverfahren finden die vor Inkrafttreten des Gesetzes zur Reform des Verfahrens in Familiensachen und in den Angelegenheiten der freiwilligen Gerichtsbarkeit geltenden Vorschriften Anwendung, wenn die Abänderungs-, Verlängerungs- und Aufhebungsverfahren bis zum Inkrafttreten des Gesetzes zur Reform des Verfahrens in Familiensachen und in den Angelegenheiten der freiwilligen Gerichtsbarkeit eingeleitet worden sind oder deren Einleitung bis zum Inkrafttreten des Gesetzes zur Reform des Verfahrens in Familiensachen und in den Angelegenheiten der freiwilligen Gerichtsbarkeit beantragt wurde.

(2) Jedes gerichtliche Verfahren, das mit einer Endentscheidung abgeschlossen wird, ist ein selbstständiges Verfahren im Sinne des Absatzes 1 Satz 1.

(3) Abweichend von Absatz 1 Satz 1 sind auf Verfahren in Familiensachen, die am 1. September 2009 ausgesetzt sind oder nach dem 1. September 2009 ausgesetzt werden oder deren Ruhen am 1. September 2009 angeordnet ist oder nach dem 1. September 2009 angeordnet wird, die nach Inkrafttreten des Gesetzes zur Reform des Verfahrens in Familiensachen und in den Angelegenheiten der freiwilligen Gerichtsbarkeit geltenden Vorschriften anzuwenden.

(4) Abweichend von Absatz 1 Satz 1 sind auf Verfahren über den Versorgungsausgleich, die am 1. September 2009 vom Verbund abgetrennt sind oder nach dem 1. September 2009 abgetrennt werden, die nach Inkrafttreten des Gesetzes zur Reform des Verfahrens in Familiensachen und in den Angelegenheiten der freiwilligen Gerichtsbarkeit geltenden Vorschriften anzuwenden. Alle vom Verbund abgetrennten Folgesachen werden im Fall des Satzes 1 als selbstständige Familiensachen fortgeführt.

(5) Abweichend von Absatz 1 Satz 1 sind auf Verfahren über den Versorgungsausgleich, in denen am 31. August 2010 im ersten Rechtszug noch keine Endentscheidung erlassen wurde, sowie auf die mit solchen Verfahren im Verbund stehenden Scheidungs- und Folgesachen ab dem 1. September 2010 die nach Inkrafttreten des Gesetzes zur Reform des Verfahrens in Familiensachen und in den Angelegenheiten der freiwilligen Gerichtsbarkeit geltenden Vorschriften anzuwenden."

---

23 BT-Drucks 16/6308, 359.
24 BT-Drucks 16/6308, 359.

§ 1   Grundlagen

12 Die Übergangsregelungen des Art. 111 Abs. 1 FGG-Reformgesetz erstrecken sich **einheitlich** auf die **Durchführung des Verfahrens in allen Instanzen**. Ist das Verfahren in erster Instanz nach dem bisherigen Recht eingeleitet, so erfolgt auch die Durchführung des Rechtsmittelverfahrens einschließlich des Instanzenzuges nach dem bisherigen Recht.[25] Ist das Verfahren erster Instanz nach dem neuen Recht eingeleitet, so erfolgt auch die Durchführung des Rechtsmittelverfahrens einschließlich des Instanzenzuges nach dem neuen Recht.[26]

Art. 111 Abs. 2 FGG-Reformgesetz stellt klar, dass jedes gerichtliche Verfahren, das mit einer Endentscheidung endet, ein selbstständiges Verfahren im Sinne des Art. 111 Abs. 1 FGG-Reformgesetz ist. Die Vorschrift betrifft insbesondere Bestandsverfahren (z.B. Vormundschaft, Betreuung, Beistandschaft) und dort vor allem die gerichtliche Aufsichts- und Genehmigungstätigkeit.[27] Wird ein solches Verfahren nach dem Inkrafttreten des FGG-Reformgesetzes eingeleitet, so ist darauf das neue Verfahrensrecht anzuwenden.[28]

13 Für solche Verfahren, die sich auf die **Abänderung, Verlängerung oder Aufhebung** einer gerichtlichen Entscheidung beziehen, enthält Art. 111 Abs. 1 FGG-Reformgesetz eine ausdrückliche Klarstellung.[29] Abänderungs-, Verlängerungs- und Aufhebungsverfahren sind eigenständige Verfahren.[30] Deshalb kommt es für die Frage, welches Recht anzuwenden ist, nicht auf das zuvor eingeleitete Verfahren an.[31] Entscheidend ist allein, zu welchem Zeitpunkt das Abänderungs-, Verlängerungs- und Aufhebungsverfahren eingeleitet oder beantragt wird.[32]

14 Die bisherige Unselbstständigkeit der einstweiligen Anordnungen wirkt sich auch auf das nach der Übergangsregelung anzuwendende Recht aus. Wird in einem Verfahren nach bisherigem Recht ein einstweiliges Anordnungsverfahren gleichzeitig mit der Hauptsache eingeleitet oder dessen Einleitung beantragt und das Hauptsacheverfahren sodann erst nach Inkrafttreten des FGG-Reformgesetzes betrieben, so ist gleichwohl auf das Hauptsacheverfahren nicht das neue Recht anzuwenden.[33] Für die Anwendung des Rechts ist vielmehr allein darauf abzustellen, dass

---

25 BT-Drucks 16/6308, 359.
26 BT-Drucks 16/6308, 359.
27 BT-Drucks 16/11903, Bericht Nr. IV B zu Art. 22 – neu –; BT-Drucks 16/10144, 120.
28 BT-Drucks 16/11903, Bericht Nr. IV B zu Art. 22 – neu –; BT-Drucks 16/10144, 120.
29 BT-Drucks 16/9733, 305 f.
30 BT-Drucks 16/6308, 359; BT-Drucks 16/9733, 305 f.
31 BT-Drucks 16/9733, 305 f.
32 BT-Drucks 16/9733, 305 f.
33 BT-Drucks 16/6308, 359.

es sich bei einstweiliger Anordnung und Hauptsache nach bisherigem Recht um ein einziges Verfahren handelt.[34] Ist in einem Verfahren nach bisherigem Recht eine Hauptsache eingeleitet oder dessen Einleitung beantragt und wird nach dem Inkrafttreten des FGG-Reformgesetzes ein Verfahren über eine einstweilige Anordnung eingeleitet oder dessen Einleitung beantragt, so ist für das einstweilige Anordnungsverfahren das neue Recht anzuwenden. Da das einstweilige Anordnungsverfahren erst nach dem Inkrafttreten eingeleitet ist, ist von der Selbstständigkeit des Verfahrens nach neuem Recht auszugehen.

III. Gesetzesvorhaben zur Abänderung und Ergänzung des FGG-Reformgesetzes

Das zum 1.9.2009 in Kraft getretene FGG-Reformgesetz ist von Berichtigungen, neueren Gesetzesreformen und kleineren Gesetzesänderungen betroffen. Hiervon zu nennen sind insbesondere:[35] **15**

Der Gesetzgeber erkannte bereits vor dem Inkrafttreten des FGG-Reformgesetzes Korrekturbedarf bei diesem großen Reformwerk. Die entsprechenden Berichtigungen nahm der Gesetzgeber in Art. 8 des Gesetzes zur Modernisierung von Verfahren im anwaltlichen und notariellen Berufsrecht, zur Errichtung einer Schlichtungsstelle der Rechtsanwaltschaft sowie zur Änderung sonstiger Vorschriften vor.[36] Insoweit kann von einem „**FamFG-Berichtigungsgesetz**" gesprochen werden. Die Änderungen betreffen[37] **16**
- aus dem FamFG die:
§§ 9, 10, 46, 55, 64, 66, 67, 70, 73, 99, 104, 112, 113, 114, 117, 125, 149, 158,[38] 187, 233, 242, 253, 255, 269, 270, 375, 378, 402 und

---

34 BT-Drucks 16/6308, 359.
35 Das FamFG ist u.a. von folgenden weiteren Änderungen betroffen: § 375 FamFG (BGBl 2009 I, 470); §§ 287, 298 FamFG (BT-Drucks 16/13314; BGBl 2009 I, 2286).
36 BGBl 2009 I, 2449; BT-Drucks 16/11385; BT-Drucks 16/12717. Vgl. Art. 10 des „FamFG-Berichtigungsgesetzes" zu den unterschiedlichen Zeitpunkten des Inkrafttretens. Die FamFG-Berichtigungen sind am 5.8.2009 in Kraft getreten.
37 Weitere Berichtigungen enthält das Gesetz über die Internetversteigerung in der Zwangsvollstreckung (BGBl 2009 I, 2474; BT-Drucks 16/13444), die aber nicht das FamFG selbst betreffen, sondern z.B. § 23a Abs. 1 S. 2 GVG, wonach nunmehr wieder die sachliche Zuständigkeit des Familiengerichts ausschließlich ist.
38 Vgl. hierzu auch BR-Drucks 377/09 (Beschluss); BR-Drucks 509/09; BR-Drucks 509/09 (Beschluss); BT-Drucks 16/13363; BT-Drucks 16/13390. Das FamFG-Berichtigungsgesetz gelangte in den Vermittlungsausschuss. Der Bundesrat beanstandete aus den vom Bundestag verabschiedeten FamFG-Berichtigungsgesetz die Verbesserung der Vergütung von Verfahrenspfleger nach § 158 Abs. 7 FamFG. Der Vermittlungsausschuss schlug vor, die vom Bundestag verabschiedete Änderung des § 158 Abs. 7 S. 2 FamFG beizubehalten. Den Einspruch des Bundesrats gegen das Gesetz wies der Bundestag nahezu einstimmig zurück (vgl. BT-Plenarprot. 16/227).

- aus dem FamGKG die:
  §§ 5, 57.

Von besonderer Wichtigkeit für die anwaltliche und gerichtliche Praxis ist darüber hinaus, dass der Gesetzgeber eine allgemeine Anrechnungsvorschrift in einem neuen § 15a RVG geschaffen hat.[39] § 15a RVG[40] lautet:

„§ 15a

Anrechnung einer Gebühr

(1) Sieht dieses Gesetz die Anrechnung einer Gebühr auf eine andere Gebühr vor, kann der Rechtsanwalt beide Gebühren fordern, jedoch nicht mehr als den um den Anrechnungsbetrag verminderten Gesamtbetrag der beiden Gebühren.

(2) Ein Dritter kann sich auf die Anrechnung nur berufen, soweit er den Anspruch auf eine der beiden Gebühren erfüllt hat, wegen eines dieser Ansprüche gegen ihn ein Vollstreckungstitel besteht oder beide Gebühren in demselben Verfahren gegen ihn geltend gemacht werden."

Eine Anrechnung von Geschäftsgebühr (Nr. 2300 VV RVG) auf die Verfahrensgebühr (Nr. 3100 VV RVG) kann im Kostenfestsetzungsverfahren damit nur noch unter den besonderen Voraussetzungen des § 15a Abs. 2 RVG in Betracht kommen. Im Vergütungsfestsetzungsverfahren der Verfahrenskostenhilfevergütung kann eine Kürzung der Verfahrensgebühr nicht stattfinden, wenn der Mandant Zahlungen auf die Geschäftsgebühr nicht geleistet hat (vgl. § 15a Abs. 1 RVG).[41]

17 Des Weiteren ist ein Gesetz zur Änderung des Zugewinnausgleichs- und Vormundschaftsrechts verabschiedet.[42] Das Gesetz tritt zum 1.9.2009 in Kraft. Das Gesetz nimmt Änderungen im BGB sowie die Aufhebung der HausratsVO vor. Gleichzeitig ergeben sich ausschließlich Folgeänderungen im FamFG und im FamGKG aufgrund der Verlagerung der Regelungen über die Behandlung der Ehewohnung und

---

39 Vgl. Art. 7 des Gesetzes zur Modernisierung von Verfahren im anwaltlichen und notariellen Berufsrecht, zur Errichtung einer Schlichtungsstelle der Rechtsanwaltschaft sowie zur Änderung sonstiger Vorschriften („FamFG-Berichtigungsgesetz"). § 15a RVG ist am 5.8.2009 in Kraft getreten. Vgl. zu dieser Vorschrift: Hansens, AnwBl. 2009, 535; Schneider, DAR 2009, 353.
40 Eine Folgeänderung ist in § 55 Abs. 5 S. 2 RVG für das Vergütungsfestsetzungsverfahren bestimmt.
41 Die Staatskasse ist nicht Dritter, also nicht Erstattungsschuldner, sondern an Stelle des Mandanten Vergütungsschuldner. Deshalb kann unmittelbar auf § 15a Abs. 1 RVG in Verbindung mit § 58 RVG zurückgegriffen werden.
42 BGBl 2009 I, 1696; BT-Drucks 16/10798; BT-Drucks 16/13027; vgl. hierzu: Koch, FamRZ 2008, 1124; Hoppenz, FamRZ 2008, 1889; Götz/Brudermüller, NJW 2008, 3025; Brudermüller, FamRZ 2009, 1185; Götz/Brudermüller, FPR 2009, 38; Rakete-Dombek, FPR 2009, 270; Röthel, FPR 2009, 273; Gutdeutsch, FPR 2009, 277; Kogel, FPR 2009, 279; Büte, FPR 2009, 283; Hauß, FPR 2009, 286; Kuckenburg, FPR 2009, 290; Wönne, FPR 2009, 293; Brambring, FPR 2009, 297; Brudermüller/Götz, FamRZ 2009, 1261.

C. Inkrafttreten und Übergangsregelungen § 1

der Haushaltsgegenstände in das BGB und aufgrund der Änderung der Begriffe in Ehewohnungssache und Haushaltssache.[43]

Schließlich tritt zum 1.9.2009 ein Gesetz zur Strukturreform des Versorgungsausgleichs in Kraft.[44] Neben der Einführung eines Versorgungsausgleichsgesetzes und Änderungen im BGB passt das Reformgesetz das FamFG und das FamGKG an die Strukturreform des Versorgungsausgleichs an.[45]

18

Der Bundesrat schlägt erhebliche Einschränkungen im Beratungshilferecht vor.[46] Die im Gesetzgebungsverfahren zum FGG-Reformgesetz letztlich fallen gelassenen Vorschläge zur Verbesserung der Beratungshilfegebühren in Familiensachen sind vom Bundesrat nicht aufgegriffen worden.[47] Es bleibt abzuwarten, ob der Gesetzesvorschlag erneut in der 17. Wahlperiode des Bundestages eingebracht und ob insbesondere die Vergütung von Familiensachen im Rahmen von Beratungshilfe ausgewogen gestaltet werden wird.

19

Hinweis

20

Nach der derzeitigen Rechtslage (vor dem geplanten Beratungshilfeänderungsgesetz) kann ein Beratungshilfeantrag grundsätzlich auch nachträglich gestellt werden. § 4 Abs. 2 S. 4 BerHG besagt, dass der Antrag nachträglich gestellt werden kann, wenn sich der Rechtsuchende wegen Beratungshilfe unmittelbar an einen Rechtsanwalt wendet. Nach Auffassung des BVerfG ist es objektiv willkürlich, § 4 Abs. 2 S. 4 BerHG dahin auszulegen, dass ein nachträglich gestellter **Antrag** auf Bewilligung von Beratungshilfe innerhalb einer bestimmten Frist bei Gericht eingereicht sein muss.[48] Dagegen ist es aber verfassungsrechtlich nicht zu beanstanden, wenn für die Bewilligung der nach § 4 Abs. 2 S. 4 BerHG beantragten Beratungshilfe gefordert wird, dass das für einen schriftlichen Beratungshilfeantrag vorgesehene **Formular** vor Beginn der anwaltlichen Beratung, jedenfalls aber in engem zeitlichen Zusammenhang mit dieser, ausgefüllt und unterzeichnet wird.[49]

---

43 Geändert werden §§ 57, 96, 109, 111, 133, 137, Überschrift Abschnitt 6 Buch 2, §§ 200, 202, 203, 204, 205, 206, 209, 269 FamFG und § 48 sowie Vorbem. 1.3.2 Nr. 3 FamGKG.
44 BT-Drucks 16/10144; BT-Drucks 16/11903; BGBl 2009 I, 700; vgl. hierzu: Bergner, NJW 2009, 1233; Bergner, NJW 2009, 1169; Borth, FamRZ 2009, 562; Borth, FamRZ 2008, 1797; Weil, FF 2009, 149; Ruland, NJW 2009, 1697; Schmid, FPR 2009, 196; Triebs, FPR 2009, 202; Elden, FPR 2009, 206; Weil, FPR 2009, 209; Eichenhofer, FPR 2009, 211; Hauß, FPR 2009, 214; Wick, FPR 2009, 219; Häußermann, FPR 2009, 223; Kemper, FPR 2009, 227; Bergmann, FPR 2009, 232.
45 Geändert sind §§ 114, 137, 142, 219–229, 230 FamFG und § 50 FamGKG.
46 BT-Drucks 16/10997.
47 Siehe dazu näher bei der Darstellung der kostenrechtlichen Änderungen im RVG.
48 BVerfG v. 19.12.2007 – 1 BvR 1984/06 u.a.
49 BVerfG NJW 2008, 1581.

D. Rückblick zur Rechtslage vor dem FGG-Reformgesetz

I. FGG

21 Das 1900 in Kraft getretene FGG verdankt seine Entstehung ursprünglich der Kodifizierung des Zivilrechts im BGB.[50] Der Gesetzgeber des FGG hat sich allerdings darauf beschränkt, bestimmte Bereiche des BGB, des HGB und einiger anderer Reichsgesetze durch die Verfahrensvorschriften zu ergänzen, die unbedingt erforderlich erschienen, um eine einheitliche Durchführung des materiellen Rechts zu gewährleisten. In der weiteren Entwicklung hat der Gesetzgeber den Gerichten der freiwilligen Gerichtsbarkeit aus Gründen der Zweckmäßigkeit des Verfahrens und der Billigkeit der Entscheidung immer mehr Zuständigkeiten übertragen. Die Elastizität des Verfahrens und die freiere Stellung des Richters, die einen Interessenausgleich und die sachgerechte Gestaltung von Rechtsverhältnissen ermöglichen, haben dazu geführt, dass der freiwilligen Gerichtsbarkeit zahlreiche neue Aufgaben zugefallen sind.[51] Die Schaffung zahlreicher Einzelgesetze aus den verschiedensten Bereichen haben zu einer Rechtszersplitterung erheblich beigetragen.[52] Hinzu kommt, dass diese besonderen Gesetze inhaltlich nicht nur vom FGG selbst, sondern auch untereinander abweichen.[53] Die Rechtsprechung musste zudem Lücken, die das FGG gelassen hat, schließen und gleichzeitig die Widersprüche innerhalb der besonderen gesetzlichen Regelungen überwinden. Die eingetretene Rechtszersplitterung erschwert die Rechtsfindung.[54] Sie ist auch für den Rechtsuchenden mit erheblichen Nachteilen verbunden.[55] Darüber hinaus sind im FGG die rechtsstaatlichen Garantien, die den Status des Beteiligten als Subjekt des Verfahrens sichern, nur schwach ausgebildet.[56] Zwar hat die Rechtsprechung den rechtsstaatlichen Geboten auch in der freiwilligen Gerichtsbarkeit immer stärker zur Geltung verholfen.[57] Der Rechtsuchende hat jedoch Anspruch auf eine Verfahrensordnung, in der die rechtsstaatlichen Grundsätze entsprechend der Bedeutung der tangierten Grundrechte durch die Möglichkeit einer effektiven Wahrung der Beteiligtenrechte auch im Wortlaut des Gesetzes zweifelsfrei festgelegt und im

---

50 BT-Drucks 16/6308, 161.
51 BT-Drucks 16/6308, 161.
52 BT-Drucks 16/6308, 161.
53 BT-Drucks 16/6308, 161.
54 BT-Drucks 16/6308, 161.
55 BT-Drucks 16/6308, 161.
56 BT-Drucks 16/6308, 161.
57 BT-Drucks 16/6308, 161.

Einzelnen ausgestaltet werden.[58] Zur Fortentwicklung der freiwilligen Gerichtsbarkeit hat die Rechtswissenschaft wesentliche Beiträge geleistet.[59] Das Bedürfnis für eine Reform der freiwilligen Gerichtsbarkeit hat bereits die „Kommission zur Vorbereitung einer Reform der Zivilgerichtsbarkeit" bejaht, die im Jahre 1955 vom Bundesminister der Justiz eingesetzt worden war. In ihrem Bericht von 1961, dem sogenannten Weißbuch, hat sie eine Reihe von Empfehlungen für eine solche Reform niedergelegt. Auf der Grundlage dieser Empfehlungen hat die 1964 vom Bundesminister der Justiz zur Ausarbeitung von Gesetzesvorschlägen eingesetzte Kommission für das Recht der freiwilligen Gerichtsbarkeit 1977 einen umfassenden Entwurf einer Verfahrensordnung für die freiwillige Gerichtsbarkeit (FrGO) verfasst, der allerdings keine parlamentarische Behandlung erfuhr.

II. Familiengerichtliches Verfahren

Das bisherige Familienverfahrensrecht hat seine wesentliche Prägung durch das 1977 in Kraft getretene Erste Gesetz zur Reform des Ehe- und Familienrechts erhalten. Der damalige Gesetzgeber hat weder ein einheitliches Familiengerichtsverfahren geschaffen noch hat er dieses gewollt.[60] So ist das gerichtliche Verfahren in Familiensachen durch ein unübersichtliches Nebeneinander verschiedener Verfahrensordnungen gekennzeichnet. Es ist teilweise in der ZPO, im FGG, im BGB, in der HausratVO und in verschiedenen weiteren Gesetzen geregelt. Daneben stellt sich das heutige Verfahrensrecht als eine Mixtur aus der Parteimaxime unterliegenden ZPO-Verfahren, durch den Amtsermittlungsgrundsatz geprägten vorsorgenden Verfahren der freiwilligen Gerichtsbarkeit und streitigen FGG-Verfahren dar. Diese Gesetzeslage erwies sich für den Rechtsuchenden äußerst intransparent.[61] So enthält z.B. das geltende Familienverfahrensrecht nicht weniger als 14 einzelne Paragrafen zur sachlichen Zuständigkeit bzw. gesetzlichen Geschäftsverteilung des Familiengerichts und sogar 20 Paragrafen in vier verschiedenen Gesetzen bzw. Verordnungen zur örtlichen Zuständigkeit des Familiengerichts, die durch sieben weitere Vorschriften zu Abgabe und Verweisung ergänzt werden.[62]

22

---

58 BT-Drucks 16/6308, 161.
59 Vgl. nur Bork, ZZP 2004 (Bd. 117), S. 399.
60 BT-Drucks 16/6308, 162.
61 BT-Drucks 16/6308, 162.
62 BT-Drucks 16/6308, 162.

§ 1 Grundlagen

III. Gerichtskosten in Familiensachen

23 Im bisherigen Recht bestimmen sich die Gerichtskosten nach dem GKG in Ehesachen und in bestimmten Lebenspartnerschaftssachen, in allen Folgesachen und in isolierten ZPO-Familiensachen sowie nach der KostO in isolierten FGG-Familiensachen.[63] Das GKG und die KostO sind in ihrer Struktur sehr unterschiedlich.[64] Während das GKG für Familiensachen eine pauschale Verfahrensgebühr vorsieht, setzt die KostO für einen Gebührenanfall regelmäßig eine bestimmte Sachentscheidung des Gerichts voraus (Aktgebühren). Das GKG differenziert bei den ZPO-Familiensachen nochmals danach, ob sie im Verbund mit der Ehesache oder isoliert anhängig gemacht werden. Für das Verbundverfahren ist eine pauschale Verfahrensgebühr von 2,0 vorgesehen, während für isolierte ZPO-Familiensachen (Unterhalt, Güterrecht) – wie in jedem Zivilprozess – eine pauschale Verfahrensgebühr von 3,0 entsteht. Für bestimmte isolierte FGG-Familiensachen (z.B. Versorgungsausgleich und Verfahren nach der HausratVO) sieht auch die geltende KostO Verfahrensgebühren vor, die sich aber wiederum in der Struktur von den Verfahrensgebühren nach dem GKG unterscheiden. Die Tabelle der KostO ist stärker degressiv und kennt wesentlich mehr Wertstufen als die Tabelle des GKG. Den Gebühren der KostO liegen daher zum Teil höhere Werte zugrunde. Diese Unterschiede wirken sich bei den FGG-Familiensachen unmittelbar aus, da diese einerseits als Folgesachen nach dem GKG und andererseits als isolierte Familiensachen nach der KostO abgerechnet werden.[65] Da die Gebühren des GKG im Verbundverfahren nur einmal nach dem zusammengerechneten Wert abgerechnet werden, werden die Unterschiede zur Tabelle der KostO jedoch zum Teil wieder abgemildert.[66] Da sich die Gebühren der Rechtsanwälte nach dem RVG in der Regel nach den für die Gerichtsgebühren geltenden Wertvorschriften richten, wirkt sich das höhere Wertniveau der KostO auch hier aus.[67] Bei einer Gesamtbetrachtung von Gerichts- und Anwaltsgebühren ist aus der Sicht der Parteien das Verbundverfahren das günstigere Verfahren.[68] Für den Rechtsanwalt bietet das isolierte Verfahren erhebliche gebührenrechtliche Anreize.[69] Für die Staatskasse sind die Ausgaben für Prozesskostenhilfe bei Verbundverfahren niedriger.[70]

---

63 BT-Drucks 16/6308, 162.
64 BT-Drucks 16/6308, 162.
65 BT-Drucks 16/6308, 163.
66 BT-Drucks 16/6308, 163.
67 BT-Drucks 16/6308, 163.
68 BT-Drucks 16/6308, 163.
69 BT-Drucks 16/6308, 163.
70 BT-Drucks 16/6308, 163.

E. Wesentliche Reforminhalte im FamFG

I. Überblick

Das FGG-Reformgesetz enthält in Artikel 1 das Gesetz über das Verfahren in Familiensachen und in den Angelegenheiten der freiwilligen Gerichtsbarkeit (FamFG).[71] Dieses Gesetz sieht eine vollständige Neuregelung des Rechts der freiwilligen Gerichtsbarkeit und des familiengerichtlichen Verfahrens vor. Für die **freiwillige Gerichtsbarkeit** wird eine vollständige, moderne, rechtsstaatlichen Anforderungen genügende Ordnung des Verfahrens geschaffen.[72] Gemeinsames Bindeglied aller vom FamFG erfassten Verfahren ist das gesteigerte öffentliche Interesse, das eine erhöhte gerichtliche Verfahrensverantwortung begründet.[73] Diese soll in einem bürgernahen, flexiblen und möglichst unformalistischen, pragmatischen, aber auch rechtsstaatlichen Verfahren realisiert werden.[74] Eine möglichst hohe Flexibilisierung wird erreicht durch eine weitgehende Formlosigkeit des Verfahrens und freie gerichtliche Kompetenz zur individuellen Verfahrensgestaltung. Die Rechtsstaatlichkeit erfordert demgegenüber die Bindung der gerichtlichen Gestaltungskompetenz an das Gesetz und ihre Kontrolle und Begrenzung durch Mitwirkungsbefugnisse der Verfahrensbeteiligten.[75] Das FamFG soll daher in nichtstreitig verlaufenden Angelegenheiten der freiwilligen Gerichtsbarkeit eine einfache und rasche Erledigung erlauben und für streitig verlaufende Angelegenheiten die Beachtung rechtsstaatlicher Verfahrensgarantien sicherstellen.[76]

24

Die Reform sieht eine vollständige Neukodifizierung des **familiengerichtlichen Verfahrens** vor. Die bisher in der ZPO, dem FGG, der Hausratsverordnung und weiteren Gesetzen enthaltenen Bestimmungen werden künftig in einem Gesetz konzentriert. Als Folge werden sämtliche spezifisch familienverfahrensrechtlichen Vorschriften aus der ZPO gestrichen. Das Buch 6 der ZPO wird aufgehoben. Die Grundstruktur des familiengerichtlichen Verfahrens mit dem Verbundprinzip und der Unterscheidung zwischen FGG- und ZPO-Folgesachen bleibt indes erhalten. Das Verfahren in ZPO-Familiensachen, künftig Familienstreitsachen, richtet sich auch weiterhin nach den Vorschriften der ZPO.

25

---

71 Vgl. auch den Überblick bei Borth, FamRZ 2009, 157.
72 BT-Drucks 16/6308, 163; Jacoby, FamRZ 2007, 1703.
73 BT-Drucks 16/6308, 163.
74 BT-Drucks 16/6308, 163; Jacoby, FamRZ 2007, 1703.
75 BT-Drucks 16/6308, 163.
76 BT-Drucks 16/6308, 163.

26 *Hinweis*

Die Vorschriften der ZPO sind nicht „1 zu 1" in das FamFG übernommen worden. Das FGG-Reformgesetz hat vielmehr die Regelungen über das familiengerichtliche Verfahren im FamFG neu strukturiert und mit zahlreichen inhaltlichen Neuerungen versehen.

27 Die vollständige Ersetzung des bisherigen FGG durch das neue FamFG zieht eine Reihe von inhaltlichen Anpassungen von Gesetzen nach sich, die auf das bisherige FGG Bezug genommen haben. Ein weiterer Anpassungsschritt ist aufgrund der Einführung der befristeten Beschwerde im FamFG notwendig. Die unterschiedlich ausgestalteten Rechtsmittel werden vereinheitlicht und mit dem FamFG harmonisiert. Änderungsbedarf in einer Reihe von Gesetzen ist des Weiteren aufgrund der Auflösung der Vormundschaftsgerichte und des Übergangs der Aufgaben auf die Betreuungs- und Familiengerichte gegeben. Schließlich ergibt sich Anpassungsbedarf aufgrund der im FamFG vorgesehenen einheitlichen Entscheidungsform durch Beschluss.

28 Die Reform ist demnach an folgenden **Zielen** ausgerichtet:[77]

- Ausbau der gegenwärtig lückenhaften Regelung des FGG zu einer zusammenhängenden Verfahrensordnung: Die Vorzüge des bisherigen FGG-Verfahrens, insbesondere seine Elastizität, bleiben dabei erhalten.
- Rechtsstaatliche Ausgestaltung des Verfahrens: Die **Verfahrensgarantien** für die Verfahrensbeteiligten werden ausdrücklich geregelt.
- Koordinierung mit den anderen Verfahrensordnungen: Im Interesse der Übersichtlichkeit und der Rechtssicherheit werden alle nicht gebotenen Abweichungen gegenüber anderen Verfahrensordnungen vermieden.
- Anwenderfreundlicher Gesetzesaufbau; anwenderfreundliche Gesetzessprache: Die neue Verfahrensordnung wird an die praktischen Bedürfnissen der Verfahrensbeteiligten angepasst und nach Inhalt, Aufbau und Sprache verständlich gestaltet. Sie hat der besonderen Verantwortung des Gerichts zur Sachverhaltsaufklärung, dem häufig höchstpersönlichen Charakter der Verfahrensgegenstände und der existenziellen Bedeutung dieser Verfahren für die Betroffenen gerecht zu werden.[78]
- Stärkung der **konfliktvermeidenden und konfliktlösenden Elemente** im familiengerichtlichen Verfahren: Das familiengerichtliche Verfahren ist in besonderem Maße von emotionalen Konflikten geprägt, die letztlich nicht justiziabel

---

77 BT-Drucks 16/6308, 164.
78 BT-Drucks 16/6308, 164.

sind, aber einen maßgeblichen Einfluss auf das Streitpotenzial und die Möglichkeiten zur gütlichen Beilegung einer Auseinandersetzung haben. Emotionale Nähe zwischen den Beteiligten führt zu Konfliktsituationen, die die Durchführung des Verfahrens aufwändiger machen. Einer stärkeren Berücksichtigung des emotionalen Konfliktpotentials im Verfahrensrecht bedarf es nicht nur in den personenbezogenen Auseinandersetzungen; die Reform dient insoweit auch dazu, vorgerichtliche und gerichtliche Auseinandersetzungen über vermögensrechtliche Streitgegenstände positiv zu beeinflussen.[79]

Die Neukodifizierung des familiengerichtlichen Verfahrensrechts wird dazu genutzt, die Bedeutung des personalen Grundkonfliktes aller familiengerichtlichen Verfahren zu betonen und konfliktvermeidende sowie konfliktlösende Elemente zu stärken,[80] so z.B. durch:

- Förderung der gerichtlichen und außergerichtlichen Streitschlichtung für Scheidungsfolgesachen,
- Beschleunigung von Verfahren über das Umgangs- und Sorgerecht durch Einführung von Elementen des sog. Cochemer Modells,
- Verstärkung der Beteiligungs- und Mitwirkungsrechte betroffener Kinder durch Präzisierung der Funktionen des Verfahrenspflegers (Verfahrensbeistand),
- Wirkungsvollere Durchsetzung von Entscheidungen und gerichtlich gebilligten Vergleichen über das Umgangsrecht und Entscheidungen zur Kindesherausgabe,
- Einführung eines hauptsacheunabhängigen einstweiligen Rechtsschutzes sowie
- Zuständigkeit des „Großen Familiengerichts" insbesondere für alle Verfahren im Zusammenhang mit Trennung und Scheidung.

Hinweis

29

Elemente des Cochemer Modells im FamFG sind (vgl. insbesondere §§ 155, 156, 163):[81]
- vorrangige Durchführung von Verfahren über das Umgangs- und Sorgerecht
- Bestimmung eines Termins, der spätestens einen Monat nach Beginn des Verfahrens stattzufinden hat
- Erteilung von Hinweisen auf Beratungsmöglichkeiten durch Träger der Kinder- und Jugendhilfe oder auf Möglichkeiten der Mediation oder der sonstigen außergerichtlichen Streitbeilegung

---

79 BT-Drucks 16/6308, 164.
80 BT-Drucks 16/6308, 164.
81 Vgl. nur Bahrenfuss, SchlHA 2008, 109 (112).

- obligatorische Fristen für schriftliche Begutachtungen durch Sachverständige
- Möglichkeit der Anordnung, dass Sachverständige auf die Herstellung des Einvernehmens zwischen den Beteiligten hinwirken sollen („lösungsorientiertes Gutachten").

Alle vorgenannten Maßnahmen stehen unter dem Vorbehalt, dass sie nicht dem Kindeswohl widersprechen.[82]

II. Einzelne Kernpunkte des FamFG einschließlich GVG

30 Im Kern erbringt das FamFG einschließlich des GVG folgende Neuerungen.[83]

1. Geltung des GVG

31 Das FGG-Reformgesetz nimmt zum grundsätzlichen Ausgangspunkt, dass die freiwillige Gerichtsbarkeit neben der streitigen Zivilgerichtsbarkeit und der Strafgerichtsbarkeit eigenständiger Bestandteil der ordentlichen Gerichtsbarkeit ist und dass die Vorschriften des GVG künftig für die freiwillige Gerichtsbarkeit unmittelbar gelten. Notwendige Vorschriften im Bereich der freiwilligen Gerichtsbarkeit, insbesondere hinsichtlich der Öffentlichkeit, sind durch eine Ergänzung des GVG getroffen. Die vollständige Verankerung der Angelegenheiten für die freiwillige Gerichtsbarkeit im Gerichtsverfassungsgesetz ermöglicht außerdem die Zusammenfassung einer Vielzahl einzelgesetzlicher Regelungen zur funktionalen Zuständigkeit, zum Rechtsmittelzug sowie verschiedener Konzentrationsermächtigungen im GVG und ihre Aufhebung in den Spezialgesetzen.

32 *Hinweis*

Verfahren vor der Zivilabteilung bzw. vor der Familienabteilung des Amtsgerichts gehören demselben Rechtsweg an, dem Zivilrechtsweg. Für Auseinandersetzungen zwischen dem Spruchkörper der Zivilabteilung und der Familienabteilung gilt gemäß dem neuen § 17a Abs. 6 GVG der § 17a Abs. 1–5 GVG entsprechend.

---

82 BT-Drucks 16/9733, 293.
83 Vgl. hierzu insbesondere BT-Drucks 16/6308, 165 ff.; Meyer-Seitz/Frantzioch/Ziegler, Die FGG-Reform: Das neue Verfahrensrecht, S. 34–42.

2. Verfahrensbeteiligte (§ 7 FamFG)

Um die Einhaltung der Rechtsgarantie des rechtlichen Gehörs sicherzustellen und die Stellung des Bürgers als Subjekt des Verfahrens zu stärken, enthält das FamFG eine gesetzliche Definition des Beteiligtenbegriffs, der den nach heutigem Recht materiell Betroffenen in jedem Falle miterfasst.[84] Die gesetzliche Definition des Beteiligten erfolgt durch eine Generalklausel im Allgemeinen Teil (§ 7 FamFG). Sie wird ergänzt durch Beteiligtenkataloge in den weiteren Büchern. Dadurch wird im Verfahren der freiwilligen Gerichtsbarkeit frühzeitig Klarheit darüber hergestellt, wer von Amts wegen als Beteiligter zum Verfahren hinzuziehen ist, wer auf Antrag hinzuziehen ist und wer von Amts wegen oder auf Antrag hinzugezogen werden kann.[85] Durch die frühzeitige Einbeziehung der mitwirkungspflichtigen Beteiligten wird auch die umfassende Aufklärung der Tatsachen bereits im erstinstanzlichen Verfahren gefördert.[86]

33

3. Aufklärung des Sachverhalts (§§ 29, 30 FamFG)

Grundsätzlich ist den Gerichten die freie Form der Tatsachenfeststellung gestattet (§ 29 FamFG), um das Verfahren so flexibel wie möglich gestalten zu können. Wird eine besonders hohe Richtigkeitsgewähr der Tatsachenfeststellung vorausgesetzt, verlangt das Gesetz – zum Beispiel im Betreuungs- oder Abstammungsverfahren – eine förmliche Beweisaufnahme. Das Gericht soll darüber hinaus immer dann eine förmliche Beweisaufnahme durchführen, wenn eine Tatsache, die für die zu treffende Entscheidung von maßgeblicher Bedeutung ist, im Freibeweisverfahren streitig geblieben ist (§ 30 Abs. 3 FamFG).

34

Das Gericht hat die Beteiligten zu hören und ihnen Gelegenheit zur Stellungnahme zu solchen Feststellungen zu geben, die das Gericht seiner Entscheidung zugrunde legen will, sofern diese Entscheidung die Rechte dieses Beteiligten beeinträchtigt (§ 37 FamFG). Das Gericht muss einen Beteiligten persönlich anhören, wenn die bloße Gelegenheit zur schriftlichen Stellungnahme das rechtliche Gehör des Beteiligten nicht hinreichend sicherstellt (§ 34 Abs. 1 FamFG). Diese Regelungen gewährleisten das rechtliche Gehör und die effektive Verfahrensteilhabe desjenigen Beteiligten, der durch den Ausgang des Verfahrens materiell betroffen wird, und vermeidet andererseits eine generelle Pflicht zur Übersendung sämtlicher schriftli-

35

---

84 BT-Drucks 16/6308, 165 f.
85 BT-Drucks 16/6308, 166.
86 BT-Drucks 16/6308, 166.

4. Vergleich (§ 36 FamFG)

36 Das FGG-Reformgesetz räumt den Beteiligten umfassend den Abschluss eines Vergleichs ein, soweit sie über den Gegenstand des Verfahrens verfügen können. In Buch 2 wird diese Regelung ergänzt durch die Möglichkeit, auch in Verfahren über das Umgangsrecht, und damit über einen Regelungsgegenstand über den die Beteiligten nicht disponieren können, einen Vergleich zu schließen, wenn das Gericht diesen billigt (§ 156 Abs. 2 FamFG). Die generelle Anerkennung des Vergleichs als Verfahrensinstitut im FamFG fördert die gerichtliche Streitbeilegung.[89]

37 *Hinweis*

Ein Vergleich kann auch ohne mündliche Verhandlung im schriftlichen Wege geschlossen werden. Den Inhalt eines angenommenen Vergleichsvorschlags stellt das Gericht dann durch Beschluss fest. Der mitwirkende Rechtsanwalt erhält hierfür in jedem Fall die Verfahrens- und die Einigungsgebühr, die Terminsgebühr jedoch nur, wenn der schriftliche Vergleich in einem Verfahren geschlossen wurde, für das eine mündliche Verhandlung vorgeschrieben ist (vgl. Nr. 3104 Anm. Abs. 1 Nr. 1 VV RVG).

5. Rechtsbehelfsbelehrung (§ 39 FamFG)

38 Das FGG-Reformgesetz sieht eine Rechtsbehelfsbelehrung für alle Entscheidungen im Rahmen des FamFG vor, verbunden mit einer Wiedereinsetzungslösung bei unvollständiger oder unrichtiger Belehrung.

6. Änderungen im Rechtsmittelrecht

a) Beschwerde (§§ 58 ff. FamFG)

39 Das FGG-Reformgesetz harmonisiert den Rechtsmittelzug in FamFG-Verfahren mit dem dreistufigen Instanzenzug der anderen Verfahrensordnungen und verein-

---

[87] BT-Drucks 16/6308, 166.
[88] BT-Drucks 16/6308, 166.
[89] BT-Drucks 16/6308, 166.

heitlicht damit die Prozessordnungen.⁹⁰ Der Verfahrensablauf wird gestrafft und an das Beschwerdeverfahren im Zivilprozess angeglichen. Die Beschwerde findet grundsätzlich gegen alle im ersten Rechtszug ergangenen **End**entscheidungen der Amtsgerichte und Landgerichte statt.

Die Beschwerde unterliegt in allen Fällen einer Befristung, die regelmäßig einen Monat beträgt. Die bisherige Unterscheidung zwischen der einfachen (unbefristeten) und der sofortigen Beschwerde wird – wie im Zivilprozess – abgeschafft. Dies ermöglicht einen raschen rechtskräftigen Abschluss des Verfahrens, was wiederum ein höheres Maß an Rechtssicherheit für die Beteiligten bedeuten kann.⁹¹ Dem Gericht, dessen Entscheidung angefochten wird, wird – wie bei der ZPO-Beschwerde – die **Möglichkeit** eröffnet, der Beschwerde **abzuhelfen, sofern sich die Beschwerde nicht gegen eine Endentscheidung in einer Familiensache richtet**. Durch diese Änderung wird dem Gericht, dessen Entscheidung angefochten wird, die rasche Selbstkorrektur für alle Beschwerden ermöglicht, sofern das Gericht die Beschwerde für begründet hält. Dies dient sowohl der Beschleunigung des Verfahrens als auch der Entlastung des Beschwerdegerichts.⁹² **40**

In vermögensrechtlichen Angelegenheiten einschließlich der diesbezüglichen Kostengrundentscheidungen ist die Beschwerde nur statthaft, wenn der Beteiligte mit mehr als **600 EUR beschwert** ist. Dem Gericht des ersten Rechtszuges wird jedoch die Möglichkeit eröffnet, die Beschwerde zuzulassen, wenn der Rechtsstreit grundsätzliche Bedeutung hat. Dadurch können auch in vermögensrechtlichen Angelegenheiten Fragen von grundsätzlicher Bedeutung unabhängig vom Erreichen einer Mindestbeschwer höchstrichterlich entschieden werden.⁹³ **41**

Soweit das erstinstanzliche Gericht die Tatsachen bereits richtig und fehlerfrei festgestellt hat, kann das Beschwerdegericht von der Wiederholung der Verfahrenshandlungen im Beschwerdeverfahren absehen. Unnötige doppelte Beweisaufnahmen werden dadurch vermieden; die Durchführung eines Termins wird entbehrlich, wenn die Sache bereits in der ersten Instanz im erforderlichen Umfang mit den Beteiligten erörtert wurde. **42**

Die Beschwerden in Familiensachen werden – wie bisher die entsprechenden Berufungen – den Oberlandesgerichten zugewiesen. Für Beschwerden in personenbezogenen fG-Sachen bleiben im Interesse einer zeitnahen und effektiven Bearbei- **43**

---

90 BT-Drucks 16/6308, 166.
91 BT-Drucks 16/6308, 166.
92 BT-Drucks 16/6308, 166 f.
93 BT-Drucks 16/6308, 167.

tung – die es häufig erfordern, dass das Beschwerdegericht sich zu dem Betroffenen begibt – die Landgerichte zuständig.[94] Modifiziert wird die Beschwerdezuständigkeit jedoch für die übrigen fG-Sachen, insbesondere für Nachlass- und Registersachen; diese sind bei den Oberlandesgerichten konzentriert.

44

Hinweis

Durch die Einführung des „Großen Familiengerichts" und der damit verbundenen Erweiterung von erstinstanzlichen Zuständigkeiten wird gleichzeitig die Zuständigkeit des Beschwerdegerichts für darauf bezogene Beschwerde erweitert.

b) Rechtsbeschwerde (§§ 70 ff. FamFG)

45 Die weitere Beschwerde zum Oberlandesgericht wird abgeschafft und ersetzt durch die Rechtsbeschwerde zum BGH. Der Zugang zum Bundesgerichtshof als Rechtsvereinheitlichungsinstanz ist **als Rechtsmittel der Beteiligten ausgestaltet**.[95] Die Rechtsbeschwerde ist **im Grundsatz zulassungsabhängig**. Die Rechtsbeschwerde ist von dem Beschwerdegericht zuzulassen, wenn eine Entscheidung des Rechtsbeschwerdegerichts wegen der grundsätzlichen Bedeutung der Angelegenheit oder zur Vereinheitlichung oder zur Fortbildung des Rechts geboten ist. Der Bundesgerichtshof kann nunmehr in wesentlich stärkerem Ausmaß als bisher die Materien der freiwilligen Gerichtsbarkeit durch Leitentscheidungen prägen und fortentwickeln.[96] Der BGH ist an die Zulassung durch das Beschwerdegericht gebunden.[97] Zur Erleichterung zugelassener und aussichtsloser Rechtsbeschwerden sieht § 74a FamFG die Möglichkeit des einstimmigen Zurückweisungsbeschlusses nach dem Vorbild von § 552a ZPO vor.[98] Damit genügen nunmehr §§ 70, 74a FamFG dem verfassungsrechtlichen Gebot der Einzelfallgerechtigkeit, weil sie die Zurückweisung der Rechtsbeschwerde an den Erfolgsaussichten ausrichten.[99]

---

94 BT-Drucks 16/6308, 167.
95 BT-Drucks 16/6308, 167.
96 BT-Drucks 16/6308, 167.
97 Vgl. BT-Drucks 16/9733, 290; Bundesrat in: BT-Drucks 16/6308, 369; noch anders im Regierungsentwurf, der gerade vorsah, dass der BGH nicht an die Zulassung durch das Beschwerdegericht gebunden sein sollte (BT-Drucks 16/6308, 167 und 410).
98 BT-Drucks 16/9733, 290, vgl. zu § 552a ZPO auch: BT-Drucks 15/3482, 19; Fölsch, MDR 2004, 1029 (1034).
99 Vgl. dazu BVerfG NJW 1981, 39.

E. Wesentliche Reforminhalte im FamFG § 1

Hinweis 46

Eine Nichtzulassungsbeschwerde ist im FamFG nicht vorgesehen.

Wenn durch eine gerichtliche Entscheidung in höchstpersönliche Rechte der Beteiligten eingegriffen wird und freiheitsentziehende Maßnahmen angeordnet werden, steht eine weitere Überprüfungsmöglichkeit ohne weitere Zulassungsvoraussetzungen zur Verfügung.[100] 47

Ohne eine Zulassung durch das Beschwerdegericht ist die Rechtsbeschwerde nach § 70 Abs. 3 FamFG[101] statthaft in

- Betreuungssachen zur Bestellung eines Betreuers, zur Aufhebung einer Betreuung, zur Anordnung oder Aufhebung eines Einwilligungsvorbehalts
- Unterbringungssachen, soweit eine Unterbringung angeordnet wird
- Kindschaftssachen nach § 151 Nr. 6, 7 FamFG (Unterbringung Minderjähriger), soweit eine Unterbringung angeordnet wird
- Freiheitsentziehungssachen, soweit eine freiheitsentziehende Maßnahme angeordnet wird.

In diesen Sachen ist der BGH auch dann zur Entscheidung berufen, wenn die Angelegenheit keine grundsätzliche Bedeutung (im weiteren Sinne) hat. Die Rechtsbeschwerde dient allein der Einzelfallgerechtigkeit.

Hinweis 48

In den Rechtsbeschwerdeverfahren muss sich der Beteiligte in aller Regel durch einen beim Bundesgerichtshof zugelassenen Rechtsanwalt vertreten lassen (vgl. §§ 10, 114 FamFG).

c) Anfechtung von Neben- und Zwischenentscheidungen

Neben- und Zwischenentscheidungen sind nur dann anfechtbar, wenn dies im Gesetz ausdrücklich bestimmt ist.[102] Das Rechtsmittel gegen diese Entscheidung ist die sofortige Beschwerde in entsprechender Anwendung der §§ 567 bis 572 ZPO. 49

---

100 BT-Drucks 16/9733, 290; BT-Drucks 16/9831.
101 § 70 Abs. 3 FamFG hat durch das „FamFG-Berichtigungsgesetz" (Gesetz zur Modernisierung von Verfahren im anwaltlichen und notariellen Berufsrecht, zur Errichtung einer Schlichtungsstelle der Rechtsanwaltschaft sowie zur Änderung sonstiger Vorschriften; BT-Drucks 16/11385; BT-Drucks 16/12717) eine im Sinne des Willens des FGG-Reformgesetzgebers ausdrückliche Beschränkung auf freiheitsentziehende Maßnahmen erhalten. Zudem ist durch das „FamFG-Berichtigungsgesetz" der Anwendungsbereich der zulassungsfreien Rechtsbeschwerde auf die Kindschaftssachen nach § 151 Nr. 6, 7 FamFG erweitert worden.
102 Vgl. BT-Drucks 16/6308, 166.

§ 1 Grundlagen

Die Unterscheidung zwischen einem Hauptsacherechtsmittel und einem Rechtsmittel gegen Neben- und Zwischenentscheidungen entspricht der Systematik in den anderen Verfahrensordnungen und gleicht die freiwillige Gerichtsbarkeit an den allgemeinen Standard an.[103] Der Gesetzgeber hat allerdings nicht klargestellt, ob Beschwerdeentscheidungen mit der Rechtsbeschwerde anfechtbar sein sollen.

50   *Hinweis*

Entscheidungen in Zwischen- oder Nebenverfahren, die mit der sofortigen Beschwerde entsprechend §§ 567–572 ZPO anfechtbar sind, ergehen zum Beispiel über die Verfahrenskostenhilfe, Kostenfestsetzung, Ablehnung von Gerichtspersonen, Ablehnung der Hinzuziehung von Beteiligten, Berichtigung von Beschlüssen, Vollstreckung. Nicht immer eindeutig ist aber zu entscheiden, ob eine Entscheidung eine Endentscheidung oder aber nur eine Zwischen- oder Nebenentscheidung ist. Diese Interpretationsfrage wird vor allem dann relevant, wenn eine Auslegung als Neben- oder Zwischenentscheidung die Unanfechtbarkeit der Entscheidung zur Folge hätte, weil es an einem ausdrücklichen Verweis auf die §§ 567–572 ZPO fehlt.

7. Einstweiliger Rechtschutz (§ 49 FamFG)

51   Die einstweilige Anordnung in Familiensachen ist – anders als nach bisherigem Recht (§§ 620 ff. ZPO a.F.) – nicht mehr von der Anhängigkeit einer Hauptsache abhängig. Die Einleitung eines Hauptsacheverfahrens kann aber von einem Beteiligten erzwungen werden. Sind dagegen alle Beteiligten mit dem Ergebnis des einstweiligen Anordnungsverfahrens zufrieden, bedarf es – anders als nach geltendem Recht – eines Hauptsacheverfahrens nicht mehr. Die Vollstreckung, das Außerkrafttreten und die Anfechtung einer einstweiligen Anordnung orientieren sich inhaltlich an den bisherigen §§ 620 ff. ZPO a.F. Die Neuregelung ersetzt auch die ungeschriebene „vorläufige Anordnung" in der freiwilligen Gerichtsbarkeit.

52   *Hinweis*

Gebührenrechtlich sind die anwaltliche Tätigkeit im einstweiligen Anordnungsverfahren beziehungsweise im Hauptsacheverfahren verschiedene Angelegenheiten. Dieses ist nicht (mehr) in § 17 RVG geregelt, weil der Gesetzgeber die Verschiedenheit für jetzt selbstverständlich hält. In beiden Angelegenheiten verdient der Rechtsanwalt die Gebühren für eine gerichtliche Tätigkeit gesondert. Eine Anrechnung zwischen den jeweils entstandenen Verfahrensgebühren

---

103   BT-Drucks 16/6308, 166.

(Nr. 3100 VV RVG) in beiden gerichtlichen Verfahren findet insoweit nicht statt. Eine Anrechnung der außergerichtlichen Geschäftsgebühr (Nr. 2300 VV RVG) auf die Verfahrensgebühr (Nr. 3100 VV RVG) im einstweiligen Anordnungsverfahren gemäß Vorbem. 3 Abs. 4 VV RVG findet nur statt, wenn auch der Gegenstand der außergerichtlichen Tätigkeit auf die einstweilige Sicherung oder Regelung von Rechten gerichtet war.[104]

8. Verfahrenskostenhilfe (§§ 76 ff. FamFG)

Das FGG-Reformgesetz enthält einige wenige spezielle Vorschriften über die Bewilligung von Verfahrenskostenhilfe, verweist im Übrigen auf §§ 114 ff. ZPO.[105] Die Beiordnung eines Rechtsanwaltes ist künftig nicht mehr schon deswegen geboten, wenn ein anderer Beteiligter anwaltlich vertreten ist; die Sicherung der Chancengleichheit aller Beteiligten gewährleiste in fG-Verfahren nach Ansicht des Gesetzgebers die gerichtliche Verfahrensführung mit der Verpflichtung, den Sachverhalt von Amts wegen aufzuklären. Der Beteiligte hat aber dann einen Anspruch auf Beiordnung eines Rechtsanwaltes, wenn er das Verfahren wegen der Schwierigkeit der Sach- und Rechtslage nicht selbst führen kann (§ 78 Abs. 2 FamFG). Das FGG-Reformgesetz erweitert die Möglichkeiten des Gerichts bei der Feststellung der persönlichen und wirtschaftlichen Verhältnisse. Die diesbezüglichen Angaben des Antragstellers können künftig dem Antragsgegner zugeleitet werden, wenn zwischen den Beteiligten ein materiell-rechtlicher Auskunftsanspruch über Einkünfte und Vermögen besteht (§ 117 Abs. 2 ZPO). Der Antragsteller ist vor der Übermittlung seiner Daten zu hören.

53

9. Kosten (§§ 80 ff. FamFG)

Das FGG-Reformgesetz sieht vor, dem Gericht die Möglichkeit zu eröffnen, den Beteiligten die Kosten des Verfahrens umfassend nach den Grundsätzen billigen Ermessens aufzuerlegen. Dem Gericht wird das Ermessen eingeräumt, die Kosten abweichend vom Ausgang des Verfahrens unter Würdigung des Verfahrensverhaltens der Beteiligten zu verteilen. Um den Beteiligten eine Überprüfung dieser Ermessensausübung zu eröffnen, gibt es kein Verbot der isolierten Anfechtung der Kostenentscheidung für den Bereich der freiwilligen Gerichtsbarkeit.

54

---

104 Vgl. auch BGH v. 12.3.2009 – IX ZR 10/08; BGH NJW 2008, 1744; hingegen BGH v. 2.12.2008 – I ZB 30/08; KG v. 7.10.2008 – 27 W 123/08; OLG Frankfurt NJOZ 2008, 3478.
105 Vgl. BT-Drucks 16/9733, 291.

10. Vollstreckung (§§ 86 ff. FamFG)

55 Die grundlegend neu gestalteten Vollstreckungsvorschriften treffen eine umfassende Regelung, die an den spezifischen Erfordernissen der Vollstreckung in Rechtsfürsorgeangelegenheiten ausgerichtet ist. Das FamFG verweist dabei – soweit möglich – auf die Vorschriften der ZPO. § 86 FamFG stellt klar, aufgrund welcher Titel eine Vollstreckung stattfinden kann und § 88 FamFG, welches Gericht in Umgangs- und Herausgabesachen die Vollstreckung betreibt. Des Weiteren regelt § 87 FamFG das Verfahren bei der Vollstreckung, insbesondere wann die Vollstreckung von Amts wegen oder auf Antrag erfolgt und welches Rechtsmittel im Vollstreckungsverfahren statthaft ist. Durch die weit gefasste Bezugnahme auf die Regeln der ZPO erweitert das FGG-Reformgesetz die möglichen Vollstreckungsmaßnahmen, derer sich das Gericht bedienen kann. Es wird die Möglichkeit eingeführt, bei vertretbaren Handlungen eine Ersatzvornahme vornehmen zu lassen; bei Titeln, die auf die Herausgabe einer Sache lauten, kann das Gericht künftig neben der Festsetzung von Zwangsmitteln die Herausgabe der Sache anordnen. Die Vollstreckung von Sorge- und Umgangsentscheidungen wird schneller und effektiver ausgestaltet. Bei Verstößen gegen Verpflichtungen aus **Entscheidungen zum Aufenthaltsbestimmungs- und Umgangsrecht sowie zur Kindesherausgabe** werden künftig **nicht mehr Zwangsmittel, sondern Ordnungsmittel** verhängt (§ 89 FamFG). Diese können – anders als Zwangsmittel – auch noch nach Ablauf der Verpflichtung wegen Zeitablaufs (z.B. Herausgabe des Kindes über die Feiertage) festgesetzt und vollstreckt werden. Eine separate Androhung von Vollstreckungsmaßnahmen findet nicht mehr statt; des Weiteren wird klargestellt, dass auch Einigungsversuche der Eltern im Rahmen eines Vermittlungsverfahrens der Vollstreckung nicht entgegenstehen.

11. Großes Familiengericht; Auflösung des Vormundschaftsgerichts (§§ 151, 186, 210, 266 FamFG, § 23b GVG)

56 Der Kreis der Familiensachen (vgl. bisher § 23b Abs. 1 S. 2 GVG a.F.) wird durch das FamFG (§§ 151, 266 FamFG) in mehrfacher Hinsicht erweitert:[106] Ein Teil der Verfahren, für die bislang das Vormundschaftsgericht zuständig war, wird zu Familiensachen, z.B. Verfahren, die die Vormundschaft, die Pflegschaft für Minderjährige oder die Adoption betreffen (§§ 151 Nr. 4, 5, 186 FamFG). Auch diejenigen Verfahren nach §§ 1, 2 des Gewaltschutzgesetzes, für die bislang das Zivilgericht

---

106 Vgl. Borth, FamRZ 2007, 1925 (1927); Borth, FamRZ 2009, 157 (159); Fölsch, SchlHA 2009, 35; Wever, FF 2008, 399; Büte, FuR 2009, 121.

zuständig war, werden zu Familiensachen (§ 210 FamFG). Bestimmte Zivilrechtsstreitigkeiten, die eine besondere Nähe zu familienrechtlich geregelten Rechtsverhältnissen aufweisen oder die in engem Zusammenhang mit der Auflösung eines solchen Rechtsverhältnisses stehen, werden ebenfalls Familiensachen. Ordnungskriterium ist dabei allein die **Sachnähe** des Familiengerichts zum Verfahrensgegenstand.[107] Im Interesse aller Beteiligten ist es dem Familiengericht möglich, alle durch den sozialen Verband von Ehe und Familie sachlich verbundenen Rechtsstreitigkeiten zu entscheiden. Auf diese Weise werden ineffektive und zudem alle Beteiligten belastende Verfahrensverzögerungen, Aussetzungen und Mehrfachbefassung von Gerichten vermieden.[108] Daher fallen künftig im Grundsatz alle vermögensrechtlichen Rechtsstreitigkeiten, deren Ergebnis für den Unterhalts- oder Zugewinnausgleichsprozess von Bedeutung sein kann, in die Zuständigkeit des Familiengerichts. Dies betrifft zum Beispiel Streitigkeiten über den Gesamtschuldnerausgleich unter Ehegatten, über die Auseinandersetzung einer Ehegattengesellschaft und Streitigkeiten um die Rückgewähr ehebedingter Zuwendungen.

57 Das Vormundschaftsgericht ist aufgelöst. Die Vormundschaft betrifft nur noch Minderjährige. Sie ist Ersatz für die elterliche Sorge und gehört deshalb sachlich in die Zuständigkeit des Familiengerichts und nicht mehr in die des Vormundschaftsgerichts. Die Adoptionssachen wie auch die beim Vormundschaftsgericht verbliebenen Zuständigkeiten im Bereich der religiösen Kindererziehung sind in den sachlichen Aufgabenkatalog des Großen Familiengerichts überführt. Diejenigen vormundschaftsgerichtlichen Zuständigkeiten, die nicht zu Familiensachen werden, gehen im Wesentlichen auf das neu zu schaffende **Betreuungsgericht** über.

12. Kindschaftssachen (§§ 151 ff. FamFG)

58 Unter den Begriff der Kindschaftssachen fallen nach dem FGG-Reformgesetz Verfahren, die die elterliche Sorge, das Umgangsrecht, die Kindesherausgabe, die Vormundschaft, die Pflegschaft für Minderjährige, die freiheitsentziehende Unterbringung Minderjähriger sowie die familiengerichtlichen Aufgaben nach dem JGG betreffen. Der Rechtsbegriff der Kindschaftssachen wird in dem genannten Sinne neu definiert. Neu vorgesehen sind gesetzliche Vorkehrungen zur Beschleunigung bestimmter Verfahren, die die Person des Kindes betreffen, wie etwa ein **ausdrück-**

---

107 BT-Drucks 16/6308, 169.
108 BT-Drucks 16/6308, 169.

liches Vorrang- und Beschleunigungsgebot, ein früher erster Termin, der einen Monat nach Eingang der Antragschrift stattfinden soll, und eine obligatorische Fristbestimmung bei Einholung eines schriftlichen Sachverständigengutachtens. Das Gericht kann anordnen, dass der Sachverständige auch auf ein Einvernehmen zwischen den Eltern hinwirken soll (**lösungsorientiertes Gutachten**). An Stelle der Bezeichnung „Verfahrenspfleger" tritt für das familiengerichtliche Verfahren der Begriff „Verfahrensbeistand". Dessen Aufgaben und Befugnisse werden deutlicher als bisher umschrieben. Im BGB wird die ausdrücklich Möglichkeit der Bestellung eines **Umgangspflegers** vorgesehen.

59 *Hinweis*

Das Familiengericht kann nach § 1684 Abs. 3 FamFG eine Pflegschaft zur Durchführung des Umgangs anordnen, wenn Eltern die Pflicht, alles zu unterlassen, was das Verhältnis des Kindes zum jeweils anderen Elternteil beeinträchtigt oder die Erziehung erschwert, dauerhaft oder wiederholt erheblich verletzen.

13. Gewaltschutzsachen (§§ 210 ff. FamFG)

60 Sämtliche Gewaltschutzsachen sind nach dem FGG-Reformgesetz FamFG-Sachen. Mit der Vereinheitlichung der Zuständigkeit ist auch ein einheitliches Verfahrensrecht vorgesehen; alle Gewaltschutzsachen sind fG-Familiensachen.

61 *Hinweis*

Das FamFG differenziert für die Zuständigkeit nicht mehr nach der gemeinsamen Haushaltsführung in einem bestimmten Zeitraum vor Antragstellung. Das Familiengericht ist für sämtliche Gewaltschutzsachen zuständig, auch für solche, die keinerlei familienrechtlichen Charakter im eigentlichen Sinne aufweisen. Es gilt somit für alle Gewaltschutzsachen der Amtsermittlungsgrundsatz.

14. Unterhaltssachen (§§ 231 ff. FamFG)

62 Es gibt zwei Gruppen von Unterhaltssachen:
- Unterhaltssachen, auf die die wesentlichen Verfahrensvorschriften der ZPO anwendbar sind, die also zur Kategorie der Familienstreitsachen gehören. Dies sollen im Wesentlichen die in § 621 Abs. 1 Nr. 4, 5 und 11 ZPO a.F. genannten Verfahren sein, also der quantitativ weit überwiegende Teil der Unterhaltssachen.

- Unterhaltssachen der freiwilligen Gerichtsbarkeit nach dem Bundeskindergeldgesetz und Einkommensteuergesetz.

Für die erstgenannte Gruppe von Unterhaltssachen sind einige besondere Verfahrensregeln vorgesehen: Die Vorschrift zur Einholung von **Auskünften** bei Beteiligten oder Dritten (bislang § 643 ZPO a.F.) ist neu gefasst. Anders als bisher ist das Gericht unter bestimmten Umständen zur Einholung der Auskünfte bei einem Beteiligten oder Dritten verpflichtet. Weiterhin ist die Schaffung spezieller Regelungen über die **Abänderung von Unterhaltstiteln** vorgesehen, die sich an § 323 ZPO a.F. orientieren. Jedoch erfolgt eine stärkere **Aufgliederung nach der Art des abzuändernden Titels**. Bei der Zeitgrenze (§ 323 Abs. 3 ZPO a.F.) wird die auf Herabsetzung gerichtete Abänderungsklage mit der Klage auf Erhöhung des Unterhaltsbetrages im Wesentlichen gleichgestellt.

Für die einstweilige Anordnung in Unterhaltssachen sind Neuerungen vorgesehen. Das vereinfachte Verfahren über den Unterhalt Minderjähriger bleibt beibehalten.

Hinweis

In den Unterhaltsverfahren besteht nach § 114 FamFG regelmäßig Anwaltszwang vor dem Familiengericht, dem Oberlandesgericht und dem BGH.

15. Güterrechtssachen (§§ 261 ff. FamFG)

Es gibt zwei Gruppen von Güterrechtssachen:

- Güterrechtssachen, auf die die wesentlichen Verfahrensvorschriften der ZPO anwendbar sind, die also zur Kategorie der Familienstreitsachen gehören. Dies sind im Wesentlichen die in § 621 Abs. 1 Nr. 8 ZPO a.F. genannten Verfahren sein, also der quantitativ weit überwiegende Teil der Güterrechtssachen.[109]
- Güterrechtssachen der freiwilligen Gerichtsbarkeit. Hierunter fallen Verfahren nach §§ 1382, 1383 BGB, aber auch einige weitere weniger bedeutsame Verfahren aus dem Recht des gesetzlichen Güterstandes und der Gütergemeinschaft.[110]

---

[109] BT-Drucks 16/6308, 170.
[110] BT-Drucks 16/6308, 170.

16. Sonstige Familiensachen (§§ 266 ff. FamFG)

65 Es gibt zwei Gruppen von sonstigen Familiensachen:
- Sonstige Familiensachen, auf die die wesentlichen Verfahrensvorschriften der ZPO anwendbar sind, die also zur Kategorie der Familienstreitsachen gehören. Hierunter fallen bestimmte Zivilrechtsstreitigkeiten, die eine besondere Nähe zu familienrechtlich geregelten Rechtsverhältnissen (Verlöbnis, Ehe) aufweisen oder die in engem Zusammenhang mit der Auflösung eines solchen Rechtsverhältnisses stehen (Verteilung gemeinschaftlicher Verbindlichkeiten oder gemeinsamen Eigentums, Ausgleich von Zuwendungen usw.)[111]
- Verfahren der freiwilligen Gerichtsbarkeit. Hierzu gehören beispielsweise Verfahren nach § 1357 Abs. 2 BGB.[112]

17. Betreuungs- (§§ 271 ff. FamFG) und Unterbringungssachen (§§ 312 ff. FamFG)

66 Das in Buch 3 FamFG geregelte Verfahren in Betreuungs- und Unterbringungssachen tritt an die Stelle des 2. Abschnitts des FGG a.F.[113] Für diese Verfahren wird der bisherige Regelungsgehalt des FGG grundsätzlich erhalten. Damit enthält Buch 3 FamFG keine grundlegende Neuausrichtung des Verfahrens in Betreuungs- und Unterbringungssachen. Änderungen in diesen Verfahren resultieren im Wesentlichen aus der Anpassung zu den Vorschriften im Allgemeinen Teil des FamFG.

18. Nachlass- und Teilungssachen (§§ 342 ff. FamFG)

67 Das FGG-Reformgesetz passt in Buch 4 FamFG die bisherigen FGG-Vorschriften über Nachlass- und Teilungssachen an die Systematik des FamFG an. Die Verfahrensvorschriften in Teilungssachen werden inhaltlich weitgehend unverändert übernommen. Dagegen sind im Nachlassverfahren einige grundlegende Änderungen enthalten: Um den Beteiligtenkreis in den verschiedenen nachlassrechtlichen Verfahren überschaubar zu halten, wird für einzelne Nachlassverfahren eine die Regelungen des Allgemeinen Teils ergänzende Definition des Beteiligtenbegriffs aufgenommen. Die Bestimmungen über die besondere amtliche Verwahrung von Verfügungen von Todes wegen wurden neu strukturiert. Aus dem BGB wurden die verfahrensrechtlichen Vorschriften über die Eröffnung von Verfügungen von Todes

---

111 BT-Drucks 16/6308, 170.
112 BT-Drucks 16/6308, 170.
113 Vgl. hierzu: Sonnenfeld, Rpfleger 2009, 361.

wegen übernommen und angepasst. Ergänzt werden außerdem die Vorschriften über die Anfechtung der Kraftloserklärung von Erbscheinen und sonstigen Zeugnissen. Neu sind die Vorschriften über die Entscheidung über einen Erbscheinsantrag und ihre Wirksamkeit. Künftig geht der Erteilung des Erbscheins einheitlich ein Beschluss voraus (§ 352 FamFG). Um unstreitige Verfahren zügig abwickeln zu können, ist vorgesehen, dass der Beschluss mit Erlass wirksam wird und dessen Bekanntgabe nicht erforderlich ist. In streitigen Verfahren ist dagegen die sofortige Wirksamkeit auszusetzen und die Erteilung des Erbscheins bis zur Rechtskraft des Beschlusses zurückzustellen. Dieses Verfahren ersetzt den von der Gerichtspraxis in streitigen Fällen regelmäßig erlassenen Vorbescheid. Weitgehend verzichtet wird auf die bisherigen Regelungen zur Erzwingung der Ablieferung von Testamenten (§ 83 FGG), die zukünftig von den Vorschriften zur Vollstreckung im Allgemeinen Teil abgedeckt sind. Gleiches gilt für eine Reihe von Normen, die Sonderregelungen zum Beschwerdeverfahren für bestimmte nachlassrechtliche Entscheidungen enthalten.

19. Registersachen und unternehmensrechtliche Verfahren (§§ 374 ff. FamFG)

68 Das FGG-Reformgesetz fasst in Buch 5 FamFG die bisher im 7. Abschnitt des FGG a.F. enthaltenen Regelungen zu den Handelssachen sowie die im 8. Abschnitt befindlichen Vorschriften für die Vereins- und Partnerschaftssachen und das Güterrechtsregister zusammen.[114] Für die einzelnen Register sowie die Handelssachen enthalten die Vorschriften keine grundlegenden Änderungen zum bisherigen Recht. Soweit die Vorschriften des FamFG AT nicht uneingeschränkt auf das Registerverfahren übertragbar sind – etwa zur Form der Entscheidung über einen Eintragungsantrag und zum Wirksamwerden – wurden Sondervorschriften aufgenommen. Geregelt wird außerdem die von der Rechtsprechung anerkannte Anfechtbarkeit der Zwischenverfügung in Handels-, Genossenschafts-, Partnerschafts- und Vereinsregistersachen.

20. Freiheitsentziehungssachen (§§ 415 ff. FamFG)

69 Das Buch 7 FamFG regelt das Verfahren in Freiheitsentziehungssachen und tritt an die Stelle des Gesetzes über das gerichtliche Verfahren bei Freiheitsentziehungen

---

114 Vgl. hierzu: Heinemann, FGPrax 2009, 1; Krafka, NZG 2009, 650; Ries, NZG 2009, 654.

(FrhEntzG a.F.).[115] Der Regelungsinhalt des bisherigen Gesetzes ist grundsätzlich erhalten geblieben.

21. Aufgebotsverfahren (§§ 433 ff. FamFG)

70 Buch 8 FamFG enthält das aus der ZPO übernommene Aufgebotsverfahren. Der Regelungsgehalt der bisherigen Vorschriften (§§ 946–1024 ZPO a.F.) und ihre Verknüpfung mit dem materiellen Recht sind weitgehend beibehalten. Bei dem Aufgebotsverfahren handelt es sich seiner Struktur nach nicht um ein kontradiktorisches Verfahren des Zivilprozesses zwischen zwei Parteien, in dem diese den Verfahrensgegenstand bestimmen und in dem rechtskräftig über materielle Rechte entschieden wird.[116] Das Aufgebotsverfahren stellt vielmehr ein nichtstreitiges Verfahren dar, das seinem rechtsgestaltenden Wesen nach zu den Kernverfahren der freiwilligen Gerichtsbarkeit gehört.[117] Die Einstellung des Aufgebotsverfahrens in das FamFG betont dessen Charakter als nichtstreitiges und rechtsgestaltendes Verfahren in besonderer Weise.[118] Mit der Umgestaltung in ein Verfahren der freiwilligen Gerichtsbarkeit wird das Aufgebotsverfahren erheblich gestrafft. Hierzu trägt vor allem der Wegfall des Aufgebotstermins bei. In der Praxis erscheinen die Beteiligten zu dem anberaumten Aufgebotstermin in aller Regel nicht.[119] Die Ersetzung des Aufgebotstermins durch ein Anmeldeverfahren, wie es auch bei anderen Aufgebotsverfahren im Bereich der freiwilligen Gerichtsbarkeit seit langem mit Erfolg praktiziert wird (etwa nach §§ 19 ff. VerschG, §§ 120 ff. GBO), ist zur Wahrung der Rechte der Beteiligten erforderlich und ausreichend. Dem Gericht bleibt es nach § 32 Abs. 1 S. 1 FamFG unbenommen, die Sache mit den Beteiligten jederzeit in einem Termin zu erörtern, wenn dies aufgrund der Schwierigkeit der Sach- und Rechtslage im Einzelfall geboten erscheint. Der Wegfall des Urteilsverfahrens und seine Ersetzung durch ein Beschlussverfahren unterstreicht die Nichtförmlichkeit des nichtstreitigen Aufgebotsverfahrens und entlastet durch den Wegfall erforderlicher Zustellungen die Geschäftsstellen der Gerichte.[120] Mit der Umwandlung des Aufgebotsverfahrens in ein Verfahren der freiwilligen Gerichtsbarkeit geht auch die Harmonisierung der Rechtsmittelvorschriften einher.

---

115 Vgl. hierzu: Jennissen, FGPrax 2009, 93.
116 BT-Drucks 16/6308, 171.
117 BT-Drucks 16/6308, 171.
118 BT-Drucks 16/6308, 171.
119 BT-Drucks 16/6308, 172.
120 BT-Drucks 16/6308, 172.

III. Aufbau und Regelungstechnik des FamFG

Das Verfahren in Familiensachen und in Verfahren über die Angelegenheiten der freiwilligen Gerichtsbarkeit sind in einem einheitlichen Gesetz, dem FamFG, geregelt.

71

Das FamFG enthält in seinem **Buch 1** einen Allgemeinen Teil mit einer erhöhten Regelungsdichte. Der Allgemeine Teil gilt auch für die weiteren Bücher des FamFG, damit auch für die Familiensachen im Sinne des Buchs 2 FamFG. Über § 1 FamFG gilt der Allgemeine Teil darüber hinaus für alle Angelegenheiten, die durch Bundes- oder Landesgesetz den Gerichten der freiwilligen Gerichtsbarkeit übertragen sind. Das FamFG AT besteht aus neun Abschnitten und beginnt im Abschnitt 1 mit allgemeinen Vorschriften. Es folgen Abschnitte über das Verfahren im ersten Rechtszug, den Beschluss, die einstweilige Anordnung, Rechtsmittel, Verfahrenskostenhilfe, Kosten, Vollstreckung und Verfahren mit Auslandsbezug.

72

Die Bücher 2 bis 6 des FamFG erfassen den bisher im FGG a.F. geregelten Kernbereich der freiwilligen Gerichtsbarkeit. **Buch 2** enthält das Verfahren in Familiensachen unter Einbeziehung der bisher in Buch 6 der ZPO geregelten Materien. Das Buch 2 besteht aus 12 Abschnitten und beginnt im ersten Abschnitt mit allgemeinen Vorschriften, die grundsätzlich auch für die weiteren Abschnitte des Buchs 2 FamFG gelten. Nach einer Definition der Familiensachen in § 111 FamFG beschreibt § 112 FamFG den Begriff der Familienstreitsachen. Die weiteren Vorschriften, insbesondere § 113 und § 117 FamFG, enthalten für Familienstreitsachen und Ehesachen Verweisungen auf die ZPO sowie eigene Sondervorschriften. In den Abschnitten 2–12 werden dann einzelne Familiensachen behandelt. Alle Abschnitte beginnen mit einer Definition der jeweiligen Familiensache. Es schließen sich Vorschriften über die örtliche Zuständigkeit, die Abgabe und bei bestimmten Familiensachen eine Ergänzung zu dem Beteiligtenbegriff des FamFG AT an. Sodann folgen Verfahrensregelungen verschiedener Art.

73

Buch 3 des FamFG enthält das Verfahren in Betreuungs- und Unterbringungssachen, Buch 4 das Verfahren in Nachlasssachen und Buch 5 das Verfahren in Registersachen sowie unternehmensrechtliche Verfahren (bisher: Handelssachen). In Buch 6 wird das Verfahren in weiteren Angelegenheiten der freiwilligen Gerichtsbarkeit geregelt. Neu aufgenommen wurden in Buch 7 das Verfahren in Freiheitsentziehungssachen, das bisher in einem eigenen Gesetz niedergelegt war, und in Buch 8 das Aufgebotsverfahren, das bisher in Buch 9 der ZPO enthalten war. Buch 9 enthält Schlussvorschriften.

74

§ 1 Grundlagen

IV. Inhaltsübersicht des FamFG

75 Um die Struktur des FamFG kennenzulernen und einen ersten Überblick zu gewinnen, wo welche Vorschriften zu finden sind, ist nachfolgend eine Inhaltsübersicht über das FamFG gegeben. Dabei geht es aber nur um solche Vorschriften, die familienverfahrensrechtlichen Einschlag haben können.

Buch 1   Allgemeiner Teil

Abschnitt 1   Allgemeine Vorschriften

§ 1 Anwendungsbereich

§ 2 Örtliche Zuständigkeit

§ 3 Verweisung bei Unzuständigkeit

§ 4 Abgabe an ein anderes Gericht

§ 5 Gerichtliche Bestimmung der Zuständigkeit

§ 6 Ausschließung und Ablehnung der Gerichtspersonen

§ 7 Beteiligte

§ 8 Beteiligtenfähigkeit

§ 9 Verfahrensfähigkeit

§ 10 Bevollmächtigte

§ 11 Verfahrensvollmacht

§ 12 Beistand

§ 13 Akteneinsicht

§ 14 Elektronische Akte; elektronisches Dokument

§ 15 Bekanntgabe; formlose Mitteilung

§ 16 Fristen

§ 17 Wiedereinsetzung in den vorigen Stand

§ 18 Antrag auf Wiedereinsetzung

§ 19 Entscheidung über die Wiedereinsetzung

§ 20 Verfahrensverbindung und -trennung

§ 21 Aussetzung des Verfahrens

§ 22 Antragsrücknahme; Beendigungserklärung

§ 22a Mitteilungen an die Familien- und Betreuungsgerichte

E. Wesentliche Reforminhalte im FamFG — § 1

Abschnitt 2   Verfahren im ersten Rechtszug

§ 23 Verfahrenseinleitender Antrag
§ 24 Anregung des Verfahrens
§ 25 Anträge und Erklärungen zur Niederschrift der Geschäftsstelle
§ 26 Ermittlung von Amts wegen
§ 27 Mitwirkung der Beteiligten
§ 28 Verfahrensleitung
§ 29 Beweiserhebung
§ 30 Förmliche Beweisaufnahme
§ 31 Glaubhaftmachung
§ 32 Termin
§ 33 Persönliches Erscheinen der Beteiligten
§ 34 Persönliche Anhörung
§ 35 Zwangsmittel
§ 36 Vergleich
§ 37 Grundlage der Entscheidung

Abschnitt 3   Beschluss

§ 38 Entscheidung durch Beschluss
§ 39 Rechtsbehelfsbelehrung
§ 40 Wirksamwerden
§ 41 Bekanntgabe des Beschlusses
§ 42 Berichtigung des Beschlusses
§ 43 Ergänzung des Beschlusses
§ 44 Abhilfe bei Verletzung des Anspruchs auf rechtliches Gehör
§ 45 Formelle Rechtskraft
§ 46 Rechtskraftzeugnis
§ 47 Wirksam bleibende Rechtsgeschäfte
§ 48 Abänderung und Wiederaufnahme

Abschnitt 4   Einstweilige Anordnung

§ 49 Einstweilige Anordnung
§ 50 Zuständigkeit
§ 51 Verfahren

§ 1 Grundlagen

§ 52 Einleitung des Hauptsacheverfahrens
§ 53 Vollstreckung
§ 54 Aufhebung oder Änderung der Entscheidung
§ 55 Aussetzung der Vollstreckung
§ 56 Außerkrafttreten
§ 57 Rechtsmittel

Abschnitt 5   Rechtsmittel

Unterabschnitt 1   Beschwerde

§ 58 Statthaftigkeit der Beschwerde
§ 59 Beschwerdeberechtigte
§ 60 Beschwerderecht Minderjähriger
§ 61 Beschwerdewert; Zulassungsbeschwerde
§ 62 Statthaftigkeit der Beschwerde nach Erledigung der Hauptsache
§ 63 Beschwerdefrist
§ 64 Einlegung der Beschwerde
§ 65 Beschwerdebegründung
§ 66 Anschlussbeschwerde
§ 67 Verzicht auf die Beschwerde; Rücknahme der Beschwerde
§ 68 Gang des Beschwerdeverfahrens
§ 69 Beschwerdeentscheidung

Unterabschnitt 2   Rechtsbeschwerde

§ 70 Statthaftigkeit der Rechtsbeschwerde
§ 71 Frist und Form der Rechtsbeschwerde
§ 72 Gründe der Rechtsbeschwerde
§ 73 Anschlussrechtsbeschwerde
§ 74 Entscheidung über die Rechtsbeschwerde
§ 74a Zurückweisungsbeschluss
§ 75 Sprungrechtsbeschwerde

Abschnitt 6   Verfahrenskostenhilfe

§ 76 Voraussetzungen
§ 77 Bewilligung

§ 78 Beiordnung eines Rechtsanwalts
§ 79 (entfallen)

Abschnitt 7 Kosten

§ 80 Umfang der Kostenpflicht
§ 81 Grundsatz der Kostenpflicht
§ 82 Zeitpunkt der Kostenentscheidung
§ 83 Kostenpflicht bei Vergleich, Erledigung und Rücknahme
§ 84 Rechtsmittelkosten
§ 85 Kostenfestsetzung

Abschnitt 8 Vollstreckung

Unterabschnitt 1 Allgemeine Vorschriften

§ 86 Vollstreckungstitel
§ 87 Verfahren; Beschwerde

Unterabschnitt 2 Vollstreckung von Entscheidungen über die Herausgabe von Personen und die Regelung des Umgangs

§ 88 Grundsätze
§ 89 Ordnungsmittel
§ 90 Anwendung unmittelbaren Zwangs
§ 91 Richterlicher Durchsuchungsbeschluss
§ 92 Vollstreckungsverfahren
§ 93 Einstellung der Vollstreckung
§ 94 Eidesstattliche Versicherung

Unterabschnitt 3 Vollstreckung nach der Zivilprozessordnung

§ 95 Anwendung der Zivilprozessordnung
§ 96 Vollstreckung in Verfahren nach dem Gewaltschutzgesetz und in Ehewohnungssachen
§ 96a Vollstreckung in Abstammungssachen

§ 1 Grundlagen

Abschnitt 9 Verfahren mit Auslandsbezug

Unterabschnitt 1 Verhältnis zu völkerrechtlichen Vereinbarungen und Rechtsakten der Europäischen Gemeinschaft

§ 97 Vorrang und Unberührtheit

Unterabschnitt 2 Internationale Zuständigkeit

§ 98 Ehesachen; Verbund von Scheidungs- und Folgesachen
§ 99 Kindschaftssachen
§ 100 Abstammungssachen
§ 101 Adoptionssachen
§ 102 Versorgungsausgleichssachen
§ 103 Lebenspartnerschaftssachen
§ 104 Betreuungs- und Unterbringungssachen; Pflegschaft für Erwachsene
§ 105 Andere Verfahren
§ 106 Keine ausschließliche Zuständigkeit

Unterabschnitt 3 Anerkennung und Vollstreckbarkeit ausländischer Entscheidungen

§ 107 Anerkennung ausländischer Entscheidungen in Ehesachen
§ 108 Anerkennung anderer ausländischer Entscheidungen
§ 109 Anerkennungshindernisse
§ 110 Vollstreckbarkeit ausländischer Entscheidungen

Buch 2 Verfahren in Familiensachen

Abschnitt 1 Allgemeine Vorschriften

§ 111 Familiensachen
§ 112 Familienstreitsachen
§ 113 Anwendung von Vorschriften der Zivilprozessordnung
§ 114 Vertretung durch einen Rechtsanwalt; Vollmacht
§ 115 Zurückweisung von Angriffs- und Verteidigungsmitteln
§ 116 Entscheidung durch Beschluss; Wirksamkeit
§ 117 Rechtsmittel in Ehe- und Familienstreitsachen
§ 118 Wiederaufnahme

§ 119 Einstweilige Anordnung und Arrest
§ 120 Vollstreckung

Abschnitt 2   Verfahren in Ehesachen; Verfahren in Scheidungssachen und Folgesachen

Unterabschnitt 1   Verfahren in Ehesachen

§ 121 Ehesachen
§ 122 Örtliche Zuständigkeit
§ 123 Abgabe bei Anhängigkeit mehrerer Ehesachen
§ 124 Antrag
§ 125 Verfahrensfähigkeit
§ 126 Mehrere Ehesachen; Ehesachen und andere Verfahren
§ 127 Eingeschränkte Amtsermittlung
§ 128 Persönliches Erscheinen der Ehegatten
§ 129 Mitwirkung der Verwaltungsbehörde oder dritter Personen
§ 130 Säumnis der Beteiligten
§ 131 Tod eines Ehegatten
§ 132 Kosten bei Aufhebung der Ehe

Unterabschnitt 2   Verfahren in Scheidungssachen und Folgesachen

§ 133 Inhalt der Antragsschrift
§ 134 Zustimmung zur Scheidung und zur Rücknahme, Widerruf
§ 135 Außergerichtliche Streitbeilegung über Folgesachen
§ 136 Aussetzung des Verfahrens
§ 137 Verbund von Scheidungs- und Folgesachen
§ 138 Beiordnung eines Rechtsanwalts
§ 139 Einbeziehung weiterer Beteiligter und dritter Personen
§ 140 Abtrennung
§ 141 Rücknahme des Scheidungsantrags
§ 142 Einheitliche Endentscheidung; Abweisung des Scheidungsantrags
§ 143 Einspruch
§ 144 Verzicht auf Anschlussrechtsmittel
§ 145 Befristung von Rechtsmittelerweiterung und Anschlussrechtsmittel
§ 146 Zurückverweisung

§ 1 Grundlagen

§ 147 Erweiterte Aufhebung
§ 148 Wirksamwerden von Entscheidungen in Folgesachen
§ 149 Erstreckung der Bewilligung von Verfahrenskostenhilfe
§ 150 Kosten in Scheidungssachen und Folgesachen

Abschnitt 3   Verfahren in Kindschaftssachen

§ 151 Kindschaftssachen
§ 152 Örtliche Zuständigkeit
§ 153 Abgabe an das Gericht der Ehesache
§ 154 Verweisung bei einseitiger Änderung des Aufenthalts des Kindes
§ 155 Vorrang- und Beschleunigungsgebot
§ 156 Hinwirken auf Einvernehmen
§ 157 Erörterung der Kindeswohlgefährdung; einstweilige Anordnung
§ 158 Verfahrensbeistand
§ 159 Persönliche Anhörung des Kindes
§ 160 Anhörung der Eltern
§ 161 Mitwirkung der Pflegeperson
§ 162 Mitwirkung des Jugendamts
§ 163 Fristsetzung bei schriftlicher Begutachtung; Inhalt des Gutachtenauftrags; Vernehmung des Kindes
§ 164 Bekanntgabe der Entscheidung an das Kind
§ 165 Vermittlungsverfahren
§ 166 Abänderung und Überprüfung von Entscheidungen und gerichtlich gebilligten Vergleichen
§ 167 Anwendbare Vorschriften bei Unterbringung Minderjähriger
§ 168 Beschluss über Zahlungen des Mündels
§ 168a Mitteilungspflichten des Standesamts

Abschnitt 4   Verfahren in Abstammungssachen

§ 169 Abstammungssachen
§ 170 Örtliche Zuständigkeit
§ 171 Antrag
§ 172 Beteiligte
§ 173 Vertretung eines Kindes durch einen Beistand
§ 174 Verfahrensbeistand

E. Wesentliche Reforminhalte im FamFG § 1

§ 175 Erörterungstermin; persönliche Anhörung
§ 176 Anhörung des Jugendamts
§ 177 Eingeschränkte Amtsermittlung; förmliche Beweisaufnahme
§ 178 Untersuchungen zur Feststellung der Abstammung
§ 179 Mehrheit von Verfahren
§ 180 Erklärungen zur Niederschrift des Gerichts
§ 181 Tod eines Beteiligten
§ 182 Inhalt des Beschlusses
§ 183 Kosten bei Anfechtung der Vaterschaft
§ 184 Wirksamkeit des Beschlusses, Ausschluss der Abänderung; ergänzende Vorschriften über die Beschwerde
§ 185 Wiederaufnahme des Verfahrens

Abschnitt 5   Verfahren in Adoptionssachen

§ 186 Adoptionssachen
§ 187 Örtliche Zuständigkeit
§ 188 Beteiligte
§ 189 Fachliche Äußerung einer Adoptionsvermittlungsstelle
§ 190 Bescheinigung über den Eintritt der Vormundschaft
§ 191 Verfahrensbeistand
§ 192 Anhörung der Beteiligten
§ 193 Anhörung weiterer Personen
§ 194 Anhörung des Jugendamts
§ 195 Anhörung des Landesjugendamts
§ 196 Unzulässigkeit der Verbindung
§ 197 Beschluss über die Annahme als Kind
§ 198 Beschluss in weiteren Verfahren
§ 199 Anwendung des Adoptionswirkungsgesetzes

Abschnitt 6   Verfahren in Ehewohnungssachen und Haushaltssachen

§ 200 Ehewohnungssachen; Haushaltssachen
§ 201 Örtliche Zuständigkeit
§ 202 Abgabe an das Gericht der Ehesache
§ 203 Antrag
§ 204 Beteiligte

§ 1 Grundlagen

§ 205 Anhörung des Jugendamts in Ehewohnungssachen
§ 206 Besondere Vorschriften in Haushaltssachen
§ 207 Erörterungstermin
§ 208 Tod eines Ehegatten
§ 209 Durchführung der Entscheidung, Wirksamkeit

Abschnitt 7   Verfahren in Gewaltschutzsachen

§ 210 Gewaltschutzsachen
§ 211 Örtliche Zuständigkeit
§ 212 Beteiligte
§ 213 Anhörung des Jugendamts
§ 214 Einstweilige Anordnung
§ 215 Durchführung der Entscheidung
§ 216 Wirksamkeit, Vollstreckung vor Zustellung
§ 216a Mitteilung von Entscheidungen

Abschnitt 8   Verfahren in Versorgungsausgleichssachen

§ 217 Versorgungsausgleichssachen
§ 218 Örtliche Zuständigkeit
§ 219 Beteiligte
§ 220 Verfahrensrechtliche Auskunftspflicht
§ 221 Erörterung, Aussetzung
§ 222 Durchführung der externen Teilung
§ 223 Antragserfordernis für Ausgleichsansprüche nach der Scheidung
§ 224 Entscheidung über den Versorgungsausgleich
§ 225 Zulässigkeit einer Abänderung des Wertausgleichs bei der Scheidung
§ 226 Durchführung einer Abänderung des Wertausgleichs bei der Scheidung
§ 227 Sonstige Abänderungen
§ 228 Zulässigkeit der Beschwerde
§ 229 Elektronischer Rechtsverkehr zwischen den Familiengerichten und den Versorgungsträgern
§ 230 (entfallen)

E. Wesentliche Reforminhalte im FamFG § 1

Abschnitt 9 Verfahren in Unterhaltssachen

Unterabschnitt 1 Besondere Verfahrensvorschriften

§ 231 Unterhaltssachen
§ 232 Örtliche Zuständigkeit
§ 233 Abgabe an das Gericht der Ehesache
§ 234 Vertretung eines Kindes durch einen Beistand
§ 235 Verfahrensrechtliche Auskunftspflicht der Beteiligten
§ 236 Verfahrensrechtliche Auskunftspflicht Dritter
§ 237 Unterhalt bei Feststellung der Vaterschaft
§ 238 Abänderung gerichtlicher Entscheidungen
§ 239 Abänderung von Vergleichen und Urkunden
§ 240 Abänderung von Entscheidungen nach den §§ 237 und 253
§ 241 Verschärfte Haftung
§ 242 Einstweilige Einstellung der Vollstreckung
§ 243 Kostenentscheidung
§ 244 Unzulässiger Einwand der Volljährigkeit
§ 245 Bezifferung dynamisierter Unterhaltstitel zur Zwangsvollstreckung im Ausland

Unterabschnitt 2 Einstweilige Anordnung

§ 246 Besondere Vorschriften für die einstweilige Anordnung
§ 247 Einstweilige Anordnung vor Geburt des Kindes
§ 248 Einstweilige Anordnung bei Feststellung der Vaterschaft

Unterabschnitt 3 Vereinfachtes Verfahren über den Unterhalt Minderjähriger

§ 249 Statthaftigkeit des vereinfachten Verfahrens
§ 250 Antrag
§ 251 Maßnahmen des Gerichts
§ 252 Einwendungen des Antragsgegners
§ 253 Festsetzungsbeschluss
§ 254 Mitteilungen über Einwendungen
§ 255 Streitiges Verfahren
§ 256 Beschwerde

§ 1 Grundlagen

§ 257 Besondere Verfahrensvorschriften
§ 258 Sonderregelungen für maschinelle Bearbeitung
§ 259 Formulare
§ 260 Bestimmung des Amtsgerichts

Abschnitt 10   Verfahren in Güterrechtssachen

§ 261 Güterrechtssachen
§ 262 Örtliche Zuständigkeit
§ 263 Abgabe an das Gericht der Ehesache
§ 264 Verfahren nach den §§ 1382 und 1383 des Bürgerlichen Gesetzbuchs
§ 265 Einheitliche Entscheidung

Abschnitt 11   Verfahren in sonstigen Familiensachen

§ 266 Sonstige Familiensachen
§ 267 Örtliche Zuständigkeit
§ 268 Abgabe an das Gericht der Ehesache

Abschnitt 12   Verfahren in Lebenspartnerschaftssachen

§ 269 Lebenspartnerschaftssachen
§ 270 Anwendbare Vorschriften

Buch 3   Verfahren in Betreuungs- und Unterbringungssachen

...

Buch 4   Verfahren in Nachlass- und Teilungssachen

...

Buch 5   Verfahren in Registersachen, unternehmensrechtliche Verfahren

...

Buch 6   Verfahren in weiteren Angelegenheiten der freiwilligen Gerichtsbarkeit

...

| Buch 7 | Verfahren in Freiheitsentziehungssachen |

...

| Buch 8 | Verfahren in Aufgebotssachen |

...

| Buch 9 | Schlussvorschriften |

...

F. Grundstrukturen und -elemente des neuen familiengerichtlichen Verfahrens im FamFG

I. Überblick

Im Kern sind im FamFG folgende Grundstrukturen und Grundelemente des neuen familiengerichtlichen Verfahrens im FamFG verankert: **76**
- Großes Familiengericht
- Unterschiedliche Verfahrensgrundsätze in Familienstreitsachen, Ehesachen bzw. den übrigen Familiensachen
- Entscheidungsform: Beschluss
- Vorrang- und Beschleunigungsgebot in Kindschaftssachen
- Verfahrensbeistand in Kindschaftssachen
- spezielle Regelungen über die Abänderung von Unterhaltstiteln
- Befristete Rechtsmittel: Beschwerde, Rechtsbeschwerde
- Unabhängigkeit der einstweiligen Anordnung von der Hauptsache
- eigenständiges Gerichtskostenrecht in einem besonderen FamGKG
- Untersuchungsgrundsatz und Mitwirkungspflichten der Beteiligten gemäß FamFG AT
- regelmäßig pflichtgemäßes Ermessen für Verfahrensgestaltung nach FamFG AT
- besondere Akzentuierung der Wahrung rechtlichen Gehörs

II. Differenzierung: Familienstreitsachen – Ehesachen – fG-Familiensachen

Das FamFG differenziert für die Anwendung der Verfahrensvorschriften zwischen **77**
- Familienstreitsachen

- Ehesachen
- den übrigen, reinen fg-Familiensachen.[121]

78 Im **Ausgangspunkt** gelten für alle Familiensachen die Vorschriften des **FamFG AT**, soweit nicht in den Abschnitten 2–12 des Buchs 2 FamFG spezielle, abweichende Vorschriften für die einzelnen Familiensachen enthalten sind. Ob und inwieweit aber für Familiensachen das FamFG AT nicht anzuwenden ist, stattdessen auf Vorschriften der **ZPO** entsprechend zurückzugreifen ist, ergibt sich aus Abschnitt 1 des Buchs 2 FamFG (insbes. §§ 112, 113 und 117 FamFG).[122] Den **§§ 112 ff. FamFG** kommt gleichsam ein „Schlüsselcharakter" für das FamFG AT oder für die ZPO in den Familiensachen zu. Diese Vorschriften sind in Familiensachen die **Einstiegsnormen** für das sodann anzuwendende Familienverfahrensrecht.

79 Um die Systematik des FamFG in Familiensachen besser nachvollziehen zu können und die Bedeutung der Vorschriften des FamFG AT besser einordnen zu können, wird die Differenzierung zwischen Familienstreitsachen, Ehesachen und fg-Familiensachen für die erste Instanz in der Hauptsache überblicksartig als erste Einführung skizziert:[123]

---

121 Siehe auch: Fölsch, FF spezial 2009, 2.
122 Siehe im Einzelnen unten bei der Darstellung der Familiensachen nach Buch 2 FamFG.
123 Siehe im Einzelnen unten bei der Darstellung der Familiensachen nach Buch 2 FamFG.

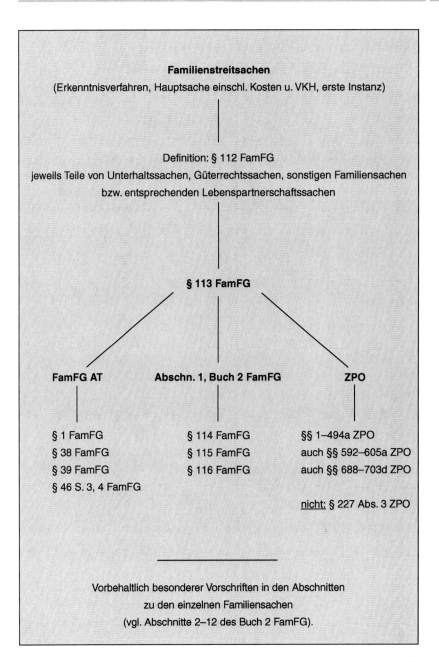

§ 1 Grundlagen

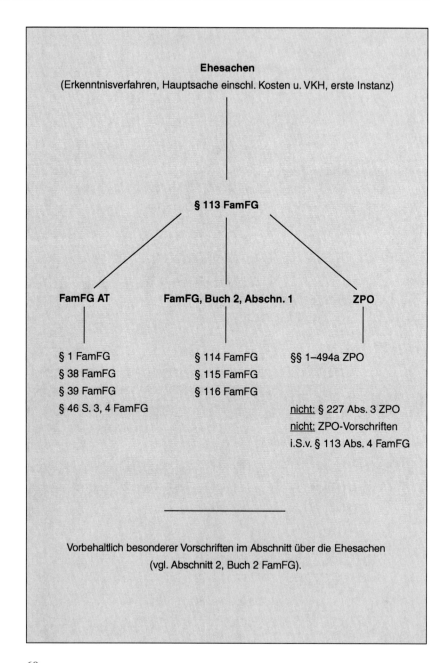

F. Grundstrukturen §1

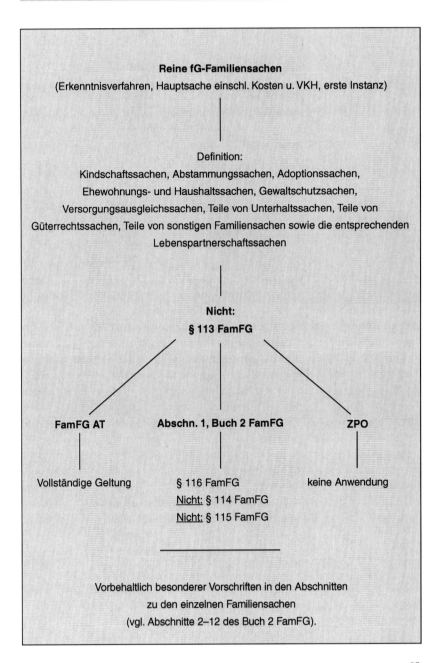

G. Wesentliche Reforminhalte im FamGKG

80 Neben dem FamFG wird ein einheitliches Gerichtskostenrecht für Familiensachen in einem neuen Gesetz über Gerichtskosten in Familiensachen (FamGKG) geschaffen. Der Gesetzgeber hielt weder das GKG noch die KostO für einen geeigneten Standort.[124] Ein einheitliches Gerichtskostenrecht für alle Familiensachen stellt für die gerichtliche Praxis eine erhebliche Vereinfachung dar und beseitigt Schwierigkeiten, die im geltenden Recht durch das Nebeneinander von GKG und KostO bestehen.[125]

81 Für die KostO haben übrigens Vorarbeiten für eine Modernisierung zusammen mit der Neugestaltung der Justizverwaltungskostenordnung begonnen („Kostenrechtsmodernisierungsgesetz II").[126] Im Rahmen dessen wird geprüft werden, ob das FamGKG inhaltlich in die neue KostO integriert werden sollte.[127]

82 Das FGG-Reformgesetz hält grundsätzlich am **Wertgebührensystem** fest. Zugleich werden die Wertregelungen systematisiert und vereinheitlicht. Die Gebührentabelle zum GKG soll in das FamGKG übernommen werden, so dass sich alle Wertgebühren in Familiensachen nach einer **einheitlichen Gebührentabelle** berechnen. Auch für Familiensachen der freiwilligen Gerichtsbarkeit gelten in der Regel **pauschale Verfahrensgebühren** mit Ermäßigungstatbeständen (z.B. für den Fall der Antragsrücknahme oder einer gütlichen Einigung). Für Rechtsmittelverfahren sind Verfahrensgebühren mit im Vergleich zu den erstinstanzlichen Verfahren erhöhten Gebührensätzen vorgesehen. Für Verfahren, in denen Gebühren nach bisherigem Recht nach dem GKG erhoben werden, bleiben die Gebühren weitgehend unverändert. In den Verfahren, in denen das Kindeswohl im Vordergrund steht, bleibt das niedrige Gebührenniveau der KostO annähernd erhalten. Für die übrigen Familiensachen der freiwilligen Gerichtsbarkeit erhöht sich das Gebührenniveau gegenüber dem nach bisherigem Recht in der Regel niedrigen und nicht den gerichtlichen Aufwand deckenden Gebühren nach der KostO. In Gewaltschutzsachen wird durch verschiedene Vorschriften gewährleistet, dass die Rechtsverfolgung nicht durch ein unzumutbares Kostenrisiko erschwert wird.

---

124 BT-Drucks 16/6308, 164.
125 BT-Drucks 16/6308, 164.
126 BT-Drucks 16/6308, 164.
127 BT-Drucks 16/6308, 164.

G. Wesentliche Reforminhalte im FamGKG § 1

Das FamGKG orientiert sich vor allem an folgenden Leitlinien:[128] **83**

- Im Aufbau und in seiner Systematik lehnt sich das Gesetz an das durch das Kostenrechtsmodernisierungsgesetz vollständig überarbeitete GKG an.
- Das Kostenrecht in Familiensachen wird vereinfacht durch
  - eine weitestgehende Umstellung von Akt- auf Verfahrensgebühren,
  - einheitliche Ermäßigungstatbestände bei den Verfahrensgebühren,
  - Harmonisierung der Verfahrenswertbestimmungen und
  - den Wegfall des Interessenschuldners der Kostenordnung für Amtsverfahren.
  - Das neue FamGKG stellt dem Anwender in sich abgeschlossene Regelungen zur Verfügung und verweist nur ausnahmsweise auf Regelungen des GKG und der KostO.
  - Den Gebühren wird eine einheitliche Gebührentabelle, und zwar die dem GKG entsprechende, zugrunde gelegt.
  - Für Kindschaftssachen gelten aus sozialpolitischen Gründen niedrigere Gebührensätze als für die übrigen Familiensachen.
  - Das FamGKG bietet Anreize
    - für eine konsensuale Streitbeilegung durch eine kostenmäßige Privilegierung einer Einigung in Folgesachen einer Scheidungssache und in isolierten Familiensachen und
    - für das Verbundverfahren gegenüber den isolierten Familiensachen.

Hinweis **84**

Das FamGKG ist in seiner Struktur und seinem Inhalt dem GKG nachgebildet worden.

---

[128] BT-Drucks 16/6308, 164 f.

§ 2 FamFG AT: Allgemeine Vorschriften, erstinstanzliches Verfahren, Beschluss

A. Allgemeine Vorschriften des FamFG und gerichtsverfassungsrechtliche Regelungen des GVG

I. Grundlagen

1 Das Buch 1 FamFG beginnt seinen Allgemeinen Teil mit Allgemeinen Vorschriften im Abschnitt 1 (§§ 1–22a FamFG).[1] Geregelt werden hier:
- Anwendungsbereich des FamFG
- Örtliche Zuständigkeit
- Ausschließung und Ablehnung von Gerichtspersonen
- Beteiligte, Beteiligtenfähigkeit und Verfahrensfähigkeit
- Verfahrensvollmacht und Beistand
- Akteneinsicht, elektronische Akte und elektronisches Dokument
- Bekanntgabe, formlose Mitteilung
- Fristen
- Wiedereinsetzung in den vorigen Stand
- Verfahrensverbindung, Verfahrenstrennung, Aussetzung
- Antragsrücknahme; Beendigungserklärung
- Mitteilungen an Familien- und Betreuungsgerichte.

2 *Hinweis*

In Familienstreitsachen und Ehesachen sind von den §§ 1–22a FamFG die §§ 2–22a FamFG nicht anzuwenden; stattdessen gelten die Regelungen aus den Allgemeinen Vorschriften der ZPO entsprechend (§ 113 Abs. 1 FamFG).

3 Gerichtsverfassungsrechtliche Bestimmungen finden sich primär nicht im FamFG, sondern im GVG. Speziell für die FamFG-Sachen finden sich im GVG Vorschriften über:
- Rechtsweg
- sachliche und funktionelle Zuständigkeit
- Besetzung der Gerichte
- Nichtöffentlichkeit der Verhandlung
- Einsatz von Dolmetschern.

---

1 Vgl. hierzu Borth, FamRZ 2007, 1925; Jacoby, FamRZ 2007, 1703; Brehm, FPR 2006, 401.

Von diesen Regelungsbereichen des FamFG und des GVG sind nachfolgend die wichtigsten hervorzuheben.

4

II. Anwendungsbereich des FamFG und des GVG

1. Anwendungsbereich des FamFG

§ 1 FamFG regelt den Anwendungsbereich des Gesetzes. Er nennt ausdrücklich die nunmehr vollständig in diesem Gesetz geregelten Familiensachen. Sie ergeben sich im Einzelnen aus Buch 2 FamFG. Des Weiteren bestimmt die Vorschrift, dass es im Übrigen auf die Zuweisung zu den Angelegenheiten der freiwilligen Gerichtsbarkeit durch Bundesgesetz ankommt. Dies kann selbstverständlich auch das FamFG, wie geschehen, sein. Die Möglichkeit einer allgemeinen Definition sah der Gesetzgeber angesichts der Unterschiedlichkeit der Verfahrensgegenstände nicht.[2]

5

2. Verankerungen aller FamFG-Sachen im GVG

Das FGG-Reformgesetz verankert die Angelegenheiten der freiwilligen Gerichtsbarkeit im Gerichtsverfassungsrecht. § 13 GVG weist die Familiensachen und die Angelegenheiten der freiwilligen Gerichtsbarkeit dem **Rechtsweg der ordentlichen Gerichte** zu. Gleichzeitig gibt die Vorschrift eine neue Definition für Zivilsachen. Nach § 13 GVG gehören vor die ordentlichen Gerichte die Zivilsachen. Zivilsachen sind die bürgerlichen Rechtsstreitigkeiten, die Familiensachen und die Angelegenheiten der freiwilligen Gerichtsbarkeit.

6

§ 23a Abs. 1 GVG beschreibt die **sachliche Zuständigkeit** der Amtsgerichte **in Familiensachen** und Angelegenheiten der freiwilligen Gerichtsbarkeit, soweit nicht durch gesetzliche Vorschriften eine anderweitige Zuständigkeit begründet ist. Solche fG-Angelegenheiten sind (§ 23a Abs. 2 FamFG):

7

- Betreuungssachen, Unterbringungssachen sowie betreuungsgerichtliche Zuweisungssachen,
- Nachlass- und Teilungssachen,
- Registersachen,
- unternehmensrechtliche Verfahren nach § 375 FamFG,
- die weiteren Angelegenheiten der freiwilligen Gerichtsbarkeit nach § 410 FamFG,

---

2 BT-Drucks 16/6308, 175.

- Verfahren in Freiheitsentziehungssachen nach § 415 FamFG,
- Aufgebotsverfahren,
- Grundbuchsachen,
- Verfahren nach § 1 Nr. 1 und 2 bis 6 des Gesetzes über das gerichtliche Verfahren in Landwirtschaftssachen,
- Schiffsregistersachen sowie
- sonstige Angelegenheiten der freiwilligen Gerichtsbarkeit, soweit sie durch Bundesgesetz den Gerichten zugewiesen sind.

III. Gericht

1. Rechtsweg in Familiensachen

8 Familiensachen sind Zivilsachen, die vor die ordentliche Gerichte gehören (vgl. § 13 GVG, § 2 EGGVG). Für Rechtswegfragen finden §§ 17–17b GVG unmittelbar Anwendung. Nach § 17a Abs. 4 S. 1–6 GVG sind Beschlüsse über den Rechtsweg anfechtbar. Die Rechtsprechung sieht die Rechtsmittel des § 17a Abs. 4 GVG nicht als eigenständig an, sondern eingebettet in die jeweilige Verfahrensordnung.[3]

9 *Hinweis*

In FamFG-Sachen, auch den Familiensachen, dürfte dies bedeuten, dass die §§ 567–572 ZPO entsprechend anzuwenden sind, weil es sich bei der Rechtswegentscheidung um eine Zwischenentscheidung handelt.[4] Nach m.E. dürfte gegen die Beschwerdeentscheidung die Rechtsbeschwerde entsprechend §§ 574–577 ZPO statthaft sein.[5]

10 Das Gericht, das über ein Rechtsmittel gegen eine Entscheidung in der Hauptsache entscheidet, prüft nicht mehr, ob der beschrittene Rechtsweg zulässig ist (§ 17a Abs. 5 GVG). Das bedeutet, dass das mit der Hauptsache befasste Rechtsmittelgericht es hinnehmen muss, wenn das erstinstanzliche Gericht ausdrücklich oder unausgesprochen durch Entscheidung in der Hauptsache die Zulässigkeit des Rechtswegs bejaht.[6]

---

[3] Vgl. BGH NJW 2002, 3725; BGH NJW 2003, 433.
[4] Das FGG-Reformgesetz sieht für die Anfechtung von Neben- und Zwischenentscheidungen vor, dass sich diese nach den §§ 567–572 ZPO entsprechend richtet. Siehe dazu bei der Anfechtung von Neben- und Zwischenentscheidungen weiter unten.
[5] Siehe zu dieser Problematik bei der Anfechtung von Beschwerdeentscheidungen in Neben- und Zwischenverfahren weiter unten.
[6] Wittschier in: Musielak, § 17a GVG, Rn 19; vgl. z.B. auch BGH NJW 2008, 3572.

2. Sachliche Zuständigkeit in Familiensachen

Das Amtsgericht ist in Familiensachen gemäß § 23a Abs. 1 Nr. 1 GVG sachlich zuständig. Der Sammelbegriff der Familiensache wird in § 111 FamFG durch eine Aufzählung definiert. Familiensachen sind demnach: **11**

- Ehesachen (einschließlich Scheidungs- und Folgesachen),
- Kindschaftssachen,
- Abstammungssachen,
- Adoptionssachen,
- Ehewohnungs- und Haushaltssachen,[7]
- Gewaltschutzsachen,
- Versorgungsausgleichssachen,
- Unterhaltssachen,
- Güterrechtssachen,
- sonstige Familiensachen,
- Lebenspartnerschaftssachen.

Nach § 23a Abs. 1 S. 2 GVG ist die sachliche Zuständigkeit des Familiengerichts **ausschließlich**. Dies entspricht der bisherigen Rechtslage nach § 621 ZPO a.F. Das FGG-Reformgesetz enthielt die neue Bestimmung in § 23a Abs. 1 S. 2 GVG noch nicht. Der Gesetzgeber berichtigte das Fehlen erst mit dem Gesetz über die Internetversteigerung in der Zwangsvollstreckung.[8]

Die Zuständigkeitszuweisung ist streitwertunabhängig und gilt auch für die mit der Hauptsacheentscheidung in Zusammenhang stehenden Zwischen- und Nebenverfahren. **12**

Hinweis **13**

Vergütungsklagen des Rechtsanwalts gegen den eigenen Mandanten unterfallen jedoch nicht dem § 23a GVG.[9]

Hinweis **14**

Im Beschwerdeverfahren der Familiensachen ist das Oberlandesgericht als Beschwerdegericht zuständig (§ 119 Abs. 1 Nr. 1 GVG). Rechtsbeschwerdegericht ist der BGH (§ 133 GVG).

---

7 Das Gesetz zur Änderung des Zugewinnausgleichs- und Vormundschaftsrechts (BGBl 2009 I, 1696; BT-Drucks 16/10798) hat § 111 Nr. 5 FamFG angepasst und die Bezeichnung „Ehewohnungs- und Haushaltssachen" statt „Wohnungszuweisungs- und Hausratssachen gegeben.
8 BT-Drucks 16/13444 (Art. 5); BGBl 2009 I, 2474.
9 Vgl. nur Wittschier in: Musielak, § 23a GVG, Rn 1.

3. Sonstiges zur internen Gerichtsorganisation

15 Bei dem Amtsgericht werden nach § 23b Abs. 1 GVG Abteilungen für Familiensachen gebildet. § 23b GVG befasst sich nicht mit der sachlichen Zuständigkeit, sondern setzt diese in anderen Vorschriften getroffene Regelung voraus.[10] Auf dieser Grundlage der sachlichen Zuständigkeit der Amtsgerichte ordnet § 23b GVG eine gerichtsorganisatorische Regelung an.[11]

16 Wird innerhalb desselben Rechtswegs das interne Verhältnis zwischen streitiger Gerichtsbarkeit, freiwilliger Gerichtsbarkeit und den Familiengerichten unterschiedlich beurteilt, gelten nach § 17a Abs. 6 GVG die für die Entscheidung über die Zulässigkeit des beschrittenen Rechtswegs geltenden Vorschriften (§ 17a Abs. 1–5 GVG) entsprechend. Dies gilt unabhängig davon, ob es sich um ein Verfahren handelt, das auf Antrag oder von Amts wegen eingeleitet wird.[12]

4. Örtliche Zuständigkeit

17 Im FamFG AT werden keine Regelungen zur gerichtlichen Eingangszuständigkeit getroffen. Die §§ 2–5 FamFG beschränken sich auf einige Bestimmungen allgemeiner Art. Die **gerichtliche Eingangszuständigkeit** richtet sich grundsätzlich nach den **besonderen Bestimmungen**. So ist in allen Abschnitten der einzelnen Familiensachen eine Regelung zur örtlichen Zuständigkeit vorgehalten.[13] In FamFG-Sachen kann die Zuständigkeit nicht vereinbart werden.[14] Eine rügelose Einlassung ist ohne Bedeutung.[15]

18 Unter mehreren örtlich zuständigen Gerichten ist das mit der Angelegenheit zuerst befasste Gericht zuständig (§ 2 Abs. 1 FamFG). Die örtliche Zuständigkeit eines Gerichts bleibt bei Veränderungen der sie begründenden Umstände erhalten (§ 2 Abs. 2 FamFG). Gerichtliche Handlungen sind nicht deshalb unwirksam, weil sie von einem örtlich unzuständigen Gericht vorgenommen wurden (§ 2 Abs. 3 FamFG). § 3 FamFG regelt das Verfahren der Verweisung bei Unzuständigkeit, auch bei sachlicher Unzuständigkeit. Die Verweisung ist nicht antragsabhängig.[16]

---

10 BGH NJW 1978, 1531; str.; vgl. auch BT-Drucks 16/6308, 319.
11 Wittschier in: Musielak, § 23b GVG, Rn 1.
12 A.A.: BT-Drucks 16/6308, 318: § 17a Abs. 6 GVG gelte wegen des Begriffs „Beschreiten" nur für Antragsverfahren; so auch: Bumiller in: Bumiller/Harders, § 1 FamFG, Rn 19.
13 Siehe deshalb weiter unten jeweils bei den einzelnen Familiensachen.
14 Zimmermann, Das neue FamFG, Rn 9; Bumiller in: Bumiller/Harders, vor §§ 2–5 FamFG, Rn 8.
15 Zimmermann, Das neue FamFG, Rn 9.
16 B/L/A/Hartmann, § 3 FamFG, Rn 2; Bumiller in: Bumiller/Harders, § 3 FamFG, Rn 4; Schöpflin in: Schulte-Bunert/Weinreich, § 3 FamFG, Rn 4.

Aus wichtigem Grund kann die Sache an ein anderes Gericht – nicht bindend[17] – abgegeben werden, wenn sich dieses zur Übernahme bereit erklärt hat (§ 4 FamFG).[18] Als wichtiger Grund kommen etwa in Kindschaftssachen der dauerhafte Aufenthaltswechsel des Kindes und der Eltern oder in Adoptionssachen die Verlegung des Wohnsitzes von Annehmenden und Kind in Betracht.[19] Die Abgabeentscheidung ist eine Zwischenentscheidung und mangels ausdrücklicher Anordnung nicht mit der sofortigen Beschwerde entsprechend §§ 567–572 ZPO anfechtbar.[20] § 5 FamFG trifft eine Regelung über die gerichtliche Bestimmung der Zuständigkeit. §§ 4 und 5 FamFG gelten zugleich im Falle der sachlichen Zuständigkeit.

5. Ablehnung von Gerichtspersonen

Gemäß § 6 Abs. 1 S. 1 FamFG gelten für die Ausschließung und Ablehnung der Gerichtspersonen die §§ 41–49 ZPO entsprechend. Gerichtspersonen sind Richter, ehrenamtliche Richter und Urkundsbeamte der Geschäftsstelle.[21] Über § 10 RPflG findet § 6 FamFG auch auf Rechtspfleger Anwendung. Der Beschluss, durch den ein Ablehnungsgesuch für unbegründet erklärt wird, ist mit der sofortigen Beschwerde entsprechend §§ 567–572 ZPO anfechtbar (§ 6 Abs. 2 FamFG). Entgegen dem Wortlaut ist die sofortige Beschwerde aber auch dann zulässig, wenn das Ablehnungsgesuch als unzulässig verworfen worden ist.[22]

19

IV. Beteiligte

Die gesetzliche Regelung des Beteiligtenbegriffs in § 7 FamFG ist ein Kernstück des FGG-Reformgesetzes.[23] Nach der bisherigen Rechtslage fehlte es an einer allgemeinen Definition, wer im fG-Verfahren zu beteiligen war.[24] Jedoch muss eine Verfahrensordnung festlegen, wer auf welche Weise zum Verfahrenssubjekt wird.[25] Dies geschieht nunmehr durch § 7 FamFG. Beteiligte sind Subjekte des Verfahrens

20

---

17 BT-Drucks 16/6308, 175.
18 Krit.: Vorwerk, Schriftliche Stellungnahme zur öffentlichen Anhörung des Rechtsausschusses des Bundestags vom 11.2.2008, S. 8: Die Vorschrift entspricht nicht den Vorgaben zum gesetzlichen Richter aus Art. 101 Abs. 1 S. 2 GG.
19 BT-Drucks 16/6308, 176.
20 Vgl. auch Zimmermann, Das neue FamFG, Rn 16.
21 BT-Drucks 16/6308, 176.
22 Vgl. Heinrich in: Musielak, § 46 ZPO, Rn 4 m.w.N. zu den gegenteiligen Ansichten.
23 Siehe hierzu: Borth, FamRZ 2007, 1925 (1927 f.); Jacoby, FamRZ 2007, 1703 (1704–1706); Brehm, FPR 2006, 401 (402 f.); B/L/A/Hartmann, § 7 FamFG, Rn 1 ff.
24 Vgl. ausführlich zur bisherigen Rechtslage: BT-Drucks 16/6308, 177 f.
25 Jacoby, FamRZ 2007, 1703 (1704).

mit einer Reihe von Rechten und Pflichten.[26] Die Vorschrift differenziert zwischen verschiedenen Beteiligten. § 7 Abs. 1 FamFG benennt den Antragsteller in Antragsverfahren als Beteiligten. In § 7 Abs. 2 FamFG werden Beteiligte genannt, die das Gericht in jedem Falle oder auf ihren Antrag zum Verfahren hinzuzuziehen hat. § 7 Abs. 3 FamFG bezieht sich hingegen auf Personen, die das Gericht von Amts wegen oder auf Antrag zum Verfahren hinzuziehen kann. Die Beteiligten kraft Hinzuziehung sind demnach je nach ihrer materiellen Betroffenheit in zwei Gruppen mit unterschiedlichen Anforderungen an die Tätigkeit des Gerichts unterteilt. Zusätzlich bestimmt die Vorschrift eine Unterrichtungspflicht sowie die Form und Anfechtbarkeit einer Hinzuziehungsentscheidung.

1. Beteiligung des Antragsteller in Antragsverfahren kraft Gesetzes

21 Nach § 7 Abs. 1 FamFG ist in Antragsverfahren der Antragsteller Beteiligter. Wer einen Antrag stellt, wird in den meisten Fällen antragsbefugt und durch die ergehende Entscheidung in eigenen materiellen Rechten betroffen sein; ist dies ausnahmsweise nicht der Fall, muss der Antrag gleichwohl beschieden werden.[27] Schon deswegen ist es erforderlich, dass der Antragsteller in jedem Fall am Verfahren als Beteiligter teilnimmt.[28] In der Beteiligung kraft Gesetzes sind mithin Elemente der bisher herrschenden materiellen und formellen Beteiligtenbegriffe enthalten. Da über einen Antrag stets zu entscheiden ist, ist den von Abs. 1 erfassten Personen gemeinsam, dass sie in jedem Fall von der Entscheidung betroffen sein werden.[29]

2. Hinzuziehung materiell-rechtlich Beteiligter

22 § 7 Abs. 2 FamFG bestimmt den Personenkreis, den das Gericht stets zu dem Verfahren hinzuziehen hat (**Muss-Beteiligte**). Hier lässt sich bereits frühzeitig absehen, dass er von der Entscheidung unmittelbar in eigenen Rechten betroffen sein wird.

23 § 7 Abs. 2 Nr. 1 FamFG regelt daher, dass diejenigen, deren Rechte durch das Verfahren **unmittelbar betroffen** werden, zu dem Verfahren hinzuziehen sind. Entscheidend ist, dass der Gegenstand des Verfahrens ein Recht des zu Beteiligenden

---

26 Jacoby, FamRZ 2007, 1703 (1704).
27 BT-Drucks 16/6308, 178.
28 BT-Drucks 16/6308, 178.
29 BT-Drucks 16/6308, 178.

betrifft.[30] Einer Prognose, ob es voraussichtlich zu einem rechtsbeeinträchtigenden Verfahrensausgang kommt, bedarf es nicht.[31] Eine solche Prognose ist zu Beginn des Verfahrens häufig auch noch gar nicht möglich.[32] Es genügt, wenn das Verfahren darauf gerichtet ist, eine unmittelbare Beeinträchtigung eines Rechts des zu Beteiligenden zu bewirken.[33] Mit dem Kriterium der Unmittelbarkeit stellt die Regelung klar, dass eine Beteiligung nur dann zu erfolgen hat, wenn subjektive Rechte des Einzelnen betroffen sind.[34] Gemeint ist hiermit eine direkte Auswirkung auf eigene materielle nach öffentlichem oder privatem Recht geschützte Positionen.[35]

Beispiel 24

Im Verfahren zur Erwirkung einer familiengerichtlichen Genehmigung in Bezug auf Rechtsgeschäfte für das Kind wirkt sich zum Beispiel[36] die gerichtliche Entscheidung zwar auf die Rechtsstellung des Vertragspartners des Kindes aus.[37] Dabei handelt es sich aber nur um eine mittelbare Wirkung der Entscheidung über die Genehmigung. Verfahrensgegenstand ist nur der Umfang der Vertretungsmacht des gesetzlichen Vertreters des Kindes.[38] Der Vertragspartner muss demnach nicht beteiligt werden.[39]

Hinweis 25

Die Hinzuziehungsvorschrift des § 7 Abs. 2 Nr. 1 FamFG bedeutet, dass ein materiell Muss-Beteiligter auch dann hingezogen werden muss, wenn seine Rechte in gewillkürter oder gesetzlicher Verfahrensstandschaft durch einen Dritten geltend gemacht werden. Hierauf hätte der Gesetzgeber jedoch durchaus verzichten können: Die Verfahrensstandschaft war im FGG-Verfahren anerkannt.[40] Von diesem Rechtsinstitut ist das FamFG nicht abgekehrt. Bei der gesetzlichen Verfahrensstandschaft besteht bei einem Dritten die Verfahrensführungsbefugnis, die Rechte des materiell Muss-Beteiligten geltend zu machen.[41] Die Zuläs-

---

30 BT-Drucks 16/6308, 178.
31 BT-Drucks 16/6308, 178; so auch Kroiß/Seiler, Das neue FamFG, § 2, Rn 20.
32 BT-Drucks 16/6308, 178.
33 BT-Drucks 16/6308, 178.
34 BT-Drucks 16/6308, 178; so auch: Zimmermann, FPR 2009, 5 (7).
35 BT-Drucks 16/6308, 178.
36 Beispiel nach Jacoby, FamRZ 2007, 1703 (1704 f.).
37 OLG Rostock NJW-RR 2006, 1229; Jacoby, FamRZ 2007, 1703 (1704 f.).
38 OLG Rostock NJW-RR 2006, 1229; Jacoby, FamRZ 2007, 1703 (1704 f.).
39 Jacoby, FamRZ 2007, 1703 (1704 f.).
40 Vgl. nur Schmidt in: Keidel/Kuntze/Winkler, § 12 FGG, Rn 35–37; LG Stuttgart NZG 2001, 854.
41 Vgl. zur gesetzlichen Prozessstandschaft: Hüßtege in: Thomas/Putzo, § 51 ZPO, Rn 24.

sigkeit einer gewillkürten Verfahrensstandschaft hängt von einer Zustimmung oder Ermächtigung des materiell Muss-Beteiligten ab sowie von einem eigenen rechtsschutzwürdigen Interesse des Verfahrensstandschafters.[42] Aufgrund der bei dem gesetzlichen und dem gewillkürten Verfahrensstandschafter bestehenden Verfahrensführungsbefugnis erscheint es nicht veranlasst, zusätzlich den materiell Muss-Beteiligten hinzuziehen zu müssen.

26 § 7 Abs. 2 Nr. 2 FamFG verweist im Hinblick auf die zu dem Verfahren hinzuzuziehenden Beteiligten auf **ausdrückliche gesetzliche Regelungen**. Nach dieser Vorschrift sind diejenigen hinzuzuziehen, die aufgrund des FamFG oder eines anderen Gesetzes von Amts wegen oder auf Antrag zu beteiligen sind. Die Beteiligtenstellung können auch Behörden erlangen. Die Behörden (z.B.: Jugendamt) sind nicht schon von Amts wegen zu dem Verfahren hinzuziehen, sondern nur auf Antrag.[43] Sie haben also die Wahl, ob sie nur im Rahmen der Anhörung am Verfahren teilnehmen wollen oder als Beteiligte aktiv am Verfahren mitwirken.[44] Das Beschwerderecht besteht für die Behörden allerdings unabhängig von der Hinzuziehung in der ersten Instanz.[45] Mit dieser Regelung soll vorsorglichen Beteiligungen zur Rechtswahrung vorgebeugt werden.[46]

27 *Beispiel*

Zum Beispiel ist nach § 204 FamFG in Ehewohnungssachen[47] der Vermieter der Wohnung zu beteiligen.

3. Kann-Beteiligter

28 § 7 Abs. 3 FamFG bestimmt die Personen, die auf Antrag oder von Amts wegen zu dem Verfahren hinzugezogen werden können (**Kann-Beteiligte**). Diese Beteiligten werden nicht durch eine Generalklausel, sondern ausschließlich durch abschließende Aufzählung an anderer Stelle im FamFG oder in anderen Gesetzen definiert.

29 Es handelt sich bei dieser Gruppe zum einen um Personen, deren Rechte durch das Verfahren **zwar unmittelbar betroffen** werden, von denen aber erwartet wird,

---

42 Vgl. zur gewillkürten Prozessstandschaft: Hüßtege in: Thomas/Putzo, § 51 ZPO, Rn 33 f.
43 BT-Drucks 16/6308, 179.
44 BT-Drucks 16/6308, 179.
45 BT-Drucks 16/6308, 179.
46 BT-Drucks 16/6308, 179.
47 Das Gesetz zur Änderung des Zugewinnausgleichs- und Vormundschaftsrechts (BGBl 2009 I, 1696; BT-Drucks 16/10798) hat § 111 Nr. 5 FamFG angepasst und die Bezeichnung „Ehewohnungs- und Haushaltssachen" statt „Wohnungszuweisungs- und Hausratssachen" gegeben.

dass sie, nachdem sie von der Einleitung des Verfahrens benachrichtigt worden sind, durch einen Antrag ihren Anspruch auf Verfahrensteilhabe bekunden.[48] Stellen sie diesen Antrag auf Beteiligung, hat das Gericht gemäß Abs. 2 Nr. 2 sie als Beteiligte zu dem Verfahren hinzuzuziehen.[49] Falls **kein Antrag** gestellt wird, kann das Gericht auf der Grundlage von Abs. 3 die Hinzuziehung nach verfahrensökonomischen Gesichtspunkten veranlassen.[50]

Zum anderen können nach Abs. 3 Satz 1 diejenigen Personen als Beteiligte hinzugezogen werden, die lediglich ein **ideelles Interesse** am Ausgang des Verfahrens haben.[51] Aus Abs. 3 ergibt sich, dass auch diese aus ideellen Gründen zu beteiligenden Personen einen Antrag auf Hinzuziehung stellen können.[52] Das Gericht hat in jedem Einzelfall zu entscheiden, ob eine Beteiligung sachgerecht und verfahrensfördernd ist.[53] **Maßstab** ist das wohlverstandene Interesse des vom Verfahren betroffenen **Beteiligten**, da die Beteiligung der selbst in ihren Rechten nicht betroffenen Personen ausschließlich in **seinem** Interesse erfolgt.[54]

30

4. Unterrichtungspflicht

§ 7 Abs. 4 FamFG regelt **einheitlich** die gerichtliche Unterrichtungspflicht über die Verfahrenseinleitung für alle Gruppen von Beteiligten.[55] Die Vorschrift gewährleistet das rechtliche Gehör.[56] Diejenigen, die auf ihren Antrag als Beteiligte zu dem Verfahren hinzuzuziehen sind oder hinzugezogen werden können, sind von der Einleitung des Verfahrens zu benachrichtigen, soweit sie dem Gericht bekannt sind (§ 7 Abs. 4 S. 1 FamFG). Sie sind über ihr Antragsrecht zu belehren (§ 7 Abs. 4 S. 2 FamFG).

31

Die Benachrichtigungspflicht beschränkt sich auf die dem Gericht **bekannten Personen.**[57] Die Namen und die Anschrift unbekannter Rechtsinhaber muss das Gericht nicht ermitteln.[58] Ist dem Gericht jedoch etwa eine nicht mehr zutreffende Adresse bekannt, so sind im Interesse einer möglichst vollständigen Unterrichtung

32

---

48 BT-Drucks 16/6308, 179.
49 BT-Drucks 16/6308, 179.
50 BT-Drucks 16/6308, 179.
51 BT-Drucks 16/6308, 179.
52 BT-Drucks 16/6308, 179.
53 BT-Drucks 16/6308, 179.
54 BT-Drucks 16/6308, 179.
55 BT-Drucks 16/9733, 287.
56 BT-Drucks 16/6308, 179; vgl. auch Jacoby, FamRZ 2007, 1703 (1705).
57 BT-Drucks 16/6308, 179.
58 BT-Drucks 16/6308, 179.

gewisse weitere Ermittlungen zur Feststellung der aktuellen Adresse der Person angezeigt.[59] Hierbei kann das Gericht sowohl selbstständig Ermittlungen anstellen – etwa durch eine Anfrage beim Einwohnermeldeamt – als auch den Beteiligten im Rahmen ihrer Mitwirkungspflichten aufgeben, die aktuelle Adresse der Person festzustellen.[60] Eine **aufwändige gerichtliche Ermittlungstätigkeit** und eine sich daraus ergebende Verfahrensverzögerung folgen daher aus der Benachrichtigungspflicht des Gerichts **nicht**.[61]

5. Hinzuziehungsentscheidung und Anfechtbarkeit

33 § 7 Abs. 5 FamFG regelt die Form der **Hinzuziehungsentscheidung**. Sie bedarf regelmäßig keines formellen Hinzuziehungsaktes. Vielmehr kann eine Hinzuziehung auch konkludent, etwa durch das Übersenden von Schriftstücken oder die Ladung zu Terminen erfolgen. Eine ausdrückliche Entscheidung des Gerichts durch Beschluss ist nur erforderlich, soweit das Gericht einen Antrag auf **Hinzuziehung nach § 7 Abs. 2, 3 FamFG** zurückweist.

34 Dieser Beschluss ist – wie Abs. 3 Satz 3 bestimmt – mit der **sofortigen Beschwerde entsprechend §§ 567–572 ZPO anfechtbar**. Ein wesentliches Ziel der Reform des Verfahrensrechts der freiwilligen Gerichtsbarkeit ist es, in einem frühen Verfahrensstadium festzustellen, wer am Verfahren zu beteiligen ist.[62] Die bisherige Systematik des FGG a.F., in der die Beteiligtenstellung regelmäßig erst im Beschwerdeverfahren über die Beschwerdeberechtigung geregelt und zu bescheiden war, entspricht nicht den Anforderungen an eine moderne Verfahrensordnung, in der der Anspruch auf rechtliches Gehör in allen Instanzen zu gewährleisten ist.[63] Diejenigen, die am Verfahren als Beteiligte teilnehmen möchten, können durch ein eigenständiges Beschwerderecht eine Überprüfung der ablehnenden Hinzuziehungsentscheidung des Erstgerichts erzwingen.[64] Dies gilt gleichermaßen für Muss-Beteiligte im Sinne von § 7 Abs. 2 FamFG wie für Kann-Beteiligte im Sinne von § 7 Abs. 3 FamFG.[65]

---

59 BT-Drucks 16/6308, 405.
60 BT-Drucks 16/6308, 405, 179.
61 BT-Drucks 16/6308, 179; vgl. aber Zimmermann, FPR 2009, 5 (7): In vielen Fällen dürfte es verfassungsrechtlich geboten sein, für eine nicht ermittelte Person, die an dem Verfahren materiell beteiligt ist, einen Verfahrenspfleger zu bestellen. Vgl. insoweit auch: BVerfG NJW 2000, 1709.
62 BT-Drucks 16/6308, 404.
63 BT-Drucks 16/6308, 404.
64 BT-Drucks 16/6308, 404.
65 BT-Drucks 16/9733, 287; BT-Drucks 16/6308, 362, 404 f.

6. Klarstellung zu den Voraussetzungen der Beteiligung

§ 7 Abs. 6 FamFG dient der Klarstellung. Personen und Behörden, die aufgrund von Vorschriften in einem Verfahren anzuhören sind oder eine Auskunft zu erteilen haben, werden nicht allein dadurch schon zu Beteiligten des Verfahrens.

35

V. Verfahrensfähigkeit

§ 9 FamFG regelt die Fähigkeit des Beteiligten, selbst oder durch einen selbst gewählten Vertreter wirksam Erklärungen im Verfahren abzugeben.[66] Fehlt es an der Verfahrensfähigkeit, so sind gleichwohl vorgenommene Verfahrenshandlungen **unwirksam**.[67] Verfahrensfähig kann nur sein, wer auch beteiligtenfähig im Sinne von § 8 FamFG ist. Beteiligtenfähig sind unter anderem natürliche Personen (§ 8 Nr. 1 FamFG).

36

Verfahrensfähig sind nach § 9 FamFG unter anderem[68]

37

- die nach bürgerlichem Recht voll Geschäftsfähigen,
- die nach bürgerlichem Recht beschränkt Geschäftsfähigen, soweit sie für den Gegenstand nach bürgerlichem Recht als geschäftsfähig anerkannt sind,
- die nach dem bürgerlichen Recht beschränkt Geschäftsfähigen, soweit sie das 14. Lebensjahr vollendet haben und sie in einem Verfahren, das ihre Person betrifft, ein ihnen nach dem bürgerlichen Recht zustehendes Recht geltend machen. § 9 Abs. 1 Nr. 3 FamFG erlaubt dem Kind die eigenständige Geltendmachung materieller Rechte im kindschaftsrechtlichen Verfahren, das seine Person betrifft, ohne Mitwirkung des gesetzlichen Vertreters.[69]

Soweit ein Geschäftsunfähiger oder in der Geschäftsfähigkeit Beschränkter nicht verfahrensfähig ist, handeln für ihn die nach dem bürgerlichen Recht dazu befugten Personen (§ 9 Abs. 2 FamFG).

38

---

66 Vgl. zur Verfahrensfähigkeit eines Kindes: Heiter, FamRZ 2009, 85; Schael, FamRZ 2009, 265.
67 BT-Drucks 16/6308, 180.
68 BT-Drucks 16/6308, 288.
69 Vgl. Heiter, FamRZ 2009, 85 zur Diskrepanz zwischen beschränkter Geschäftsfähigkeit und unbeschränkter Verfahrensfähigkeit von Kindern im Sinne von § 9 Abs. 1 Nr. 3 FamFG, die sich etwa bei Verfahrenshandlungen mit rechtsgeschäftlichem Bezug auswirke.

VI. Anwaltszwang

39 Ein Anwaltszwang besteht in den fG-Sachen im allgemeinen nur vor dem BGH.[70] § 10 Abs. 4 FamFG regelt das Vertretungserfordernis vor dem BGH.[71]

40 *Hinweis*

Eine für Familiensachen spezielle Regelung zum Anwaltszwang trifft § 114 FamFG. Nach § 114 Abs. 1 FamFG müssen sich die Ehegatten in Ehesachen und Folgesachen und die Beteiligten in selbstständigen Familienstreitsachen vor dem Familiengericht und dem Oberlandesgericht durch einen Rechtsanwalt vertreten lassen. Vor dem Bundesgerichtshof müssen sich die Beteiligten gemäß § 114 Abs. 2 FamFG durch einen bei dem Bundesgerichtshof zugelassenen Rechtsanwalt vertreten lassen. Ausnahmen vom Anwaltszwang beschreibt § 114 Abs. 4 FamFG.

41 § 10 Abs. 4 S. 1 FamFG bestimmt, dass die Beteiligten durch einen beim Bundesgerichtshof zugelassenen Anwalt vertreten sein müssen. Die Vorschrift macht Ausnahmen vom Anwaltszwang vor dem BGH im Verfahren über die Ausschließung und Ablehnung von Gerichtspersonen und im Verfahren über die Verfahrenskostenhilfe.[72] Die Ausnahme bezieht sich aber nicht auf Rechtsbeschwerdeverfahren über eine vorinstanzliche Ausschließung und Ablehnung von Gerichtspersonen oder über eine vorinstanzliche Entscheidung über die Bewilligung von Verfahrenskostenhilfe. Dies ergibt sich allerdings weder aus dem Gesetzeswortlaut noch aus der Gesetzesbegründung[73] mit der erforderlichen Eindeutigkeit.

42 Nach § 10 Abs. 4 S. 3 FamFG ist die Beiordnung eines Notanwaltes in entsprechender Anwendung der §§ 78b und 78c ZPO statthaft.

---

70 Vgl. zum Anwaltszwang im FamFG: Göttsche, FamRB 2009, 162.
71 Das „FamFG-Berichtigungsgesetz" (Gesetz zur Modernisierung von Verfahren im anwaltlichen und notariellen Berufsrecht, zur Errichtung einer Schlichtungsstelle der Rechtsanwaltschaft sowie zur Änderung sonstiger Vorschriften; BT-Drucks 16/11385; BT-Drucks 16/12717; BR-Drucks 377/09 (B)) hat in § 10 Abs. 4 S. 2 FamFG – wie in § 114 Abs. 3 FamFG – die Vertretungsregelung für Behörden an das Gesetz zur Neuregelung des Rechtsberatungsrechts (BGBl 2008 I, 2840) angeglichen.
72 So auch: Zimmermann, Das neue FamFG, Rn 36.
73 Vgl. BT-Drucks 16/6308, 181.

VII. Bekanntgabe; formlose Mitteilung

§ 15 FamFG enthält die allgemeine Regelung, welche Dokumente bekanntzugeben sind.[74] Nach dieser Vorschrift sind Dokumente, deren Inhalt eine Termins- oder Fristbestimmung enthalten oder den Lauf einer Frist auslösen, den Beteiligten bekannt zu geben. **43**

Die Bekanntgabe kann gemäß § 15 Abs. 2 S. 1 FamFG durch Zustellung nach den **§§ 166 bis 195 ZPO** oder dadurch bewirkt werden, dass das Schriftstück unter der Anschrift des Adressaten **zur Post gegeben** wird. Soll die Bekanntgabe im Inland bewirkt werden, gilt das Schriftstück drei Tage nach Aufgabe zur Post als bekannt gegeben, wenn nicht der Beteiligte glaubhaft macht, dass ihm das Schriftstück nicht oder erst zu einem späteren Zeitpunkt zugegangen ist (§ 15 Abs. 2 S. 2 FamFG). Ein entsprechender Vermerk über die Aufgabe zur Post ist für die **Drei-Tage-Bekanntgabefiktion** erforderlich; ansonsten ließe sich eine Rechtzeitigkeit der Bekanntgabe von Dokumenten oder der Fristlauf durch die Bekanntgabe gar nicht zuverlässig feststellen. Die Vorschrift vermeidet, dass in den zahlreichen nichtstreitigen Verfahren in FamFG-Sachen eine förmliche Zustellung erfolgen muss.[75] Zur Gewährleistung einer möglichst sicheren Bekanntgabe der Entscheidung ist eine förmliche Zustellung der Entscheidung dann erforderlich, wenn die Verfahrenssache zwischen den Beteiligten streitig ist und der Beschluss dem erklärten Willen eines Beteiligten nicht entspricht.[76] Welche der beiden Bekanntgabemöglichkeiten gewählt wird, liegt im pflichtgemäßen Ermessen des Gerichts, soweit nicht die Spezialregelungen des § 33 Abs. 2 S. 2 oder des § 41 Abs. 1 S. 2 FamFG eingreifen.[77] § 15 Abs. 2 FamFG gewährleistet einerseits eine möglichst zuverlässige Übermittlung, ist andererseits flexibel genug, um eine effiziente und kostengünstige Übermittlungsform zu ermöglichen.[78] **44**

Ist eine Bekanntgabe nicht geboten, können Dokumente den Beteiligten formlos mitgeteilt werden (§ 15 Abs. 3 FamFG). **45**

VIII. Fristen, Wiedereinsetzung

Der Lauf einer Frist beginnt im Grundsatz mit der Bekanntgabe (§ 16 Abs. 1 FamFG). Die Fristberechnung richtet sich nach § 222 ZPO, die Fristverkürzung **46**

---

74 BT-Drucks 16/6308, 182.
75 BT-Drucks 16/6308, 166, 182.
76 BT-Drucks 16/6308, 166, 182.
77 BT-Drucks 16/6308, 182.
78 BT-Drucks 16/6308, 166, 182.

oder Fristverlängerung nach § 224 Abs. 2, 3 ZPO und das Verfahren bei Friständerung nach § 225 ZPO (§ 16 Abs. 2 FamFG).

47 Die §§ 17–19 FamFG gestatten die Wiedereinsetzung bei Versäumung einer gesetzlichen Frist. War jemand ohne sein Verschulden verhindert, eine gesetzliche Frist einzuhalten, ist ihm auf Antrag Wiedereinsetzung in den vorigen Stand zu gewähren. Der Antrag auf Wiedereinsetzung ist binnen zwei Wochen nach Wegfall des Hindernisses zu stellen (§ 18 Abs. 1 FamFG). Dabei ist innerhalb der Antragsfrist die versäumte Rechtshandlung nachzuholen (§ 18 Abs. 3 S. 2 FamFG). Die Ausschlussfrist für die Wiedereinsetzung beträgt ein Jahr (§ 18 Abs. 4 FamFG).

48 *Hinweis*

> Nach § 17 Abs. 2 FamFG wird ein Fehlen des Verschuldens vermutet, wenn eine Rechtsbehelfsbelehrung unterblieben oder fehlerhaft ist. Die Vorschrift besagt aber nicht, dass die Kausalität zwischen unterbliebener oder fehlerhafter Rechtsbehelfsbelehrung und Fristversäumnis vermutet wird. Daraus soll sich ergeben, dass eine Wiedereinsetzung in denjenigen Fällen ausgeschlossen ist, in der der Beteiligte wegen vorhandener Kenntnis über sein Rechtsmittel keiner Unterstützung durch eine Rechtsmittelbelehrung bedarf, etwa wenn der Beteiligte anwaltlich vertreten ist.[79]

49 Über die Wiedereinsetzung entscheidet das Gericht, das über die versäumte Rechtshandlung zu befinden hat (§ 19 Abs. 1 FamFG). Die Wiedereinsetzung ist nicht anfechtbar (§ 19 Abs. 2 FamFG). Die Versagung der Wiedereinsetzung ist nach den Vorschriften anfechtbar, die für die versäumte Rechtshandlung gelten (§ 19 Abs. 3 FamFG). § 19 Abs. 3 FamFG beschränkt der Rechtsmittelmöglichkeiten auf den Rechtsmittelzug in der Hauptsache,[80] unabhängig davon über die Wiedereinsetzungsentscheidung durch gesonderte Entscheidung oder innerhalb der Hauptsacheentscheidung entschieden wird.[81]

50 § 18 Abs. 1 FamFG dürfte sich als verfassungswidrig erweisen, weil sie die Antragsfrist im Fall der Versäumung von gesetzlichen Begründungsfristen bei Rechtsmitteln nicht auf einen Monat verlängert. Die Vorschrift stellt einen nicht vermögenden Beteiligten schlechter, der ein Rechtsmittel oder einen sonstigen Rechtsbehelf binnen einer gesetzlichen Frist von mehr als zwei Wochen zu begrün-

---

79 BT-Drucks 16/6308, 183; zweifelhaft.
80 BT-Drucks 16/6308, 184; vgl. zur bisherigen Rechtslage: Sternal in: Keidel/Kuntze/Winkler, § 22 FGG, Rn 83.
81 Zweifelhaft.

den hat (z.B.: ein Monat zur Begründung der Rechtsbeschwerde, vgl. § 71 Abs. 2 FamFG). Regelmäßig wird zum Zeitpunkt der Entscheidung über die Bewilligung von Verfahrenskostenhilfe die Einlegungsfrist und die Begründungsfrist verstrichen sein. Dem nicht vermögenden Beteiligten stünde dann nur eine Frist von zwei Wochen zur Begründung des Rechtsbehelfs oder Rechtsmittels zu (vgl. § 18 Abs. 1, Abs. 3 S. 2 FamFG). Dies benachteiligt den nicht vermögenden Beteiligten gegenüber dem vermögenden Beteiligten. Der BGH hatte genau aus diesem Grunde § 234 Abs. 1 ZPO in der vor dem Ersten Justizmodernisierungsgesetz[82] geltenden Fassung als verfassungswidrig angegriffen,[83] so auch in Bezug auf die einmonatige Rechtsbeschwerdebegründungsfrist nach § 575 Abs. 2 ZPO.[84] Diese Kritik hatte der Gesetzgeber aufgegriffen und im Ersten Justizmodernisierungsgesetz die Wiedereinsetzungsfristen bei der Versäumung von Rechtsmittelbegründungsfristen in verschiedenen Verfahrensordnungen (u.a. § 234 Abs. 1 Satz 2 ZPO) auf einen Monat verlängert.

Die Wiedereinsetzungsfrist des § 18 Abs. 1 FamFG hätte deshalb bei der Versäumung einer Rechtsbehelfs- oder Rechtsbehelfsbegründungsfrist einen Monat betragen müssen, wenn – wie bei der Begründung der Rechtsbeschwerde (vgl. § 71 Abs. 2 FamFG) – die Frist einen Monat beträgt. Aufgrund des eindeutigen Wortlauts in § 18 Abs. 1 FamFG erscheint eine verfassungskonforme Auslegung nicht möglich, die Vorschrift dürfte deshalb verfassungswidrig sein.

Hinweis **51**

Die Problematik betrifft alle **reinen fG-Familiensachen sowie alle fG-Sachen, die keine Familiensachen sind**. Sie kommt dort zum Tragen, wenn **gesetzliche** Begründungsfristen für ein Rechtsmittel vorgesehen sind, wie bei der Rechtsbeschwerde nach § 71 Abs. 2 FamFG.

Für Familienstreitsachen und Ehesachen verweist dagegen § 117 Abs. 5 FamFG im Falle der Versäumung der Frist zur Begründung der Beschwerde bzw. der Begründung der Rechtsbeschwerde auf die einmonatige Wiedereinsetzungsfrist des § 234 Abs. 1 S. 2 ZPO. Die Problematik besteht hier also nicht.

---

82 BGBl 2004 I, 2198.
83 BGH NJW 2003, 3725; BGH NJW 2003, 3782.
84 BGH NJW 2003, 3782.

IX. Antragsrücknahme; Beendigungserklärung

1. Antragsrücknahme

52 Nach § 22 Abs. 1, 2 FamFG kann ein Antrag bis zur Rechtskraft der Entscheidung zurückgenommen werden. Nach Erlass der Endentscheidung bedarf die Rücknahme der Zustimmung der übrigen Beteiligten. Eine bereits ergangene, noch nicht rechtskräftige Endentscheidung wird durch die Antragsrücknahme wirkungslos, ohne dass es einer ausdrücklichen Aufhebung bedarf (§ 22 Abs. 2 S. 1 FamFG). Das Gericht stellt auf Antrag die eintretende Wirkung durch unanfechtbaren Beschluss fest (§ 22 Abs. 2 S. 2, 3 FamFG). § 22 Abs. 4 FamFG stellt klar, dass in Amtsverfahren die Rücknahmewirkungen nicht eintreten.

2. Beendigungserklärung

53 § 22 Abs. 3 FamFG regelt für Antragsverfahren die Gestaltungsmöglichkeiten der Beteiligten, die sich darüber einig sind, das Verfahren nicht fortzuführen zu wollen. In diesem Fall hat eine Entscheidung des Gerichts nicht zu ergehen.[85] Die Vorschrift erbringt, dass eine Beendigung des Verfahrens allein durch die Gestaltungserklärung der Beteiligten eintritt.[86] Das Gericht ist an die Beendigungserklärungen der Beteiligten gebunden. Das Gericht hat nicht – auch nicht von Amts wegen – zu ermitteln, ob eine Erledigung des Verfahrens in der Hauptsache eingetreten ist.[87] Das Gericht muss also von einer Entscheidung in der Hauptsache absehen, wenn die Beteiligten eine Entscheidung in der Hauptsache nicht mehr anstreben.[88]

54 In Verfahren, die auch von Amts wegen eingeleitet werden können, fehlt den Antragstellern und den übrigen Beteiligten die Dispositionsbefugnis über den Verfahrensgegenstand.[89] § 22 Abs. 4 FamFG stellt daher ausdrücklich klar, dass in diesen Verfahren eine Verfahrensbeendigung nach Abs. 3 nicht möglich ist. Eine Erledigung ist daher von Amts wegen festzustellen;[90] dies kann auch formlos geschehen.[91]

---

85 BT-Drucks 16/6308, 364 f.
86 BT-Drucks 16/6308, 364 f.
87 BT-Drucks 16/6308, 364 f.
88 BT-Drucks 16/6308, 364 f.
89 BT-Drucks 16/6308, 185.
90 Bumiller in: Bumiller/Harders, § 22 FamFG, Rn 14; Brinkmann in: Schulte-Bunert/Weinreich, § 22 FamFG, Rn 21, 18 ff.
91 Bumiller in: Bumiller/Harders, § 22 FamFG, Rn 14.

X. Nichtöffentlichkeit der Verhandlung in Familiensachen

Nach § 170 Abs. 1 GVG gilt in allen FamFG-Sachen und in allen sonstigen fG-Sachen nach anderen Gesetzen für die Verhandlungen, Erörterung und Anhörungen der **Grundsatz der Nichtöffentlichkeit**. Die Öffentlichkeit kann nur auf besondere Anordnung des Gerichts hergestellt werden, jedoch nicht gegen den Willen eines Beteiligten.

55

Der grundsätzliche Ausschluss der Öffentlichkeit erscheint zu weitgehend.

56

- Nicht gerechtfertigt ist es, alle FamFG-Sachen von dem Grundsatz der Nichtöffentlichkeit zu erfassen. Der Grundsatz der Nichtöffentlichkeit ist beispielsweise nicht angezeigt für die sonstigen Familiensachen i.S.v. § 266 FamFG, in denen „nur" solche zivilrechtlichen Ansprüche geltend gemacht werden, die lediglich in einem Zusammenhang zu einer familiären Beziehung stehen.[92]

  Der in § 170 GVG allgemein ausgegebene Grundsatz der Nichtöffentlichkeit steht zudem in direkter und ggf. unauflösbarer Konkurrenz zu dem in Art. 6 Abs. 1 S. 2 EMRK und ebenso § 169 GVG allgemein ausgegebenen Grundsatz der Öffentlichkeit.

- § 170 GVG kann sich darüber hinaus aus einem weiteren Grund als unvereinbar mit Art. 6 Abs. 1 S. 2 EMRK erweisen. Bei der Nichtöffentlichkeit muss es nach § 170 S. 1 GVG stets verbleiben, wenn ein Beteiligter die Zulassung der Öffentlichkeit nicht wünscht. Dagegen bestehen in Art. 6 Abs. 1 S. 2 EMRK nur bestimmte Sachgründe, bei deren Vorliegen die Öffentlichkeit ausgeschlossen werden kann. In Art. 6 Abs. 1 S. 2 EMRK ist aber nicht der Wille des Beteiligten gegen die Öffentlichkeit der Verhandlung genannt.

Lediglich das Rechtsbeschwerdegericht, der BGH, kann nach § 170 Abs. 2 GVG die Öffentlichkeit zulassen, soweit nicht das Interesse eines Beteiligten an der nicht öffentlichen Erörterung überwiegt.

57

B. Erstinstanzliches Verfahren

Das erstinstanzliche Verfahren wird in den §§ 23–37 FamFG geregelt.[93] Die hierzu wesentlichen Vorschriften werden nachfolgend beschrieben:

58

---

92 Ähnlich wohl auch: Bumiller/Winkler, §§ 8, 9 FGG, Rn 17.
93 Vgl. hierzu: Borth, FamRZ 2007, 1925 (1928); Brehm, FPR 2006, 401; Kuntze, FGPrax 2005, 185.

59 *Hinweis*

In Familienstreitsachen und Ehesachen sind die §§ 23–37 FamFG nicht anzuwenden; stattdessen gelten die Regelungen aus den Vorschriften der ZPO über das Verfahren vor den Landgerichten entsprechend (§ 113 Abs. 1 FamFG).

I. Einleitung des Verfahrens

1. Einleitung auf Antrag

60 § 23 FamFG macht formelle Vorgaben für einen verfahrenseinleitenden Antrag. Das Recht und die Pflicht zur Einleitung eines Verfahrens bestimmen sich ausschließlich nach materiellem Recht.[94]

61 Der Antrag soll begründet werden. Ein bestimmter Sachantrag wird nicht verlangt.[95] Die Ausgestaltung als Soll-Vorschrift stellt sicher, dass eine Nichterfüllung der Begründungspflicht nicht zur Zurückweisung des Antrags als unzulässig führen kann.[96] § 23 Abs. 1 S. 2 FamFG konkretisiert die Begründungspflicht als spezielle Mitwirkungspflicht des Antragstellers. Er soll die zur Begründung dienenden Tatsachen und Beweismittel angeben und das Gericht dadurch bei der Ermittlung des entscheidungsrelevanten Sachverhaltes unterstützen. § 23 Abs. 1 S. 3 FamFG regelt das Erfordernis der Beifügung von Urkunden. § 23 Abs. 1 S. 4 FamFG bestimmt, dass der Antrag zu unterschreiben ist. Gemäß § 23 Abs. 2 FamFG ist Antragsschrift den anderen Beteiligten zu übermitteln. Die Vorschrift dient damit der Gewährung rechtlichen Gehörs.[97] Von der Übermittlung kann im Einzelfall abgesehen werden, wenn der Antrag unzulässig oder offensichtlich unbegründet ist.[98] In diesen Fällen kann das Gericht den Antrag sofort zurückweisen.[99]

2. Einleitung von Amts wegen

62 § 24 Abs. 1 FamFG gestattet, dass ein Verfahren von Amts wegen auch aufgrund der Anregung eines Dritten eingeleitet werden kann. Folgt das Gericht der Anregung nicht, hat es denjenigen, der die Einleitung angeregt hat, darüber zu unterrichten, soweit ein berechtigtes Interesse an der Unterrichtung ersichtlich ist (§ 24

---

[94] BT-Drucks 16/6308, 185; Borth, FamRZ 2007, 1925 (1928).
[95] BT-Drucks 16/6308, 185.
[96] BT-Drucks 16/6308, 185 f.
[97] BT-Drucks 16/6308, 186.
[98] BT-Drucks 16/6308, 186.
[99] BT-Drucks 16/6308, 186.

Abs. 2 FamFG). Zur Bekundung eines Interesses sollte der Dritte vorsorglich einen ausdrücklichen Antrag auf Unterrichtung stellen. Ist der Anregende jedoch ein materiell Beteiligter, wird das Gericht durch Beschluss nach §§ 37, 38 FamFG zu entscheiden haben.[100]

3. Form eines Antrags oder einer Anregung

Anträge und Anregungen durch die Beteiligten können gegenüber dem zuständigen Gericht abgegeben werden, soweit eine Vertretung durch einen Rechtsanwalt nicht notwendig ist (§ 25 Abs. 1 FamFG). Dies kann schriftlich oder zur Niederschrift der Geschäftsstelle erfolgen. § 25 Abs. 2 FamFG stellt klar, dass Anträge und Erklärungen, die vor dem Urkundsbeamten der Geschäftsstelle abgegeben werden können, vor der Geschäftsstelle eines jeden Amtsgerichts abgegeben werden können. Die Geschäftsstelle hat die Niederschrift unverzüglich an das Gericht zu übermitteln, an das der Antrag oder die Erklärung gerichtet ist (§ 25 Abs. 3 S. 1 FamFG). Die Wirkung einer Verfahrenshandlung tritt nicht ein, bevor die Niederschrift dort eingeht (§ 25 Abs. 3 S. 2 FamFG).

63

II. Amtsermittlungsgrundsatz und Mitwirkung der Beteiligten

1. Amtsermittlungsgrundsatz

Das FamFG-Verfahren unterliegt – vorbehaltlich besonderer Bestimmungen – dem Grundsatz der Amtsermittlung (§ 26 FamFG). Dem Gericht obliegt die **Feststellung der entscheidungserheblichen Tatsachen von Amts wegen.**[101] Es entscheidet nach pflichtgemäßem, teilweise gebundenem Ermessen, ob es sich zur Beschaffung der für seine Entscheidung erheblichen Tatsachen mit formlosen Ermittlungen (§ 29 FamFG) begnügen kann oder ob es eine förmliche Beweisaufnahme nach den Vorschriften der ZPO (§ 30 FamFG) durchführen muss. Das Gericht wird Ermittlungsmaßnahmen nur ergreifen, wenn der erkennbare Sachverhalt hierfür Anhaltspunkte bietet.[102] Solche Anhaltspunkte sind vor allem in Antragsverfahren von den Beteiligten zu bringen.[103] Eine subjektive Beweislast im Sinne einer Beweisführungslast ist in FamFG-Verfahren nicht gegeben.[104] Hingegen besteht eine

64

---

100 Brehm, FPR 2006, 401 (404).
101 BT-Drucks 16/6308, 186.
102 Brinkmann in: Schulte-Bunert/Weinreich, § 26 FamFG, Rn 27.
103 Brinkmann in: Schulte-Bunert/Weinreich, § 26 FamFG, Rn 27.
104 Kroiß/Seiler, Das neue FamFG, § 2, Rn 54; Bumiller in: Bumiller/Harders, § 26 FamFG, Rn 5; Brinkmann in: Schulte-Bunert/Weinreich, § 26 FamFG, Rn 48.

objektive Feststellungslast, wenn eine Tatsache nicht mehr aufklärbar ist.[105] Dann trägt jeder Beteiligte die Feststellungslast für die Voraussetzungen einer ihm günstigen Norm.[106]

2. Mitwirkungspflichten

65 Allerdings begründet § 27 Abs. 1 FamFG im Wege einer **Soll-Vorschrift** eine Mitwirkungspflicht für die Beteiligten. Die Beteiligten sollen bei der Ermittlung des Sachverhalts mitwirken. Die Beteiligten sollen, soweit sie dazu in der Lage sind, durch Angabe von Tatsachen und Beweismitteln eine gerichtliche Aufklärung ermöglichen.[107] Vor allem in Sorgerechts- und Umgangsstreitigkeiten ist regelmäßig aber auch mit Konstellationen zu rechnen, in denen eine Mitwirkung der Beteiligten nicht oder nur sehr eingeschränkt erwartet werden kann.[108]

66 Die Mitwirkung der Beteiligten ist vom Gericht **nur eingeschränkt erzwingbar**. Dem Gericht stehen allerdings nach §§ 33, 35 FamFG Maßnahmemöglichkeiten zur Verfügung. Gemäß § 33 Abs. 3 FamFG können gegen einen unentschuldigt ausbleibenden Beteiligten, dessen persönliches Erscheinen angeordnet war, Ordnungs- und Zwangsmittel verhängt werden. Außerdem können Mitwirkungshandlungen nach § 35 FamFG erzwungen werden.[109] Unzureichende oder fehlende Mitwirkungen der Beteiligten können zudem eine nachteilige Kostenfolge nach sich ziehen.

67 Eine verweigerte zumutbare Mitwirkung eines Beteiligten **beeinflusst** darüber hinaus den **Umfang gerichtlicher Ermittlungen**.[110] Die Darlegungslast der Beteiligten erhöht sich dabei in gleichem Maß, wie das Gericht auf deren Mitwirkung bei der Sachaufklärung angewiesen ist.[111] Die Beteiligten können bei Vernachlässigung der ihnen obliegenden Pflicht nicht erwarten, dass das Gericht zur Aufklärung des Sachverhalts allen denkbaren Möglichkeiten von Amts wegen nach-

---

105 Kroiß/Seiler, Das neue FamFG, § 2, Rn 54; Reinken in: Horndasch/Viefhues, § 26 FamFG, Rn 5; Bumiller in: Bumiller/Harders, § 26 FamFG, Rn 5; Brinkmann in: Schulte-Bunert/Weinreich, § 26 FamFG, Rn 48.
106 Kroiß/Seiler, Das neue FamFG, § 2, Rn 54; Reinken in: Horndasch/Viefhues, § 26 FamFG, Rn 5; Bumiller in: Bumiller/Harders, § 26 FamFG, Rn 5; Brinkmann in: Schulte-Bunert/Weinreich, § 26 FamFG, Rn 48 ff.
107 BT-Drucks 16/6308, 186.
108 BT-Drucks 16/6308, 406.
109 Vgl. zu dieser Vorschrift: Schulte-Bunert, FuR 2009, 125.
110 BT-Drucks 16/6308, 186 f., 406.
111 BT-Drucks 16/6308, 186.

geht.[112] Wenn die Beteiligten ihre Mitwirkung verweigern und ansonsten kein Anlass zu weiteren, erfolgversprechenden Ermittlungen besteht, hat das Gericht seiner Untersuchungspflicht Genüge getan.[113] Die Beteiligten müssen dann hinnehmen, dass sich die Feststellungslast gegebenenfalls zu ihrem Nachteil auswirkt.[114]

Hinweis **68**

Mangels gesetzlicher Bestimmung ist ein Ausschluss verspäteten Tatsachenvortrags (Präklusion) nicht möglich.[115]

3. Wahrheitspflicht

§ 27 Abs. 2 FamFG gebietet eine Wahrheitspflicht der Beteiligten. Die Beteiligten haben ihre Erklärungen über tatsächliche Umstände vollständig und der Wahrheit gemäß abzugeben. Diese Pflicht ist Bestandteil der Mitwirkungspflichten der Beteiligten. **69**

III. Verfahrensleitung durch das Gericht

§ 28 FamFG stellt Grundsätze für die gerichtliche Verfahrensleitung auf. Der Gesetzgeber hat bewusst von einer ins Einzelne gehenden Regelungsdichte abgesehen, um die Flexibilität des Verfahrens zu erhalten.[116] **70**

1. Hinwirkungspflicht zum Sachvortrag

§ 28 Abs. 1 S. 1 FamFG formt Pflicht zur Amtsermittlung speziell aus. Die **Hinwirkungspflicht** bezieht sich auf alle entscheidungserheblichen tatsächlichen Umstände und greift sowohl bei gänzlich fehlendem als auch bei unvollständigem oder widersprüchlichem Vortrag zu entscheidungserheblichen Punkten.[117] Zudem ist auf die Rechtzeitigkeit des Vortrags hinzuwirken; die Beteiligten sind unter Fristsetzung zur Stellungnahme aufzufordern.[118] **71**

---

112 BT-Drucks 16/6308, 186 f.; Reinken in: Horndasch/Viefhues, § 27 FamFG, Rn 4.
113 Vgl. OLG Köln NJW-RR 1991, 1285 (1286).
114 Reinken in: Horndasch/Viefhues, § 27 FamFG, Rn 4.
115 So auch Jacoby, FamRZ 2007, 1703 (1706).
116 BT-Drucks 16/6308, 187.
117 BT-Drucks 16/6308, 187.
118 BT-Drucks 16/6308, 187.

2. Hinweispflicht zur Sache in Antragsverfahren

72 § 28 Abs. 1 S. 2 FamFG normiert eine spezielle **Hinweispflicht** des Gerichts, die nach Ansicht des Gesetzgebers das rechtliche Gehör der Beteiligten gewährleistet und ihn vor Überraschungsentscheidungen schützt.[119]

73 Das Gericht ist verpflichtet, die Beteiligten auf einen entscheidungserheblichen **rechtlichen Gesichtspunkt** hinzuweisen, den es **anders beurteilt als die Beteiligten**. Das Gericht darf durch seine Entscheidung dem Verfahren keinesfalls eine für alle Beteiligten überraschende Wendung geben.[120]

Nach **Ansicht des Gesetzgebers** setzt eine Abweichung von der Rechtsauffassung der Beteiligten voraus, dass diese im Verfahren zur Geltung gebracht worden ist.[121] Eine Hinweispflicht soll also entfallen, wenn kein Beteiligter in dem Verfahren einen Rechtsstandpunkt eingenommen hat.[122] Dann aber würde § 28 Abs. 1 S. 2 FamFG Überraschungsentscheidungen[123] nicht vollständig vermeiden. Für den Zivilprozess schützt § 139 Abs. 2 ZPO hingegen auch vor solchen Überraschungsentscheidungen. Nach Ansicht des BGH ist übrigens in der Regel davon auszugehen, dass ein entscheidungserheblicher Gesichtspunkt von den Beteiligten übersehen ist, wenn nicht auf ihn eingegangen wurde.[124] Auch innerhalb des Verfahrensrechts des FGG a.F. war anerkannt, dass es sich in solchen Fällen um eine unzulässige Überraschungsentscheidung handelt und das Gericht zur Vermeidung derselben vor der Entscheidung einen entsprechenden Hinweis geben musste.[125]

74 Nach **Ansicht des Gesetzgebers** sei ein Hinweis auch dann entbehrlich, wenn zwischen den Beteiligten **unterschiedliche rechtliche Auffassungen** in einer entscheidungserheblichen Frage bestehen.[126] In diesem Fall könne die Streitentscheidung durch das Gericht keine Überraschung sein, sofern das Gericht sich für eine der beiden Auffassungen entscheidet.[127]

---

119 Vgl. BT-Drucks 16/6308, 187.
120 BT-Drucks 16/6308, 187.
121 BT-Drucks 16/6308, 187; zweifelhaft.
122 BT-Drucks 16/6308, 187; zweifelhaft; vgl. auch Brinkmann in: Schulte-Bunert/Weinreich, § 28 FamFG, Rn 14.
123 Vgl. grds. hierzu: BVerfG NJW 1991, 2823.
124 BGH NJW 1993, 667.
125 Vgl. BVerfG NJW 2002, 1334; Bumiller/Winkler, § 12 FGG, Rn 67 m.w.N.
126 BT-Drucks 16/6308, 187; zweifelhaft.
127 BT-Drucks 16/6308, 187; zweifelhaft.

Unzureichend ist § 28 Abs. 1 S. 2 FamFG, weil er nicht vorschreibt, dass dem Beteiligten Gelegenheit zur Äußerung über den erteilten gerichtlichen Hinweis zu geben ist. Eine Pflicht des Gerichts, den Beteiligten Gelegenheit zur Äußerung über Tatsachen und Beweisergebnisse zu geben, enthält zwar § 37 Abs. 2 FamFG. Diese Vorschrift bezieht sich jedoch lediglich auf Tatsachen und Beweisergebnisse.

75

Das Gericht ist demgegenüber aus § 28 Abs. 1 S. 2 FamFG nicht verpflichtet, Gelegenheit zur Äußerung zu geben:
- über den Hinweis insgesamt,
- über den rechtlichen Gesichtspunkt, auf den hingewiesen wurde, und
- über neuen Tatsachenvortrag, der bisher noch nicht Bestandteil des Verfahrens war, aber durch den rechtlichen Hinweis für den Beteiligten erforderlich wurde.

Die Gelegenheit zur Äußerung auf einen rechtlichen gebotenen Hinweis betrifft die Gewährung rechtlichen Gehörs.

3. Hinwirkungspflicht zu Verfahrenshandlungen

Eine weitere, spezielle Hinwirkungspflicht in Antragsverfahren begründet § 28 Abs. 2 FamFG. Danach hat das Gericht auf die Beseitigung von Formfehlern und auf sachdienliche Anträge hinzuwirken. Diese Hinwirkungspflicht folgt bereits aus dem Amtsermittlungsgrundsatz und ist Interesse der Verfahrenstransparenz und der Verfahrensbeschleunigung generell als Verfahrensgrundsatz im Gesetz verankert.[128]

76

4. Zeitpunkt und Aktenkundigkeit von Hinweisen

§ 28 Abs. 3 FamFG begründet die Pflicht des Gerichts, im Interesse der Verfahrensbeschleunigung Hinweise **so früh wie möglich** zu erteilen und diese **aktenkundig** zu machen. Trotz des engeren Wortlauts bezieht sich die Pflicht des Gerichts nicht nur auf die Hinweispflichten, sondern auch auf die Hinwirkungspflichten.[129]

77

5. Anfertigung eines Vermerk über Termin oder Anhörung

§ 28 Abs. 4 FamFG begründet die Pflicht für das Gericht, über die **wesentlichen Vorgänge eines Termins oder einer persönlichen Anhörung** (§§ 32, 34 FamFG) **einen Vermerk anzufertigen**. Der Vermerk dient dazu, die Beteiligten über die

78

---

128 BT-Drucks 16/6308, 187.
129 So auch: BT-Drucks 16/6308, 187.

Ergebnisse einer Anhörung oder eines Termins zu informieren, so dass sie ihr weiteres Verfahrensverhalten darauf einstellen können.[130] Insbesondere soll der Vermerk den Beteiligten die Ausübung ihres Äußerungsrechts gemäß § 37 Abs. 2 FamFG erleichtern oder überhaupt erst ermöglichen, indem sie in Kenntnis gesetzt werden, von welchen wesentlichen Ergebnissen des Termins oder der Anhörung das Gericht ausgeht.[131] Als wesentliche Vorgänge einer Anhörung sind neben anwesenden Personen, Ort und Zeit der Anhörung oder des Termins in erster Linie solche Umstände anzusehen, die unmittelbare Entscheidungserheblichkeit besitzen.[132] Werden in einer Anhörung Tatsachen bekundet, auf die das Gericht seine Entscheidung stützen will, ist eine Aufnahme in den Vermerk schon im Hinblick auf das Äußerungsrecht der Beteiligten gemäß § 37 Abs. 2 FamFG geboten.[133] Ein solcher Vermerk kann auch erst nach dem Sitzungstermin erstellt werden.[134] Für die Niederschrift des Vermerks kann das Gericht einen Urkundsbeamten der Geschäftsstelle hinzuziehen (§ 28 Abs. 4 S. 1 FamFG).

IV. Beweiserhebung und förmliche Beweisaufnahme

1. Beweiserhebung

79 § 29 Abs. 1 S. 1 FamFG bestimmt den **Grundsatz des Freibeweises**. Das Gericht erhebt die Beweise in der ihm geeignet erscheinenden Form, ohne an förmliche Regeln gebunden zu sein. Als Form des Freibeweises kommt etwa die informelle persönliche, telefonische oder schriftliche Befragung einer Auskunftsperson oder durch Beiziehung von Akten in Betracht.[135] Eine abschließende Aufzählung der im Freibeweis zulässigen Beweismittel enthält auch dieses Gesetz nicht, um den Charakter des Freibeweises als flexibles Erkenntnisinstrument zu wahren.[136]

80 Das Gericht ist bei der Beweiserhebung nicht an das Vorbringen der Beteiligten gebunden (§ 29 Abs. 1 S. 2 FamFG), etwa nicht an ein Geständnis oder ein Nichtbestreiten.[137] Das **Gericht** muss die Wahrheit ermitteln und zu diesem Zweck Beweis erheben.[138]

---

130 BT-Drucks 16/6308, 187.
131 BT-Drucks 16/6308, 187.
132 BT-Drucks 16/6308, 187.
133 BT-Drucks 16/6308, 187 f.
134 Zimmermann, Das neue FamFG, Rn 77.
135 BT-Drucks 16/6308, 188.
136 BT-Drucks 16/6308, 188.
137 BT-Drucks 16/6308, 188.
138 BT-Drucks 16/6308, 188.

B. Erstinstanzliches Verfahren §2

Ein **förmliches Beweisantragsrecht** steht den **Beteiligten** nicht zu.[139] Eine Auseinandersetzung des Gerichts mit Beweisanträgen der Beteiligten bleibt auch ohne ein solches förmliches Beweisantragsrecht gewährleistet.[140] Denn das Gericht hat die tragenden Erwägungen der Endentscheidung in der obligatorischen Begründung gemäß § 38 Abs. 3 FamFG darzulegen.[141] Findet eine hinreichende Auseinandersetzung mit entscheidungserheblichen Beweisangeboten eines Beteiligten nicht statt, stellt dies einen Verfahrensfehler dar, der im Rechtsmittelzug überprüft werden kann.[142] Hierbei handelt es sich um einen Rechtsfehler (**Verstoß gegen die Amtsermittlungspflicht**), so dass die Richtigkeit auch noch im Rechtsbeschwerdeverfahren überprüft werden kann.[143] Die nicht hinreichende Auseinandersetzung mit entscheidungserheblichen Tatsachen und Beweisangeboten ist im Beschwerdeverfahren vollständig zu überprüfen und nicht nur begrenzt auf Ermessensfehler des erstinstanzlichen Gerichts.

81

Über § 29 Abs. 2 FamFG wird das Gericht, auch wenn es die Beweise formlos erheben kann, an die Vorschriften der ZPO über die Vernehmung bei **Amtsverschwiegenheit** und über das **Zeugnisverweigerungsrecht** gebunden.

82

Die Ergebnisse der Beweiserhebung hat das Gericht **aktenkundig** zu machen (§ 29 Abs. 3 FamFG). Falls das Gericht auf diese Feststellungen die Entscheidung stützen will, ist der Vermerk vor der Entscheidung den Beteiligten zur Kenntnis zu geben, um ihnen Gelegenheit zur Äußerung zu geben (§ 37 Abs. 2 FamFG).

83

2. Förmliche Beweisaufnahme

a) Wortlaut des § 30 FamFG

Eine Kernvorschrift über das Verfahren ist § 30 FamFG über die förmliche Beweisaufnahme. Sie lautet:

84

> „**§ 30 FamFG   Beweisaufnahme**
>
> (1) Das Gericht entscheidet nach pflichtgemäßem Ermessen, ob es die entscheidungserheblichen Tatsachen durch eine förmliche Beweisaufnahme entsprechend der Zivilprozessordnung feststellt.

---

139 BT-Drucks 16/9733, 288; vgl. auch BT-Drucks 16/6308, 365.
140 BT-Drucks 16/9733, 288.
141 BT-Drucks 16/9733, 288.
142 BT-Drucks 16/9733, 288.
143 Vgl. BT-Drucks 16/6308, 188 unter dem Blickpunkt eines gesetzlichen eingeräumten förmlichen Beweisantragsrechts.

(2) Eine förmliche Beweisaufnahme hat stattzufinden, wenn es in diesem Gesetz vorgesehen ist.

(3) Eine förmliche Beweisaufnahme über die Richtigkeit einer Tatsachenbehauptung soll stattfinden, wenn das Gericht seine Entscheidung maßgeblich auf die Feststellung dieser Tatsache stützen will und die Richtigkeit von einem Beteiligten ausdrücklich bestritten wird.

(4) Den Beteiligten ist Gelegenheit zu geben, zum Ergebnis einer förmlichen Beweisaufnahme Stellung zu nehmen, soweit dies zur Aufklärung des Sachverhalts oder zur Gewährung rechtlichen Gehörs erforderlich ist."

b) Förmliche Beweisaufnahme im pflichtgemäßen Ermessen

85 § 30 Abs. 1 S. 1 FamFG stellt es in das pflichtgemäße Ermessen des Gerichts, ob und inwieweit es den entscheidungserheblichen Sachverhalt durch eine förmliche Beweisaufnahme nach der Zivilprozessordnung ermittelt und feststellt. Ein **Strengbeweis** ist dann erforderlich, wenn dies **zur ausreichenden Sachaufklärung** oder **wegen der Bedeutung der Angelegenheit** notwendig ist.[144] Das Strengbeweisverfahren bietet eine höhere Richtigkeitsgewähr.[145] Beachtlich für die Ermessensprüfung ist in diesem Zusammenhang unter anderem, ob das Verfahren einen Eingriff in die Grundrechte des Betroffenen zum Gegenstand hat, soweit nicht ohnehin schon von Gesetzes wegen eine Verpflichtung zur förmlichen Beweisaufnahme über § 30 Abs. 2 FamFG besteht.

Ein spezielles Antragsrecht auf Durchführung einer förmlichen Beweisaufnahme sieht § 30 FamFG nicht vor; den Beteiligten bleibt es aber unbenommen, die förmliche Beweisaufnahme anzuregen.[146] Das Gericht ist an eine entsprechende Beweisanregung nicht gebunden und hat diese auch nicht zu bescheiden, aber im Rahmen seines nach § 30 Abs. 1 FamFG eingeräumten Ermessens zu berücksichtigen.[147] Wird die Erhebung des Strengbeweises allerdings ersichtlich allein zu dem Zweck gewünscht, die Dauer des Verfahrens zu verlängern, so ermöglicht es die Ermessensprüfung des § 30 Abs. 1, 3 FamFG, in diesen besonders gelagerten Fällen von der Durchführung des Strengbeweises abzusehen.[148]

---

144 OLG Zweibrücken NJW-RR 1988, 1211.
145 BT-Drucks 16/6308, 406.
146 BT-Drucks 16/6308, 189.
147 BT-Drucks 16/6308, 189.
148 BT-Drucks 16/6308, 407.

c) Zwingend durchzuführende förmliche Beweisaufnahme

Nur bei gesonderter Anordnung im FamFG muss eine förmliche Beweisaufnahme stattfinden (§ 30 Abs. 2 FamFG). **86**

d) Soll-Verpflichtung für förmliche Beweisaufnahme

§ 30 Abs. 3 FamFG umschreibt generalklauselartig eine Verfahrenskonstellation, in der zur Wahrung der Verfahrensrechte der Beteiligten und zur besseren Sachaufklärung eine förmliche Beweisaufnahme stattfinden **soll**; das gerichtliche Ermessen aus Abs. 1 wird eingeschränkt, aber nicht ausgeschlossen.[149] Wie bei der Ermessensprüfung nach Abs. 1 ist auch bei der Ermessensprüfung nach Abs. 3 zu berücksichtigen, ob das Verfahren einen Eingriff in die Grundrechte des Betroffenen hat, soweit nicht ohnehin schon von Gesetzes wegen eine Verpflichtung zur förmlichen Beweisaufnahme über § 30 Abs. 2 FamFG besteht. **87**

§ 30 Abs. 3 FamFG begründet eine Soll-Verpflichtung für das Gericht zur Durchführung einer förmlichen Beweisaufnahme, wenn eine Tatsache, die für die zu treffende Entscheidung von maßgeblicher Bedeutung ist, im Freibeweisverfahren streitig geblieben ist.[150] In dieser Situation soll das Gericht vom Strengbeweisverfahren Gebrauch machen, weil das Strengbeweisverfahren zur Ermittlung einer bestrittenen entscheidungserheblichen Tatsache geeigneter ist und die Mitwirkungs- **88**

---

149 Vgl. zu dieser Vorschrift auch: BT-Drucks 16/6308, 406 f.: „... Vielmehr folgt auch aus der bisherigen Rechtslage, dass bei pflichtgemäßer Ausübung des Ermessens in verschiedenen Konstellationen die Beweiserhebung mittels des Strengbeweises zu erfolgen hat. Hierbei begründen insbesondere drei verschiedene Verfahrenssituationen derzeit das Erfordernis des Strengbeweises: Das Strengbeweisverfahren ist zunächst dann angezeigt, wenn eine ausreichende Sachaufklärung durch formlose Ermittlungen nicht erfolgen kann (BayObLG, BayObLGZ 1977, 59, 65). Des Weiteren hat eine Beweiserhebung durch Strengbeweis regelmäßig in den sogenannten streitigen Verfahren der freiwilligen Gerichtsbarkeit ... stattzufinden (Keidel/Kunze/Winkler-Schmidt, Freiwillige Gerichtsbarkeit, 15. Aufl. 2003, Rn 5 zu § 15). Schließlich ist eine förmliche Beweisaufnahme durchzuführen, wenn die Bedeutung der Angelegenheit dies erfordert. Dies ist insbesondere dann der Fall, wenn durch das Verfahren ein Eingriff in die Grundrechte des Betroffenen zu erwarten ist (Bumiller/Winkler, Freiwillige Gerichtsbarkeit, 8. Aufl. 2006, Rn 3 zu § 15). An diese Rechtsprechung knüpft die Regelung des § 30 Abs. 3 FamFG an. Die diesbezügliche Rechtsprechung wird durch die Vorschrift nach dem Kriterium der Streitigkeit zwischen den Beteiligten geordnet. Dies greift auch den Gedanken auf, dass ein im Beschwerdeverfahren zu überprüfender Verfahrensfehler des Gerichts bei Unterlassen einer Beweiserhebung durch Strengbeweis insbesondere dann vorliegt, wenn es an übereinstimmenden Anträgen und einem weitgehend identischen Vorbringen der Beteiligten mangelt (Bassenge/Herbst/Roth-Bassenge, Freiwillige Gerichtsbarkeit, 9. Aufl. 2002, Rn 6 zu § 12)." Vgl. auch Bumiller in: Bumiller/Harders, § 30 FamFG, Rn 3.
150 B/L/A/Hartmann, § 30 FamFG, Rn 4, meint, dies gelte praktisch stets. Dies überzeugt jedenfalls mit Blick auf den Gesetzeswortlaut der §§ 29, 30 FamFG und der diesbezüglichen Gesetzesbegründung nicht. Gesetzgeberisch ist im FamFG der Grundsatz des Freibeweises angelegt.

rechte der Beteiligten besser gewährleistet.[151] Das Strengbeweisverfahren bietet eben die höhere Richtigkeitsgewähr gegenüber dem Freibeweisverfahren.[152] Die Pflicht zum Strengbeweis gilt aber nur dort, wo auch der Zivilprozess den Strengbeweis vorsieht,[153] also zur Ermittlung von Tatsachen zur Feststellung der materiellen Rechtslage. Keine Anwendung findet der Strengbeweis daher auch im FamFG-Verfahren bei der Prüfung von Verfahrensvoraussetzungen[154] oder von Rechtsmittelvoraussetzungen.

89 Eine Tatsache hat **maßgebliche Bedeutung** für die zu treffende Entscheidung, wenn sie als Haupttatsache den Tatbestand einer entscheidungsrelevanten Norm unmittelbar ausfüllt. Ist die streitige Tatsache eine von mehreren Anknüpfungstatsachen, mit denen die Annahme eines unbestimmten Rechtsbegriffs wie z.b. des Kindeswohls begründet werden soll, ist deren Wahrheit strengbeweislich zu erforschen, wenn die streitige Tatsache im Ergebnis ausschlaggebende Bedeutung im Rahmen der gerichtlichen Abwägung hat. Wenn die streitige Tatsache eine Indiztatsache für das Vorliegen einer Haupttatsache ist, muss zum einen die vorstehend beschriebene Relevanz der Haupttatsache gegeben, zum anderen ein hinreichend sicherer Rückschluss von der Hilfstatsache auf das Vorliegen der Haupttatsache möglich sein.

90 Weitere Voraussetzung für die Verpflichtung zum Strengbeweis ist nach Ansicht des Gesetzgebers, dass das Gericht die entscheidungserhebliche Tatsache nach dem Ergebnis des Freibeweisverfahrens für wahr hält und sie daher seiner Entscheidung zugrunde legen will.[155] Denn die Soll-Verpflichtung des § 30 Abs. 3 FamFG zwinge das Gericht nur, seine **positive Überzeugung** vom Vorliegen einer Tatsache noch einmal strengbeweislich **zu überprüfen**.[156] Zweifle das Gericht dagegen an der Wahrheit einer Tatsachenbehauptung oder halte es sie für unwahr, so sei Absatz 3 nicht einschlägig.[157] Tatsachenbehauptungen, die sich im Freibeweisverfahren nicht haben bestätigen lassen, müsse das Gericht grundsätzlich nicht auch noch strengbeweislich nachgehen.[158] Das in der Gesetzesbegründung geäu-

---

151 Jacoby, FamRZ 2007, 1703 (1706).
152 BT-Drucks 16/6308, 406; Jacoby, FamRZ 2007, 1703 (1706).
153 BT-Drucks 16/6308, 189; so auch Kroiß/Seiler, Das neue FamFG, § 2, Rn 70.
154 BT-Drucks 16/6308, 189; so auch Kroiß/Seiler, Das neue FamFG, § 2, Rn 70.
155 Vgl. BT-Drucks 16/6308, 190; so auch Reinken in: Horndasch/Viefhues, § 30 FamFG, Rn 10; Brinkmann in: Schulte-Bunert/Weinreich, § 30 FamFG, Rn 14.
156 BT-Drucks 16/6308, 190; so auch Reinken in: Horndasch/Viefhues, § 30 FamFG, Rn 10; Brinkmann in: Schulte-Bunert/Weinreich, § 30 FamFG, Rn 14.
157 BT-Drucks 16/6308, 190; Brinkmann in: Schulte-Bunert/Weinreich, § 30 FamFG, Rn 14: es könne aber auf § 30 Abs. 1 FamFG zurückgegriffen werden.
158 BT-Drucks 16/6308, 190.

ßerte, strenge Verständnis des Gesetzgebers, in welchen Fällen nach § 30 Abs. 3 FamFG ein Strengbeweisverfahren stattfinden soll, ergibt sich nicht aus dieser Vorschrift.[159] Das Verständnis ist zudem nicht mit den Grundsätzen des Beweisrechts vereinbar.

- Der Wortlaut des § 30 Abs. 3 FamFG gibt die von dem Gesetzgeber gewollten Einschränkung nicht her.
- Aus der Vorschrift ergibt sich nicht, dass dem Strengbeweisverfahren ein Freibeweisverfahren vorausgegangen sein muss. Es ist aber auch kein Grund erkennbar, warum das Gericht zunächst ein Freibeweisverfahren durchführen soll, wenn das Gericht seine Entscheidung maßgeblich auf die Feststellung einer Tatsache auf der Basis eines Strengbeweisverfahrens stützen will. Die Erwägungen in der Gesetzesbegründung berücksichtigen die Gesichtspunkte der Beschleunigung und Elastizität nicht in ausreichendem Maße.
- Keinen Eingang hat zudem die Überlegung gefunden, dass ein Freibeweisverfahren nur eine **geringere Richtigkeitsgewähr** bietet und gerade im Freibeweisverfahren verbliebene Zweifel an der Wahrheit einer Tatsache die Durchführung eines Strengbeweisverfahrens gebieten können. Es ist durchaus denkbar, dass ein Gericht im Freibeweisverfahren aufgrund verbliebener Zweifel eine nicht ausreichende Überzeugung für die Wahrheit einer festzustellenden Tatsache gewinnt, sich im Strengbeweisverfahren jedoch von der Richtigkeit der festzustellenden Tatsache überzeugen lässt. Beispielsweise ist es möglich, dass ein Gericht die erforderliche Überzeugung nicht durch eine eidesstattliche Versicherung (Freibeweis) eines Dritten gewinnt, die Überzeugung jedoch durch dessen Zeugenaussage (Strengbeweis) erhält.[160]

Schließlich ist in § 30 Abs. 3 FamFG als weitere Voraussetzung für die Erforderlichkeit der Durchführung des Strengbeweises genannt, dass die maßgebliche Tatsache von einem Beteiligten **ausdrücklich bestritten** wird.[161] Ausführungen des Gesetzgebers zu diesem Kriterium bereiten Auslegungsschwierigkeiten:

- Soweit der Gesetzgeber meint, eine Tatsache müsse substantiiert bestritten werden,[162] so ist dies etwas anderes, als eine Tatsache ausdrücklich zu bestreiten.

91

---

159 Vgl. auch Zimmermann, Das neue FamFG, Rn 84: Der Gesetzgeber habe sich offenbar an die Rechtsprechung zu § 448 ZPO angelehnt. Dies sei zum einen vom Gesetzestext nicht gedeckt, zum anderen setze eine Beweisaufnahme kein vorgeschaltetes Freibeweisverfahren voraus.
160 So lag der Fall bei BGH MDR 2000, 290.
161 BT-Drucks 16/6308, 190; Brinkmann in: Schulte-Bunert/Weinreich, § 30 FamFG, Rn 16; siehe auch Reinken in: Horndasch/Viefhues, § 30 FamFG, Rn 12–14; zweifelhaft.
162 BT-Drucks 16/6308, 190; vgl. auch Kroiß/Seiler, Das neue FamFG, § 2, Rn 73: „Weitere Voraussetzung für eine zwingende förmliche Beweisaufnahme ist das ausdrückliche (i.d.R. substantiierte) Bestreiten einer Tatsache."

Der Gesetzesbegründung nach scheint es dem Gesetzgeber nicht um die Unterscheidung „ausdrücklich/konkludent", sondern um die Unterscheidung „substantiiert/unsubstantiiert" zu gehen. Die Verwendung eines Gesetzeswortlauts „ausdrücklich" oder auch „substantiiert" dürfte allerdings in Widerspruch dazu stehen, dass bei den FamFG-Verfahren der Amtsermittlungsgrundsatz (vgl. § 26 FamFG) vorherrscht und in Verfahren mit Amtsermittlungsgrundsatz das Bestreiten und dessen Substantiierung in aller Regel in den Hintergrund treten.

- Schwierigkeiten bereitet zudem die Auffassung des Gesetzgebers, dass ein konkludentes Bestreiten nicht ausreichen solle.[163] Eine derartige Differenzierung „ausdrücklich/konkludent" des Bestreitens in Bezug auf prozessuale Folgerungen kennt zum Beispiel die ZPO nicht. Zugleich wirft dies die Frage auf, was ein konkludentes Bestreiten gegenüber einem ausdrücklichen Bestreiten darstellen soll. Muss beispielsweise das Entgegentreten gegen eine Tatsachenbehauptung mit den Worten „Ich bestreite, dass ..." verbunden werden? Ist der streitige Tatsachenvortrag als solcher, ohne dass die Worte „Ich bestreite, dass ..." benutzt werden, noch ein ausdrückliches Bestreiten?

- Der Gesetzgeber erklärt in der Gesetzesbegründung, dass ein **Mindestmaß an objektiv nachvollziehbarer Begründung eines Beteiligten** für die Ablehnung des Freibeweisergebnisses **erforderlich** sei, um das Strengbeweisverfahren zu erzwingen.[164]

Diese Voraussetzung der inhaltlichen Auseinandersetzung mit einem Freibeweisergebnis ist dem Gesetzeswortlaut mit keinem Wort zu entnehmen. Nach § 30 Abs. 3 FamFG geht es um das Bestreiten einer Tatsache und nicht um die Beanstandung eines auf diese Tatsache gerichteten Freibeweisergebnisses durch einen Beteiligten. Soweit aber gewollt ist, dass der Beteiligte das Freibeweisergebnis nachvollziehbar ablehnt und dies im Gesetzeswortlaut zum Ausdruck gebracht wird, ist zu bedenken, dass dieses zu einer zusätzlichen Verfahrensverzögerung führen wird. Denn dem Beteiligten muss nach dem Freibeweisverfahren durch das Gericht ausreichend Gelegenheit zur Stellungnahme gegeben werden, bevor das Gericht dann über die Anordnung eines Strengbeweisverfahrens befinden kann.

92 Welche Freibeweisergebnisse das Gericht gewonnen hat und seiner Entscheidung zugrunde zu legen gedenkt, erfahren die Beteiligten infolge der sich aus § 37 Abs. 2 FamFG ergebenden Mitteilungspflicht (**Hinweispflicht**).[165] Nach dieser

---

163 BT-Drucks 16/6308, 190; so auch Kroiß/Seiler, Das neue FamFG, § 2, Rn 73.
164 BT-Drucks 16/6308, 190.
165 BT-Drucks 16/6308, 190.

Vorschrift darf das Gericht seine Entscheidung nur auf Tatsachen und Beweisergebnisse stützen, zu denen sich die Beteiligten zuvor äußern konnten. In diesem Rahmen hat das Gericht den Beteiligten die freibeweislich gewonnenen Ermittlungsergebnisse darzulegen. Dies gibt den Beteiligten die Gelegenheit zu überprüfen, ob sie die Durchführung eines förmlichen Beweisverfahrens für notwendig erachten.

e) Gelegenheit zur Stellungnahme über Ergebnis der förmlichen Beweisaufnahme

§ 30 Abs. 4 FamFG regelt die Verpflichtung des Gerichts, den Beteiligten Gelegenheit zur Stellungnahme zum Ergebnis einer Beweiserhebung im Strengbeweisverfahren zu geben.

93

V. Termin

Nach § 32 Abs. 1 FamFG kann das Gericht die Sache mit den Beteiligten in einem Termin erörtern. Die Terminsanberaumung stellt § 32 Abs. 1 FamFG in das pflichtgemäße Ermessen des Gerichts.[166]

94

Das Gericht kann dazu das persönliche Erscheinen eines Beteiligten anordnen und ihn anhören, wenn dies zur Aufklärung des Sachverhalts sachdienlich erscheint (§ 33 FamFG). § 34 FamFG verpflichtet hingegen das Gericht zur persönlichen Anhörung, wenn dies zur Gewährung rechtlichen Gehörs notwendig ist oder dies gesetzlich vorgeschrieben ist.

95

> *Hinweis*
>
> In allen FamFG-Sachen fällt die Terminsgebühr nach Nr. 3104 VV RVG grundsätzlich nur an, wenn ein gerichtlicher Termin oder ein vergleichbarer in Vorbem. 3 Abs. 3 VV RVG genannter Termin tatsächlich stattgefunden hat. Die Terminsgebühr entsteht dagegen in aller Regel nicht in schriftlichen Verfahren ohne mündliche Verhandlung. Denn Nr. 3104 Anm. Abs. 1 VV RVG bestimmt, dass die Terminsgebühr im schriftlichen Verfahren nur dann entstehen kann, wenn eine mündliche Verhandlung vorgeschrieben ist. Das ist aber in den FamFG-Sachen grundsätzlich nicht der Fall. § 32 FamFG schreibt gerade nicht zwingend die mündliche Verhandlung vor, sondern stellt sie in das pflichtgemäße Ermessen des Gerichts.

96

---

166 BT-Drucks 16/9733, 288; BT-Drucks 16/6308, 366.

97 *Hinweis*

Nach Auffassung des BGH kann die Terminsgebühr für **Besprechungen** auch ohne Beteiligung des Gerichts nicht entstehen, wenn eine mündliche Verhandlung nicht vorgeschrieben sei und das Gericht durch Beschluss ohne mündliche Verhandlung entscheide.[167] Die Ansicht des BGH vermag nicht zu überzeugen. Dem Wortlaut der Vorbem. 3 Abs. 3 VV RVG ist eine Einschränkung der Entstehung der Terminsgebühr für Besprechungen „in einem Verfahren, für das eine mündliche Verhandlung vorgeschrieben ist", nicht zu entnehmen. Die Terminsgebühr soll zudem generell – und nicht nur bei Verfahren mit vorgeschriebener mündlicher Verhandlung – die gütliche Streitbeilegung fördern und Mehrarbeiten des Gerichts durch langwierige und kostspielige Verfahren ersparen, wie der Begründung zum Entwurf des Kostenrechtsmodernisierungsgesetzes zu entnehmen ist.[168] Die Konsequenz der Auffassung des BGH ist, dass die Terminsgebühr für außergerichtliche Besprechungen beispielsweise in folgenden Verfahren bzw Verfahrensabschnitten ohne vorgeschriebene mündliche Verhandlung nicht zur Entstehung kommen könnte:

- in den reinen fG-Familiensachen und in den Nichtfamiliensachen,
- im Beschwerdeverfahren, soweit das Beschwerdegericht ohne mündliche Verhandlung entscheidet oder noch entscheiden kann,[169]
- im Rechtsbeschwerdeverfahren, soweit das Rechtsbeschwerdegericht ohne mündliche Verhandlung entscheidet oder noch entscheiden kann.

VI. Vergleich

98 Nach § 36 Abs. 1 S. 1 FamFG ist ein Vergleich **zur Niederschrift des Gerichts** grundsätzlich immer dann zulässig, wenn die Beteiligten über den Gegenstand des Verfahrens verfügen können. Ob die Beteiligten über den Verfahrensgegenstand verfügen können, richtet sich nach dem materiellen Recht. § 36 Abs. 2 FamFG bestimmt die bei Abschluss eines Vergleichs zu beachtende Form. So ist über den Vergleich eine Niederschrift anzufertigen, die bestimmte Inhalte aufweisen muss.

---

167 BGH NJW 2007, 1461 m. abl. Anm. Mayer = AGS 2007, 298 m. abl. Anm. Schneider; BGH NJW 2007, 2644 = AnwBl. 2007, 631 m. abl. Anm. Schons = AGS 2007, 397 m. abl. Anm. Schneider; so auch: VGH Mannheim NJW 2007, 860; Hartmann, Kostengesetze, Nr. 3104 VV RVG, Rn 15; ablehnend: OLG Dresden OLGReport 2008, 676; Fölsch, MDR 2008, 1; Fölsch, SchlHA 2007, 177 (178); Madert/Müller-Rabe, NJW 2007, 1920 (1925); Ball in: Musielak, § 522 ZPO, Rn 30.
168 Vgl. BT-Drucks 15/1971, 148, 209.
169 BGH NJW 2007, 2644 = AnwBl. 2007, 631 m. abl. Anm. Schons = AGS 2007, 397 m. abl. Anm. Schneider.

Die Einzelheiten ergeben sich durch einen entsprechenden Verweis aus den Vorschriften der ZPO.

99 Einen **schriftlichen Vergleichsabschluss** gestattet § 36 Abs. 3 FamFG in Verbindung mit § 278 Abs. 6 ZPO. Ein gerichtlicher Vergleich kann dadurch geschlossen werden, dass die Beteiligten einen schriftlichen Vergleichsvorschlag des Gerichts annehmen oder ihrerseits dem Gericht einen Vergleichsvorschlag unterbreiten. Das Gericht hat in beiden Varianten das Zustandekommen und den Inhalt des Vergleichs durch Beschluss festzustellen.

100 Gemäß § 36 Abs. 1 S. 2 FamFG soll das Gericht dort, wo ein Vergleich im FamFG-Verfahren zulässig ist, **auf eine gütliche Einigung hinwirken.** Das Gericht soll den Beteiligten in einem möglichst frühen Verfahrensstadium die Möglichkeiten und Vorteile einer konsensualen Streitbeilegung (Zeitgewinn, Rechtsfrieden) darstellen und – falls möglich – einen Vergleichsvorschlag unterbreiten.[170] Der Grundsatz des Hinwirkens auf eine gütliche Einigung gilt allerdings in Gewaltschutzsachen nicht. Ein Verstoß gegen eine in einem Vergleich auferlegte Verpflichtung ist nach § 4 Satz 1 Gewaltschutzgesetz nämlich nicht strafbewehrt. Im Hinblick auf eine effektive Durchsetzung der im Gewaltschutzgesetz vorgesehenen Maßnahmen, soll das Gericht den Abschluss einer Vereinbarung zwischen den Beteiligten nicht fördern.

VII. Entscheidungsgrundlage

1. Freie Überzeugung des Gerichts

101 Die Entscheidungsgrundlage ergibt sich aus § 37 Abs. 1 FamFG. Das Gericht entscheidet nach seiner **freien, aus dem gesamten Inhalt des Verfahrens gewonnenen Überzeugung.** Das Gericht muss von der Wahrheit der Feststellungen, die es seiner Entscheidung zugrunde legen will, überzeugt sein. Es reicht ein für das praktische Leben brauchbarer Grad an Gewissheit.[171] Das Beweismaß hängt nicht davon ab, ob das Gericht die Feststellungen im Frei- oder im Strengbeweisverfahren trifft; das Gericht muss, auch wenn es sich des Freibeweises bedient, von der Wahrheit der getroffenen Feststellung überzeugt sein.[172]

---

170 BT-Drucks 16/6308, 193.
171 Vgl. BGH NJW 1993, 935.
172 BT-Drucks 16/6308, 194.

2. Wahrung des rechtlichen Gehörs bei der Entscheidungsfindung

102 § 37 Abs. 2 FamFG dient der Gewährleistung rechtlichen Gehörs der Beteiligten (Artikel 103 Abs. 1 GG). Das Gericht darf seiner Entscheidung **nur solche Tatsachen und Beweisergebnisse** zugrunde legen, zu denen sich der **Beteiligte, dessen Rechte die Entscheidung beeinträchtigt, zuvor äußern konnte.** Der Begriff der Rechtsbeeinträchtigung ist in dem Sinne zu verstehen, dass der Beteiligte durch die beabsichtigte Entscheidung in seiner Rechtsstellung negativ betroffen wird.[173] In diesem Fall hat das Gericht zu überprüfen, ob dem Beteiligten die tatsächlichen Grundlagen der Entscheidung, die seine Rechte beeinträchtigt, im Laufe des Verfahrens übermittelt worden sind.[174] Soweit dies nicht der Fall ist, hat das Gericht dies vor Erlass der Entscheidung nachzuholen und dem Beteiligten eine angemessene Frist zur Stellungnahme einzuräumen.[175]

103 Das Gesetz lässt offen, auf welche Weise dem betroffenen Beteiligten **rechtliches Gehör** zu gewähren ist. Im Regelfall sind dem betroffenen Beteiligten die entscheidungsrelevanten Erklärungen anderer Beteiligter sowie die Ergebnisse einer Beweisaufnahme **mitzuteilen.**[176] Dies kann durch Übersendung der schriftlichen Erklärung anderer Beteiligter, des Vermerks über einen Termin oder eine persönliche Anhörung außerhalb eines Termins, eines Vermerks über das Ergebnis einer formlosen Beweisaufnahme (§ 29 Abs. 4 FamFG), eines Vermerks über die Durchführung einer förmlichen Beweisaufnahme im Termin oder eines eingeholten schriftlichen Gutachtens (§ 30 Abs. 1 FamFG i.V.m. § 411 ZPO) geschehen.

104 Im Einzelfall soll nach Ansicht des Gesetzgebers **von einer Übersendung der vorbezeichneten Beweisdokumente abgesehen werden können**, wenn schwerwiegende Interessen eines Beteiligten oder eines Dritten entgegenstehen.[177] Dies kann beispielsweise Gutachten über den Betroffenen in Betreuungs- und Unterbringungsverfahren oder Vermerke über Anhörungen des Kindes oder der Eltern in Sorgerechts- und Umgangsverfahren betreffen. Eine Weitergabe dieser Unterlagen tangiere die Persönlichkeitsrechte dieser Verfahrensbeteiligten massiv.[178] Gleichwohl müsse auch in diesen Fällen dem Anspruch eines Beteiligten auf rechtliches Gehör Genüge getan werden, soweit die Entscheidung in seine Rechte eingreift.[179]

---

173 BT-Drucks 16/6308, 194.
174 BT-Drucks 16/6308, 194.
175 BT-Drucks 16/6308, 194.
176 BT-Drucks 16/6308, 194.
177 BT-Drucks 16/6308, 194; so auch Brinkmann in: Schulte-Bunert/Weinreich, § 37 FamFG, Rn 40 f.
178 BT-Drucks 16/6308, 195.
179 BT-Drucks 16/6308, 195.

Das Gericht müsse hier im Einzelfall versuchen, in möglichst grundrechtsschonender Weise einen Ausgleich der widerstreitenden Interessen herbeizuführen.[180] Denkbar sei, dass das Gericht dem Beteiligten, dessen Rechte beeinträchtigt werden, lediglich den wesentlichen Inhalt einer schriftlichen Erklärung oder eines Beweisergebnisses mitteile.[181] Dies könne durch eine schriftliche oder – bei weniger komplexen Zusammenhängen – auch durch eine mündliche Zusammenfassung des Inhalts geschehen.

Die von dem Gesetzgeber bevorzugte Auslegung ist mit § 37 Abs. 2 FamFG nicht vereinbar.[182] Die **rechtlichen** Bedenken bestehen insoweit, als zumindest der Wortlaut des § 37 Abs. 2 FamFG eindeutig besagt, auf welche Tatsachen und Beweisergebnisse das Gericht seine Ergebnisse stützen darf und demzufolge auf welche nicht. Will das Gericht Tatsachen oder Beweisergebnisse verwerten, zu denen sich der Beteiligte nicht äußern konnte, weil sich das Gericht zu einer Übermittlung einer Tatsache oder eines Beweismittels bzw. Beweisergebnisses ganz oder teilweise gehindert sah, so darf das Gericht nach dem Wortlaut des § 37 Abs. 2 FamFG diese Tatsache oder dieses Beweisergebnis nicht verwerten. Auch eine teleologische Reduktion des § 37 Abs. 2 FamFG hilft nicht weiter. Denn es geht dem Ansinnen des Gesetzgebers nach um eine Erweiterung der Vorschrift, nicht um eine Begrenzung eines zu weit geratenen Wortlauts.

105

Die Auffassung des Gesetzgebers begegnet aber auch **verfassungsrechtlichen** Bedenken. Der Gesetzgeber stellt die von ihr vorgenommene verfassungsrechtliche Abwägung nicht unmittelbar auf eine gesetzliche Grundlage. Würde nun eine Entscheidung auf Tatsachen oder Beweisergebnissen beruhen, zu denen sich ein Beteiligter aus Gründen des Geheimhaltungsinteresses eines anderen Beteiligten oder Dritten nicht äußern konnte, so verstößt dieses gegen den Anspruch auf rechtliches Gehör des Beteiligten.[183] Zudem könnte Art. 19 Abs. 4 GG verletzt sein. Die Abwägung für oder gegen den Beteiligten, dessen Anspruch auf rechtliches Gehör in Rede steht, muss der Gesetzgeber kraft einer gesetzlichen Regelung treffen und kann nicht dem Gericht auf der Grundlage der Gesetzesbegründung vorbehalten bleiben.[184]

---

180 BT-Drucks 16/6308, 195.
181 BT-Drucks 16/6308, 195.
182 A.A.Brinkmann in: Schulte-Bunert/Weinreich, § 37 FamFG, Rn 39–41.
183 Vgl. Schmidt in: Keidel/Kuntze/Winkler, § 12 FGG, Rn 153; BayObLG NJW-RR 1996, 1478.
184 Vgl. in diesem Zusammenhang auch BVerfG NJW 2000, 1175 zu § 99 VwGO.

C. Beschluss

I. Entscheidungsform: Beschluss

106 § 38 Abs. 1 S. 1 FamFG schreibt die Entscheidung durch Beschluss für alle **Endentscheidungen** verbindlich vor. Die Vorschrift besagt, dass das Gericht durch Beschluss entscheidet, wenn mit der Entscheidung der **Verfahrensgegenstand ganz oder teilweise erledigt** wird. Gleichzeitig werden diese Entscheidungen nunmehr als Endentscheidungen gesetzlich definiert. Die Entscheidung muss die **Instanz abschließen**.[185] Dies wird zumeist die Entscheidung in der Hauptsache sein, kann aber, wenn die Hauptsache weggefallen ist, auch eine Kostenentscheidung sein,[186] die die Kostenverteilung dem Grunde nach betrifft. Demnach sind Endentscheidungen im Sinne von § 38 FamFG auch Kostengrundentscheidungen, die nach einer Antragsrücknahme oder nach übereinstimmenden Erledigungserklärungen ergehen.[187] Der Gegenstand des Verfahrens ist nach dem Wegfall der Hauptsache zum Beispiel durch Antragsrücknahme oder übereinstimmenden Erledigungserklärungen nur noch die Verteilung der Kosten zwischen den Beteiligten. Zwischen- und Nebenentscheidungen fallen nicht unter die Vorschrift.[188] Soweit sie durch Beschluss zu treffen sind, ist dies im Gesetz ausdrücklich bestimmt,[189] allerdings nicht immer.

107 *Hinweis*

§ 38 FamFG gilt für alle Familiensachen (vgl. auch § 113 FamFG).

108 Den **formellen Mindestinhalt** des Beschlusses bestimmt § 38 Abs. 2 FamFG. Der Beschluss enthält die Bezeichnung der Beteiligten, die Bezeichnung des Gerichts, die Namen der Gerichtspersonen, die bei der Entscheidung mitgewirkt haben, und die Beschlussformel. § 38 Abs. 3 S. 1 FamFG schreibt **grundsätzlich die Pflicht**

---

185 BT-Drucks 16/6308, 195.
186 BT-Drucks 16/6308, 195; Reinken in: Horndasch/Viefhues, § 38 FamFG, Rn 4; Oberheim in: Schulte-Bunert/Weinreich, § 38 FamFG, Rn 4; Unger in: Schulte-Bunert/Weinreich, § 58 FamFG, Rn 14.
187 In diesem Sinne: BT-Drucks 16/6308, 195; BT-Drucks 16/12717, Bericht Nr. IV zu Art. 8 – neu –, zu Nr. 1, zu Buchstabe m (Änderung von § 117 FamFG); Reinken in: Horndasch/Viefhues, § 38 FamFG, Rn 4; Oberheim in: Schulte-Bunert/Weinreich, § 38 FamFG, Rn 6; Bumiller in: Bumiller/Harders, § 38 FamFG, Rn 1; Unger in: Schulte-Bunert/Weinreich, § 58 FamFG, Rn 14; a.A. Schael, FPR 2009, 195 (196); Schael, FPR 2009, 11 (12). M.E. ist die Kostengrundentscheidung eine Endentscheidung, vgl. auch in diesem Buch, § 5, Rn 3. Nach der bisherigen Rechtslage ist eine isolierte Kostenentscheidung keine Endentscheidung im Sinne von § 621e ZPO a.F., vgl. Philippi in: Zöller, § 621e ZPO, Rn 11; BGH NJW-RR 1990, 1218; str.
188 BT-Drucks 16/6308, 195.
189 BT-Drucks 16/6308, 195.

C. Beschluss § 2

zur **Begründung** des Beschlusses vor. Inhaltliche Anforderungen an die Begründung werden nicht aufgestellt; insbesondere werden im Interesse der Verfahrensflexibilität nicht die strikten Erfordernisse an den Inhalt eines Urteils nach den §§ 313 ff. ZPO übernommen.[190] § 38 Abs. 4 FamFG eröffnet dem Gericht die Möglichkeit, unter bestimmten Voraussetzungen auf eine Begründung zu verzichten. Eine Begründung soll im Grundsatz immer dann entbehrlich sein, wenn ein Interesse der Beteiligten an einer Begründung oder eine Beschwer eines Beteiligten erkennbar nicht vorliegt. Abs. 5 nennt Ausnahmen von der Absehensmöglichkeit des Begründungserfordernisses. Der Beschluss ist zu **unterschreiben** (§ 38 Abs. 3 S. 2 FamFG). Die Unterschrift ermöglicht eine Abgrenzung des Beschlusses von einem bloßen Entwurf. **Erlassen** ist der Beschluss nach § 38 Abs. 3 S. 3 FamFG **mit Übergabe** des Beschlusses an die Geschäftsstelle oder der Bekanntgabe **durch Verlesen** der Beschlussformel. Das Datum der Übergabe oder des Verlesens ist auf dem Beschluss zu vermerken.

▼

Muster 1 109

Amtsgericht Lübeck

Az.:

Beschluss

In dem Unterhaltsverfahren

des ▓▓▓▓ (Antragstellers)

▓▓▓▓ (Verfahrensbevollmächtigter)

gegen

den ▓▓▓▓ (Antragsgegner)

▓▓▓▓ (Verfahrensbevollmächtigter)

wegen ▓▓▓▓

hat das Amtsgericht Lübeck durch den Richter am Amtsgericht ▓▓▓▓

auf die mündliche Verhandlung vom ▓▓▓▓

am ▓▓▓▓ beschlossen:

1. Der Antrag des Antragstellers vom ▓▓▓▓ auf Zahlung von Unterhalt von monatlich ▓▓▓▓ ab dem ▓▓▓▓ wird abgewiesen.
2. Die Kosten des Verfahrens trägt der Antragsteller.

---

190 BT-Drucks 16/6308, 195.

Gründe

I. (zum Sachverhalt)

II. „Entscheidungsgründe": Der Antrag ist unbegründet.

III. Die Kostenentscheidung folgt aus

IV. Rechtsmittelbelehrung:

Unterschrift des Richters

Datum der Übergabe des Beschlusses an die Geschäftsstelle:

II. Rechtsbehelfsbelehrung

110 § 39 FamFG führt in FamFG-Verfahren allgemein die Notwendigkeit einer Rechtsbehelfsbelehrung ein. Die Rechtsbehelfsbelehrung ist, obgleich bisher nur in einzelnen Bereichen der fG-Verfahren vorgesehen, Ausdruck des **rechtsfürsorgerischen Charakters** dieser Verfahren.[191] Diesem Rechtsgedanken entsprechend sind die Beteiligten daher künftig in allen FamFG-Verfahren über die Rechtsmittel oder sonstige „ordentliche"[192] Rechtsbehelfe zu belehren. Nach § 39 FamFG hat jeder Beschluss eine Belehrung über das statthafte Rechtsmittel, den Einspruch, den Widerspruch oder die Erinnerung sowie das Gericht, bei dem diese Rechtsbehelfe einzulegen sind, dessen Sitz und die einzuhaltende Form und Frist zu enthalten. Die Belehrung ist Bestandteil des Beschlusses.[193]

111 Zu den ordentlichen Rechtsmitteln gehören neben der FamFG-Beschwerde und der FamFG-Rechtsbeschwerde auch die sofortige Beschwerde entsprechend §§ 567–572 ZPO und die ggf. hierauf statthafte Rechtsbeschwerde entsprechend §§ 574–577 ZPO. Nicht erforderlich ist eine Rechtsbehelfsbelehrung dagegen, wenn gegen die Entscheidung nur noch außerordentliche Rechtsbehelfe statthaft sind. Eine Belehrung etwa über die Abänderung, den Antrag auf mündliche Verhandlung (§ 54 Abs. 2 FamFG), die Wiedereinsetzung, die Urteilsberichtigung und Ergänzung, die Anhörungsrüge oder die Wiederaufnahme ist daher nicht geboten. Der Gesetzgeber meint, dass im einstweiligen Anordnungsverfahren über den An-

---

191 BT-Drucks 16/6308, 196.
192 BT-Drucks 16/6308, 196.
193 Vgl. auch Zimmermann, Das neue FamFG, Rn 103, und Oberheim in: Schulte-Bunert/Weinreich, § 39 FamFG, Rn 25: Belehrung muss von Unterschrift des Richters gedeckt sein; siehe hingegen: Maurer, FamRZ 2009, 465 (467): gesonderte, auch formularmäßige Belehrung ist ausreichend; B/L/A/Hartmann, § 39 FamFG, Rn 2: Kopie der Belehrung in der Akte ist ausreichend.

trag auf Einleitung des Hauptsacheverfahrens (§ 52 FamFG) belehrt werden müsse.[194] Dieses ergibt sich nicht aus dem Wortlaut des § 39 FamFG oder des § 52 FamFG. Eine Negativbelehrung, dass die in § 39 FamFG genannten Rechtsbehelfe nicht gegeben sind, ist nicht geboten, kann aber „Dienst am Kunden" sein.

112 § 39 FamFG regelt den notwendigen Inhalt der Rechtsbehelfsbelehrung. Sie hat – unter anderem mit der Bezeichnung des Gerichts, bei dem der Rechtsbehelf einzulegen ist, dessen Sitz sowie der einzuhaltenden Form und Frist – alle wesentlichen Informationen zu enthalten, die den Beteiligten in die Lage versetzen, ohne der Hinzuziehung eines Rechtsanwaltes den zulässigen Rechtsbehelf gegen die ergangene Entscheidung einzulegen.

Der Wortlaut des § 39 FamFG ist im Hinblick auf den Inhalt der Belehrungspflicht zu eng gefasst. Die Belehrung **muss** insbesondere **auch** über folgende **Zulässigkeitsvoraussetzungen**, soweit sie bestehen, **belehren**:

- Beschwerdesumme bzw. Zulassung des Rechtsmittels[195]
- Vertretungszwang[196]
- Begründung des Rechtsmittels[197]
- Frist für die Begründung des Rechtsmittels.[198]

So ist nämlich für den zu § 39 FamFG vergleichbaren § 58 VwGO anerkannt, dass der Wortlaut zu eng ist, weil er die Belehrung über die Frist zur Begründung eines Rechtsmittels nicht nennt.[199] Bei den weiteren Belehrungsinhalten ist zu § 58 VwGO jeweils streitig, ob eine Belehrung zu fordern ist.[200]

113 Unterbleibt die Belehrung oder ist sie fehlerhaft, so wird gesetzlich nach § 17 Abs. 2 FamFG vermutet, dass derjenige Beteiligte, der keine Rechtsbehelfsbelehrung erhalten hat, ohne Verschulden gehindert war, die Frist zur Einlegung des Rechtsmittels oder des Rechtsbehelfs einzuhalten. Nach Ansicht des Gesetzgebers

---

194 BT-Drucks 16/6308, 201; so auch Viefhues in: Horndasch/Viefhues, § 52 FamFG, Rn 3; Schwonberg in: Schulte-Bunert/Weinreich, § 52 FamFG, Rn 3; Klein in: Schulte-Bunert/Weinreich, § 231 FamFG, Rn 15.
195 So auch Oberheim in: Schulte-Bunert/Weinreich, § 39 FamFG, Rn 34.
196 So auch Oberheim in: Schulte-Bunert/Weinreich, § 39 FamFG, Rn 43.
197 So auch Oberheim in: Schulte-Bunert/Weinreich, § 39 FamFG, Rn 42.
198 So auch Oberheim in: Schulte-Bunert/Weinreich, § 39 FamFG, Rn 45.
199 BVerwGE 5, 178; BVerwG NVwZ 1998, 1313.
200 Vgl. Kopp/Schenke, 15. Aufl. (2007), § 58 VwGO, Rn 10 m.w.N. zu den unterschiedlichen Meinungen.

erfordert die gesetzliche Vermutung einen ursächlichen Zusammenhang zwischen Belehrungsmangel und Fristsäumnis.[201] Damit sei eine Wiedereinsetzung in denjenigen Fällen ausgeschlossen, in denen der Beteiligte wegen vorhandener Kenntnis über seine Rechtsmittel keine Unterstützung durch eine Rechtsmittelbelehrung bedarf.[202] Auf diese Weise werde vor allem der geringeren Schutzbedürftigkeit **anwaltlich** vertretener Beteiligter Rechnung getragen.[203]

114 *Hinweis*

Zu bedenken ist, dass die gesetzliche Vermutung des fehlenden Verschuldens des Beteiligten nach § 17 Abs. 2 FamFG nicht in Familienstreitsachen und in Ehesachen gilt. Zwar ist nach § 113 Abs. 1 S. 1 FamFG in Familienstreitsachen und in Ehesachen § 39 FamFG über die Belehrung anzuwenden, nicht aber § 17 Abs. 2 FamFG über die gesetzliche Vermutung fehlenden Verschuldens.

Da die Rechtsbehelfsbelehrung in Familienstreitsachen und in Ehesachen nicht verfassungsrechtlich geboten ist, kommt dem Beteiligten nicht eine dem § 17 Abs. 2 FamFG entsprechende, ungeschriebene unwiderlegliche Vermutung zugute.

▼

115 Muster für Rechtbehelfsbelehrung gegen erstinstanzlichen Beschluss in einer fG-Familiensache (Hauptsache, erste Instanz)

Das Gericht erteilt folgende Rechtsbehelfsbelehrung nach § 39 FamFG:

Gegen diesen Beschluss ist das Rechtsmittel der Beschwerde statthaft. Die Beschwerde ist binnen einer Frist von einem Monat ab schriftlicher Bekanntgabe des Beschlusses bei dem Amtsgericht Kiel, ▬▬▬▬▬ *(Adresse)*, zu erheben.

Die Beschwerde ist durch Einreichung einer Beschwerdeschrift oder durch Erklärung zur Niederschrift der Geschäftsstelle des Amtsgerichts Kiel einzulegen. Darüber hinaus ist jedes Amtsgericht verpflichtet, die Erklärung über die Beschwerde aufzunehmen, welche innerhalb der einmonatigen Beschwerdefrist bei dem Amtsgericht Kiel eingegangen sein muss. Die Beschwerdeschrift bzw. die Erklärung über die Beschwerde zur Niederschrift ist vom Beschwerdeführer oder seinem Bevollmächtigten zu unterzeichnen.

---

201 BT-Drucks 16/6308, 183 unter Verweis auf BGH NJW 2002, 2171; vgl. auch BGH NStZ 2001, 45; BGH NJW-RR 2008, 1084; BGH v. 26.3.2009 – V ZB 174/08; BayObLG NJW-RR 2001, 444; vgl. aber auch BVerfG NJW 1991, 2277.
202 BT-Drucks 16/6308, 183.
203 BT-Drucks 16/6308, 183.

Ein Anwaltszwang besteht nicht. Der Beschwerdeführer darf die Beschwerde selbst einlegen.

Die Beschwerde muss die Bezeichnung des angefochtenen Beschlusses sowie die Erklärung enthalten, dass Beschwerde gegen diesen Beschluss eingelegt wird.

Muster für Rechtbehelfsbelehrung gegen erstinstanzlichen Beschluss in einer Familienstreitsache (Hauptsache, erste Instanz)   **116**

Das Gericht erteilt folgende Rechtsbehelfsbelehrung nach § 39 FamFG:

Gegen diesen Beschluss ist das Rechtsmittel der Beschwerde statthaft. Die Beschwerde ist binnen einer Frist von einem Monat ab schriftlicher Bekanntgabe des Beschlusses bei dem Amtsgericht Kiel, ▬▬▬ *(Adresse)*, zu erheben.

Die Beschwerde ist durch Einreichung einer Beschwerdeschrift einzulegen. Die Beschwerde kann nur durch einen bei einer Rechtsanwaltskammer zugelassenen Rechtsanwalt eingelegt werden. Die Beschwerdeschrift ist von dem Rechtsanwalt zu unterzeichnen.

Die Beschwerde muss die Bezeichnung des angefochtenen Beschlusses sowie die Erklärung enthalten, dass Beschwerde gegen diesen Beschluss eingelegt wird.

In vermögensrechtlichen Angelegenheiten ist die Beschwerde nur zulässig, wenn der Wert des Beschwerdegegenstandes 600 EUR übersteigt oder wenn das Gericht des ersten Rechtszugs (hier: das Amtsgericht Kiel) die Beschwerde in seinem erstinstanzlichen Beschluss zugelassen hat.

Die Beschwerde ist binnen einer Frist von zwei Monaten ab schriftlicher Bekanntgabe des Beschlusses zu begründen. Die Beschwerdebegründung ist, sofern sie nicht bereits in der Beschwerdeschrift enthalten ist, bei dem Beschwerdegericht einzureichen. Beschwerdegericht ist das Schleswig-Holsteinische Oberlandesgericht, ▬▬▬ *(Adresse)*. Die Begründung der Beschwerde muss schriftlich durch einen Rechtsanwalt erfolgen. Die Begründungsschrift ist von dem Rechtsanwalt zu unterzeichnen.

III. Wirksamwerden gerichtlicher Beschlüsse

§ 40 FamFG regelt das Wirksamwerden gerichtlicher Beschlüsse im FamFG-Verfahren. Ein Beschluss wird nach Abs. 1 **mit der Bekanntgabe** an den Beteiligten, für den er seinem wesentlichen Inhalt nach bestimmt ist, **wirksam**. Hiermit wird dem im Regelfall gegebenen Bedürfnis nach einem schnellen Wirksamwerden der   **117**

FamFG-Entscheidungen, das vor allem im rechtsfürsorgerischen Bereich – etwa der Ernennung eines Vormundes oder Betreuers – aber auch bei den fG-Familiensachen besteht, Rechnung getragen.[204] Sind also mehrere Beteiligte vorhanden, tritt die Wirksamkeit für jeden Beteiligten gesondert mit der Bekanntgabe an ihn ein.[205] Bei untrennbarem Inhalt der Entscheidung wird die Entscheidung erst mit der Bekanntgabe an den letzten Beteiligten wirksam.[206]

118 Hat ein Beschluss die Genehmigung eines **Rechtsgeschäfts zum Gegenstand**, wird er erst mit **Rechtskraft wirksam** (§ 40 Abs. 2 S. 1 FamFG). Dies ist mit der Entscheidung auszusprechen (§ 40 Abs. 2 S. 2 FamFG). Die Abweichung vom Grundsatz liegt darin, dass mit der Wirksamkeit der Entscheidung eine gravierende Rechtsänderung verknüpft ist.[207] § 40 Abs. 3 FamFG weicht ebenfalls vom Grundsatz ab und regelt die Wirksamkeit für Entscheidungen, denen gemeinsam ist, dass sie **Grundlage für Rechtshandlungen gegenüber dritten Personen** bilden können. Die in dieser Vorschrift genannten Beschlüsse werden erst mit **Rechtskraft wirksam**.

IV. Bekanntgabe des Beschlusses

119 § 41 FamFG regelt die Möglichkeiten der Bekanntgabe einer Entscheidung. Der Beschluss ist den Beteiligten bekannt zu geben. Ein anfechtbarer Beschluss ist demjenigen zuzustellen, dessen erklärtem Willen er nicht entspricht (§ 41 Abs. 1 S. 2 FamFG). Anwesenden kann der Beschluss auch durch Verlesen der Beschlussformel bekannt gegeben werden (§ 41 Abs. 2 S. 1 FamFG). Dies ist in den Akten zu vermerken (§ 41 Abs. 2 S. 2 FamFG). In diesem Fall ist die Begründung des Beschlusses unverzüglich nachzuholen (§ 41 Abs. 2 S. 3 FamFG).[208] Der Beschluss ist im Fall des Verlesens der Beschlussformel gegenüber Anwesenden auch schriftlich bekannt zu geben (§ 41 Abs. 2 S. 4 FamFG). Ein Beschluss, der die Genehmigung eines Rechtsgeschäfts zum Gegenstand hat, ist auch demjenigen, für den das Rechtsgeschäft genehmigt wird, bekannt zu geben (§ 41 Abs. 3 FamFG).[209]

---

204 Vgl. auch BT-Drucks 16/6308, 196.
205 Reinken in: Horndasch/Viefhues, § 40 FamFG, Rn 5.
206 Reinken in: Horndasch/Viefhues, § 40 FamFG, Rn 5.
207 Vgl. auch BVerfGE 101, 397 (407).
208 Vgl. dazu ausführlich: Grotkopp, SchlHA 2008, 261 (264).
209 Vgl. dazu auch: BVerfGE 101, 397 (407).

V. Berichtigung und Ergänzung des Beschlusses

§ 42 FamFG gestattet die Berichtigung eines erlassenen Beschlusses, § 43 FamFG die nachträgliche Ergänzung.

120

VI. Formelle Rechtskraft

§ 45 FamFG regelt, dass grundsätzlich der Beschluss im FamFG-Verfahren der formellen Rechtskraft fähig ist. Die Rechtskraft des Beschlusses tritt nicht ein, bevor die Frist für die Einlegung des zulässigen Rechtsmittels oder des zulässigen Einspruchs, des Widerspruchs oder der Erinnerung abgelaufen ist. Der Eintritt der Rechtskraft wird dadurch gehemmt, dass das Rechtsmittel, der Einspruch, der Widerspruch oder die Erinnerung rechtzeitig eingelegt wird.

121

VII. Rechtskraftzeugnis

§ 46 FamFG regelt in Übereinstimmung mit den Vorschriften der ZPO die Voraussetzungen für die Erteilung eines Rechtskraftzeugnisses nach § 706 ZPO. In **Ehesachen** und **Abstammungssachen** wird den Beteiligten von Amts wegen ein Rechtskraftzeugnis auf einer Ausfertigung ohne Begründung erteilt (§ 46 S. 3 FamFG).[210] Die Entscheidung der Geschäftsstelle ist mit der Erinnerung nach **§ 573 ZPO** entsprechend anfechtbar (§ 46 S. 4 FamFG).[211]

122

VIII. Wirksam bleibende Rechtsgeschäfte

Ist ein Beschluss ungerechtfertigt, durch den jemand die Fähigkeit oder die Befugnis erlangt, ein Rechtsgeschäft vorzunehmen oder eine Willenserklärung entgegenzunehmen, hat die Aufhebung des Beschlusses auf die Wirksamkeit der inzwischen von ihm oder ihm gegenüber vorgenommenen Rechtsgeschäfte keinen Einfluss, soweit der Beschluss nicht von Anfang an unwirksam ist (§ 47 FamFG).

123

---

210 Das FamFG-Berichtigungsgesetz (Gesetz zur Modernisierung von Verfahren im anwaltlichen und notariellen Berufsrecht, zur Errichtung einer Schlichtungsstelle der Rechtsanwaltschaft sowie zur Änderung sonstiger Vorschriften; BT-Drucks 16/11385; BT-Drucks 16/12717) hat durch eine Änderung in § 113 Abs. 1 S. 1 FamFG die Anwendbarkeit des § 46 S. 3 FamFG in Ehesachen hergestellt.

211 Das FamFG-Berichtigungsgesetz (Gesetz zur Modernisierung von Verfahren im anwaltlichen und notariellen Berufsrecht, zur Errichtung einer Schlichtungsstelle der Rechtsanwaltschaft sowie zur Änderung sonstiger Vorschriften; BT-Drucks 16/11385; BT-Drucks 16/12717) hat durch eine Änderung in § 46 S. 4 FamFG die Anfechtbarkeit der Entscheidungen der Geschäftsstelle mit der Erinnerung herbeigeführt. Die Vorschrift gilt auch in Familienstreitsachen und in Ehesachen (vgl. § 113 Abs. 1 S. 1 FamFG).

§ 3 Das Buch 2 FamFG über die Verfahren in Familiensachen

1 Das Buch 2 FamFG beginnt mit einem Abschnitt 1 (§§ 111–120 FamFG), der allgemeine Vorschriften für alle Familiensachen enthält.[1] In den Abschnitten 2–12 finden sich Regelungen zu den einzelnen Familiensachen.

A. Familiensachen: § 111 FamFG

2 § 111 FamFG beschreibt durch eine **Aufzählung** die einzelnen Arten von Familiensachen. Die Arten werden in der jeweils ersten Vorschrift des entsprechenden Abschnitts definiert. § 111 FamFG ist auch maßgeblich, wenn andere Gesetze (zum Beispiel das GVG) den Begriff Familiensache verwenden.[2] Familiensachen sind:

- Ehesachen (einschließlich Scheidungs- und Folgesachen),
- Kindschaftssachen,
- Abstammungssachen,
- Adoptionssachen,
- Ehewohnungs- und Haushaltssachen,[3]
- Gewaltschutzsachen,
- Versorgungsausgleichssachen,
- Unterhaltssachen,
- Güterrechtssachen,
- sonstige Familiensachen,
- Lebenspartnerschaftssachen.

3 *Hinweis*

In Ehesachen und selbstständigen Familienstreitsachen soll die Antragsschrift oder der Antrag erst nach Zahlung der gerichtlichen Verfahrensgebühr zugestellt werden (**§ 14 Abs. 1 FamGKG**).

Im Übrigen soll in Verfahren, in denen der Antragsteller die Kosten schuldet (§ 21), vor Zahlung der gerichtlichen Verfahrensgebühr keine gerichtliche

---

1 Vgl. auch den Überblick bei Borth, FamRZ 2009, 157 (163 ff.).
2 BT-Drucks 16/6308, 223.
3 Nach dem Gesetz zur Änderung des Zugewinnausgleichs- und Vormundschaftsrechts (BGBl 2009 I, 1696; BT-Drucks 16/10798; BT-Drucks 16/13027) wird § 111 Nr. 5 FamFG angepasst und gibt die Bezeichnung „Ehewohnungs- und Haushaltssachen" statt „Wohnungszuweisungs- und Hausratssachen".

Handlung vorgenommen werden (§ 14 Abs. 3 FamGKG). Kostenschuldner im Sinne von § 21 Abs. 1 S. 1 ist in Verfahren, die nur durch Antrag eingeleitet werden, wer das Verfahren des Rechtszugs beantragt hat. § 21 Abs. 1 S. 2 FamGKG enthält Ausnahmen zur Kostenschuldnerschaft.

Ausnahmen von der Abhängigmachung im Sinne von § 14 Abs. 1, 3 FamGKG beschreibt **§ 15 FamGKG**.

B. Begriff der Familienstreitsachen: § 112 FamFG

§ 112 FamFG umschreibt den Begriff der sogenannten Familienstreitsachen.[4] Im Wesentlichen, gleichwohl mit Abweichungen, ist der Begriff identisch mit den **bisherigen ZPO-Familiensachen**. Familienstreitsachen sind Teilbereiche von Unterhaltssachen, Güterrechtssachen und sonstigen Familiensachen sowie dazu vergleichbare Lebenspartnerschaftssachen. Da nur Teilbereiche der genannten Familiensachen Familienstreitsachen sind, sind die Definitionsnormen für Unterhaltssachen (§ 231 FamFG), Güterrechtssachen (§ 261 FamFG) und sonstige Familiensachen (§ 266 FamFG) zur Übersichtlichkeit zweigeteilt. In Abs. 1 werden jeweils die Verfahren genannt, die zu den Familienstreitsachen gehören.[5] In Abs. 2 werden jeweils die Verfahren genannt, die nicht zu den Familienstreitsachen gehören.[6]

4

Familienstreitsachen sind:

5

- Unterhaltssachen nach § 231 Abs. 1 FamFG[7]
- Verfahren, die die durch Verwandtschaft begründete gesetzliche Unterhaltspflicht betreffen
- Verfahren, die die durch Ehe begründete gesetzliche Unterhaltspflicht betreffen
- Verfahren, die die Ansprüche nach §§ 1615l, 1615m BGB betreffen;
- Güterrechtssachen nach § 261 Abs. 1 FamFG[8]
- Verfahren, die Ansprüche aus dem ehelichen Güterrecht betreffen, auch wenn Dritte an dem Verfahren beteiligt sind;

---

4 Vgl. zu den Begrifflichkeiten auch Schael, FamRZ 2009, 7.
5 Sowie die entsprechenden Lebenspartnerschaftssachen nach § 269 Abs. 1 Nr. 8, 9, 10, Abs. 2 FamFG.
6 Sowie die entsprechenden Lebenspartnerschaftssachen nach § 269 Abs. 1 Nr. 1–7, 11, 12, Abs. 3 FamFG.
7 Sowie die dazugehörigen Lebenspartnerschaftssachen nach § 269 Abs. 1 Nr. 8, 9 FamFG.
8 Sowie die dazugehörigen Lebenspartnerschaftssachen nach § 269 Abs. 1 Nr. 10 FamFG.

- sonstige Familiensachen nach § 266 Abs. 1 Nr. 1–5 FamFG[9]
- Verfahren, die Ansprüche zwischen miteinander verlobten oder ehemals verlobten Personen im Zusammenhang mit der Beendigung des Verlöbnisses sowie in den Fällen der §§ 1298, 1299 BGB zwischen einer solchen und einer dritten Person betreffen
- Verfahren, die aus der Ehe herrührende Ansprüche betreffen
- Verfahren, die Ansprüche zwischen miteinander verheirateten oder ehemals miteinander verheirateten Personen oder zwischen einer solchen und einem Elternteil im Zusammenhang mit Trennung oder Scheidung oder Aufhebung der Ehe betreffen
- Verfahren, die aus dem Eltern-Kind-Verhältnis herrührende Ansprüche betreffen
- Verfahren, die aus dem Umgangsrecht herrührende Ansprüche betreffen;

sofern für die in § 266 Abs. 1 Nr. 1–5 FamFG aufgeführten Sachen nicht die Zuständigkeit der Arbeitsgerichte gegeben ist oder das Verfahren eines der in § 348 Abs. 1 S. 2 Nr. 2 Buchstabe a–k ZPO genannten Sachgebiete, das Wohnungseigentumsrecht oder das Erbrecht betrifft und sofern es sich nicht bereits nach anderen Vorschriften um eine Familiensache handelt (vgl. § 266 Abs. 1 a.E. FamFG).

6 **Keine** Familienstreitsachen sind – neben den fG-Familiensachen – die Ehesachen.

C. Familienstreitsachen – Ehesachen – fG-Familiensachen

I. Ausgangspunkt im FamFG

7 Das FamFG differenziert für die Anwendung der Verfahrensvorschriften zwischen
- Familienstreitsachen
- Ehesachen
- den übrigen, reinen fG-Familiensachen.[10]

8 Im **Ausgangspunkt** gelten für alle Familiensachen die Vorschriften des **FamFG AT**.

Ob und inwieweit aber für Familiensachen das FamFG AT nicht anzuwenden ist, stattdessen auf Vorschriften der **ZPO** entsprechend zurückzugreifen ist, ergibt sich aus Abschnitt 1 des Buchs 2 FamFG (insbes. §§ 112, 113 und 117 FamFG). Den

---

9 Sowie die dazugehörigen Lebenspartnerschaftssachen nach § 269 Abs. 2 FamFG.
10 Vgl. zu dieser Differenzierung auch: Fölsch, FF/FamFG spezial 2009, 2; Kemper, FamRB 2009, 53; Hütter/Kodal, FamRZ 2009, 917.

§§ 112 ff. FamFG kommt gleichsam ein „Schlüsselcharakter" für das FamFG AT oder für die ZPO in den Familiensachen zu. Diese Vorschriften sind in Familiensachen die **Einstiegsnormen** für das sodann anzuwendende Familienverfahrensrecht.

All dies gilt nur, soweit nicht in den Abschnitten 2–12 des Buchs 2 FamFG spezielle, abweichende Vorschriften für die einzelnen Familiensachen enthalten sind.

> *Hinweis* 9
>
> Handelt es sich um eine Familienstreitsache oder eine Ehesache, so sind überwiegend die Vorschriften des FamFG AT in erster Instanz der Hauptsache nicht anzuwenden. Stattdessen sind die Vorschriften der ZPO mit einzelnen Ausnahmen entsprechend anzuwenden. Handelt es sich dagegen um eine fG-Familiensache, so gelten die Regelungen des FamFG AT. Beides gilt mit der Maßgabe, dass die Vorschriften über die einzelnen Familiensachen vorrangig anzuwenden sind.
>
> Die Prüfung, welche Verfahrensvorschriften im Einzelnen zur Anwendung kommen, sollte demnach mit den §§ 111–120 FamFG beginnen. Es sollte sich dann die Prüfung der besonderen Vorschriften über die einzelnen Familiensachen (Abschnitt 2–12 Buch 2 FamFG) anschließen, bevor dann die Vorschriften des FamFG AT beziehungsweise der ZPO einbezogen werden.

II. Grundlegende ZPO-Verweisungen in Familienstreitsachen

1. Verweis auf die ZPO in Bezug auf Allgemeine Vorschriften und das Verfahren in erster Instanz

§ 113 FamFG enthält für Familienstreitsachen Abweichungen zur FamFG-Konzeption im Hinblick auf die Allgemeinen Vorschriften und die Vorschriften über das Verfahren in erster Instanz. Stattdessen wird auf die ZPO verwiesen. 10

- Nach § 113 Abs. 1 S. 1 FamFG sind in Familienstreitsachen die §§ 2–37, 40–45, 46 S. 1 und 2 sowie §§ 47–48 sowie 76–96a[11] **FamFG nicht** anzuwenden.[12]

---

[11] § 113 Abs. 1 S. 1 FamFG erwähnt § 96a FamFG aufgrund eines redaktionellen Fehlers nicht.

[12] Das „FamFG-Berichtigungsgesetz" (Gesetz zur Modernisierung von Verfahren im anwaltlichen und notariellen Berufsrecht, zur Errichtung einer Schlichtungsstelle der Rechtsanwaltschaft sowie zur Änderung sonstiger Vorschriften; BT-Drucks 16/11385; BT-Drucks 16/12717) hat § 113 Abs. 1 S. 1 FamFG in der Weise geändert, dass von der Ausnehmung des FamFG AT § 46 S. 3 und 4 FamFG nicht (mehr) betroffen sind. § 46 S. 3 und 4 FamFG ist in Familienstreitsachen anzuwenden.

Es gelten stattdessen gemäß § 113 Abs. 1 S. 2 FamFG die Allgemeinen Vorschriften der **ZPO** (§§ 1–252 ZPO) und die Vorschriften der **ZPO** über das Verfahren vor den Landgerichten (§§ 253–494a ZPO) in entsprechender Weise.

- Nach § 113 Abs. 2 FamFG gelten in Familienstreitsachen auch die Vorschriften der ZPO über den Urkunden- und Wechselprozess und über das Mahnverfahren entsprechend. Die Zuständigkeitskonzentration im maschinellen Mahnverfahren nach § 689 Abs. 3 ZPO erfasst auch die Familienstreitsachen.[13]
- Nach § 113 Abs. 3 FamFG ist in Familienstreitsachen § 227 Abs. 3 ZPO nicht anzuwenden.

11 *Hinweis*

Aus der ZPO kommen damit zum Beispiel zur Anwendung die Vorschriften über das Mündlichkeitsprinzip (§ 128 ZPO), die Beweisaufnahme (§§ 284, 355 ff. ZPO), die Beweiswürdigung (§ 286 ZPO), die Formvorgaben für eine Klageschrift (§ 253 ZPO), das Anerkenntnisurteil (§ 307 ZPO), das Versäumnisurteil sowie der Einspruch hiergegen[14] (§§ 330 ff. ZPO), die Kostenverteilung (§§ 91 ff. ZPO), die Prozesskostenhilfe (§§ 114 ff. ZPO), den Dispositions- und Verhandlungsgrundsatz, die Zustellung (§§ 166 ff. ZPO), die Wiedereinsetzung (§§ 233 ff. ZPO).

12 *Hinweis*

In Familienstreitsachen kann die Terminsgebühr in den Fällen der Nr. 3104 Anm. Abs. 1 Nr. 1 VV RVG auch ohne mündliche Verhandlung entstehen. Denn in diesen Verfahren ist gemäß § 113 Abs. 1 S. 2 FamFG in Verbindung mit § 128 Abs. 1 ZPO grundsätzlich mündlich zu verhandeln. Die Terminsgebühr kann des Weiteren für Besprechungen auch ohne Beteiligung des Gerichts (Vorbem. 3 Abs. 3 VV RVG) entstehen. Weil ohnehin in diesen Sachen eine mündliche Verhandlung vorgeschrieben ist, kann dahingestellt bleiben, ob die Terminsgebühr für Besprechungen nicht anfallen kann, wenn eine mündliche Verhandlung nicht vorgeschrieben sei und das Gericht durch Beschluss ohne mündliche Verhandlung entscheidet.[15]

---

13 Z.B. in Schleswig-Holstein ist das AG Schleswig als zentrales Mahngericht zuständig.
14 Vgl. auch BT-Drucks 16/12717, Bericht IV zu Art. 8 – neu –, Nr. 1 Buchstabe m.
15 Vgl. BGH NJW 2007, 1461 m. abl. Anm. Mayer = AGS 2007, 298 m. abl. Anm. Schneider; BGH NJW 2007, 2644 = AnwBl. 2007, 631 m. abl. Anm. Schons = AGS 2007, 397 m. abl. Anm. Schneider; so auch: VGH Mannheim NJW 2007, 860; Hartmann, Kostengesetze, Nr. 3104 VV RVG, Rn 15; ablehnend: OLG Dresden OLGReport 2008, 676; Fölsch, MDR 2008, 1; Fölsch, SchlHA 2007, 177 (178); Madert/Müller-Rabe, NJW 2007, 1920 (1925); Ball in: Musielak, § 522 ZPO, Rn 30.

C. Familienstreitsachen – Ehesachen – fG-Familiensachen §3

Die Verweisung auf die ZPO gilt aber nur **vorbehaltlich** dessen, dass die §§ 114–116 FamFG sowie der spezielle Abschnitt zu den einzelnen Familiensachen nicht ein Abweichendes bestimmen.

13

Bei der Anwendung der ZPO tritt gemäß § 113 Abs. 5 FamFG an die Stelle der **Bezeichnung**:

14

- Prozess oder Rechtsstreit die Bezeichnung Verfahren,
- Klage die Bezeichnung Antrag,
- Kläger die Bezeichnung Antragsteller,
- Beklagter die Bezeichnung Antragsgegner,
- Partei die Bezeichnung Beteiligter.

Die Entscheidungsform in allen Familiensachen und damit auch in Familienstreitsachen ist gemäß § 116 Abs. 1 FamFG der Beschluss.

2. Weitere Verweise auf die ZPO: §§ 117–120 FamFG

- § 117 FamFG enthält Abweichungen für die Hauptsacherechtsmittel in Familienstreitsachen.[16]

15

- § 118 FamFG enthält Abweichungen für die Wiederaufnahme in Familienstreitsachen.[17]
- § 119 FamFG enthält Abweichungen für die einstweilige Anordnung in Familienstreitsachen und ermöglicht die Anordnung eines Arrest in diesen Sachen.[18]
- § 120 FamFG enthält Abweichungen für die Vollstreckung in Familienstreitsachen.[19]

Die Verweisung auf die ZPO gilt aber nur vorbehaltlich dessen, dass die §§ 113 Abs. 5, 114–116 FamFG sowie der spezielle Abschnitt zu den einzelnen Familiensachen nicht ein Abweichendes bestimmen.

16

---

16 Siehe dazu unten.
17 Siehe dazu unten.
18 Siehe dazu unten.
19 Siehe dazu unten.

§ 3 Das Buch 2 FamFG über die Verfahren in Familiensachen

3. Zusammenfassende Übersicht für Familienstreitsachen

17

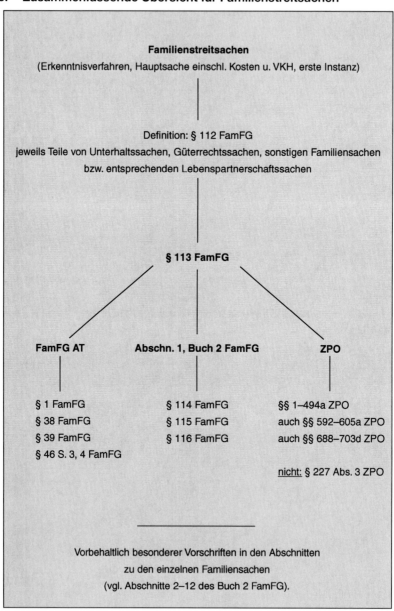

III. Grundlegende ZPO-Verweisungen in Ehesachen

1. Verweis auf die ZPO in Bezug auf Allgemeine Vorschriften und das Verfahren in erster Instanz

§ 113 FamFG enthält für Ehesachen Abweichungen zur FamFG-Konzeption im Hinblick auf die Allgemeinen Vorschriften und die Vorschriften über das Verfahren in erster Instanz. Stattdessen wird auf die ZPO verwiesen. **18**

- Nach § 113 Abs. 1 S. 1 FamFG sind in Ehesachen die §§ 2–37, 40–45, 46 S. 1 und 2 sowie §§ 47, 48 und 76–96a[20] **FamFG nicht** anzuwenden.[21]
Es gelten stattdessen nach § 113 Abs. 1 S. 2 FamFG die Allgemeinen Vorschriften der **ZPO** (§§ 1–252 ZPO) und die Vorschriften der **ZPO** über das Verfahren vor den Landgerichten (§§ 253–494a ZPO) in entsprechender Weise.
- Nach § 113 Abs. 3 FamFG ist in Ehesachen § 227 Abs. 3 ZPO nicht anzuwenden.
- Nach § 113 Abs. 4 FamFG sind in Ehesachen folgende Vorschriften der **ZPO nicht** anzuwenden:
- die Folgen der unterbliebenen oder verweigerten Erklärung über Tatsachen,
- die Voraussetzungen einer Klageänderung,
- die Bestimmung der Verfahrensweise, den frühen ersten Termin, das schriftliche Vorverfahren und die Klageerwiderung,
- die Güteverhandlung,
- die Wirkung des gerichtlichen Geständnisses,
- das Anerkenntnis,
- die Folgen der unterbliebenen oder verweigerten Erklärung über die Echtheit von Urkunden,
- den Verzicht auf die Beeidigung des Gegners sowie von Zeugen oder Sachverständigen.

Hinweis **19**

Aus der ZPO kommen damit zum Beispiel zur Anwendung die Vorschriften über das Mündlichkeitsprinzip (§ 128 ZPO), die Beweisaufnahme (§§ 284, 355 ff. ZPO), die Beweiswürdigung (§ 286 ZPO), die Formvorgaben für eine

---

20 § 113 Abs. 1 S. 1 FamFG erwähnt § 96a FamFG aufgrund eines redaktionellen Fehlers nicht.
21 Das „FamFG-Berichtigungsgesetz" (Gesetz zur Modernisierung von Verfahren im anwaltlichen und notariellen Berufsrecht, zur Errichtung einer Schlichtungsstelle der Rechtsanwaltschaft sowie zur Änderung sonstiger Vorschriften; BT-Drucks 16/11385; BT-Drucks 16/12717) hat § 113 Abs. 1 S. 1 FamFG in der Weise geändert, dass von der Ausnehmung des FamFG AT § 46 S. 3 und 4 FamFG nicht (mehr) betroffen sind. § 46 S. 3 und 4 FamFG ist in Ehesachen anzuwenden.

Klagschrift (§ 253 ZPO), das Versäumnisurteil und der Einspruch hiergegen[22] (§§ 330 ff. ZPO), die Kostenverteilung (§§ 91 ff. ZPO), die Prozesskostenhilfe (§§ 114 ff. ZPO), den Dispositions- und Verhandlungsgrundsatz, die Zustellung (§§ 166 ff. ZPO), die Wiedereinsetzung (§§ 233 ff. ZPO).

20 Die Verweisung auf die ZPO gilt aber nur **vorbehaltlich** dessen, dass die §§ 114–116 FamFG sowie der spezielle Abschnitt über die Ehesachen nicht ein Abweichendes bestimmen (so zum Beispiel §§ 124, 133 FamFG zum Antrag, § 127 FamFG zur eingeschränkten Amtsermittlung, §§ 132, 150 FamFG zu den Kosten).

21 Bei der Anwendung der ZPO tritt gemäß § 113 Abs. 5 FamFG an die Stelle der **Bezeichnung**:

- Prozess oder Rechtsstreit die Bezeichnung Verfahren,
- Klage die Bezeichnung Antrag,
- Kläger die Bezeichnung Antragsteller,
- Beklagter die Bezeichnung Antragsgegner,
- Partei die Bezeichnung Beteiligter.

Die Entscheidungsform in allen Familiensachen und damit auch in Ehesachen ist gemäß § 116 Abs. 1 FamFG der Beschluss.

2. Weitere Verweise auf die ZPO: §§ 117–120 FamFG

22
- § 117 FamFG enthält Abweichungen für die Hauptsacherechtsmittel in Ehesachen.[23]
- § 118 FamFG enthält Abweichungen für die Wiederaufnahme in Ehesachen.[24]
- § 120 FamFG enthält Abweichungen für die Vollstreckung in Ehesachen.[25]

23 Die Verweisung auf die ZPO gilt aber nur vorbehaltlich dessen, dass die §§ 113 Abs. 5, 114–116 FamFG sowie der spezielle Abschnitt zu der Ehesache nicht ein Abweichendes bestimmen.

---

22 Vgl. auch BT-Drucks 16/12717, Bericht IV zu Art. 8 – neu –, Nr. 1 Buchstabe m.
23 Siehe dazu unten.
24 Siehe dazu unten.
25 Siehe dazu unten.

C. Familienstreitsachen – Ehesachen – fG-Familiensachen § 3

3. Zusammenfassende Übersicht in Ehesachen

24

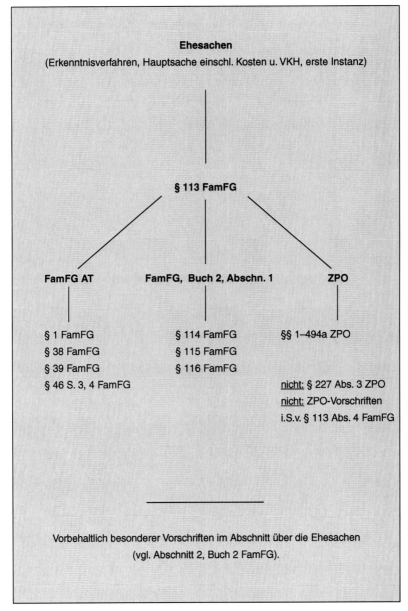

IV. Reine fG-Familiensachen

25 Für reine fG-Familiensachen enthält das FamFG keine grundlegenden Verweisvorschriften auf die ZPO.

26 Für die reinen fG-Familiensachen ist das FamFG AT vollinhaltlich anzuwenden, vorbehaltlich dessen, dass §§ 114 und 116 FamFG sowie der spezielle Abschnitt zu den einzelnen Familiensachen nicht ein Abweichendes bestimmen.

27 Dies ergibt folgende zusammenfassende Übersicht:

C. Familienstreitsachen – Ehesachen – fG-Familiensachen §3

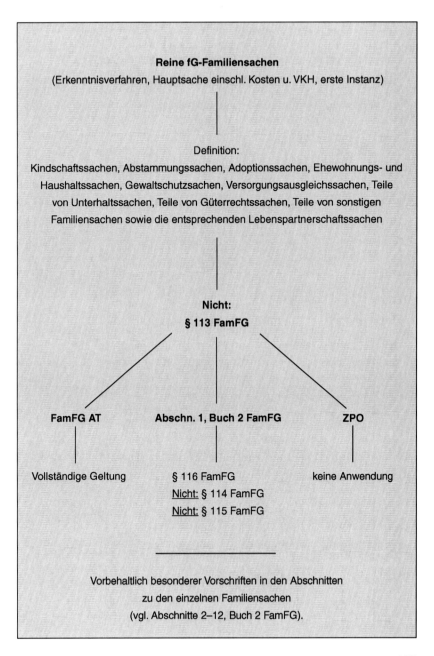

D. Die allgemeinen Vorschriften der §§ 114–116 FamFG

I. Anwaltszwang in selbstständigen Familienstreitsachen für Beteiligte bzw. in Ehesachen und Folgesachen für Ehegatten

28 § 114 FamFG regelt den Anwaltszwang in Familiensachen.[26] Die Vorschrift überlagert die allgemeine Regelung des § 10 FamFG.

29 *Hinweis*

Als spezielle Regelung **verdrängt** § 114 FamFG die Vorschrift des § 78 ZPO vollständig. § 78 ZPO ist damit auch nicht über § 113 Abs. 1 S. 2 FamFG ergänzend anzuwenden.

30 Nach § 114 Abs. 1 FamFG müssen sich die Ehegatten in Ehesachen und Folgesachen und die Beteiligten in selbstständigen Familienstreitsachen vor dem Familiengericht und dem Oberlandesgericht durch einen Rechtsanwalt vertreten lassen. Vor dem Bundesgerichtshof müssen sich die Beteiligten gemäß § 114 Abs. 2 FamFG durch einen bei dem Bundesgerichtshof zugelassenen Rechtsanwalt vertreten lassen. § 114 Abs. 3 FamFG enthält ein umfassendes Behördenprivileg.[27]

31 Das FGG-Reformgesetz **erweitert** damit den Anwaltszwang für **erstinstanzliche Unterhaltsstreitigkeiten**. Das Unterhaltsverfahren soll nach Ansicht des Gesetzgebers wegen der erheblichen Auswirkungen und häufig existenziellen Folgen sowie der ständig zunehmenden Komplexität des materiellen Rechts nicht mehr allein durch die Beteiligten selbst geführt werden.[28] Die Einführung des Zwangs zur anwaltlichen Vertretung bereits im erstinstanzlichen Verfahren dient auch dem Schutz der Beteiligten, insbesondere des Unterhaltsberechtigten, und zur Gewährleistung von Waffengleichheit.[29] Eine zusätzliche Erweiterung des Anwaltszwangs ergibt sich zudem insoweit, als sonstige Familiensachen (§ 266 FamFG), die bisher vor dem Amtsgericht (Zivilabteilung) ohne Anwaltszwang geführt werden konnten, nunmehr vor dem Familiengericht dem Anwaltszwang unterliegen, soweit sie Familienstreitsachen sind (vgl. § 112 Nr. 3 FamFG).

---

26 Vgl. die Übersicht zum Anwaltszwang im FamFG: Göttsche, FamRB 2009, 162.
27 Das „FamFG-Berichtigungsgesetz" (Gesetz zur Modernisierung von Verfahren im anwaltlichen und notariellen Berufsrecht, zur Errichtung einer Schlichtungsstelle der Rechtsanwaltschaft sowie zur Änderung sonstiger Vorschriften; BT-Drucks 16/11385; BT-Drucks 16/12717; BR-Drucks 377/09 (B)) hat in § 114 Abs. 3 FamFG – wie in § 10 Abs. 4 S. 2 FamFG – die Vertretungsregelung für Behörden an das Gesetz zur Neuregelung des Rechtsberatungsrechts (BGBl 2008 I, 2840) angeglichen.
28 BT-Drucks 16/6308, 223, 412.
29 BT-Drucks 16/6308, 223, 412.

D. Die allgemeinen Vorschriften der §§ 114–116 FamFG § 3

§ 114 Abs. 4 FamFG gestattet **Ausnahmen** vom Anwaltszwang: **32**
- im Verfahren der einstweiligen Anordnung und – in analoger Anwendung dieser Vorschrift – auch im Verfahren über den Arrest[30]
- wenn ein Beteiligter durch das Jugendamt als Beistand vertreten ist
- für die Zustimmung zur Scheidung und zur Rücknahme des Scheidungsantrags und für den Widerruf der Zustimmung zur Scheidung
- für einen Antrag auf Abtrennung einer Folgesache von der Scheidung
- im Verfahren über die Verfahrenskostenhilfe
- in den Fällen des § 78 Abs. 3 der ZPO
- für den Antrag auf Durchführung des Versorgungsausgleichs nach § 3 Abs. 3 des Versorgungsausgleichsgesetzes und die Erklärungen zum Wahlrecht nach § 15 Abs. 1 und 3 des Versorgungsausgleichsgesetzes.[31]

II. Zurückweisung von Angriffs- und Verteidigungsmitteln in Familienstreitsachen und Ehesachen

§ 115 FamFG bestimmt für Familienstreitsachen und Ehesachen die Möglichkeit **33**
der Zurückweisung von Angriffs- und Verteidigungsmitteln.[32] Angriffs- und Verteidigungsmittel, die nicht rechtzeitig vorgebracht werden, können zurückgewiesen werden, wenn ihre Zulassung nach der freien Überzeugung des Gerichts die Erledigung des Verfahrens verzögern würde und die Verspätung auf grober Nachlässigkeit beruht. Im Übrigen sind die Angriffs- und Verteidigungsmittel abweichend von den allgemeinen Vorschriften zuzulassen. In der Praxis wird nicht selten übersehen, dass der Rechtsstreit beziehungsweise die Entscheidung über die Beschwerde nicht verzögert wird, wenn das verspätete einer Partei **unstreitig** bleibt oder nicht beweisbedürftig ist.[33]

III. Entscheidung durch Beschluss in Familiensachen

§ 116 Abs. 1 FamFG bringt zum Ausdruck, dass in allen Familiensachen durch Be- **34**
schluss entschieden wird. Urteile gibt es weder in Familienstreitsachen noch in

---

30 A.A. Schwonberg in: Schulte-Bunert/Weinreich, § 119 FamFG, Rn 18: Anwaltszwang im Arrest besteht.
31 Das Gesetz zur Strukturreform des Versorgungsausgleichs (BGBl 2009 I, 700) hat in § 114 Abs. 4 Nr. 7 FamFG die Ausnahme vom Anwaltszwang in den genannten Versorgungsausgleichssachen geschaffen.
32 Vgl. dazu auch: Borth, FamRZ 2007, 1925 (1931).
33 Vgl. dazu BGH NJW 1985, 1539; OLG Karlsruhe NJOZ 2004, 298.

Ehesachen. Es gelten für den Inhalt des Beschlusses ebenfalls die §§ 38, 39 FamFG.

IV. Wirksamkeit von Endentscheidungen in Familienstreitsachen und Ehesachen

1. Wirksamkeit von Endentscheidungen in Familienstreitsachen

35 Endentscheidungen in Familienstreitsachen werden nach § 116 Abs. 3 S. 1 FamFG erst mit Rechtskraft wirksam. Mit dem Wirksamwerden sind die Beschlüsse in Familienstreitsachen vollstreckbar (vgl. § 120 Abs. 2 S. 1 FamFG).

36 Jedoch kann das Gericht nach § 116 Abs. 3 S. 2 FamFG die sofortige Wirksamkeit anordnen mit der Folge einer sofortigen Vollstreckbarkeit nach § 120 Abs. 2 S. 1 FamFG. Nach § 116 Abs. 3 S. 3 FamFG soll das Gericht die sofortige Wirksamkeit anordnen, soweit die Entscheidung eine Verpflichtung zur Leistung von Unterhalt enthält. Die Ausgestaltung als Soll-Vorschrift bringt die Bedeutung des Unterhalts zur Sicherung des Lebensbedarfs zum Ausdruck.[34] Auf eine Anordnung der sofortigen Wirksamkeit kann daher teilweise oder vollständig verzichtet werden, wenn z.B. das Jugendamt nach § 33 Abs. 2 S. 4 SGB II, § 94 Abs. 4 S. 2 SGB XII oder § 7 Abs. 4 S. 1 des Unterhaltsvorschussgesetzes (UhVorschG) übergegangene Ansprüche geltend macht oder wenn neben dem laufenden Unterhalt länger zurückliegende Unterhaltsrückstände verlangt werden.[35] Durch diese Vorschrift wird das Rechtsinstitut der vorläufigen Vollstreckbarkeit in Familienstreitsachen entbehrlich.

2. Wirksamkeit von Endentscheidungen in Ehesachen

37 Endentscheidungen in Ehesachen werden nach § 116 Abs. 2 FamFG erst mit Rechtskraft wirksam. Eine sofortige Wirksamkeit vor Rechtskraft kann nicht angeordnet werden. Dies ist vor dem Hintergrund zu sehen, dass es sich bei Entscheidungen in Ehesachen regelmäßig um Entscheidungen mit rechtsgestaltendem Charakter handelt.[36] Mit dem Wirksamwerden sind die Beschlüsse in Ehesachen vollstreckbar (vgl. § 120 Abs. 2 S. 1 FamFG).

---

34 BT-Drucks 16/6308, 224.
35 BT-Drucks 16/6308, 224.
36 BT-Drucks 16/6308, 224.

E. Die einzelnen Familiensachen

I. Ehesachen

1. Einführung

Die §§ 121–150 FamFG regeln die Verfahren in Ehesachen.[37] Dabei sind die Vorschriften untergliedert in Regelungen zu den Verfahren in Ehesachen im Allgemeinen (§§ 121–132 FamFG) sowie Regelungen zu den Verfahren in Scheidungssachen und Folgesachen im Besonderen. Ehesachen sind keine Familienstreitsachen und keine reinen fG-Familiensachen, sondern eine **eigene Art von Familiensachen**. Sie unterliegen im Wesentlichen nicht den Vorschriften des FamFG AT, sondern folgen den Regelungen der ZPO (vgl. § 113 Abs. 1 FamFG), vorbehaltlich der speziellen Vorschriften in den §§ 121 ff. FamFG.

38

Gemäß § 121 FamFG sind **Ehesachen** Verfahren

39

- auf Scheidung der Ehe (Scheidungssachen),
- auf Aufhebung der Ehe und
- auf Feststellung des Bestehens oder Nichtbestehens einer Ehe zwischen den Beteiligten.

Wie schon zur bisherigen Rechtslage können Verfahren nach ausländischen Rechtsordnungen, wie etwa das Trennungsverfahren nach italienischem Recht, den Ehesachen zugeordnet werden.[38]

2. Allgemeine Vorschriften für alle Ehesachen

Die allgemeinen Vorschriften für alle Ehesachen finden sich in den §§ 121–132 FamFG. Weitgehend – aber mit Ausnahmen – decken sich die §§ 121–132 FamFG mit den §§ 606–619 ZPO a.F.

40

Geregelt werden neben dem Begriff der Ehesache die örtliche Zuständigkeit, die Abgabe bei Anhängigkeit mehrerer Ehesachen, der Antrag, die Verfahrensfähigkeit, die Verfahrensweise bei mehreren Ehesachen beziehungsweise Ehesachen und anderen Verfahren, die eingeschränkte Amtsermittlung, das persönliche Erscheinen der Ehegatten, die Mitwirkung von Behörden oder Dritten, die Säumnis

41

---

37 Vgl. auch: Borth, FamRZ 2007, 1925 (1932).
38 BT-Drucks 16/6308, 226; Borth, FamRZ 2007, 1925 (1932) mit Hinweis auf die Brüssel IIa-VO v. 27.11.2003 (EG VO Nr. 2201/2003); vgl. auch BGH FamRZ 2001, 992; BGH FamRZ 1987, 793.

der Beteiligten, die Erledigung der Ehesache bei Tod eines Ehegatten sowie die Kosten bei Säumnis.[39]

a) Örtliche Zuständigkeit und Abgabe bei Anhängigkeit mehrerer Ehesachen

42 § 122 FamFG regelt die **örtliche Zuständigkeit** in Ehesachen. Die Zuständigkeit ist **ausschließlich**. Die Aufzählung in Nr. 1–5 gibt gleichzeitig die **Rangfolge** der Anknüpfungskriterien wieder. In dieser Rangfolge ist zuständig:

- das Gericht, in dessen Bezirk einer der Ehegatten mit allen gemeinschaftlichen minderjährigen Kindern seinen gewöhnlichen Aufenthalt hat (Nr. 1),
- das Gericht, in dessen Bezirk einer der Ehegatten mit einem Teil der gemeinschaftlichen minderjährigen Kinder seinen gewöhnlichen Aufenthalt hat, sofern bei dem anderen Ehegatten keine gemeinschaftlichen minderjährigen Kinder ihren gewöhnlichen Aufenthalt haben (Nr. 2),
- das Gericht, in dessen Bezirk die Ehegatten ihren gewöhnlichen Aufenthalt zuletzt gehabt haben, wenn einer der Ehegatten bei Eintritt der Rechtshängigkeit im Bezirk dieses Gerichts seinen gewöhnlichen Aufenthalt hat (Nr. 3),
- das Gericht, in dessen Bezirk der Antragsgegner seinen gewöhnlichen Aufenthalt hat (Nr. 4),
- das Gericht, in dessen Bezirk der Antragsteller seinen gewöhnlichen Aufenthalt hat (Nr. 5),
- das Amtsgericht Schöneberg in Berlin (Nr. 6).

43 Der gewöhnliche Aufenthalt wird von einer auf längere Dauer angelegten sozialen Eingliederung gekennzeichnet und ist allein von der tatsächlichen – ggf. vom Willen unabhängigen – Situation gekennzeichnet, die den Aufenthaltsort als Mittelpunkt der Lebensführung ausweist.[40] Seinen gewöhnlichen Aufenthalt hat ein Kind bei dem Elternteil, in dessen Obhut es sich befindet.[41]

44 § 123 FamFG sieht eine **Zusammenführung** sämtlicher gleichzeitig bei einem deutschen Gericht im ersten Rechtszug **anhängigen Ehesachen** vor, die dieselbe Ehe betreffen. Die Abgabepflicht ist unabhängig davon angeordnet, ob die Ehesachen denselben Streitgegenstand haben oder nicht.[42] Nach der bisherigen Rechtslage stand bei Identität des Gegenstands dem zeitlich nachfolgenden Verfahren der

---

[39] Siehe dazu weiter unten bei den Kosten.
[40] BT-Drucks 16/6308, 226; B/L/A/Hartmann, § 122 FamFG, Rn 10: Daseinsmittelpunkt.
[41] BT-Drucks 16/6308, 226 f.
[42] BT-Drucks 16/6308, 227.

Einwand der anderweitigen Rechtshängigkeit entgegen.[43] Sofern nicht ein Verweisungsantrag gestellt wurde, war der Antrag als unzulässig abzuweisen.[44] Durch die vorgesehene Abgabe von Amts wegen wird diese Verfahrensweise entbehrlich.[45] Abzugeben ist bei mehreren Ehesachen an das Gericht der Scheidungssache oder, soweit es eine Scheidungssache nicht gibt, an das Gericht der Ehesache, die zuerst rechtshängig geworden ist. § 123 S. 3 FamFG erklärt § 281 Abs. 2 und 3 ZPO für entsprechend anwendbar. Daraus folgt, dass die Abgabe unanfechtbar und für das übernehmende Gericht grundsätzlich bindend ist.[46]

b) Antrag

45 Ehesachen werden auf Antrag eingeleitet. Sie werden durch Einreichung der Antragsschrift anhängig (§ 124 S. 1 FamFG). Die Vorschriften der ZPO über die Klageschrift gelten entsprechend (§ 124 S. 2 FamFG). Die Antragsschrift ist dem Antragsgegner zuzustellen (§ 253 Abs. 1 ZPO). Mit Zustellung der Antragsschrift wird die Ehesache rechtshängig (§ 261 Abs. 1 ZPO). Die Antragsschrift muss im Übrigen den Anforderungen des § 253 ZPO genügen.

c) Eingeschränkte Amtsermittlung

46 § 127 Abs. 1 FamFG enthält den Grundsatz der Amtsermittlung in Ehesachen. Die Formulierung entspricht § 26 FamFG, der in Ehesachen gemäß § 113 Abs. 1 S. 1 FamFG nicht zur Anwendung kommt. Für bestimmte Eheverfahren sieht § 127 Abs. 2 FamFG eine Einschränkung des Amtsermittlungsgrundsatzes vor. Im Verfahren auf Scheidung oder Aufhebung der Ehe dürfen von den Beteiligten nicht vorgebrachte Tatsachen nur berücksichtigt werden, wenn sie geeignet sind, der Aufrechterhaltung der Ehe zu dienen oder wenn der Antragsteller einer Berücksichtigung nicht widerspricht. Im Verfahren auf Scheidung kann das Gericht außergewöhnliche Umstände im Sinne von § 1568 BGB nur berücksichtigen, wenn sie von dem Ehegatten, der die Scheidung ablehnt, vorgebracht worden sind (§ 127 Abs. 3 FamFG).

d) Persönliche Anhörung der Ehegatten

47 § 128 FamFG regelt die persönliche Anhörung der Ehegatten. Die Vorschrift enthält im Wesentlichen den Regelungsgehalt des bisherigen § 613 ZPO a.F., geht

---

43 BT-Drucks 16/6308, 227.
44 BT-Drucks 16/6308, 227.
45 BT-Drucks 16/6308, 227.
46 BT-Drucks 16/6308, 227.

aber auch darüber hinaus. Das Gericht soll das persönliche Erscheinen der Ehegatten anordnen und sie anhören (§ 128 Abs. 1 S. 1 FamFG). Die Anhörung eines Ehegatten hat in Abwesenheit des anderen Ehegatten stattzufinden, falls dies zum Schutz des anzuhörenden Ehegatten oder aus anderen Gründen erforderlich ist (§ 128 Abs. 1 S. 2 FamFG). Sind gemeinschaftliche minderjährige Kinder vorhanden, hat das Gericht die Ehegatten **auch zur elterlichen Sorge und zum Umgangsrecht anzuhören** und auf bestehende Möglichkeiten der Beratung hinzuweisen (§ 128 Abs. 2 FamFG).

3. Besondere Vorschriften für Scheidungssachen und Folgesachen

48 §§ 133–150 FamFG regeln im speziellen die Scheidungssachen sowie Folgesachen.[47] Bestimmt werden der Inhalt der Antragsschrift, die Zustimmung zur Scheidung und zur Rücknahme sowie der Widerruf, die außergerichtliche Streitbeilegung über Folgesachen, die Aussetzung des Verfahrens, der Verbund von Scheidungs- und Folgesachen, die Beiordnung des Rechtsanwalts, die Einbeziehung weiterer Beteiligter und dritter Personen, die Abtrennung bestimmter Folgesachen, die Rücknahme des Scheidungsantrags, die einheitliche Endentscheidung sowie die Abweisung des Scheidungsantrags, der Einspruch, der Verzicht auf Anschlussrechtsmittel,[48] die Befristung von Rechtsmittelerweiterung und Anschlussrechtsmittel,[49] die Zurückverweisung,[50] die erweiterte Aufhebung,[51] das Wirksamwerden von Entscheidungen in Folgesachen, die Erstreckung der Bewilligung von Verfahrenskostenhilfe[52] sowie die Kosten in Scheidungssachen und Folgesachen.[53]

a) Antragsschrift

49 § 133 FamFG enthält für die Antragsschrift in Scheidungssachen und Folgesachen über § 124 FamFG, § 253 ZPO hinausgehende Maßgaben. § 133 Abs. 1 FamFG nennt Umstände, die zum **notwendigen Inhalt** der Antragsschrift in einer Scheidungssache gehören. Formverstöße sind heilbar.[54] Nach der Nr. 1 sind Namen und

---

47 Vgl. dazu auch: Rakete-Dombek, FPR 2009, 16; Kühner, FamRB 2009, 82; Löhnig, FamRZ 2009, 737; Borth, FamRZ 2007, 1925 (1932 f.); Jacoby, FamRZ 2007, 1703 (1708); Philippi, FPR 2006, 406.
48 Siehe dazu weiter unten bei den Rechtsmitteln in Ehesachen.
49 Siehe dazu weiter unten bei den Rechtsmitteln in Ehesachen.
50 Siehe dazu weiter unten bei den Rechtsmitteln in Ehesachen.
51 Siehe dazu weiter unten bei den Rechtsmitteln in Ehesachen.
52 Siehe dazu weiter unten bei der Verfahrenskostenhilfe.
53 Siehe dazu weiter unten bei der Kostenverteilung.
54 Vgl. BGH NJW 1984, 926; a.A.: OLG Schleswig FamRZ 1988, 736.

Geburtsdaten der gemeinschaftlichen minderjährigen Kinder anzugeben. Dieses Erfordernis besteht, um das Jugendamt gemäß § 17 Abs. 3 SGB VIII korrekt benachrichtigen zu können.[55] Des Weiteren ist nach Nr. 1 der gewöhnliche Aufenthalt mitzuteilen. Die Angabe ermöglicht ein frühzeitiges Erkennen von Problemen bei der örtlichen Zuständigkeit.[56]

Nach Nr. 2 hat der Antrag eine Erklärung des Antragstellers zu enthalten, **ob** die Eheleute Einvernehmen über die elterliche Sorge, das Umgangsrecht und den Kindesunterhalt sowie über den Ehegattenunterhalt und die Rechtsverhältnisse an Ehewohnung und Hausrat erzielt haben. Das Gericht kann dann bereits zu Beginn des Verfahrens feststellen, ob und in welchem Ausmaß über die genannten Punkte Streit besteht, und den Ehegatten gezielte Hinweise auf entsprechende Beratungsmöglichkeiten erteilen, um zu einer möglichst ausgewogenen Scheidungsfolgenregelung im Kindesinteresse und im Interesse eines wirtschaftlich schwächeren Ehepartners beizutragen.[57] Die Beteiligten müssen das Gericht aber nicht über den Inhalt einer Einigung informieren.[58] **50**

Nr. 3 sieht die Angabe vor, ob Familiensachen, an denen beide Ehegatten beteiligt sind, anderweitig anhängig sind. Sinn der Vorschrift ist nicht nur, ein Hinwirken auf die Überleitung der anderweitig anhängigen Verfahren zur Herstellung des Verbunds zu ermöglichen, sondern die frühzeitige Information des Gerichts über die zwischen den Ehegatten bestehenden Streitpunkte.[59] **51**

§ 133 Abs. 2 FamFG bestimmt im Wege der **Soll-Verpflichtung** für den Antragsteller, dass die Heiratsurkunde und die Geburtsurkunden der gemeinschaftlichen minderjährigen Kinder der Antragsschrift beigefügt werden. Die Ausgestaltung nur als Soll-Verpflichtung ist erfolgt, weil Fälle denkbar sind, in denen es unbillig sein kann, den Antragsteller mit der Beibringung der Urkunden zu belasten, die der Tatsachenfeststellung des Gerichts im Rahmen seiner Amtsermittlungspflicht obliegen.[60] Dies kann zum Beispiel der Fall sein, wenn die zu scheidende Ehe im Ausland geschlossen worden ist und der Antragsgegner die Heiratsurkunde im Besitz hat.[61] **52**

---

55 BT-Drucks 16/6308, 228.
56 BT-Drucks 16/6308, 228.
57 BT-Drucks 16/9733, 293.
58 BT-Drucks 16/9733, 293.
59 BT-Drucks 16/6308, 228.
60 BT-Drucks 16/6308, 413.
61 BT-Drucks 16/6308, 413.

b) Außergerichtliche Streitbeilegung (§ 135 FamFG)

53 § 135 FamFG bestimmt die Anordnungs- und Hinweismöglichkeiten des Gerichts zur außergerichtlichen Streitbeilegung. § 135 Abs. 1 S. 1 FamFG eröffnet in Scheidungssachen dem Familiengericht die Möglichkeit, die Ehegatten zunächst darauf zu verweisen, einzeln oder gemeinsam an einem **Informationsgespräch** über Mediation oder einer sonstigen Form außergerichtlicher **Streitbeilegung anhängiger Folgesachen teilzunehmen** und eine **Bestätigung** hierüber **vorzulegen**.[62] In Familiensachen ergibt sich aus den Besonderheiten der Verfahrensgegenstände und wegen der persönlichen Beziehung der Beteiligten typischerweise ein besonderes Bedürfnis nach Möglichkeiten zur Förderung einverständlicher Konfliktlösungen, die gegebenenfalls auch über den konkreten Verfahrensgegenstand hinausreichen.[63] Es erschien dem Gesetzgeber daher angemessen, den Gesichtspunkt der außergerichtlichen Streitbeilegung in diesem Rechtsbereich noch stärker hervorzuheben als im allgemeinen Zivilprozessrecht.[64]

54 Voraussetzung ist, dass die Wahrnehmung des Informationsgesprächs für die Ehegatten zumutbar ist, was zum Beispiel in Fällen häuslicher Gewalt zu verneinen ist.[65] Zumutbar muss für beide Ehegatten auch die Anreise zum Informationsgespräch sein, was bei größerer Entfernung ausgeschlossen sein kann. Weiterhin muss überhaupt ein kostenfreies Angebot für Informationsgespräche oder Informationsveranstaltungen bestehen.[66]

55 Die Vorschrift gibt dem Gericht aber **keine Kompetenz**, die Parteien zur Teilnahme an einem Informationsgespräch oder **zur Durchführung einer Mediation zu zwingen**. Nach § 135 Abs. 1 S. 2 FamFG ist die Anordnung nicht mit Zwangsmitteln (zum Beispiel nach § 35 FamFG) durchsetzbar. Kommt ein Beteiligter der Anordnung des Gerichts zur Teilnahme an einem Informationsgespräch nicht nach, kann dies jedoch nach § 150 Abs. 4 S. 2 FamFG kostenrechtliche Folgen nach sich ziehen.[67] Die Anordnung ist als Zwischenentscheidung nicht selbstständig anfechtbar.

---

62 Krit. zu einer solchen Regelung etwa: Nake, Schriftliche Stellungnahme zur öffentlichen Anhörung des Rechtsausschusses des Bundestags vom 11.2.2008, S. 11.
63 BT-Drucks 16/6308, 229.
64 BT-Drucks 16/6308, 229.
65 BT-Drucks 16/6308, 229.
66 BT-Drucks 16/6308, 229.
67 BT-Drucks 16/6308, 229.

E. Die einzelnen Familiensachen §3

Die Ehegatten sind und bleiben allerdings in der Entscheidung, ob sie nach der Information einer Mediation näher treten wollen oder nicht, vollständig frei.[68] Der Gesetzgeber sieht es aber eben als geboten an, dass diese Entscheidung in Kenntnis der spezifischen Möglichkeiten eines außergerichtlichen Streitbeilegungsverfahrens getroffen wird.[69] **56**

Nach § 135 Abs. 2 FamFG soll das Gericht in geeigneten Fällen den Ehegatten eine außergerichtliche Streitbeilegung anhängiger Folgesachen vorschlagen. **57**

Hinweis

Nach streitiger Auffassung in der Rechtsprechung kann Verfahrenskostenhilfe nicht für eine **gerichtlich angeordnete oder angeregte Mediation** gewährt werden.[70] Eine Rechtsprechungsänderung erscheint jedoch denkbar. Denn das FGG-Reformgesetz hat die Elemente einer gütlichen Streitbeilegung verstärkt und den Ansatz verfolgt, das Bewusstsein über die Möglichkeiten einer gütlichen Streitbeilegung bei den Beteiligten zu erhöhen (vgl. §§ 135 Abs. 1 S. 1, 156 Abs. 1 S. 3 FamFG). Es würde nun letztlich dem Zweck des FGG-Reformgesetzes zuwiderlaufen, könnten nicht auch finanziell hilfebedürftige Personen auf die vom Gericht angeregte Beratung hin eine Mediation durchlaufen.[71]

c) Verbund (§ 137 FamFG)

Das FGG-Reformgesetz hält an dem **Institut des Verbunds von Scheidungssachen und Folgesachen** fest. Der Verbund ist ein Verhandlungs- und Entscheidungsverbund.[72] Es handelt sich aber nicht um eine Verfahrensverbindung im Sinne von § 20 FamFG beziehungsweise § 147 ZPO. Trotz gemeinsamer Verhandlung und Entscheidung bleiben die Verfahren selbstständig und unterliegen ihrer jeweiligen Verfahrensordnung.[73] Der Verbund dient dem Schutz des wirtschaftlich schwächeren Ehegatten und wirkt übereilten Scheidungsentschlüssen entgegen.[74] Gewisse Modifikationen gegenüber der bisherigen Rechtslage betreffen im We- **58**

---

68 BT-Drucks 16/6308, 229.
69 BT-Drucks 16/6308, 229.
70 OLG Dresden FamRZ 2007, 489; a.A. AG Eilenburg FamRZ 2007, 1670.
71 Vgl. auch Nake, Schriftliche Stellungnahme zur öffentlichen Anhörung des Rechtsausschusses des Bundestags vom 11.2.2008, S. 14; Spangenberg, FamRZ 2009, 834.
72 Philippi in: Zöller, § 623 ZPO, Rn 1.
73 Philippi in: Zöller, § 623 ZPO, Rn 1.
74 BT-Drucks 16/6308, 229.

sentlichen die Frage, in welchen Fällen Kindschaftssachen in den Verbund einbezogen werden sowie die Abtrennung von Folgesachen.[75]

59 Der Begriff des Verbunds wird in § 137 Abs. 1 S. 1 FamFG **legaldefiniert**. Nach dieser Norm ist über Scheidungssachen und Folgesachen zusammen zu verhandeln und zu entscheiden. § 137 Abs. 2 FamFG legt fest, **welche Verfahren Folgesachen sein können**. Dies sind:

- Versorgungsausgleichssachen,
- Unterhaltssachen, sofern sie die Unterhaltspflicht gegenüber einem gemeinschaftlichen Kind oder die durch Ehe begründete gesetzliche Unterhaltspflicht betreffen mit Ausnahme des vereinfachten Verfahrens über den Unterhalt Minderjähriger,
- Ehewohnungssachen und Haushaltssachen[76] und
- Güterrechtssachen.

Die weiteren Voraussetzungen für eine Folgesache sind, dass eine Entscheidung für den Fall der Scheidung zu treffen ist und dass die Familiensache **zwei Wochen vor** der mündlichen Verhandlung des ersten Rechtszugs in der Scheidungssache **anhängig gemacht** wird.[77] Die mündliche Verhandlung beginnt an dem ersten Terminstag mit dem Aufruf der Sache. Die Frist der Anhängigmachung von Folgesachen für den Verbund nach § 137 Abs. 2 S. 1 FamFG binnen zwei Wochen vor der mündlichen Verhandlung ist allerdings nicht abgestimmt auf die gesetzlich zulässige Ladungsfrist.[78] Die Ladungsfrist für Ehesachen beträgt gemäß § 113 Abs. 1 S. 2 FamFG in Verbindung mit § 217 ZPO mindestens eine Woche. Dem Beteiligten ist es nicht möglich und nicht vorhersehbar, die Zwei-Wochen-Frist des § 137 Abs. 2 S. 1 FamFG einzuhalten, wenn das Gericht innerhalb der Zwei-Wochen-Frist zu einem Termin zur mündlichen Verhandlung lädt. Der Beteiligte muss sich zur Wahrung der Zwei-Wochen-Frist des § 137 Abs. 2 FamFG darauf einstellen können, wann die mündliche Verhandlung stattfindet. Dies bedeutet, dass die Anberaumung

---

[75] BT-Drucks 16/6308, 229 f.
[76] Nach dem Gesetz zur Änderung des Zugewinnausgleichs- und Vormundschaftsrechts (BGBl 2009 I, 1696; BT-Drucks 16/10798; BT-Drucks 16/13027) sind die Begriffe „Wohnungszuweisungssache" und „Hausratssache" durch die Begriffe „Ehewohnungssache" und „Haushaltssache" ersetzt.
[77] Vgl. auch BT-Drucks 16/6308, 374.
[78] Löhnig, FamRZ 2009, 737 (738): großzügige Ladungsfrist; Roßmann, Taktik im neuen familiengerichtlichen Verfahren, Rn 727: Ladungsfrist von grundsätzlich vier Wochen sachgerecht; Rakete-Dombek, FPR 2009, 16 (19): Ladungsfrist angemessen im Sinne von § 32 Abs. 2 FamFG. § 32 Abs. 2 FamFG greift jedoch wegen § 113 Abs. 1 S. 1 FamFG in Ehesachen, zu der die Ladung erfolgt, nicht.

des Termins den Beteiligten so rechzeitig bekannt zu geben ist, dass sie noch Folgesachen anhängig machen könnten.

> *Hinweis* **60**
>
> Zur Herbeiführung des Scheidungsverbundes reicht die Einreichung des Antrags auf Bewilligung von Verfahrenskostenhilfe aus.[79]

Für die Durchführung des öffentlich-rechtlichen Versorgungsausgleichs bedarf es keines Antrags (§ 137 Abs. 2 S. 2 FamFG).[80] **61**

§ 137 Abs. 3 FamFG bestimmt, unter welchen Voraussetzungen **Kindschaftssachen Folgesachen** sein können. In Betracht kommen Kindschaftssachen, die die Übertragung oder Entziehung der elterlichen Sorge für ein gemeinschaftliches Kind der Ehegatten betreffen. Die Einbeziehung einer Kindschaftssache in den Verbund erfolgt nur noch, wenn ein Ehegatte dies vor Schluss der mündlichen Verhandlung im ersten Rechtszug in der Scheidungssache **beantragt** und Gründe des Kindeswohls nicht gegen eine Einbeziehung sprechen.[81] **62**

§ 137 Abs. 4 FamFG stellt klar, dass es **Folgesachen nur beim Gericht der Scheidungssache** geben kann.[82] § 137 Abs. 5 S. 1 FamFG legt fest, dass die Eigenschaft als Folgesache für die Verfahren, die die Voraussetzungen des Absatzes 2 erfüllen, auch **nach einer Abtrennung** fortbesteht.[83] Für Folgesachen im Sinne von § 137 Abs. 3 FamFG (bestimmte Kindschaftssachen) wird abweichend nach § 137 Abs. 5 S. 2 FamFG angeordnet, dass sie nach einer Abtrennung stets als selbstständige Familiensachen weitergeführt werden.[84] **63**

Im Fall der Scheidung ist gemäß § 142 Abs. 1 S. 1 FamFG über sämtliche im Verbund stehenden Familiensachen durch **einheitlichen Beschluss** zu entscheiden.[85] Wird dagegen der Scheidungsantrag zurückgewiesen, werden die Folgesachen gegenstandslos (§ 142 Abs. 2 S. 1 FamFG). § 142 Abs. 2 S. 2 FamFG macht hiervon eine Ausnahme für Kindschaftsfolgesachen sowie für solche Folgesachen, hin- **64**

---

79 OLG Schleswig SchlHA 1995, 157; OLG Koblenz NJW 2008, 2929; Roßmann in: Horndasch/Viefhues, § 137 FamFG, Rn 34; str.; a.A. Keuter, NJW 2009, 276.
80 Das Gesetz zur Strukturreform des Versorgungsausgleichs (BGBl 2009 I, 700) passt den Verweis auf die in § 137 Abs. 2 S. 2 FamFG genannten materiell-rechtlichen Vorschriften an.
81 BT-Drucks 16/6308, 230.
82 BT-Drucks 16/6308, 230.
83 BT-Drucks 16/6308, 230.
84 BT-Drucks 16/6308, 230.
85 Das Gesetz zur Strukturreform des Versorgungsausgleichs (BGBl 2009 I, 700) erleichtert durch Anfügung eines Abs. 3 in § 142 FamFG die Verkündung zur Versorgungsausgleichssache.

sichtlich derer ein Beteiligter vor der Entscheidung ausdrücklich erklärt hat, sie fortsetzen zu wollen. Diese bisherigen Folgesachen werden dann zu selbstständigen Familiensachen (§ 142 Abs. 2 S. 3 FamFG).

d) Auflösung des Verbunds

65 § 140 FamFG fasst die Möglichkeiten der Abtrennung einer Folgesache zusammen und gestaltet sie weitgehend einheitlich aus. § 140 Abs. 1 FamFG sieht die Abtrennung einer Unterhaltsfolgesache oder Güterrechtsfolgesache vor, wenn außer den Ehegatten eine weitere Person Beteiligte des Verfahrens wird. § 140 Abs. 2 FamFG enthält die **grundsätzliche Befugnis** des Gerichts, Folgesachen abzutrennen. Es handelt sich um eine **Kann-Bestimmung**, die unter den Voraussetzungen aus § 140 Abs. 2 S. 2 Nr. 1–5 FamFG steht.

66 In **Kindschaftsfolgesachen** steht nunmehr der **Grundsatz der Beschleunigung im Interesse des Kindeswohls im Vordergrund** (vgl. § 140 Abs. 2 Nr. 3, 1. Alt. FamFG).[86] Besteht aus Kindeswohlinteressen das Bedürfnis für eine schnelle Entscheidung, an der das Gericht wegen fehlender Entscheidungsreife eines anderen Verfahrensgegenstands im Verbund gehindert ist, kommt danach eine Abtrennung in Betracht.[87] Maßgeblich sind jedoch in jedem Fall die konkreten Umstände des Einzelfalls.[88] Es sind auch Fälle denkbar, in denen ein durch die fehlende Entscheidungsreife einer anderen Folgesache nötig werdendes Zuwarten mit der Entscheidung in der Kindschaftsfolgesache dem Kindeswohl eher nützt, etwa weil Anzeichen dafür bestehen, dass sich dadurch die Chancen für eine einvernehmliche Regelung verbessern, und der Umgang vorläufig durch eine einstweilige Anordnung geregelt ist.[89]

67 § 140 Abs. 3 FamFG enthält die Möglichkeit, im Fall der Abtrennung einer Kindschaftsfolgesache (§ 140 Abs. 2 Nr. 3 FamFG) auch eine Unterhaltsfolgesache abzutrennen. Allerdings muss das Kriterium des Zusammenhangs der Unterhaltsfolgesache mit der Kindschaftsfolge erfüllt sein. Die Entscheidung in der Kindschaftsfolgesache muss sich also auf die konkrete Unterhaltsfolgesache auswirken können.[90]

---

86 BT-Drucks 16/6308, 231; Borth, FamRZ 2007, 1925 (1932); siehe dazu im Vorgriff auf die neue Rechtslage schon: BGH NJW 2009, 74.
87 BT-Drucks 16/6308, 231; Borth, FamRZ 2007, 1925 (1932).
88 BT-Drucks 16/6308, 231.
89 BT-Drucks 16/6308, 231.
90 Vgl. BT-Drucks 16/6308, 231; siehe dazu im Vorgriff auf die neue Rechtslage schon: BGH NJW 2009, 74; BGH NJW 2009, 76.

§ 140 Abs. 6 FamFG ordnet an, dass die Entscheidung über die Abtrennung in einem gesonderten Beschluss erfolgt. Sie kann also nicht wie bisher als Teil der Endentscheidung, mit der die Scheidung ausgesprochen wird, ergehen.[91] Dass der Beschluss nicht selbstständig anfechtbar ist, ergibt sich aus seinem Charakter als Zwischenentscheidung, ist aber zur Klarstellung im Gesetz noch einmal ausdrücklich bestimmt.

68

II. Kindschaftssachen

1. Einführung

Kindschaftssachen werden in den §§ 151–168a FamFG geregelt.[92] Kindschaftssachen sind nach § 151 FamFG die dem Familiengericht zugewiesenen Verfahren über

69

- die elterliche Sorge,
- das Umgangsrecht,
- die Kindesherausgabe,
- die Vormundschaft,
- die Pflegschaft oder die gerichtliche Bestellung eines sonstigen Vertreters für einen Minderjährigen oder für eine Leibesfrucht,
- die Genehmigung der freiheitsentziehenden Unterbringung eines Minderjährigen (§§ 1631b, 1800, 1915 BGB),
- die Anordnung der freiheitsentziehenden Unterbringung eines Minderjährigen nach den Landesgesetzen über die Unterbringung psychisch Kranker oder
- die Aufgaben nach dem JGG.

Die Kindschaftssachen sind **reine fG-Familiensachen**. Für sie findet grundsätzlich das FamFG AT Anwendung. Es gilt der Amtsermittlungsgrundsatz. Das FGG-Reformgesetz hat mit der Aufhebung des Vormundschaftsgerichts die Aufgaben zwischen dem Familiengericht und dem neuen Betreuungsgericht neu verteilt. Hierbei hat das FGG-Reformgesetz den Begriff der Kindschaftssache neu definiert und einige bisher dem Vormundschaftsgericht zugewiesene Gegenstände auf das Familiengericht verlagert.

---

91 BT-Drucks 16/6308, 232.
92 Vgl. dazu auch: Krause, FamRB 2009, 156; Stößer, FamRZ 2009, 656; Borth, FamRZ 2007, 1925 (1933 f.); Jacoby, FamRZ 2007, 1703 (1708 ff.); Jaeger, FPR 2006, 410; Balloff, FPR 2006, 415.

70 *Hinweis*

Das Betreuungsgericht ist gemäß § 23c Abs. 1 GVG zur Entscheidung berufen in Betreuungssachen (§ 271 FamFG), Unterbringungssachen (§ 312 FamFG) sowie betreuungsgerichtlichen Zuweisungssachen (§ 340 FamFG).

71 Gesetzgeberisch sind die Vorschriften der §§ 151–168a FamFG über die Kindschaftssachen aus dem FGG-Reformgesetz bereits vorgezogen worden in einem Gesetz zur Erleichterung familiengerichtlicher Maßnahmen bei Gefährdung des Kindeswohls.[93]

2. Örtliche Zuständigkeit und Abgabe

72 Die örtliche Zuständigkeit des Familiengerichts in Kindschaftssachen bestimmt sich nach § 152 FamFG. Die Regelung beschränkt sich auf die **drei Anknüpfungspunkte**: Anhängigkeit der Ehesache, gewöhnlicher Aufenthalt des Kindes und Fürsorgebedürfnis.[94] Der für die Feststellung der örtlichen Zuständigkeit maßgebliche Zeitpunkt bestimmt sich danach, wann das Gericht mit der Sache befasst wurde.[95] In Antragsverfahren ist dies der Fall, wenn ein Antrag mit dem Ziel der Erledigung durch dieses Gericht eingegangen ist.[96] In Amtsverfahren ist ein Gericht mit einer Sache befasst, wenn es amtlich von Tatsachen Kenntnis erlangt, die Anlass zu gerichtlichen Maßnahmen sein können.[97]

73 § 152 Abs. 1 FamFG verwirklicht die Zuständigkeitskonzentration **beim Gericht der Ehesache**. Die Vorschrift umfasst alle Kindschaftssachen, die gemeinschaftliche Kinder der Ehegatten betreffen. Während der Anhängigkeit einer Ehesache ist unter den deutschen Gerichten das Gericht, bei dem die Ehesache im ersten Rechtszug anhängig ist oder war, ausschließlich zuständig für Kindschaftssachen, sofern sie gemeinschaftliche Kinder der Ehegatten betreffen. Der Kreis der von dieser Zuständigkeitskonzentration erfassten Verfahren ist mit dem der Verfahren, die als Folgesachen in den Verbund einbezogen werden können (Verfahrenskonzentration, vgl. § 137 Abs. 3 FamFG), nicht identisch.[98]

---

[93] BGBl 2008 I, 1188; vgl. dazu: Meysen, NJW 2008, 2674; Rosenboom/Rotax, ZRP 2008, 1; Stößer, FamRB 2008, 243; Büte, FuR 2008, 361; Schmid, FPR 2008, 618; aus dem Gesetzgebungsverfahren: BT-Drucks 16/6815; BT-Drucks 16/8914.
[94] BT-Drucks 16/6308, 234.
[95] BT-Drucks 16/6308, 234.
[96] BT-Drucks 16/6308, 234.
[97] BT-Drucks 16/6308, 234.
[98] BT-Drucks 16/6308, 235.

74 Ist eine Zuständigkeit nach § 152 Abs. 1 FamFG nicht gegeben, ist nach § 152 Abs. 2 FamFG dasjenige Gericht zuständig, in dessen Bezirk das Kind seinen gewöhnlichen Aufenthalt hat. Die Vorschrift stellt nicht auf einen Wohnsitz, sondern auf den gewöhnlichen Aufenthalt des Kindes ab.[99]

75 Ist danach die Zuständigkeit eines deutschen Gerichts nicht gegeben, ist nach § 152 Abs. 3 FamFG das Gericht zuständig, in dessen Bezirk das Bedürfnis der Fürsorge hervortritt. Die Zuständigkeit ist aufgrund dieses Kriteriums zu bestimmen, wenn sich der Aufenthalt des Kindes noch nicht zu einem gewöhnlichen Aufenthalt verdichtet hat oder wenn ein solcher nicht feststellbar ist oder im Ausland liegt.[100] Auch für die in §§ 1693, 1846 BGB, Art. 24 Abs. 3 EGBGB genannten Maßnahmen ist das Gericht zuständig, in dessen Bezirk das Fürsorgebedürfnis bekannt wird.

76 Wird eine Ehesache anhängig, während eine Kindschaftssache, die ein gemeinschaftliches Kind der Ehegatten betrifft, bei einem anderen Gericht im ersten Rechtszug anhängig ist, ist diese von Amts wegen an das Gericht der Ehesache abzugeben (§ 153 S. 1 FamFG).

77 § 154 FamFG begründet eine Befugnis zur bindenden Verweisung[101] einer Kindschaftssache an das **Gericht des früheren gewöhnlichen Aufenthalts** bei eigenmächtiger Änderung des Aufenthalts des Kindes. Der Gesetzgeber reagiert mit dieser Vorschrift auf die seiner Ansicht nach häufig zu beobachtende Praxis, dass in Konfliktsituationen, die zur Trennung und zum Auszug eines Elternteils führen, beide Partner zu einseitigen Handlungsweisen zum Nachteil des anderen Partners neigen.[102] Hierzu gehört auch der ohne Zustimmung des anderen Elternteils erfolgende Wegzug des betreuenden Elternteils mit dem gemeinsamen Kind.[103] Diese Verhaltensweise erschwert die anschließenden Bemühungen um eine vernünftige Lösung des Konflikts im Interesse des Kindes wegen der plötzlichen räumlichen Distanz zwischen Kind und Umgangsberechtigtem.[104] Sofern diese Verfahrensweise nicht im Ausnahmefall – etwa wegen Gewalt und Drohungen gegen den Ehegatten – gerechtfertigt ist, soll sie dem betreuenden Elternteil nicht auch noch den Vorteil des ortsnahen Gerichts verschaffen.[105] Ein Elternteil könnte nämlich nach

---

99 BT-Drucks 16/6308, 235.
100 BT-Drucks 16/6308, 235.
101 Vgl. BT-Drucks 16/6308, 414; BT-Drucks 16/9733, 293.
102 BT-Drucks 16/6308, 235.
103 BT-Drucks 16/6308, 235.
104 BT-Drucks 16/6308, 235.
105 BT-Drucks 16/6308, 235.

einem überraschend durchgeführten Wegzug mit dem Kind durch die Einreichung eines vorher vorbereiteten Antrags ohne Weiteres die Zuständigkeit des Gerichts am neuen Aufenthaltsort des Kindes begründen.[106] Diese einseitige Vorgehensweise, die die bisherigen sozialen Bindungen des Kindes nicht berücksichtigt und dem Kindeswohl abträglich ist, wird mit der neuen Vorschrift erschwert.[107]

78 § 154 FamFG setzt die eigene Zuständigkeit des angerufenen Gerichts nach § 152 Abs. 2 FamFG (aktueller gewöhnlicher Aufenthalt des Kindes) voraus. Mit der Rechtsnatur der Verweisung scheint es im Grunde unvereinbar zu sein, dass die Verweisung in das Ermessen des Gerichts gestellt wird und dass die Verweisung **trotz eigener Zuständigkeit** erfolgen darf. Der Verweisung kommt jedenfalls nicht über § 3 FamFG ein bindender Charakter zu, da sich diese Vorschrift nur auf die Verweisung bei eigener Unzuständigkeit bezieht.[108] Auch fehlt eine Vorschrift über die Zuständigkeit desjenigen Gerichts, an das wegen des früheren Aufenthalts des Kindes verwiesen werden kann. Eine solche Vorschrift mag möglicherweise jedoch entbehrlich sein, wenn man in § 154 S. 1 FamFG gleichzeitig eine eigene Zuständigkeitsanordnung sehen möchte.

79 Das Gericht kann die Verweisung jedoch nicht beschließen, wenn dem anderen Elternteil das Recht der Aufenthaltsbestimmung nicht zusteht oder die Änderung des Aufenthaltsort zum Schutz des Kindes oder des betreuenden Elternteils erforderlich war (§ 154 S. 2 FamFG).

3. Vorrang- und Beschleunigungsgebot in Kindschaftssachen

80 § 155 Abs. 1 FamFG enthält im Interesse des Kindeswohls[109] ein ausdrückliches und umfassendes **Vorrang- und Beschleunigungsgebot** für Kindschaftssachen, die den Aufenthalt oder die Herausgabe des Kindes oder das Umgangsrecht sowie Verfahren wegen Gefährdung des Kindeswohls betreffen.[110] Dieses Gebot richtet sich an das jeweils mit der Sache befasste Gericht in allen Rechtszügen.[111] Die Regelung ist der Vorschrift des § 61a Abs. 1 ArbGG, der Kündigungsschutzprozes-

---

106 BT-Drucks 16/6308, 235.
107 BT-Drucks 16/6308, 235.
108 A.A.: BT-Drucks 16/6308, 414; BT-Drucks 16/9733, 293.
109 Vgl. dazu auch: BT-Drucks 16/6308, 414.
110 Vgl. hierzu: Hennemann, FPR 2009, 20.
111 BT-Drucks 16/6308, 235; vgl. Büte, FuR 2008, 361 (363): Im Beschwerdeverfahren Terminierung einen Monat nach Eingang der Beschwerdebegründung.

se betrifft, nachgebildet.[112] Die Vorschrift gilt sowohl für die Hauptsache als auch für die einstweilige Anordnung.[113]

Das Beschleunigungsgebot darf allerdings nicht schematisch gehandhabt werden.[114] Im Einzelfall kann auch ein Zuwarten mit dem Verfahrensabschluss oder ein zeitaufwändiger zusätzlicher Verfahrensschritt erforderlich oder sinnvoll sein.[115] Ebenso kann im Einzelfall von einer frühen Terminierung abgesehen werden, wenn das Kindeswohl eine solche offensichtlich nicht erfordert.[116] Der **Grundsatz des Kindeswohls prägt und begrenzt** zugleich das Beschleunigungsgebot.[117] Der auch für das Verfahren und für § 155 FamFG geltende Grundsatz des Kindeswohls folgt bereits aus § 1697a BGB und ist zudem allgemeiner Rechtsgedanke.[118]

81

Die bevorzugte Erledigung der genannten Kindschaftssachen hat nach Ansicht des Gesetzgebers im Notfall auf Kosten anderer anhängiger Sachen zu erfolgen.[119] In der gerichtlichen Praxis werden sich nach Auffassung des Gesetzgebers Prioritäten zugunsten von Kindschaftssachen der genannten Art künftig noch deutlicher als bisher herausbilden.[120] Das Vorrangsgebot gelte in jeder Lage des Verfahrens.[121] Es sei unter anderem bei der Anberaumung von Terminen, bei der Fristsetzung für die Abgabe eines Sachverständigengutachtens und bei der Bekanntgabe von Entscheidungen zu beachten.[122]

82

In diesem Zusammenhang sieht § 155 Abs. 2 S. 4 FamFG vor, dass eine **Verlegung des Termins** nur aus **zwingenden Gründen** zulässig ist. Erhebliche Gründe reichen für eine Verlegung nicht aus.[123] Ein Verlegungsantrag ist nach § 154 Abs. 2 S. 5 FamFG stets glaubhaft zu machen, um dem Gericht bereits bei Eingang eine Überprüfung zu ermöglichen. Zwingende Gründe sind nur solche, die eine Teilnahme am Termin tatsächlich unmöglich machen, wie zum Beispiel eine Erkrankung. Kein ausreichender Grund ist nach Ansicht des Gesetzgebers das Vorliegen

83

---

112 BT-Drucks 16/6308, 235.
113 BT-Drucks 16/6308, 235.
114 BT-Drucks 16/6308, 235.
115 BT-Drucks 16/6308, 235 f.
116 BT-Drucks 16/6308, 236.
117 BT-Drucks 16/6308, 236; BT-Drucks 16/6308, 414.
118 BT-Drucks 16/6308, 414.
119 BT-Drucks 16/6308, 235.
120 BT-Drucks 16/6308, 235.
121 BT-Drucks 16/6308, 235.
122 BT-Drucks 16/6308, 235.
123 BT-Drucks 16/6308, 236.

einer Terminkollision für einen Beteiligtenvertreter zu einem anderen Verfahrenstermin, sofern es sich nicht ebenfalls um eine der in § 155 Abs. 1 FamFG aufgeführten Angelegenheiten handelt.[124] Der Beteiligtenvertreter habe vielmehr **in der anderen Sache einen Verlegungsantrag zu stellen, dem das Gericht wegen des Vorrangs der Kindschaftssache stattzugeben habe**.[125]

84 Ob dem gesetzlichen Gebot eine tatsächliche gerichtspraktische Bedeutung zukommen wird, mag mit Recht bezweifelt werden.[126] Die Bindung an das Gebot des Vorrangs der Kindschaftssache kann aber nun nicht für diejenigen Gerichte gelten, die für Kindschaftssachen gar nicht zuständig sind und für die eine andere Verfahrensordnung gilt als das FamFG. In den anderen Verfahrensordnungen ist der Vorrang der Kindschaftssache nicht niedergelegt. Die Bindung aller Gerichte (z.B.: Strafgerichte, Sozialgerichte) an das Beschleunigungs- und Vorranggebot ordnet § 155 FamFG nicht an. Hinzu kommt, dass bestimmte Verfahrensordnungen eigene Vorrang- oder Beschleunigungsgebote enthalten, an die die Gerichte ihrerseits gebunden sind.

Im Zweifel wird dem Beteiligtenvertreter, der einer Terminkollision ausgesetzt ist, nichts anderes übrig bleiben, als sowohl in der Kindschaftssache als auch in dem anderen Verfahren gleichzeitig die Terminsverlegung zu beantragen. Denn weder dem Beteiligten in der Kindschaftssache noch dem Mandanten in dem anderen Verfahren mit hervorgehobener Bedeutung ist zuzumuten, den Termin ohne den eigenen Vertreter, zu dem in der Regel ein besonderes Vertrauensverhältnis besteht, wahrzunehmen.

85 § 155 Abs. 2 S. 1 FamFG begründet die Verpflichtung des Gerichts, die Kindschaftssache mit den Beteiligten mündlich in einem **Termin** zu erörtern. Dieser Termin soll nach § 155 Abs. 2 S. 2 FamFG einen Monat nach Beginn des Verfahrens stattfinden. Wird das Verfahren auf Antrag oder Anregung eines Beteiligten hin eingeleitet, beginnt es mit der Einreichung des Antrags oder ansonsten dem Eingang der Anregung. Dies gilt auch dann, wenn lediglich die Bewilligung von Verfahrenskostenhilfe für ein bestimmtes Verfahren beantragt wird.

86 Es handelt sich um eine **grundsätzlich verpflichtende Zeitvorgabe** für das Gericht, die nur in Ausnahmefällen überschritten werden darf. Ein **Ausnahmefall**

---

124 BT-Drucks 16/6308, 236.
125 BT-Drucks 16/6308, 236.
126 Vgl. auch die Zweifel zu § 61a ArbGG von Germelmann in: Germelmann/Matthes/Prütting/Müller-Glöge, 6. Aufl. (2008), § 61a ArbGG, Rn 1.

kann sowohl in der Sphäre des Gerichts als auch in der Sache selbst begründet sein.[127] Die Erforderlichkeit von Ermittlungen rechtfertigt gerade kein Absehen.[128] Das Vorliegen eines Ausnahmefalls ist vom Gericht jeweils im Einzelfall zu prüfen.[129] Im Zweifel gilt das Beschleunigungsgebot.[130] Mit einer schnellen Terminierung soll eine Eskalierung des Elternkonflikts vermieden werden.[131] Die Verpflichtung zur Anhörung des Jugendamts im Termin nach § 155 Abs. 2 S. 3 FamFG setzt zum einen voraus, dass das Jugendamt organisatorische Vorkehrungen trifft, die es ermöglichen, dass ein Sachbearbeiter am Termin teilnehmen kann.[132] Die mündliche Stellungnahme des Jugendamts hat den Vorteil, dass der Jugendamtsvertreter sich zum aktuellen Sachstand äußern kann, so wie er sich im Termin darstellt.[133] Zudem wird vermieden, dass sich ein Elternteil durch einen schriftlichen Bericht in ein schlechtes Licht gesetzt und benachteiligt fühlt und sich als Reaktion noch weiter von der Übernahme gemeinsamer Elternverantwortung entfernt.[134]

Im Bezirk des Amtsgerichts Kiel werden zum Beispiel folgende Empfehlungen in Anlehnung an das sogenannte Cochemer Modell abgegeben:[135]

87

„Empfehlungen zur Zusammenarbeit von Familiengericht, Amt für Familie und Soziales, Beratungsstellen und Anwaltschaft zur Umsetzung von gerichtlichen Sorge- und Umgangsverfahren in Kiel

Präambel

Ausgangspunkt zur Entwicklung dieser Handlungsempfehlungen sind die bisherigen Erfahrungen und neue Erkenntnisse zur Trennungs- und Scheidungsberatung sowie die bevorstehenden gesetzlichen Regelungen über das Verfahren in Familiensachen. Ziel ist es, sinnvolle und praktikable Regelungen zu verein-

---

127 BT-Drucks 16/6308, 235.
128 BT-Drucks 16/6308, 414; a.A.: Bundesrat in: BT-Drucks 16/6308, 375 f.
129 BT-Drucks 16/6308, 236.
130 BT-Drucks 16/6308, 236.
131 BT-Drucks 16/6308, 236; vgl. Meysen, NJW 2008, 2673 (2676): Für die Praxis bedeute die ausdrückliche Formulierung des Beschleunigung- und Vorranggebots im Gesetz eine grundlegende Umstellung in den Verfahrensabläufen und Verfahrensweisen; so auch: Hennemann, FPR 2009, 20 (22).
132 BT-Drucks 16/6308, 236, vgl. Rosenboom/Rotax, ZRP 2008, 1 (3): Es fehle an einer gesetzlichen Verpflichtung für das Jugendamt im SGB VIII; vgl. zudem Flemming, FPR 2009, 339.
133 BT-Drucks 16/6308, 236; Hennemann, FPR 2009, 20 (22).
134 BT-Drucks 16/6308, 236; Hennemann, FPR 2009, 20 (22).
135 Veröffentlicht unter www.schleswig-holstein.de/AGKIEL/DE/Aufgaben/Rechtspflege/Abteilungen/EmpfehlungenFamiliengericht.html; gültig seit: 1.10.2008.

baren, die dem Kindeswohl, den Verfahrensvorgaben und dem Geist des neuen Gesetzes entsprechen. Diese Vereinbarungen gelten in der Regel als verbindlich. Die Empfehlungen wurden erstellt von einem Arbeitskreis bestehend aus Vertreterinnen und Vertretern des Familiengerichts, dem Amt für Familie und Soziales, Allgemeiner Sozialdienst (ASD), den Erziehungsberatungsstellen und der Anwaltschaft in Kiel.

Ziele

Ziel ist es, die Eltern dahingehend zu stärken, dass sie in die Lage versetzt werden, verantwortlich und einvernehmlich die Entscheidungen zu treffen, die dem Wohl ihrer Kinder am besten entsprechen.

Gemeinsame Grundannahmen

Eltern tragen auch nach einer Trennung fortdauernd die gemeinsame elterliche Verantwortung für ihre Kinder. Das wird durch die gemeinsame elterliche Sorge am besten gewährleistet. Kinder haben das Recht auf Umgang mit jedem Elternteil. Dies liegt in der Verantwortung der Eltern. Dem Wohl der Kinder, die die Trennung der Eltern erleben, entspricht es in der Regel, einen verlässlichen und ununterbrochenen Kontakt zu beiden Eltern zu halten. Dafür ist es erforderlich, dass ein einvernehmlicher, spannungsfreier und für die Kinder durchschaubarer Umgang praktiziert wird. Verantwortung der staatlichen Stellen, der Organe der Rechtspflege, wie die beauftragten Stellen der freien Träger ist es, bei gerichtlichen, wie außergerichtlichen Auseinandersetzungen zwischen den Eltern über das Sorge- und Umgangsrecht zügige und unbürokratische Verfahrensweisen zu gewährleisten.

Verfahrensweisen

1. Das Gericht wird nach Eingang des Antrages sofort einen Termin zur mündlichen Anhörung der Beteiligten anberaumen, der spätestens einen Monat nach Eingang des Antrages liegen sollte. Der Termin ist für alle Beteiligten verbindlich und wird nur in Ausnahmefällen verschoben. Um organisatorische Schwierigkeiten zu verhindern, wird sich das Gericht um eine telefonische Abstimmung mit dem ASD und den beteiligten Anwälten bemühen. Der Antrag und die Terminsladung werden dem ASD zur Beschleunigung des Verfahrens per Fax direkt an das zuständige Sozialzentrum übermittelt.

Das Gericht wird die Eltern zu dem Termin persönlich laden und sie im Ladungsschreiben auf Folgendes hinweisen:
- ■ Information über den Verfahrensablauf
- ■ Mitteilung des zuständigen Sozialzentrums und dessen Öffnungszeiten

- Pflicht zur kooperativen Mitarbeit der Eltern und Wahrnehmung der Termine beim ASD

Die Verfahrensbeteiligten werden mit Übersendung einer Abschrift des Antrages zu dem Termin geladen und darauf hingewiesen, dass eine ausführliche schriftliche Erwiderung vor dem Termin nicht erforderlich ist. Das Unterbleiben einer Erwiderung verursacht keine Nachteile.

2. Die **anwaltliche Beratung** im Sinne dieser Empfehlungen ist so ausgestaltet, dass die Beteiligten ermutigt und darin unterstützt werden, ihre Meinungsverschiedenheiten auszuräumen. Ziel hierbei ist, dass die Beteiligten ihre jeweiligen Standpunkte respektieren sowie im Rahmen der familienrechtlichen Auseinandersetzungen faire und einvernehmliche Lösungen anstreben.

Anwälte, die im Rahmen dieser Empfehlungen arbeiten,
- unterstützen die Eltern darin, das Wohl der Kinder als ersten und wichtigsten Gesichtspunkt anzusehen;
- verstehen das Wohl der Kinder als die Gesamtheit der Bedingungen, unter denen das Bedürfnis der Kinder nach Liebe sowie nach Versorgung, Schutz, Zuwendung und nach Entwicklung einer eigenständigen Persönlichkeit bestmöglich befriedigt wird;
- berücksichtigen bei ihrer Arbeit und sämtlichen Entscheidungen stets, dass es für die gesunde Entwicklung der Kinder unerlässlich ist, ihre Bindung zu dem anderen Elternteil uneingeschränkt gut zu heißen;
- begreifen das Bedürfnis nach einer unauflöslichen Eltern-Kind-Bindung als Priorität;
- wirken schlichtend.

Ist trotz aller Bemühungen eine gerichtliche Entscheidung erforderlich, wird die verfahrenseinleitende Antragsschrift möglichst kurz gehalten. Sie formuliert die konkreten Interessen des antragstellenden Elternteils positiv und vermeidet globale Forderungen, ausführliche Beschreibungen von Missständen sowie Schuldzuweisungen. Gleiches gilt für den Erwiderungsschriftsatz.

3. Der **ASD** wird die Eltern zu Gesprächen in das Sozialzentrum einladen. Ziel ist es, bis zum ersten Gerichtstermin zwei Gespräche mit den Eltern gemeinsam zu führen, um mit ihnen ein einvernehmliches Konzept für die Sorge- und Umgangsregelung zu entwickeln. Inwieweit dies gelingt, hängt auch von der Zusammenarbeitsbereitschaft der Eltern ab. Nur wenn keine gemeinsamen Beratungen beider Elternteile möglich sind, werden die Gespräche getrennt geführt. Die Kinder werden nicht in die Gespräche einbezogen. Ein schriftlicher Bericht erfolgt nicht. Den Gerichtstermin nimmt die sozialpädagogische Fachkraft wahr, die auch die Beratungsgespräche geführt hat. Wird in den Beratungsgesprächen Einverneh-

men hergestellt, wird diese Einigung im Gerichtstermin schriftlich festgehalten und das Verfahren kann abgeschlossen werden.

4. Im Termin moderiert das **Gericht** ein offenes Lösungsgespräch mit den Eltern und Anwälten. Die antragstellende Partei bekommt zunächst die Gelegenheit, ihren Standpunkt persönlich darzulegen. Anschließend kommt die Gegenseite zu Wort. Die Fachkraft des ASD berichtet mündlich über die Situation der Familie und den Beratungsprozess. Entscheidungsvorschläge oder Stellungnahmen werden nicht erbracht.

Kann im Rahmen des gerichtlichen Anhörungstermins eine Einigung herbeigeführt werden, wird ein gerichtlicher Vergleich protokolliert. Wird keine Einigung erzielt, erfolgt ein Beschluss, mit einem die Eltern verpflichtenden Auftrag. Die Eltern werden an eine Beratungsstelle verwiesen. Das Gericht prüft gegebenenfalls, ob eine einstweilige Anordnung nach § 52 Absatz 3 FGG erforderlich ist. Der **ASD** vereinbart zum Ende des Gerichtstermins telefonisch für die Eltern einen ersten Beratungstermin in der **Beratungsstelle**. Der ASD übersendet der Beratungsstelle einen Überleitungsbogen. Den Beratungsauftrag erteilen die Eltern. Die Beratungsstelle wird den Eltern einen Termin möglichst innerhalb der nächsten zwei Wochen anbieten. Ein Bestandteil der Einladung ist, dass eine Meldung an den ASD ergeht, wenn ein Elternteil oder beide Eltern die Beratungsstelle nicht aufsuchen. Der ASD informiert das Gericht.

5. **Ziel** der **Trennungs- und Scheidungsberatung** ist, dass die Eltern klare Vorstellungen darüber entwickeln, wie die gemeinsame Verantwortung ihren Kindern gegenüber umgesetzt werden kann. Die Eltern entwickeln ein einvernehmliches Konzept für die Sorge – und Umgangsregelung. Die Inhalte der Beratung unterliegen der Verschwiegenheitspflicht. Mitarbeiter/innen der Beratungsstellen treten nicht vor Gericht auf. Erfolgt im Beratungsprozess eine einvernehmliche Vereinbarung, wird sie schriftlich protokolliert und von beiden Eltern unterschrieben. Die Eltern bzw. die Anwälte informieren das Familiengericht. Werden Termine von den Eltern nicht eingehalten, erfolgt eine weitere Einladung schriftlich mit dem Hinweis, dass bei Nichterscheinen die Beratungsstelle gehalten ist, den ASD zu informieren. Wenn kein Beratungsprozess läuft oder ein Termin zweimal hintereinander ausfällt, wird der ASD informiert, der dies dem Gericht mitteilt.

6. Wird im Rahmen des Beratungsprozesses keine einvernehmliche Lösung erzielt, beraumt das Gericht einen zweiten Termin an. In diesem Termin wird das weitere Vorgehen besprochen. Erneut wird Ziel der Verhandlung sein, bei den Eltern einen Einigungsprozess in Gang zu setzen. Mögliche Ergebnisse des zweiten Termins können sein: einvernehmliche Vereinbarung, Sachverständigengutachten, gerichtliche Entscheidung."

4. Hinwirken auf ein Einvernehmen

§ 156 FamFG gibt dem Gericht auf, in Kindschaftssachen auf ein **Einvernehmen hinzuwirken**. Die Soll-Verpflichtung des Gerichts bezieht sich auf Kindschaftssachen, die

- die elterliche Sorge bei Trennung und Scheidung,
- den Aufenthalt des Kindes,
- das Umgangsrecht oder
- die Herausgabe des Kindes

zum Gegenstand haben. Widerspricht aber das Hinwirken dem Kindeswohl, so hat es kraft der ausdrücklichen Regelung zu unterbleiben. Dies kann etwa bei häuslicher Gewalt der Fall sein.

88

Das Gericht weist zudem auf **Möglichkeiten der Beratung** durch die Beratungsstellen und Beratungsdienste der Träger der Kinder- und Jugendhilfe insbesondere zur Entwicklung eines einvernehmlichen Konzepts für die Wahrnehmung der elterlichen Sorge und der elterlichen Verantwortung hin (§ 156 Abs. 1 S. 2 FamFG). Das Familiengericht hat die verbindliche Kompetenz, die Eltern zur Teilnahme an einer Beratung zu verpflichten (vgl. § 156 Abs. 1 S. 4 FamFG). Das Gericht soll vor Erlass dieser Anordnung dem Jugendamt Gelegenheit zur Stellungnahme geben.[136] In der Anordnung soll das Gericht im Einvernehmen mit dem Jugendamt festlegen, bei welcher Beratungsstelle und binnen welcher Frist die Eltern sich beraten lassen sollen.[137] Die Verpflichtung zur Beratung darf nicht zu einer Verzögerung des Verfahrens führen. Die Verpflichtung zur Beratung dürfte deshalb keinen wichtigen Grund für eine Aussetzung im Sinne von § 21 FamFG darstellen.[138] Die Anordnung ist nicht isoliert anfechtbar (§ 156 Abs. 1 S. 5 FamFG). Sie ist auch nicht mit Zwangsmitteln durchsetzbar (§ 156 Abs. 1 S. 5 FamFG). Die Weigerung, an der Beratung teilzunehmen, kann aber Kostennachteile nach sich ziehen (vgl. § 81 Abs. 2 Nr. 5 FamFG).[139]

89

§ 156 Abs. 1 S. 3 FamFG sieht einen gerichtlichen Hinweis auf die Möglichkeit der Mediation oder der sonstigen außergerichtlichen Streitbeilegung vor.

90

---

136 BT-Drucks 16/6308, 237.
137 BT-Drucks 16/6308, 237.
138 So im Ergebnis auch: BT-Drucks 16/6308, 237.
139 BT-Drucks 16/6308, 237.

91 § 156 Abs. 2 S. 1 FamFG regelt die einvernehmliche Regelung **in Umgangsverfahren sowie Herausgabeverfahren**[140] und enthält eine **gesetzliche Definition des gerichtlich gebilligten Vergleichs**, der – ebenso wie eine gerichtliche Entscheidung – einen Vollstreckungstitel darstellt (§ 86 Abs. 1 Nr. 2 FamFG). Erzielen die Beteiligten Einvernehmen über den Umgang oder die Herausgabe des Kindes, ist die einvernehmliche Regelung als Vergleich aufzunehmen, wenn das Gericht diese billigt (gerichtlich gebilligter Vergleich). Nach Ansicht des Gesetzgebers erstreckt sich die Vorschrift auf alle formell am Verfahren Beteiligten in der Weise, dass es auch einer Zustimmung des Kindes und gegebenenfalls des Jugendamts oder des Verfahrensbeistands bedürfe.[141] Das Gericht billigt die Umgangsregelung beziehungsweise Herausgaberegelung,[142] wenn die Vereinbarung der Beteiligten dem Kindeswohl nicht widerspricht (§ 156 Abs. 2 S. 2 FamFG). Die Billigung des Gerichts muss in irgendeiner Form zum Ausdruck kommen. Die Regelung erweitert den Anwendungsbereich des § 36 FamFG bei den Umgangs- und Herausgabesachen auch insoweit, als sie nicht zur Disposition der Beteiligten stehen.[143] Ein gerichtlich gebilligter Vergleich ist auch als schriftlicher Vergleich gemäß § 36 Abs. 3 FamFG in Verbindung mit § 278 Abs. 6 ZPO möglich.

92 Kommt es nicht zu einer einvernehmlichen Einigung im Termin oder wird eine Beratung nach § 156 Abs. 1 S. 1 FamFG oder eine Begutachtung nach § 163 Abs. 1, 2 FamFG angeordnet, so hat das Gericht gemäß § 156 Abs. 3 FamFG den Erlass einer einstweiligen Anordnung zu erörtern.

93 *Hinweis*

Nach streitiger Auffassung in der Rechtsprechung kann Verfahrenskostenhilfe nicht für eine **gerichtlich angeordnete oder angeregte Mediation** gewährt werden.[144] Eine Rechtsprechungsänderung erscheint jedoch denkbar. Denn das FGG-Reformgesetz hat die Elemente einer gütlichen Streitbeilegung verstärkt und den Ansatz verfolgt, das Bewußtsein über die Möglichkeiten einer gütlichen Streitbeilegung bei den Beteiligten zu erhöhen (vgl. §§ 135 Abs. 1 S. 1, 156 Abs. 1 S. 3 FamFG). Es würde nun letztlich dem Zweck des FGG-Reform-

---

140 Vgl. BT-Drucks 16/6308, 414.
141 BT-Drucks 16/6308, 237; so auch Borth, FamRZ 2007, 1925 (1933); Kroiß/Seiler, Das neue FamFG, § 3, Rn 299; Bumiller in: Bumiller/Harders, § 156 FamFG, Rn 10.
142 Vgl. BT-Drucks 16/6308, 414.
143 Vgl. BT-Drucks 16/6308, 414.
144 OLG Dresden FamRZ 2007, 489; a.A.: AG Eilenburg FamRZ 2007, 1670.

gesetzes zuwiderlaufen, könnten nicht auch finanziell hilfebedürftige Personen auf die vom Gericht angeregte Beratung hin eine Mediation durchlaufen.[145]

5. Verfahren bei Kindeswohlgefährdung

§ 157 FamFG sieht besondere Bestimmungen zum Verfahren bei Kindeswohlgefährdung vor. So soll das Gericht nach § 157 Abs. 1 FamFG in Verfahren nach den §§ 1666, 1666a BGB mit den Eltern und in geeigneten Fällen auch mit dem Kind erörtern, wie einer möglichen Gefährdung des Kindeswohls, insbesondere durch öffentliche Hilfe, begegnet werden und welche Folgen die Nichtannahme notwendiger Hilfen haben kann. Zu dem Erörterungstermin soll das Gericht das Jugendamt laden (§ 156 Abs. 1 S. 2 FamFG) und das persönliche Erscheinen der Eltern anordnen (§ 156 Abs. 2 S. 1 FamFG). Das Gericht führt die Erörterung ausnahmsweise dann in Abwesenheit des anderen Ehegatten durch, wenn dies zum Schutz eines Beteiligten oder aus anderen Gründen erforderlich ist (§ 157 Abs. 2 S. 2 FamFG). In den Verfahren nach §§ 1666, 1666a BGB hat das Gericht unverzüglich den Erlass einer einstweiligen Anordnung zu prüfen (§ 157 Abs. 3 FamFG).

94

6. Verfahrensbeistand

§ 158 FamFG behandelt die Rechtsfigur des Verfahrensbeistandes.[146] Diese ersetzt den im bisherigen § 50 FGG a.F. vorgesehenen Verfahrenspfleger für minderjährige Kinder. Die Vorschrift beschreibt die Voraussetzungen für die Bestellung und die Aufgaben des Verfahrensbeistands. Das Gericht **muss** dem minderjährigen Kind in Kindschaftssachen, die seine Person betreffen, einen geeigneten Verfahrensbeistand bestellen, soweit dies zur Wahrnehmung seiner Interessen **erforderlich** ist (§ 158 Abs. 1 FamFG). § 158 Abs. 2 gibt **Beispielsfälle**, in denen **in der Regel** die Erforderlichkeit für eine Bestellung gegeben ist, nämlich[147]

95

- wenn das Interesse des Kindes zu dem seiner gesetzlichen Vertreter in erheblichem Gegensatz steht,
- in Verfahren nach §§ 1666, 1666a BGB, wenn die teilweise oder vollständige Entziehung der Personensorge in Betracht kommt,
- wenn eine Trennung des Kindes von der Person erfolgen soll, in deren Obhut es sich befindet,

---

145 Vgl. auch Nake, Schriftliche Stellungnahme zur öffentlichen Anhörung des Rechtsausschusses des Bundestags vom 11.2.2008, S. 14; Spangenberg, FamRZ 2009, 834.
146 Vgl. hierzu auch: BT-Drucks 16/6308, 415 f.; Stötzel, FPR 2009, 27.
147 Vgl. hierzu näher: BT-Drucks 16/9733, 294; BT-Drucks 16/6308, 238 f.

- in Verfahren, die die Herausgabe des Kindes oder eine Verbleibensanordnung zum Gegenstand haben oder
- wenn der Ausschluss oder eine wesentliche Beschränkung des Umgangsrechts in Betracht kommt.

96 Soll trotz Vorliegens eines Regelbeispiels von einer Bestellung abgesehen werden, bedarf dies besonderer Gründe, die das Gericht im Einzelnen darzulegen hat.[148] Denkbar ist dies insbesondere bei Entscheidungen von geringer Tragweite, die sich auf die Rechtspositionen der Beteiligten und auf die künftige Lebensgestaltung des Kindes nicht in erheblichem Umfang auswirken.[149] Die Erforderlichkeit kann weiter fehlen, wenn alle beteiligten Personen und Stellen gleichgerichtete Verfahrensziele verfolgen.[150] Aber auch wenn die Interessen des Kindes in anderer Weise ausreichend im Verfahren zur Geltung gebracht werden, kommt ein Absehen von der Bestellung eines Verfahrensbeistands in Betracht.[151]

97 § 158 Abs. 5 FamFG gestattet **ausnahmsweise das Unterbleiben** der Bestellung eines Verfahrensbeistands, auch wenn die Bestellung nach § 158 Abs. 1, 2 FamFG erforderlich ist oder war. Danach soll die Bestellung unterbleiben oder aufgehoben werden, wenn die Interessen des Kindes von einem Rechtsanwalt oder einem anderen geeigneten Verfahrensbevollmächtigten angemessen vertreten werden. Die Vorschrift entspricht dem bisherigen § 50 Abs. 3 FGG a.F.

98 § 158 Abs. 3 FamFG enthält Maßgaben zur **Verfahrensweise** der Bestellung des Verfahrensbeistands. Die Entscheidung über die Bestellung oder Aufhebung ist nicht selbstständig anfechtbar (§ 158 Abs. 3 S. 4 FamFG), was sich bereits aus ihrem Charakter als Zwischenentscheidung ergibt.[152] Der Ausschluss der Anfechtbarkeit ist umfassend und insbesondere nicht auf eine Anfechtung durch einzelne Personen oder Beteiligte beschränkt.[153] Erfasst ist damit lediglich die isolierte Anfechtbarkeit einer entsprechenden Entscheidung; ein Rechtsmittel gegen die Endentscheidung kann weiterhin auch damit begründet werden, dass das Gericht einen Verfahrensbeistand zu Unrecht bestellt oder abberufen hat oder dass es die Bestellung eines Verfahrensbeistands zu Unrecht unterlassen oder abgelehnt hat.[154]

---

148 BT-Drucks 16/6308, 238.
149 BT-Drucks 16/6308, 238.
150 BT-Drucks 16/6308, 238.
151 BT-Drucks 16/6308, 238.
152 Vgl. zur bisherigen Rechtslage bei dem Verfahrenspfleger: BGH FamRZ 2003, 1275.
153 BT-Drucks 16/6308, 239.
154 BT-Drucks 16/6308, 239.

Zur **Aufgabenstellung** des Verfahrensbeistands enthält § 158 Abs. 4 FamFG konkrete Vorgaben, so insbesondere Informationspflichten gegenüber dem Kind und Regelungen zum Umfang der Sachverhaltsermittlung.[155] Das FamFG hält daran fest, dass der Verfahrensbeistand dem Interesse des Kindes verpflichtet ist und nicht allein dem von diesem geäußerten Willen.[156] Der Verfahrensbeistand kann im Interesse des Kindes Beschwerde einlegen (§ 158 Abs. 4 S. 5 FamFG). § 158 Abs. 4 S. 6 FamFG bringt zum Ausdruck, dass eine **gesetzliche Vertretungsmacht** des Verfahrensbeistandes für das Kind **nicht besteht**. Die Bestellung ändert an den Vertretungsverhältnissen auch im Verfahren also nichts.[157] Der Verfahrensbeistand handelt in eigenem Namen und hat nicht die Funktion, rechtliche Willenserklärungen für das Kind abzugeben oder entgegen zu nehmen.[158]

99

Die **Vergütung** des Verfahrensbeistands regelt § 158 Abs. 7 FamFG. Für den Ersatz von Aufwendungen des nicht berufsmäßigen Verfahrensbeistands gilt § 277 Abs. 1 FamFG entsprechend. Die Vergütung des **berufsmäßig** handelnden Verfahrensbeistands ist als **Fallpauschale** ausgestaltet. Grundsätzlich erhält der berufsmäßige Verfahrensbeistand eine einmalige Pauschale von 350 EUR. Im Fall der Übertragung von Aufgaben nach Absatz 4 S. 3 erhöht sich die Vergütung auf 550 EUR. Die Vergütung gilt auch Aufwendungsersatzansprüche sowie die auf die Vergütung anfallende Umsatzsteuer ab.

Durch das „FamFG-Berichtigungsgesetz"[159] ist § 158 Abs. 7 S. 2 FamFG („für die Wahrnehmung seiner Aufgaben nach Abs. 4 in jedem Rechtsmittelzug jeweils") dahingehend erweitert worden, dass mit einer Fallpauschale die Tätigkeit des Verfahrensbeistands nur bezogen auf eine Instanz vergütet wird. Ist der Verfahrensbeistand in mehreren Instanzen tätig, erhält er die Fallpauschale **für jede Instanz gesondert**. Die gesonderte Fallpauschale für die nächste Instanz (z.B. Beschwerde) fällt aber nicht schon durch die Einlegung eines Rechtsmittels an, sondern erst durch die Wahrnehmung der Aufgaben als Verfahrensbeistands im Sinne von § 158 Abs. 4 FamFG in der Rechtsmittelinstanz.[160] Die zu vergütende Wahrnehmung von Aufgaben im Rechtsmittelzug können etwa die Einlegung des Rechtsmittels

---

155 Borth, FamRZ 2007, 1925 (1933).
156 BT-Drucks 16/6308, 239 f.
157 Krit. zu einer solchen Regelung: Jacoby, FamRZ 2007, 1703 (1709).
158 BT-Drucks 16/6308, 240.
159 Gesetz zur Modernisierung von Verfahren im anwaltlichen und notariellen Berufsrecht, zur Errichtung einer Schlichtungsstelle der Rechtsanwaltschaft sowie zur Änderung sonstiger Vorschriften (BT-Drucks 16/11385; BT-Drucks 16/12717).
160 BT-Drucks 16/12717, Bericht, zu Nr. IV, zu Art. 8 – neu –, zu Nr. 1, zu Buchstabe p (Änderung von § 158 Abs. 7 S. 2 FamFG).

im Interesse des Kindes oder die Entgegennahme und Prüfung eines Rechtsmittels eines anderen Beteiligten sein.

Der Gesetzgeber hat sich bei der Bestimmung der Pauschale an der Rechtsanwaltsvergütung orientiert, und zwar an einer 2,0-Gebühr bei einem Regelstreitwert von 3.000 EUR für eine Kindschaftssache.[161] Die Ausgestaltung als Fallpauschale erspart sowohl dem Verfahrensbeistand als auch dem Gericht erheblichen Abrechnungs- und Kontrollaufwand.[162]

Das Gericht setzt die Vergütung durch Beschluss fest (§ 158 Abs. 7 S. 6 in Verbindung mit § 168 Abs. 1 FamFG). Der Beschluss ist nach Ansicht des Gesetzgebers mit der Beschwerde nach §§ 58 ff. FamFG anfechtbar.[163] Es müsse der Wert des Beschwerdegegenstandes von über 600 EUR erreicht werden (vgl. § 61 FamFG).[164] Allerdings handelt es sich bei der Festsetzungsentscheidung um eine Nebenentscheidung, die mangels eines Verweises auf die Vorschriften über die sofortige Beschwerde entsprechend §§ 567 ff. ZPO als unanfechtbar anzusehen sein müsste.

Der Aufwendungsersatz und die Vergütung sind dem Verfahrensbeistand stets aus der Staatskasse zu zahlen.

7. Sachverständigengutachten

100 Im Fall einer Anordnung der schriftlichen Begutachtung in einer Kindschaftssache muss das Gericht zwingend dem Sachverständigen zugleich eine **Frist** für die Einreichung des Gutachtens setzen (§ 163 Abs. 1 FamFG). Der Gesetzgeber meint, dass eine solche Vorschrift dem **Beschleunigungsgrundsatz** in Kindschaftssachen dienlich ist. Allerdings gerät die Anwendung der Vorschrift durch ihren zwingenden Charakter **unflexibel**. Der Sachverständige muss sogleich mit Eingang des Auftrags prüfen, ob seine Kapazitäten für eine Erledigung innerhalb der gesetzten Frist voraussichtlich ausreichen werden und, wenn dies nicht der Fall ist, das Gericht frühzeitig informieren.[165] Das weitere Vorgehen im Fall der Versäumung einer gesetzten Frist ergibt sich aus § 411 Abs. 2 ZPO.[166]

---

161 Vgl. BT-Drucks 16/9733, 294; vgl. zur verfassungsrechtlich gebotenen auskömmlichen Vergütung eines Verfahrensbeistands auch: BVerfG FamRZ 2004, 1267.
162 BT-Drucks 16/9733, 294.
163 Vgl. BT-Drucks 16/6308, 266 zu § 277 FamFG.
164 Vgl. BT-Drucks 16/6308, 266 zu § 277 FamFG.
165 BT-Drucks 16/6308, 242.
166 BT-Drucks 16/6308, 242; zweifelnd wohl Jacoby, FamRZ 2007, 1703 (1709).

101 Nach § 163 Abs. 2 FamFG kann das Gericht in Kindschaftssachen, die die Person des Kindes betreffen, anordnen, dass der Sachverständige **auch auf die Herstellung des Einvernehmens zwischen den Beteiligten hinwirken soll**.[167] Ziel der Neuregelung ist die Erarbeitung eines einvernehmlichen Konzeptes zum zukünftigen Lebensmittelpunkt des Kindes und zur Gestaltung des Umgangs.[168] Die Vorschrift mag in der Zielrichtung zwar zu begrüßen sein. In ihrer Umsetzung führt sie jedoch dazu, dass der Sachverständige mit der Aufgabe des Hinwirkens auf die Beteiligten **seine unabhängige Stellung verliert** beziehungsweise verlieren kann. Dem Sachverständigen wird zudem eine Aufgabe übertragen, die dem traditionellen Begriff des Sachverständigengutachters nicht mehr unterfällt. Ein Sachverständiger hat grundsätzlich die Aufgabe, vorhandene Tatsachen auszuwerten,[169] nicht aber die Aufgabe, die Tatsachengrundlage mit Wirkung für die Zukunft zu verändern.

102 § 163 Abs. 3 FamFG betrifft die Zeugenvernehmung. Nach dieser Regelung findet die Vernehmung des Kindes als Zeugen nicht statt. Dieser Ausschluss bezieht sich aber nur auf Kindschaftssachen, weil diese Regelung im Abschnitt über die Kindschaftssachen getroffen ist.[170]

8. Abänderung und Überprüfung von Entscheidungen und gerichtlich gebilligten Vergleichen

103 Die Abänderung und Überprüfung von Entscheidungen und gerichtlich gebilligten Vergleichen erlaubt § 166 FamFG. Die Vorschrift übernimmt den verfahrensrechtlichen Gehalt des § 1696 BGB a.F. Sie enthält mit der Verpflichtung zur Abänderung auch eine entsprechende Befugnis des Gerichts und ist daher für den Bereich der Kindschaftssachen als Spezialvorschrift zu den Regelungen des FamFG AT über die Abänderung gerichtlicher Entscheidungen und gerichtlich gebilligter Vergleiche zu verstehen.[171] Die Vorschrift betrifft die Abänderung von Entscheidungen in der Hauptsache.[172] Die Abänderung einer Entscheidung im Verfahren auf Erlass einer einstweiligen Anordnung richtet sich nach § 54 FamFG.[173] Das Gericht ändert eine Entscheidung oder einen gerichtlich gebilligten Vergleich nach

---

167 Vgl. zu dieser Vorschrift auch: Stößer, FamRZ 2009, 656 (663).
168 BT-Drucks 16/6308, 242; befürwortend Ziegler in: Schulte-Bunert/Weinreich, § 163 FamFG, Rn 4; Ernst, FPR 2009, 345, 346; Fichtner/Salzgeber, FPR 2009, 348.
169 Vgl. Greger in: Zöller, § 402 ZPO, Rn 1a.
170 Vgl. im Ergebnis auch: BT-Drucks 16/9733, 295.
171 BT-Drucks 16/6308, 242.
172 BT-Drucks 16/6308, 242.
173 BT-Drucks 16/6308, 243.

Maßgabe des § 1696 BGB (§ 166 Abs. 1 FamFG). Eine länger dauernde kindesschutzrechtliche Maßnahme hat das Gericht in angemessenen Zeitabständen zu überprüfen (§ 166 Abs. 2 FamFG). Sieht das Gericht von einer Maßnahme nach §§ 1666, 1666a BGB ab, soll es seine Entscheidung in einem angemessenen Zeitraum, in der Regel nach drei Monaten, überprüfen (§ 166 Abs. 3 FamFG).[174] Die Ausgestaltung als Soll-Vorschrift ermöglicht es, eine nochmalige Überprüfung in offensichtlich unbegründeten Fällen auszuschließen, insbesondere, wenn auch das Jugendamt keine gerichtlichen Maßnahmen (mehr) für erforderlich hält.[175]

9. Weitere Regelungen

104 Im Übrigen finden sich in den §§ 151–168a FamFG Bestimmungen für die Kindschaftssachen über die persönliche Anhörung des Kindes (§ 159 FamFG), die Anhörung der Eltern (§ 160 FamFG), die Mitwirkung der Pflegeperson (§ 161 FamFG), die Mitwirkung des Jugendamts (§ 162 FamFG), die Bekanntgabe der Entscheidung an das Kind (§ 164 FamFG), das Vermittlungsverfahren (§ 165 FamFG), die anwendbaren Vorschriften bei Unterbringung Minderjähriger (§ 167 FamFG), den Beschluss über Zahlungen des Mündels (§ 168 FamFG) sowie die Mitteilungspflichten des Standesamts (§ 168a FamFG).

105 *Hinweis*

In Kindschaftssachen ist nach §§ 159, 160 FamFG regelmäßig die persönliche Anhörung geboten. Entscheidet das Gericht ausnahmsweise ohne mündliche Verhandlung, erhält der Rechtsanwalt gleichwohl eine Terminsgebühr in analoger Anwendung von Nr. 3104 Anm. Abs. 1 Nr. 1 VV RVG.[176]

III. Abstammungssachen

106 Die §§ 169–185 FamFG bestimmen das Verfahren in Abstammungssachen.[177] Das FGG-Reformgesetz gestaltet das Verfahren in sämtlichen Abstammungssachen **einheitlich** als ein **Verfahren der freiwilligen Gerichtsbarkeit**. Abstammungssachen sind nach § 169 FamFG das Verfahren:

---

174 Meysen, NJW 2008, 2673 (2677): erheblicher Mehraufwand für die Gerichte; BT-Drucks 16/6308, 417: keine Dauerkontrolle, sondern einmalige Prüfung („ ... nach drei Monaten ... ").
175 BT-Drucks 16/6308, 243.
176 OLG Schleswig OLGReport 2007, 475; a.A.: OLG Köln OLGReport 2009, 126; OLG Düsseldorf v. 5.2.2009 – II-10 WF 31/08; OLG Oldenburg v. 31.3.2009 – 13 WF 63/09.
177 Siehe hierzu auch: Heiter, FPR 2006, 417; Wieser, MDR 2009, 61; Stößer, FamRZ 2009, 923; Krause, FamRB 2009, 180.

E. Die einzelnen Familiensachen §3

- auf Feststellung des Bestehens oder Nichtbestehens eines Eltern-Kind-Verhältnisses, insbesondere der Wirksamkeit oder Unwirksamkeit einer Anerkennung der Vaterschaft,
- auf Ersetzung der Einwilligung in eine genetische Abstammungsuntersuchung und Anordnung der Duldung der Probeentnahme,
- auf Einsicht in ein Abstammungsgutachten oder Aushändigung einer Abschrift oder
- auf Anfechtung der Vaterschaft.

Der Katalog des § 169 FamFG entspricht dem bisherigen § 640 Abs. 2 Nr. 1–4 ZPO a.f. Das FGG-Reformgesetz vollzieht im FamFG die Änderungen durch das Gesetz zur Klärung der Vaterschaft unabhängig vom Anfechtungsverfahren[178] nach. Das Gesetz zur Klärung der Vaterschaft unabhängig vom Anfechtungsverfahren hat unter anderem in § 1598a BGB einen Anspruch auf Einwilligung in eine genetische Untersuchung zur Klärung der leiblichen Abstammung geschaffen.[179]

107 Das Verfahren wird nur auf Antrag eingeleitet (§ 171 Abs. 1 FamFG). In dem Antrag sollen das Verfahrensziel und die betroffenen Personen bezeichnet werden (§ 171 Abs. 2 S. 1 FamFG). Weitere inhaltliche Maßgaben im Wege der Soll-Vorschrift sieht § 171 Abs. 2 S. 2, 3 FamFG für einzelne Abstammungsverfahren vor. Das Verfahren ist ohne formalen Gegner ausgestaltet.[180] Es gibt nach dem FGG-Reformgesetz nur den Antragsteller und die weiteren Beteiligten. Diese Flexibilität hat den Vorteil, dass die Beteiligten nicht ohne Not in die Position von Gegnern gebracht werden; dies gilt insbesondere für das Kind im Verhältnis zum anfechtenden Vater.[181]

108 Der Abschnitt enthält hierneben folgende Vorschriften über: die örtliche Zuständigkeit (§ 170 FamFG), einen Beteiligtenkatalog (§ 172 FamFG), die Vertretung eines Kindes durch einen Beistand (§ 173 FamFG), den Verfahrensbeistand (§ 174 FamFG), den Erörterungstermin sowie die persönliche Anhörung (§ 175 FamFG), die Anhörung des Jugendamts (§ 176 FamFG), die eingeschränkte Amtsermittlung und die förmliche Beweisaufnahme (§ 177 FamFG), die Untersuchungen zur Feststellung der Abstammung (§ 178 FamFG), die Mehrheit von Verfahren (§ 179 FamFG), die Erklärungen zur Niederschrift des Gerichts (§ 180 FamFG), die Erledigung des Verfahrens bei Tod eines Beteiligten (§ 181 FamFG), den Inhalt des Be-

---

178 BGBl 2008 I, 441.
179 Vgl. im Einzelnen zu den Änderungen: Borth, FPR 2007, 381; Mutschler, FPR 2008, 257; Wellenhofer, NJW 2008, 1185; Stein, FF 2009, 10.
180 BT-Drucks 16/6308, 243.
181 BT-Drucks 16/6308, 244.

schlusses (§ 182 FamFG), die Kostenentscheidung bei Anfechtung der Vaterschaft (§ 183 FamFG),[182] die Wirksamkeit des Beschlusses, den Ausschluss der Abänderung sowie erweiterte Beschwerdemöglichkeiten (§ 184 FamFG),[183] die Wiederaufnahme des Verfahrens (§ 185 FamFG).

IV. Adoptionssachen

109 Die §§ 186–199 FamFG regeln das Verfahren in Adoptionssachen. Die Adoptionssachen sind nunmehr Familiensachen, und zwar **reine fG-Familiensachen**, für die das FamFG AT gilt. Adoptionssachen sind nach § 186 FamFG Verfahren über
- die Annahme als Kind,
- die Ersetzung der Einwilligung zur Annahme als Kind,
- die Aufhebung des Annahmeverhältnisses oder
- die Befreiung vom Eheverbot (§ 1308 Abs. 1 BGB).

110 Darüber hinaus sind geregelt: die örtliche Zuständigkeit (§ 187 FamFG),[184] ein Beteiligtenkatalog (§ 188 FamFG), die gutachtliche Äußerung einer Adoptionsvermittlungsstelle (§ 189 FamFG), die Bescheinigung über den Eintritt der Vormundschaft (§ 190 FamFG), den Verfahrensbeistand (§ 191 FamFG), die Anhörung der Beteiligten, weiterer Personen, des Jugendamts sowie des Landesjugendamts (§§ 192–195 FamFG), die Unzulässigkeit der Verbindung mit anderen Verfahren (§ 196 FamFG), den Beschluss über die Annahme als Kind beziehungsweise in weiteren Verfahren (§§ 198, 199 FamFG). Dass die Vorschriften des Adoptionswirkungsgesetzes unberührt bleiben, ist in § 199 FamFG ausdrücklich geregelt. Die Regelungen des Adoptionswirkungsgesetzes gehen als die spezielleren den Regelungen des FamFG vor.[185]

V. Ehewohnungssachen und Haushaltssachen

111 Die §§ 200–209 FamFG regeln die Verfahrensvorschriften für Ehewohnungssachen (ehemals: Wohnungszuweisungssachen) und Haushaltssachen (ehemals: Hausrats-

---

182 Siehe dazu weiter unten bei der Darstellung der Kostenvorschriften.
183 Siehe dazu weiter unten bei der Darstellung der Beschwerdevorschriften.
184 Das „FamFG-Berichtigungsgesetz" (Gesetz zur Modernisierung von Verfahren im anwaltlichen und notariellen Berufsrecht, zur Errichtung einer Schlichtungsstelle der Rechtsanwaltschaft sowie zur Änderung sonstiger Vorschriften; BT-Drucks 16/11385; BT-Drucks 16/12717) hat § 187 Abs. 4 FamFG eingefügt und dadurch den Regelungsgehalt des bisherigen § 43b Abs. 2 S. 2 FGG a.F. fortgeschrieben.
185 BT-Drucks 16/6308, 248.

sachen).[186] Dabei werden die in der Verordnung über die Behandlung der Ehewohnung und des Hausrats (HausratsVO) enthaltenen Verfahrensregelungen inhaltlich weitgehend übernommen.[187] Darüber hinaus sind spezielle Vorschriften für das Verfahren in Haushaltssachen vorgesehen, die die Mitwirkungspflicht der Ehegatten stärker betonen und konkretisieren.[188] Ehewohnungs- und Haushaltssachen sind **reine fG-Familiensachen**, für die grundsätzlich das FamFG AT anzuwenden ist.

112 Die §§ 200–209 FamFG enthalten folgende Regelungen: den Begriff (§ 200 FamFG), die örtliche Zuständigkeit (§ 201 FamFG), die Abgabe an das Gericht der Ehesache (§ 202 FamFG), den Antrag (§ 203 FamFG), einen Beteiligtenkatalog (§ 204 FamFG), die Anhörung des Jugendamts in Ehewohnungssachen (§ 205 FamFG), besondere Vorschriften in Haushaltssachen (§ 206 FamFG), den Erörterungstermin (§ 207 FamFG), die Erledigung des Verfahrens bei Tod eines Ehegatten (§ 208 FamFG), die Durchführung der Entscheidung und deren Wirksamkeit (§ 209 FamFG).

113 Ehewohnungssachen sind Verfahren nach § 1361b BGB sowie nach § 1568a BGB[189] (§ 200 Abs. 1 FamFG). Haushaltssachen sind Verfahren nach § 1361a BGB sowie nach § 1568b BGB[190] (§ 200 Abs. 2 FamFG). Für diese Sachen gilt der **Amtsermittlungsgrundsatz**.

Ein Verfahren über eine Ehewohnungs- beziehungsweise Haushaltssache wird aber nur **auf Antrag** eingeleitet (§ 203 Abs. 1 FamFG). In Ehewohnungssachen soll der Antrag die Angabe enthalten, ob Kinder im Haushalt der Ehegatten leben (§ 203 Abs. 3 FamFG). Zu beteiligen sind in Ehewohnungssachen von Amts wegen auch der Vermieter der Wohnung, der Grundstückseigentümer und bestimmte weitere Personen (vgl. § 204 Abs. 1 FamFG).

---

186 Das Gesetz zur Änderung des Zugewinnausgleichs- und Vormundschaftsrechts (BGBl 2009 I, 1696; BT-Drucks 16/10798; BT-Drucks 16/13027) benennt „Wohnungszuweisungssachen" in „Ehewohnungssachen" und „Hausratssachen" in „Haushaltssachen" um.
187 BT-Drucks 16/6308, 249.
188 BT-Drucks 16/6308, 249.
189 Das Gesetz zur Änderung des Zugewinnausgleichs- und Vormundschaftsrechts (BGBl 2009 I, 1696; BT-Drucks 16/10798; BT-Drucks 16/13027) änderte den Verweis in § 200 Abs. 1 Nr. 2 FamFG von bisher auf §§ 2–6 HausratVO in nunmehr auf § 1568a BGB. Dabei enthält § 200 Abs. 1 Nr. 2 FamFG einen Redaktionsfehler. Die Vorschrift verweist auf § 1586a, statt auf § 1568a BGB.
190 Das Gesetz zur Änderung des Zugewinnausgleichs- und Vormundschaftsrechts (BGBl 2009 I, 1696; BT-Drucks 16/10798; BT-Drucks 16/13027) ändert den Verweis in § 200 Abs. 2 Nr. 2 FamFG von bisher §§ 2, 8–10 HausratVO in nunmehr auf § 1568b BGB.

114 Das zum 1.9.2009 in Kraft getretene Gesetz zur Änderung des Zugewinnausgleichs- und Vormundschaftsrechts traf unter anderem Neuerungen bei der materiell-rechtlichen Behandlung der Ehewohnung und von Haushaltsgegenständen nach der Scheidung.[191] Das materielle Recht der HausratsVO ist nunmehr Bestandteil des BGB (§§ 1568a, 1568b BGB). Das FamFG ist insoweit nur von Folgeänderungen betroffen. Wohnzuweisungssachen heißen nunmehr Ehewohnungssachen und Hausratssachen künftig Haushaltssachen. Verweise in § 200 Abs. 1 Nr. 2, Abs. 2 Nr. 2 FamFG beziehen sich jetzt auf §§ 1568a, 1568b BGB.

VI. Gewaltschutzsachen

1. Allgemeines

115 Gewaltschutzsachen werden in den §§ 210–216a FamFG geregelt. Das Familiengericht ist für **alle Gewaltschutzsachen** zuständig. Die Aufspaltung in Verfahren vor dem Familiengericht und solche, für die das allgemeine Zivilgericht zuständig ist, ist entfallen (vgl. § 23a Nr. 7 GVG a.F.). Das Abgrenzungskriterium, wonach das Familiengericht zuständig ist, wenn die Beteiligten einen auf Dauer angelegten gemeinsamen Haushalt führen oder innerhalb von sechs Monaten vor Antragstellung geführt haben, hat sich als umständlich und nicht praktikabel erwiesen.[192] Für den Gesetzgeber stand der Neuregelung über die Zuständigkeit des Familiengerichts in allen Gewaltschutzsachen nicht entgegen, dass damit **auch Verfahren zum Familiengericht** gelangen, in denen es an einer besonderen **Nähebeziehung** zwischen den Hauptbeteiligten **fehlt**.[193]

116 Gewaltschutzsachen sind **reine fG-Familiensachen**. Für das Verfahrensrecht gilt grundsätzlich nur das FamFG. Die ZPO kommt deshalb auch nicht in den Verfahren zur Anwendung, in denen es an einer besonderen Nähebeziehung zwischen den Hauptbeteiligten fehlt. Es gilt der **Amtsermittlungsgrundsatz**. Das Verfahren wird **auf Antrag** eingeleitet (vgl. §§ 1, 2 Gewaltschutzgesetz). Die Verhandlung ist grundsätzlich nichtöffentlich (vgl. § 170 GVG) und die Beteiligten können ggf. auch in getrennten Terminen angehört werden, um ein Zusammentreffen zu vermeiden (vgl. § 33 Abs. 1 S. 2 FamFG). Im Einzelnen enthalten die §§ 210–216a FamFG Vorschriften über: den Begriff (§ 210 FamFG), die örtliche Zuständigkeit (§ 211 FamFG), die Beteiligung und Anhörung des Jugendamts (§§ 212, 213

---

191 BGBl 2009 I, 1696; BT-Drucks 16/10798; BT-Drucks 16/13027; vgl. hierzu auch: Götz/Brudermüller, NJW 2008, 3025; Götz/Brudermüller, FPR 2009, 38; Brudermüller/Götz, FamRZ 2009, 1261.
192 Vgl. BT-Drucks 16/6308, 251.
193 Vgl. BT-Drucks 16/6308, 251.

FamFG), die einstweilige Anordnung (§ 214 FamFG),[194] die zur Durchführung erforderlichen Anordnungen (§ 215 FamFG), die Wirksamkeit und Vollstreckung der Endentscheidung (§ 216 FamFG)[195] sowie über die Mitteilung von Entscheidungen durch das Gericht an Polizeibehörden und andere öffentliche Stellen (§ 216a FamFG).

Hinweis 117

Anders als in anderen FamFG-Sachen ist das Gericht nicht verpflichtet, auf eine gütliche Einigung zwischen den Beteiligten hinzuwirken (vgl. § 36 Abs. 1 S. 2 FamFG). Ein Verstoß gegen eine in einem Vergleich auferlegte Verpflichtung ist nämlich nach § 4 S. 1 Gewaltschutzgesetz nicht strafbewehrt. Im Hinblick auf eine effektive Durchsetzung der im Gewaltschutzgesetz vorgesehenen Maßnahmen, soll das Gericht den Abschluss einer gütlichen Vereinbarung zwischen den Beteiligten nicht fördern.[196]

2. Begriff der Gewaltschutzsache

Gewaltschutzsachen sind nach § 210 FamFG Verfahren nach den §§ 1, 2 Gewaltschutzgesetz. § 1 Gewaltschutzgesetz regelt **gerichtliche Maßnahmen** zum Schutz vor Gewalt und Nachstellungen und § 2 Gewaltschutzgesetz die Überlassung einer gemeinsam genutzten Wohnung. 118

Hinweis 119

Ob in einem Verfahren eine Gewaltschutzsache nach §§ 1, 2 Gewaltschutzgesetz geltend gemacht wird oder aber ein Anspruch nach allgemeinem Zivilrecht (BGB) oder eine Ehewohnungssache, ist eine Frage der Auslegung des Antrags des Beteiligten.[197]

Nach § 1 Abs. 1 S. 3 Gewaltschutzgesetz kann das Gericht insbesondere anordnen und dementsprechend in dieser Weise in seinem Beschlusstenor formulieren, dass der Täter es unterlässt, 120

- die Wohnung der verletzten Person zu betreten,
- sich in einem bestimmten Umkreis der Wohnung der verletzten Person aufzuhalten,

---

194 Siehe dazu weiter unten bei der Darstellung der Vorschriften über die einstweilige Anordnung.
195 Siehe dazu weiter unten bei der Darstellung der Vollstreckungsvorschriften.
196 BT-Drucks 16/6308, 193.
197 BT-Drucks 16/6308, 251.

- zu bestimmende andere Orte aufzusuchen, an denen sich die verletzte Person regelmäßig aufhält,
- Verbindung zur verletzten Person, auch unter Verwendung von Fernkommunikationsmitteln, aufzunehmen,
- Zusammentreffen mit der verletzten Person herbeizuführen.

Die Maßnahmen sollen nach § 1 Abs. 1 S. 2 Gewaltschutzgesetz befristet werden. Dies gilt insbesondere, wenn der Beschluss über die Gewaltschutzsache im einstweiligen Anordnungsverfahren ergeht. Gleichwohl ist die Befristung in der Praxis oftmals nicht die Regel. Ergeht der Beschluss ohne Befristung, muss die Nichtbefristung als Abweichung vom gesetzlich vorgesehenen Regelfall begründet werden.

3. Örtliche Zuständigkeit

121 Ausschließlich zuständig ist nach **Wahl des Antragstellers** (§ 211 FamFG) folgende Gerichte:

- Gericht, in dessen Bezirk die Tat begangen wurde:
  Tatort ist jeder Ort, an dem zumindest eines der Tatbestandsmerkmale verwirklicht worden ist, also sowohl der Handlungsort als auch der Erfolgsort (Ort der Rechtsgutverletzung),[198] nicht aber der Schadensort, an dem die Schadensfolgen aufgetreten sind.[199]
- Gericht, in dessen Bezirk sich die gemeinsame Wohnung des Antragstellers und Antragsgegners befindet.
- Gericht, in dessen Bezirk der Antragsgegner seinen gewöhnlichen Aufenthalt hat.

4. Wirksamkeit der Endentscheidung und Vollstreckung

122 § 216 Abs. 1 FamFG regelt die Wirksamkeit der Endentscheidung in Gewaltschutzsachen. Sie tritt grundsätzlich mit Rechtskraft ein. Jedoch **soll** das Gericht die sofortige Wirksamkeit anordnen. § 216 Abs. 2 S. 1 FamFG enthält die Möglichkeit, dass das Gericht die Zulässigkeit der Vollstreckung **vor** Zustellung an den Antragsgegner anordnet.

---

[198] BT-Drucks 16/6308, 251; so auch: Bumiller/Winkler, § 64b FGG, Rn 3; Vollkommer in: Zöller, § 32 ZPO, Rn 16; BGH NJW 1994, 1414; BGH NJW 1996, 1413.

[199] Bumiller/Winkler, § 64b FGG, Rn 3; vgl. auch Vollkommer in: Zöller, § 32 ZPO, Rn 16; BGHZ 52, 111.

5. Einstweilige Anordnung

123 Nach § 214 Abs. 1 FamFG kann das Gericht auf Antrag durch einstweilige Anordnung[200] eine vorläufige Regelung nach § 1 oder § 2 des Gewaltschutzgesetzes treffen. Ein dringendes Bedürfnis für ein sofortiges Tätigwerden liegt **in der Regel** vor, wenn eine Tat nach § 1 des Gewaltschutzgesetzes begangen wurde oder aufgrund konkreter Umstände mit einer Begehung zu rechnen ist. Das Gericht hat nach pflichtgemäßem Ermessen zu prüfen, ob aufgrund einer glaubhaft gemachten Gefahrenlage von einer mündlichen Verhandlung abzusehen ist.[201] Die Regelbeschreibung in § 214 Abs. 1 FamFG bedeutet keine Verschärfung gegenüber der allgemeinen Regelung des § 49 FamFG.[202]

124 *Hinweis*

Keine Verfahrensvoraussetzung ist, dass die Gewaltschutzsache in der Hauptsache anhängig ist (vgl. §§ 49 ff. FamFG).

125 Gemäß § 214 Abs. 2 FamFG **gilt der Antrag** auf Erlass der einstweiligen Anordnung im Fall des Erlasses ohne mündliche Erörterung zugleich **als Auftrag zur Zustellung durch den Gerichtsvollzieher unter Vermittlung der Geschäftsstelle** und als Auftrag zur Vollstreckung; auf Verlangen des Antragstellers darf die Zustellung nicht vor der Vollstreckung erfolgen.

VII. Versorgungsausgleichssachen

126 Die verfahrensrechtlichen Bestimmungen für Versorgungsausgleichssachen finden sich in den §§ 217–229 FamFG. Versorgungsausgleichssachen sind **reine fG-Familiensachen**. Nach § 217 FamFG sind Versorgungsausgleichssachen Verfahren, die den Versorgungsausgleich betreffen. Dies sind alle Streitigkeiten zwischen den Ehegatten aus § 1587 BGB in Verbindung mit dem Versorgungsausgleichsgesetz,[203] also auch über Auskunftsansprüche.[204] Eine Sache betrifft aber zum Beispiel dann nicht mehr eine Versorgungsausgleichssache im Sinne von § 217 FamFG, wenn ein geschiedener Ehegatte von dem anderen Ehegatten Auskunft

---

200 Siehe zu einstweiligen Anordnungen im Grundsätzlichen weiter unten.
201 BT-Drucks 16/6308, 252.
202 A.A.: Borth, FamRZ 2007, 1925 (1929); zweifelnd: Kroiß/Seiler, Das neue FamFG, § 3, Rn 368.
203 Hüßtege in: Thomas/Putzo, § 621 ZPO, Rn 30. Auf der Grundlage des Regierungsentwurfs für ein Gesetz zur Strukturreform des Versorgungsausgleichs (BT-Drucks 16/10144) finden sich die Regelungen in § 1587 BGB in Verbindung mit dem Versorgungsausgleichsgesetz.
204 BGH NJW 1981, 1508; Hüßtege in: Thomas/Putzo, § 621 ZPO, Rn 30; str.

über dessen Versorgungsrechte verlangt, um Schadensersatzansprüche gegen einen Dritten beziffern zu können.[205]

127 Die örtliche Zuständigkeit des Familiengerichts ergibt sich aus § 218 FamFG. Sie ist ausschließlich. Die Aufzählung Nr. 1–5 in § 218 FamFG gibt gleichzeitig die Rangfolge der ausschließlichen Zuständigkeit wieder. Örtlich ausschließlich zuständig ist:

- während der Anhängigkeit einer Ehesache das Gericht, bei dem die Ehesache im ersten Rechtszug anhängig ist oder war (Nr. 1),
- das Gericht, in dessen Bezirk die Ehegatten ihren gemeinsamen gewöhnlichen Aufenthalt haben oder zuletzt gehabt haben, wenn ein Ehegatte dort weiterhin seinen gewöhnlichen Aufenthalt hat (Nr. 2),
- das Gericht, in dessen Bezirk der Antragsgegner seinen gewöhnlichen Aufenthalt oder Sitz hat (Nr. 3),
- das Gericht, in dessen Bezirk ein Antragsteller seinen gewöhnlichen Aufenthalt oder Sitz hat (Nr. 4),
- das Amtsgericht Schöneberg in Berlin (Nr. 5).

128 In den weiteren Vorschriften (§§ 219–229 FamFG) werden dann unter anderem ein Beteiligtenkatalog, die verfahrensrechtliche Auskunftspflicht, die Erörterung, die Endentscheidung, die Zulässigkeit der Beschwerde,[206] die Abänderung und der elektronische Rechtsverkehr geregelt.

129 Das zum 1.9.2009 in Kraft getretene Gesetz zur Strukturreform des Versorgungsausgleichs hat das Recht des materiellen Versorgungsausgleichs neu ausgerichtet und die FamFG-Vorschriften entsprechend angepasst.[207] Das materielle Versorgungsausgleichsrecht ist in einem eigenen Gesetz geregelt, dem Versorgungsausgleichsgesetz. Die §§ 1587–1587p BGB sind durch einen neuen § 1587 BGB ersetzt, der deklaratorisch auf das neue Versorgungsausgleichsgesetz verweist. Die §§ 217, 218 FamFG bleiben unberührt. Die weiteren Vorschriften der §§ 219–229 FamFG sind dagegen erneuert worden, angepasst an die Strukturreform des materiellen Versorgungsausgleichsrechts. § 230 FamFG a.F. ist aufgehoben.

---

205 BGH NJW 1984, 2040.
206 Siehe dazu weiter unten bei der Darstellung der Beschwerdevorschriften.
207 BGBl 2009 I, 700; vgl. aus dem Gesetzgebungsverfahren: BT-Drucks 16/10144; BT-Drucks 16/11903; vgl. zu dem Gesetz auch: Bergner, NJW 2009, 1169; Bergner, NJW 2009, 1233; Borth, FamRZ 2009, 562; Borth, FamRZ 2008, 1797; Weil, FF 2009, 149; Ruland, NJW 2009, 1697; Schmid, FPR 2009, 196; Triebs, FPR 2009, 202; Elden, FPR 2009, 206; Weil, FPR 2009, 209; Eichenhofer, FPR 2009, 211; Hauß, FPR 2009, 214; Wick, FPR 2009, 219; Häußermann, FPR 2009, 223; Kemper, FPR 2009, 227; Bergmann, FPR 2009, 232.

VIII. Unterhaltssachen

130 Die §§ 231–260 FamFG beschreiben das Verfahren für Unterhaltssachen.[208]

1. Besondere Vorschriften nach den §§ 231–245 FamFG

a) Einführung zu den Unterhaltssachen

131 Die in § 231 Abs. 1 FamFG genannten Unterhaltssachen sind **Familienstreitsachen** (vgl. § 112 Nr. 1 FamFG). Danach bleibt es in der Sache bei der grundsätzlichen Anwendbarkeit der Vorschriften der ZPO, Modifikationen ergeben sich insbesondere dadurch, dass das Urteil durch die Entscheidungsform des Beschlusses ersetzt wird und dass an die Stelle der Rechtsmittel der ZPO diejenigen des FamFG treten.[209] Eine wesentliche Veränderung gegenüber dem bisherigen Rechtszustand besteht darin, dass das Gericht künftig unter bestimmten Voraussetzungen zur Einholung der für die Unterhaltsberechnung erforderlichen Auskünfte vom Gegner und gegebenenfalls auch von Dritten verpflichtet ist (§§ 235, 236 FamFG). Vorgesehen sind weiterhin spezielle Vorschriften für die Abänderung von Entscheidungen und sonstigen Titeln in Unterhaltssachen (§§ 238–240 FamFG). Die Vorschriften orientieren sich an der bisherigen Fassung des § 323 ZPO, sind aber in Teilen überarbeitet worden.[210]

132 Unterhaltssachen als Familienstreitsachen sind nach § 231 Abs. 1 FamFG Verfahren über:

- die durch Verwandtschaft begründete gesetzliche Unterhaltspflicht (Nr. 1),
- die durch Ehe begründete Unterhaltspflicht (Nr. 2) sowie
- die Ansprüche nach §§ 1615l, 1615m BGB (Nr. 3).

133 *Hinweis*

§ 231 Abs. 1 FamFG entspricht dem bisherigen § 621 Abs. 1 Nr. 4, 5, 11 ZPO a.F.[211]

134 Bei den Unterhaltssachen im Sinne von § 231 Abs. 2 FamFG handelt es sich um **reine fG-Familiensachen**, für die unter anderem die Vorschriften des FamFG AT zur Anwendung kommen.

---

208 Vgl. auch: Rasch, FPR 2006, 426; Borth, FamRZ 2007, 1925 (1934 f.); Roessink, FamRB 2009, 117; Schürmann, FuR 2009, 130.
209 BT-Drucks 16/6308, 254.
210 BT-Drucks 16/6308, 254.
211 BT-Drucks 16/6308, 254.

135 Unterhaltssachen als fG-Familiensachen sind nach § 231 Abs. 2 S. 1 FamFG Verfahren
- nach § 3 Abs. 2 S. 3 Bundeskindergeldgesetz,
- nach § 64 Abs. 2 S. 3 Einkommensteuergesetz.

Für diese fG-Unterhaltsachen gelten von den besonderen Vorschriften der §§ 231–245 FamFG nur die §§ 231–234 FamFG über den Begriff, die örtliche Zuständigkeit, die Abgabe an das Gericht der Ehesache sowie die Vertretung eines Kindes durch einen Beistand (§ 231 Abs. 2 S. 2 FamFG). Die Ausnehmung der §§ 235–245 FamFG liegt darin begründet, dass sie für ZPO-Verfahren typische Regelungen enthalten.[212]

136 Für die Unterhaltssachen als Familienstreitsachen enthalten die §§ 232–245 FamFG Regelungen über die örtliche Zuständigkeit, Abgabe an das Gericht der Ehesache, Vertretung eines Kindes durch einen Beistand, verfahrensrechtlichen Auskunftspflichten der Beteiligten und Dritter, den Unterhalt bei Feststellung der Vaterschaft, die Abänderung gerichtlicher Entscheidungen, von Vergleichen und Urkunden sowie von Entscheidungen nach den §§ 237–253 FamFG, die verschärfte Haftung, einstweilige Einstellung der Vollstreckung,[213] die Kostenentscheidung,[214] den unzulässigen Einwand der Volljährigkeit[215] und die Bezifferung dynamisierter Unterhaltstitel zur Zwangsvollstreckung im Ausland.[216]

b) Örtliche Zuständigkeit und Abgabe an das Gericht der Ehesache

137 § 232 FamFG regelt die örtliche Zuständigkeit für alle Unterhaltssachen im Sinne von § 231 Abs. 1, 2 FamFG. § 233 FamFG bestimmt die Abgabe an das Gericht der Ehesache bei Unterhaltssachen nach § 232 Abs. 1 Nr. 1 FamFG.[217]

138 § 232 Abs. 1 Nr. 1, 2 FamFG beschreibt ausschließliche Gerichtsstände in Unterhaltssachen. Nr. 1 enthält einen ausschließlichen Gerichtsstand für Unterhaltssachen, die die Unterhaltspflicht für ein gemeinschaftliches Kind der Ehegatten betreffen sowie für Unterhaltssachen, die die durch die Ehe begründete Unterhalts-

---

212 BT-Drucks 16/6308, 255.
213 Siehe dazu weiter unten bei der Darstellung der Vollstreckung.
214 Siehe dazu weiter unten bei der Darstellung der Kostengrundentscheidung.
215 Siehe dazu weiter unten bei der Darstellung der Vollstreckung.
216 Siehe dazu weiter unten bei der Darstellung der Vollstreckung.
217 Das „FamFG-Berichtigungsgesetz" (Gesetz zur Modernisierung von Verfahren im anwaltlichen und notariellen Berufsrecht, zur Errichtung einer Schlichtungsstelle der Rechtsanwaltschaft sowie zur Änderung sonstiger Vorschriften; BT-Drucks 16/11385; BT-Drucks 16/12717) hat in § 233 FamFG einen redaktionellen Fehler beseitigt.

pflicht betreffen. Zuständig ist das **Gericht der Ehesache**. Nr. 2 sieht für Verfahren, die den Kindesunterhalt betreffen und hinsichtlich derer eine Zuständigkeit nach Nr. 1 nicht gegeben ist, die Zuständigkeit des **Gerichts** vor, in dessen Bezirk das Kind oder der zuständige Elternteil seinen **gewöhnlichen Aufenthalt** hat. Einbezogen in diese Zuständigkeit sind nunmehr auch die nach § 1603 Abs. 2 S. 2 BGB gleichgestellten volljährigen Kinder.[218] Abgestellt wird zudem nicht mehr auf die gesetzliche Vertretung, sondern allgemein auf die Handlungsbefugnis in der Unterhaltsangelegenheit.[219] Auf diese Weise werden auch die Fälle der Verfahrensstandschaft nach § 1629 Abs. 3 S. 1 BGB mit umfasst.[220]

139 Diese ausschließliche Zuständigkeit in Unterhaltssachen **geht** einer jeden ausschließlichen Zuständigkeit eines anderen Gerichts gemäß § 232 Abs. 2 FamFG **vor**. Treffen zum Beispiel die ausschließliche Zuständigkeiten aus §§ 767 Abs. 1, 802 ZPO und aus § 232 Abs. 1 FamFG aufeinander, ist die unterhaltsverfahrensrechtlich bestimmte ausschließliche Zuständigkeit vorrangig.[221] Diese Vorrangregelung erfasst auch die Ausschließlichkeit der sachlichen Zuständigkeit.[222]

140 § 232 Abs. 3 S. 1 FamFG verweist für den Fall, dass eine Zuständigkeit nach Abs. 1 nicht gegeben ist, auf die Vorschriften der ZPO zur örtlichen Zuständigkeit, wobei es für den allgemeinen Gerichtsstand auf den gewöhnlichen Aufenthalt ankommt. § 232 Abs. 3 S. 2 FamFG eröffnet zusätzlich drei Wahlgerichtsstände.

Hinweis **141**

§ 232 Abs. 3 S. 2 Nr. 1–3 FamFG entspricht inhaltlich den bisherigen § 642 Abs. 3, § 35a, § 23a ZPO.

c) Verfahrensrechtliche Auskunftspflichten

142 Die §§ 235–236 FamFG regeln die Anordnung zur Verpflichtung eines Beteiligten oder Dritten zur Erteilung von Auskünften über bestimmte unterhaltsrelevante Tatsachen.

---

218   BT-Drucks 16/6308, 255; Borth, FamRZ 2007, 1925 (1934).
219   BT-Drucks 16/6308, 255; so auch Kroiß/Seiler, Das neue FamFG, § 3, Rn 390.
220   BT-Drucks 16/6308, 255.
221   BT-Drucks 16/6308, 255; Borth, FamRZ 2007, 1925 (1934); Roßmann, Taktik im neuen familiengerichtlichen Verfahren, Rn 1658 f.; a.A.: BGH FamRZ 2001, 1706 zur bisherigen Rechtslage.
222   An einer ausdrücklichen Regelung, dass die sachliche Zuständigkeit der Familiengerichte überhaupt ausschließlich ist, fehlt es aufgrund eines redaktionellen Fehlers des Gesetzgebers (vgl. § 2 Rn 11).

aa) Verfahrensrechtliche Auskunftspflicht der Beteiligten (§ 235 FamFG)

143 Nach § 235 Abs. 1 S. 1 FamFG kann das Gericht anordnen, dass der Antragsteller und der Antragsgegner Auskunft über
- ihre Einkünfte
- ihr Vermögen und
- ihre persönlichen und wirtschaftlichen Verhältnisse

erteilen sowie bestimmte Belege vorlegen, soweit dies **für die Bemessung des Unterhalts von Bedeutung** ist. § 235 Abs. 1 S. 2 FamFG ermöglicht es dem Gericht, vom Antragsteller oder dem Antragsgegner eine schriftliche Versicherung anzufordern, dass er die Auskunft wahrheitsgemäß und vollständig erteilt hat. Die Versicherung muss durch den Beteiligten selbst abgegeben werden, insbesondere kann er sich hierzu nicht eines Vertreters, auch nicht eines Verfahrensbevollmächtigten bedienen.[223]

144 *Hinweis*

Reine Auskunftsklagen hemmen die Verjährung im Gegensatz zu Stufen- oder Zahlungsklagen nicht.[224]

145 Der Gesetzgeber strebt mit der Neuregelung der Auskunftspflichten an, dass in Unterhaltssachen die zeitintensiven **Stufenklagen** in möglichst weitgehendem Umfang **entbehrlich** werden. Daher müsse dem Gericht ein Instrumentarium an die Hand gegeben werden, das – wenigstens zum Teil – die Funktion der zweiten Stufe (eidesstattliche Versicherung) einer Stufenklage erfüllt. Da diese zweite Stufe in Unterhaltssachen in der bisherigen Praxis allerdings oftmals nicht beschritten worden sei, erschien es dem Gesetzgeber ausreichend, dass das Gericht zunächst schriftliche Versicherung verlangen kann.[225]

Das Ziel des Gesetzgebers, die Stufenklagen insgesamt entbehrlich werden zu lassen, dürfte jedoch durch eine Neufassung der Auskunftspflichten nicht allein zu erreichen sein.[226] Denn der Beteiligte, der das Unterhaltsverfahren einleitet, ist gemäß § 253 ZPO, der für Unterhaltssachen als Familienstreitsachen zur Anwendung

---

223 BT-Drucks 16/6308, 255.
224 Vgl. BGH NJW 1999, 1101 zur verjährungshemmenden Stufenklage; BAG NJW 1996, 1693 zur nicht verjährungshemmenden reinen Auskunftsklage.
225 BT-Drucks 16/6308, 255.
226 Krit. auch aus anderen Gründen Borth, FamRZ 2007, 1925 (1934); vgl. auch Kroiß/Seiler, Das neue FamFG, § 3, Rn 396.

kommt (§ 113 Abs. 1 S. 2 in Verbindung mit §§ 112 Nr. 1, 231 Abs. 1 FamFG), verpflichtet, einen **bestimmten Antrag** zu stellen.[227] Kann der Beteiligte den Unterhalt nicht beziffern, muss er einen Antrag auf Auskunft und gestuft einen Antrag auf Zahlung des sich aus der Auskunft ergebenden Betrages stellen (Stufenantrag). Das materielle Recht sowie § 235 FamFG berechtigen den Antragsteller nicht, ausnahmsweise in Unterhaltssachen ausschließlich einen unbestimmten Leistungsantrag zu stellen.

> *Hinweis* **146**
>
> Die Verpflichtung zur Auskunft ist eine Konkretisierung des Prinzips der materiellen Verfahrensleitung aus § 139 ZPO, das gleichzeitig das in Unterhaltssachen als Familienstreitsachen geltende Prinzip der Dispositionsmaxime begrenzt.[228]

Das Gericht soll mit einer Anordnung zur Auskunftserteilung oder eidesstattlichen Versicherung eine **angemessene Frist setzen** (§ 235 Abs. 1 S. 3 FamFG). Von der Fristsetzung kann im Ausnahmefall abgesehen werden, etwa wenn feststeht, dass der Beteiligte, an den sich die Auflage richtet, bestimmte Informationen oder Belege ohne eigenes Verschulden nicht kurzfristig erlangen kann.[229] **147**

§ 235 Abs. 1 S. 4 FamFG enthält eine Verpflichtung des Gerichts zur **Belehrung**. Hinzuweisen hat das Gericht auf **148**

- die Pflicht zur ungefragten Information nach § 235 Abs. 3 FamFG,
- auf die nach § 236 FamFG möglichen Folgen einer Nichterfüllung der gerichtlichen Anordnung, nämlich der Anordnung zur Erteilung von Auskünften durch Dritte, sowie
- auf die nach § 243 FamFG möglichen Folgen einer Nichterfüllung der gerichtlichen Anordnung, nämlich der Auferlegung der Kosten des Verfahrens nach § 243 S. 2 Nr. 3 FamFG.

---

227 Roessink, FamRB 2009, 117 (120), meint, dass es im Einzelfall sinnvoll sein könne, auf einen zeitintensiven Stufenantrag zu verzichten und statt Erhebung eines Auskunftsantrags mit einem Antrag nach § 235 Abs. 2 FamFG vorzugehen. Dies kann so nicht überzeugen, weil es in Unterhaltssachen nach § 231 Abs. 1 FamFG eines bestimmten Sachantrags (§ 253 ZPO) bedarf, es um Auskunftspflichten gegenüber dem Gericht und nicht gegenüber dem Unterhaltsbeteiligten geht und § 235 FamFG ein laufendes Verfahren voraussetzt.
228 Borth, FamRZ 2007, 1925 (1934); ablehnend demgegenüber: Klinkhammer, Schriftliche Stellungnahme zur öffentlichen Anhörung des Rechtsausschusses des Bundestages vom 13.11.2008, S. 4.
229 BT-Drucks 16/6308, 255 f.

149 *Hinweis*

Zwangsmittel zur Durchsetzung der Anordnung auf Erteilung von Auskünften darf das Gericht innerhalb des Verfahrens nicht anordnen. Diese sind in § 235 FamFG nicht vorgesehen, auch nicht in der ZPO, die grundsätzlich für die Unterhaltssachen als Familienstreitsachen anzuwenden ist (vgl. §§ 112 Nr. 1, 113 Abs. 1, 231 Abs. 1 FamFG).

150 Nach § 235 Abs. 2 FamFG ist das Gericht unter bestimmten Voraussetzungen zu einem Vorgehen nach Abs. 1 **verpflichtet**. Inhaltliche Voraussetzungen für eine Verpflichtung des Gerichts sind, dass ein Beteiligter einen entsprechenden **Antrag** stellt und der andere Beteiligte **vor Beginn des Verfahrens** einer nach den Vorschriften des bürgerlichen Rechts bestehenden Auskunftspflicht entgegen einer Aufforderung innerhalb angemessener Frist **nicht nachgekommen** ist. Auf diese Weise wird für den Auskunftsberechtigten ein zusätzlicher Anreiz geschaffen, um die benötigten Informationen von der Gegenseite zunächst **außergerichtlich** zu erhalten.[230] Der Gesetzgeber hat die Notwendigkeit für eine solche Regelung deshalb gesehen, weil angesichts der oftmals existenziellen Bedeutung von Unterhaltsleistungen für den Berechtigten und angesichts dessen, dass ungenügende Unterhaltszahlungen zu einem erhöhten Bedarf an öffentlichen Leistungen führen können, über das private Interesse des Unterhaltsgläubigers hinaus auch ein öffentliches Interesse an einer sachlich richtigen Entscheidung in Unterhaltsangelegenheiten bestehe.[231]

151 § 235 Abs. 3 FamFG sieht eine **Verpflichtung des Antragstellers und Antragsgegners** vor, das Gericht über **wesentliche Veränderungen** derjenigen Umstände unaufgefordert zu informieren, die Gegenstand einer vorherigen Anordnung nach § 235 Abs. 1 FamFG waren.[232] Diese Verpflichtung besteht auch für denjenigen Beteiligten, bei dem die vorherige Anordnung auf § 235 Abs. 2 in Verbindung mit Abs. 1 FamFG beruhte.

152 Abs. 4 erklärt die Entscheidungen des Gerichts nach § 235 FamFG für **nicht selbstständig anfechtbar**. Dass die Entscheidung nicht selbstständig anfechtbar ist, ergibt sich bereits aus ihrem Charakter als Zwischenentscheidung; es wird zur Klar-

---

[230] BT-Drucks 16/6308, 256.
[231] BT-Drucks 16/6308, 256.
[232] Vgl. insoweit zur bisherigen Rechtslage: BGH FamRZ 1988, 1172; vgl. zur generellen Informationspflicht außerhalb des laufenden Verfahrens bei vorangegangenem Tun: BGH FamRZ 1986, 794; BGH FamRZ 1988, 270.

stellung noch einmal ausdrücklich bestimmt.[233] Verstöße gegen § 235 FamFG können inzident mit der Anfechtung der Hauptsache überprüft werden. Zur Abänderung der Endentscheidung dürfte ein solcher Verfahrensfehler jedoch nur führen, wenn in der Sache selbst eine andere Entscheidung geboten ist (Entscheidungserheblichkeit, materielle Einzelfallgerechtigkeit).

bb) Verfahrensrechtliche Auskunftspflicht Dritter (§ 236 FamFG)

Für den Fall, dass ein Beteiligter innerhalb der ihm gesetzten Frist einer nach § 235 Abs. 1 FamFG bestehenden Verpflichtung nicht oder nicht vollständig nachkommt, ist das Gericht **befugt, bei Dritten Auskünfte und Belege über die Höhe der Einkünfte anzufordern**, soweit dies für die Bemessung des Unterhalts von Bedeutung sein kann (§ 236 Abs. 1 FamFG). Die Auskunftsverpflichtung des § 236 FamFG bezieht sich nur auf die **Einkünfte** des Antragstellers oder Antragsgegners, **nicht** aber auf deren **Vermögen** oder **persönlichen und wirtschaftlichen Verhältnisse**. Erträge des Vermögens, wie etwa Zinsen, sind aber vom Begriff der Einkünfte umfasst.[234]

153

Dritte im Sinne des § 236 FamFG sind:

154

- Arbeitgeber,
- Sozialleistungsträger,
- sonstige Personen oder Stellen, die Leistungen zur Versorgung im Alter und bei verminderter Erwerbsfähigkeit sowie Leistungen zur Entschädigung und zum Nachteilsausgleich zahlen,
- Versicherungsunternehmen oder
- Finanzämter.

Die nach der bisherigen Rechtslage vorhandene **Beschränkung** der Auskunftspflicht der Finanzämter auf Rechtsstreitigkeiten, die den **Unterhaltsanspruch** eines **minderjährigen Kindes** betreffen, hat der Gesetzgeber **nicht aufrecht** erhalten. Der Steuerpflichtige ist in der Regel aufgrund materiellen Rechts zur Auskunftserteilung über seine Einkünfte gegenüber dem Gegner verpflichtet.[235] Wird die Auskunft nicht erteilt, verhält er sich pflichtwidrig und ist daher in geringerem Maße schutzwürdig.[236] Auch das öffentliche Interesse daran, dass der Steuerpflichtige gegenüber den Finanzbehörden alle für die Besteuerung erheblichen

---

233 BT-Drucks 16/6308, 256.
234 BT-Drucks 16/6308, 256.
235 BT-Drucks 16/6308, 256.
236 BT-Drucks 16/6308, 256.

Umstände wahrheitsgemäß und umfassend offenbart, damit keine Steuerausfälle eintreten, wird nicht stärker beeinträchtigt als bisher, da der Pflichtige bereits derzeit damit rechnen muss, dass das Finanzamt Auskünfte erteilt.[237]

155 Auf Antrag des anderen Beteiligten ist das Gericht nach § 236 Abs. 2 FamFG verpflichtet, die in § 236 Abs. 1 FamFG genannten Auskünfte und Belege bei Dritten anzufordern, wenn die Voraussetzungen nach § 236 Abs. 1 FamFG vorliegen.

156 § 236 Abs. 3 FamFG enthält eine **Mitteilungspflicht** des Gerichts an den Beteiligten, über dessen Einkünfte Auskünfte und Belege eingeholt werden. Die Vorschrift legt fest, dass eine Anordnung nach § 236 Abs. 1 FamFG den Beteiligten mitzuteilen ist. Die Vorschrift dient der Information der Beteiligten. Die Einholung von Auskünften und Belegen bei Dritten soll nicht ohne gleichzeitige Kenntniserlangung der Beteiligten erfolgen.[238]

157 In § 236 Abs. 4 S. 1 FamFG heißt es, dass die in § 236 Abs. 1 FamFG genannten Dritten verpflichtet sind, der gerichtlichen Anordnung Folge zu leisten. Nach § 236 Abs. 4 S. 2 FamFG gilt § 390 ZPO entsprechend, wenn nicht eine Behörde betroffen ist. Der Gesetzgeber meint, durch § 236 Abs. 4 S. 2 FamFG werde klargestellt, dass Dritten **Aussage- und Verweigerungsrechte** nicht zustünden.[239] Es werde im Wesentlichen der bisherige § 643 Abs. 3 S. 2 ZPO a.F. übernommen.[240] Zu dem bisherigen § 643 Abs. 3 S. 2 ZPO a.F. war jedoch gerade streitig, ob Dritten Auskunfts- und Zeugnisverweigerungsrechte zustehen können.[241] Allein die in der Gesetzesbegründung niedergelegte Auffassung des Gesetzgebers dürfte diesen Streit nicht beenden, da gegenteilige Auslegungsergebnisse weiterhin denkbar sind. Insbesondere ist aber zu berücksichtigen, dass auch Geheimhaltungsinteressen des betroffenen Dritten grundrechtlich schutzbedürftig sein können. Dieser grundrechtliche Schutz wird durch die Auskunfts- und Zeugnisverweigerungsrechte gewährleistet. Gerade dieses könnte eine verfassungskonforme Auslegung des § 236 Abs. 4 FamFG in der Weise gebieten, dass dem Dritten Auskunfts- und Zeugnisverweigerungsrechte zur Verfügung stehen.

158 § 236 Abs. 5 FamFG **schließt** die **isolierte Anfechtbarkeit** gerichtlicher Anordnungen nach § 236 Abs. 1–4 FamFG durch Beteiligte ausdrücklich **aus**. In der Ge-

---

237 BT-Drucks 16/6308, 256.
238 BT-Drucks 16/6308, 256.
239 BT-Drucks 16/6308, 257.
240 BT-Drucks 16/6308, 257.
241 Vgl. BGH FamRZ 2005, 1986 (1987): Vorrang des Unterhaltsinteresses vor Geheimhaltungsinteresse; so auch: Borth in: Musielak, § 643 ZPO, Rn 14; a.A.: Philippi in: Zöller, § 643 ZPO, Rn 11.

setzesbegründung vertritt der Gesetzgeber die Auffassung, dass der Ausschluss ausdrücklich **nicht für Dritte** gelte, weil sie nicht die Möglichkeit haben, die Rechtmäßigkeit einer Anordnung inzident im Rechtsmittelzug überprüfen zu lassen.[242] Der Angriff des Dritten könnte sich darauf richten, dass die Voraussetzungen aus § 236 Abs. 1–4 FamFG nicht vorlägen, die Rechtsfolge verkannt worden sei oder gegebenenfalls bestehende Auskunfts- und Zeugnisverweigerungsrechte[243] nicht berücksichtigt seien. Es fehlt allerdings an einer gesetzlichen Anordnung, dass Dritte Beschlüsse nach § 236 Abs. 1–4 FamFG anfechten können.

- Die FamFG-Beschwerde gemäß § 58 FamFG ist nicht statthaft, weil es sich bei der Anordnung nach § 236 FamFG nicht um eine Endentscheidung im Sinne von § 38 Abs. 1 S. 1 FamFG handelt, auch nicht für den Dritten in dieser Eigenschaft (kein Beteiligter, vgl. § 7 Abs. 6 FamFG).
- § 387 ZPO (in Verbindung mit § 113 Abs. 1 S. 2 in Verbindung mit §§ 112 Nr. 1, 231 Abs. 1 FamFG) betrifft nur die Beschwerde im Zwischenverfahren über die Berechtigung zur Zeugnisverweigerung, zum Beispiel aber nicht die Anfechtung mit der Erwägung, dass die weiteren Voraussetzungen gegen § 236 Abs. 1 oder Abs. 2 FamFG gar nicht gegeben sind.
- In § 236 Abs. 5 FamFG selbst ist nicht ausdrücklich die Anfechtbarkeit mit der sofortigen Beschwerde entsprechend §§ 567–572 ZPO angeordnet, wie es ansonsten nach Auffassung des Gesetzgebers[244] für Zwischen- und Nebenverfahren in FamFG-Verfahren vorgesehen ist.

d) Abänderung von Unterhaltstiteln

aa) Einführung

Die speziellen Vorschriften zur Abänderung von Unterhaltstiteln in den §§ 238–240 FamFG gliedern sich nach Art des abzuändernden Titels. Für sie bestehen unterschiedliche Voraussetzungen. § 238 FamFG bezieht sich auf die Abänderung gerichtlicher Entscheidungen, § 239 FamFG auf die Abänderung von Vergleichen und Urkunden sowie § 240 FamFG auf die Abänderung von Entscheidungen nach den §§ 237 und 253 FamFG. Im Zusammenhang mit diesen Vorschriften stehen auch § 241 FamFG über die verschärfte Haftung sowie § 242 FamFG über die einstweilige Einstellung der Vollstreckung.

159

---

242 Vgl. BT-Drucks 16/6308, 257.
243 Siehe hierzu soeben oben.
244 BT-Drucks 16/6308, 203.

bb) Abänderung gerichtlicher Entscheidungen

160 § 238 FamFG ist eine **Spezialregelung** für die Abänderung gerichtlicher Entscheidungen in Unterhaltssachen. Sie basiert auf der **Grundstruktur des § 323 ZPO** in seiner bisherigen Fassung. Die Vorschrift des § 238 FamFG ist in vier Absätze gegliedert, wobei Abs. 1 und 3 die Zulässigkeit des Abänderungsantrags betreffen, Abs. 2 die Tatsachenpräklusion für den Antragsteller und Abs. 4 die Begründetheit des Antrags.

161 § 238 Abs. 1 FamFG benennt die besonderen **Zulässigkeitsvoraussetzungen** für ein Abänderungsbegehren. Die Vorschrift bezeichnet diejenigen gerichtlichen Entscheidungen, die einer Abänderung zugänglich sind. An die Stelle des Urteils tritt der Begriff der Endentscheidung. Zudem wird ausdrücklich klargestellt, dass Entscheidungen in einstweiligen Anordnungsverfahren nicht der Abänderung nach § 238 FamFG unterliegen. Die Abänderbarkeit derartiger Entscheidungen richtet sich nach § 54 Abs. 1 FamFG. Der Antragsteller muss in seiner Antragsschrift Tatsachen **vortragen**, aus denen sich eine **wesentliche Veränderung** der der Entscheidung zugrunde liegenden **tatsächlichen oder rechtlichen Verhältnisse** ergibt.[245]

162 Abs. 3 behandelt die **Zeitgrenze**, bis zu der eine rückwirkende Abänderung möglich ist. Gegenüber § 323 Abs. 3 ZPO a.F. ergeben bestehen erhebliche Abweichungen.

Im **Grundsatz** ist ein Abänderungsantrag hinsichtlich des vor dem maßgeblichen Zeitpunkt liegenden Teils unzulässig. **Zulässig** ist die Abänderung nach § 238 Abs. 3 S. 1 FamFG erst für die Zeit ab **Rechtshängigkeit** des Abänderungsantrags. Maßgeblich ist die Zustellung des Antrags an den Gegner. Weder genügt die Zustellung eines entsprechenden Prozesskostenhilfegesuchs,[246] noch die Einreichung des Abänderungsantrags bei Gericht (Anhängigkeit).[247]

Im Fall eines auf die **Erhöhung des Unterhalts** gerichteten Antrags ist dieser nach § 238 Abs. 3 S. 2 FamFG auch zulässig für die Zeit, für die **nach den Vorschriften des bürgerlichen Rechts** Unterhalt **für die Vergangenheit** verlangt werden kann, so insbesondere nach § 1613 BGB und hierauf verweisenden sonstigen Vorschriften des materiellen Unterhaltsrechts.

---

245 Vgl. zur bisherigen Rechtslage schon: BGH FamRZ 1984, 353 (355).
246 Vgl. BGH NJW 1982, 1050.
247 BT-Drucks 16/6308, 258.

Für Anträge auf **Herabsetzung des Unterhalts** bestimmt § 238 Abs. 3 S. 3 FamFG, dass diese auch für die Zeit ab dem Ersten des auf ein entsprechendes **Auskunfts- oder Verzichtsverlangen** des Antragstellers **folgenden Monats** zulässig sind. Auf diese Weise wird die Gleichbehandlung von Gläubiger und Schuldner erreicht.[248] Erforderlich sind daher entweder ein Auskunftsverlangen mit dem Ziel der Herabsetzung des Unterhalts gegenüber dem Unterhaltsgläubiger oder eine „negative Mahnung", also die Aufforderung an den Unterhaltsgläubiger, teilweise oder vollständig auf den titulierten Unterhalt zu verzichten.[249] Im Übrigen kann auf die materielle Rechtslage des § 1613 BGB verwiesen werden; insbesondere muss ein entsprechendes Verlangen dem Unterhaltsgläubiger zugehen.[250] § 238 Abs. 3 S. 4 FamFG enthält eine zeitliche Einschränkung für die Geltendmachung eines rückwirkenden Herabsetzungsverlangens. Aus Gründen der Rechtssicherheit ist die Herabsetzung begrenzt auf den Zeitraum eines Jahres vor Rechtshängigkeit.

Hinweis **163**

Wegen der Zeitgrenze ist auf den Nachweis des Zugangs des Verlangens in besonderem Maße zu achten.

§ 238 Abs. 2 FamFG enthält die **Tatsachenpräklusion** für den Antragsteller. Der **164** Antrag kann nur auf Gründe gestützt werden, die nach Schluss der mündlichen Tatsachenverhandlung des vorausgegangenen Verfahrens entstanden sind und deren Geltendmachung durch Einspruch nicht möglich ist oder war.

§ 238 Abs. 4 FamFG betrifft (ebenso) die **Begründetheit** des Abänderungsantrags. **165** Hierfür ist insbesondere erforderlich, dass eine wesentliche Veränderung der tatsächlichen oder rechtlichen Verhältnisse tatsächlich vorliegt. Das Gericht hat im Falle des zulässigen und begründeten Abänderungsantrags die vorausgegangene Endentscheidung in der Hauptsache unter Wahrung ihrer Grundlagen **anzupassen**. Diese Gesetzesformulierung drückt gleichzeitig die grundsätzliche Bindungswirkung der vorausgegangenen Endentscheidung aus.[251]

Keinen Eingang in die Gesetzesformulierung des § 238 FamFG haben sogenannte **166** **Härteklauseln** gefunden, die im Ausnahmefall (grobe Unbilligkeit) ein Abweichen von ausdrücklichen Zulässigkeits- und Begründetheitsmaßgaben aus § 238 FamFG erlaubt hätten. Einen Gesetzesvorschlag der Bundesregierung hat der Bun-

---

248 BT-Drucks 16/6308, 258.
249 BT-Drucks 16/6308, 258.
250 BT-Drucks 16/6308, 258.
251 Vgl. dazu näher: Vollkommer in: Zöller, § 323 ZPO, Rn 41.

destag auf die Stellungnahme des Bundesrates nicht aufgegriffen.[252] Der Bundestag will den bisherigen Rechtszustand insoweit beibehalten.[253] Dies bedeutet aber auch, dass die in der Rechtsprechung entwickelten Ausnahmen bei bestimmten Konstellationen grober Unbilligkeit für § 238 FamFG fortgelten.[254]

cc) Abänderung von Vergleichen und Urkunden

167 Vergleiche nach § 794 Abs. 1 Nr. 1 ZPO und vollstreckbare Urkunden unterliegen ebenfalls der Abänderung, sofern sie eine Verpflichtung zu künftig fällig werdenden wiederkehrenden Leistungen enthalten. Dies gestattet § 239 FamFG. § 239 FamFG erfasst nicht nur solche Urkunden, denen eine materiell-rechtliche Einigung zugrunde liegt, sondern auch solche, die auf einseitigen Erklärungen beruhen.[255] Die Abänderbarkeit eines Vergleichs unterliegt weder einer Wesentlichkeitsgrenze noch einer zeitlichen Beschränkung. Die Vertragspartner eines Vergleichs können die Kriterien der Abänderbarkeit autonom bestimmen. Einer rückwirkenden Abänderung können nur materiell-rechtliche Gründe entgegenstehen.

168 Auch bei der Abänderung eines Vergleichs oder einer vollstreckbaren Urkunde muss der Antragsteller Tatsachen vortragen, die – ihre Richtigkeit unterstellt – die Abänderung des Titels tragen. Ansonsten ist der Abänderungsantrag unzulässig. Die Abänderungsvoraussetzungen – und auch die Begründetheit des Antrags – bestimmen sich jedoch nicht nach der Wesentlichkeitsschwelle, sondern allein nach dem materiellen Recht, somit primär danach, welche Voraussetzungen die Parteien für eine Abänderung vereinbart haben, im Übrigen nach den Regeln über die Störung bzw. den Wegfall der Geschäftsgrundlage (§ 313 BGB).[256]

dd) Verschärfte Haftung

169 Die Rechtshängigkeit eines auf Herabsetzung gerichteten Abänderungsantrags steht bei der Anwendung des § 818 Abs. 4 BGB der Rechtshängigkeit einer Klage auf Rückzahlung der geleisteten Beträge gleich (§ 241 FamFG). Dies führt zu einer verschärften Bereicherungshaftung des Empfängers. Dem Empfänger steht der

---

252 Ablehnend zu dem Gesetzesvorschlag der Bundesregierung auch: Klinkhammer, Schriftliche Stellungnahme zur öffentlichen Anhörung des Rechtsausschusses des Bundestags am 13.11.2008, S. 6–9; Rasch, FPR 2006, 426 (429).
253 BT-Drucks 16/9733, 296.
254 Zum Beispiel Durchbrechung der Rechtskraft nach §§ 823, 826 BGB.
255 Borth, FamRZ 2007, 1925 (1935); wohl auch: Klinkhammer, Schriftliche Stellungnahme zur öffentlichen Anhörung des Rechtsausschusses des Bundestags am 13.11.2008, S. 10.
256 BT-Drucks 16/6308, 258.

Entreicherungseinwand nach § 818 Abs. 3 BGB mit der Folge, dass ein Bereicherungsanspruch ausscheidet, nicht mehr zu. Nach der bisherigen Rechtslage war es zur Herbeiführung der verschärften Haftung noch erforderlich, dass zusätzlich zum Abänderungsantrag ein auf Rückzahlung gerichteter gesonderter Leistungsantrag zu erheben war.[257] Diese Notwendigkeit erwies sich in der Vergangenheit jedoch als fehler- und kostenträchtig.[258]

> *Hinweis* **169a**
>
> § 241 FamFG soll analog zur Anwendung kommen, wenn es um die Herabsetzung von Unterhalt geht, der durch eine einstweilige Anordnung (§ 246 FamFG) geregelt ist.[259]

2. Besondere Vorschriften für die einstweilige Anordnung

Besondere Vorschriften für die einstweilige Anordnung in Unterhaltssachen enthalten §§ 246–248 FamFG. Sie gehen den allgemeinen Regelungen aus §§ 49 ff. FamFG vor.[260] **170**

§ 246 Abs. 1 FamFG enthält die Befugnis des Gerichts, durch einstweilige Anordnung die Verpflichtung zur Zahlung von Unterhalt oder zur Zahlung eines Kostenvorschusses für ein gerichtliches Verfahren (vgl. etwa § 1360a Abs. 4 in Verbindung mit § 1361 Abs. 4 S. 4 BGB) zu regeln.[261] Ein dringendes Bedürfnis für ein sofortiges Tätigwerden ist nicht erforderlich.[262] Es bedarf aber eines Regelungsbedürfnisses.[263] In § 246 FamFG handelt es sich um eine Leistungsverfügung. Wie im geltenden Recht[264] kann daher durch eine einstweilige Anordnung der volle laufende Unterhalt ohne zeitliche Begrenzung zuerkannt werden, soweit die Voraussetzungen dafür glaubhaft gemacht worden sind.[265] Eine zeitliche Begrenzung der einstweiligen Anordnung muss nicht im Beschlusstenor enthalten sein.[266] **171**

---

257 BT-Drucks 16/6308, 259; Borth, FamRZ 2007, 1925 (1935); vgl. BGH FamRZ 1985, 368; BGH FamRZ 1992, 1152 (1154).
258 Vgl. BT-Drucks 16/6308, 259.
259 Viefhues in: Horndasch/Viefhues, § 52 FamFG, Rn 26; Roßmann in: Horndasch/Viefhues, § 241 FamFG, Rn 7; Klein in: Schulte-Bunert/Weinreich, § 241 FamFG, Rn 4.
260 Siehe dazu im Einzelnen bei der Darstellung des Verfahrens über die einstweilige Anordnung weiter unten.
261 Siehe dazu näher weiter unten.
262 Borth, FamRZ 2007, 1925 (1929); vgl. auch Philippi in: Zöller, § 620 ZPO, Rn 5.
263 Borth, FamRZ 2007, 1925 (1929); vgl. auch Philippi in: Zöller, § 620 ZPO, Rn 5.
264 Philippi in: Zöller, § 620, Rn 59.
265 BT-Drucks 16/6308, 259; Borth, FamRZ 2007, 1925 (1929).
266 Borth, FamRZ 2007, 1925 (1929); a.A.: B/L/A/Hartmann, § 246 FamFG, Rn 2.

Nach § 246 Abs. 2 FamFG ergeht die Entscheidung aufgrund **mündlicher Verhandlung**, wenn dies zur Aufklärung des Sachverhalts oder für eine gütliche Streitbeilegung geboten erscheint. Die Vorschrift betont die Bedeutung der mündlichen Verhandlung im Verfahren der einstweiligen Anordnung in Unterhaltssachen und trägt damit dem Umstand Rechnung, dass das Ziel einer Verfahrensbeschleunigung in Unterhaltssachen nicht in der Weise im Vordergrund steht wie in anderen Bereichen des einstweiligen Rechtsschutzes.[267]

172 *Hinweis*

Im Verfahren der einstweiligen Anordnung vor dem Familiengericht über eine Unterhaltssache besteht kein Anwaltszwang (vgl. § 114 Abs. 4 Nr. 1 FamFG).

173 Zu dem bisherigen § 643 ZPO a.F. war streitig, ob die sich Auskunftspflicht zu den Einkommens- und Vermögensverhältnissen nur auf das Hauptsacheverfahren oder auch auf das Verfahren über einen vorläufigen Rechtsschutz bezog.[268] Auch dem FamFG ist dieses nicht eindeutig zu entnehmen. Der summarische Charakter steht jedenfalls nicht grundsätzlich einer Auskunftspflicht im einstweiligen Anordnungsverfahren über den Unterhalt entgegen.[269] Zudem würde die Auskunftspflicht (§§ 235, 236 FamFG) im Ermessen des Gerichts liegen, das nur unter der Voraussetzung eines Antrags des antragstellenden Beteiligten reduziert wird. Die Einbeziehung der Auskunftspflichten würde dazu beitragen, ein Hauptsacheverfahren entbehrlich werden zu lassen.

174 § 247 FamFG enthält eine besondere Vorschrift für die einstweilige Anordnung vor Geburt des Kindes.[270] § 248 Abs. 1 FamFG regelt die einstweilige Anordnung zum Unterhalt bei Feststellung der Vaterschaft.[271]

3. Vereinfachtes Verfahren über den Unterhalt Minderjähriger

175 Die §§ 249–260 FamFG regeln das vereinfachte Verfahren über den Unterhalt Minderjähriger. Die Kindesunterhalt-Formularverordnung wird angepasst und die entsprechenden Formulare erneuert.[272] Zweck des vereinfachten Verfahrens ist, dass unterhaltsberechtigte Kinder schnell ohne vorherige Verurteilung des Unterhalts-

---

267 BT-Drucks 16/6308, 260.
268 Vgl. Borth in: Musielak, § 643 ZPO, Rn 1 einerseits; Philippi in: Zöller, § 643 ZPO, Rn 1 andererseits.
269 Vgl. zu § 643 ZPO: Borth in Musielak, § 643 ZPO, Rn 1.
270 Siehe dazu näher weiter unten.
271 Siehe dazu näher weiter unten.
272 Vgl. BR-Drucks 539/09 sowie BGBl 2009 I, 2134.

verpflichteten in einem einfachen Verfahren schnell zu einem Vollstreckungstitel gelangen. Dass das Verfahren jedoch praxisnah ausgestaltet ist, mag bezweifelt werden.[273]

Hinweis **176**

Für das vereinfachte Verfahren über den Unterhalt Minderjähriger besteht kein Anwaltszwang (vgl. § 257 S. 1 FamFG).[274] Wird für das vereinfachte Verfahren Verfahrenskostenhilfe beantragt, so ist wegen der Kompliziertheit des Verfahrens ein Rechtsanwalt beizuordnen (§ 121 Abs. 2 ZPO in Verbindung mit §§ 113 Abs. 1, 112 Nr. 1, 231 Abs. 1 FamFG).[275]

Die Vorschriften der §§ 249 ff. FamFG entsprechen im Wesentlichen den bisherigen §§ 645 ff. ZPO a.F. Der Festsetzungsbeschluss ist mit der Beschwerde nach §§ 58 ff. FamFG anfechtbar (vgl. § 253 Abs. 2 FamFG).[276] Nicht mehr Gegenstand des vereinfachten Verfahrens kann die Abänderung eines Titels im vereinfachten Verfahren sein; die §§ 655, 656 ZPO a.F. sind insoweit nicht übernommen worden, weil der Gesetzgeber nur ein geringes Bedürfnis für eine entsprechende Regelung sah und weil er die bisherigen Abänderungsmöglichkeiten als zu komlex und zu aufwendig ansah.[277] Die bisherige Regelung des § 653 ZPO a.F. befindet sich nunmehr in § 237 FamFG (Unterhalt bei Feststellung der Vaterschaft). **177**

IX. Güterrechtssachen (§§ 261 ff. FamFG)

Die §§ 261- 265 FamFG behandeln die Güterrechtssachen. Bei den Güterrechtssachen nach § 261 Abs. 1 FamFG handelt es sich um **Familienstreitsachen** (§ 112 Nr. 2 FamFG). In diesen Sachen sind grundsätzlich die Vorschriften der ZPO anzuwenden (vgl. § 113 FamFG). Die in § 261 Abs. 2 FamFG genannten Güterrechtssachen sind reine **fG-Familiensachen**. **178**

Güterrechtssachen im Sinne von § 261 Abs. 1 FamFG sind solche Verfahren, die Ansprüche aus dem ehelichen Güterrecht betreffen, auch wenn Dritte an dem Ver-

---

273 Vgl. Bundesrat in: BT-Drucks 16/6308, 384; vgl. dazu Bundesregierung in: BT-Drucks 16/6308, 419.
274 BT-Drucks 16/6308, 224; Rasch, FPR 2006, 426 (427); B/L/A/Hartmann, § 257 FamFG, Rn 1.
275 Vgl. OLG Schleswig MDR 2007, 736; einschränkend dagegen: OLG Dresden FamRZ 2001, 634.
276 Das „FamFG-Berichtigungsgesetz" (Gesetz zur Modernisierung von Verfahren im anwaltlichen und notariellen Berufsrecht, zur Errichtung einer Schlichtungsstelle der Rechtsanwaltschaft sowie zur Änderung sonstiger Vorschriften; BT-Drucks 16/11385; BT-Drucks 16/12717; BR-Drucks 377/09 (B)) hat in § 253 Abs. 2 FamFG das Wort „sofortige" gestrichen und damit klargestellt, dass nicht das Rechtsmittel der sofortigen Beschwerde entsprechend §§ 567 ff. ZPO statthaft ist.
277 BT-Drucks 16/6308, 261.

fahren beteiligt sind. Die Vorschrift des § 261 Abs. 1 FamFG entspricht der Formulierung des bisherigen § 621 Abs. 1 Nr. 8 ZPO a.F. Von der Vorschrift werden alle güterrechtlichen Ansprüche aus den §§ 1363–1561 BGB[278] oder dem entsprechenden ausländischen Recht erfasst.[279] Güterrechtssachen im Sinne von § 261 Abs. 2 FamFG sind Verfahren nach §§ 1365 Abs. 2, 1369 Abs. 2 und §§ 1382, 1383, 1426, 1430, 1452 BGB.[280]

179 Die örtliche Zuständigkeit wird in § 262 FamFG geregelt. Die Vorschrift verwirklicht die **Zuständigkeitskonzentration beim Gericht der Ehesache**. Die Zuständigkeitsvorschrift gilt für alle Güterrechtssachen des § 261 Abs. 1 und 2 FamFG. Während der Anhängigkeit einer Ehesache ist das Gericht ausschließlich zuständig, bei dem die Ehesache anhängig ist oder war (§ 262 Abs. 1 S. 1 FamFG). Diese Zuständigkeit geht der ausschließlichen Zuständigkeit eines jeden anderen Gerichts vor (§ 262 Abs. 1 S. 2 FamFG). Die Güterrechtssache ist zum Beispiel auch dann zwingend an das Gericht der Ehesache abzugeben, wenn es sich bei der Güterrechtssache um eine Vollstreckungsgegenklage (§ 767 ZPO) handelt, für die die ausschließliche Zuständigkeit des § 802 ZPO gegeben wäre.[281]

Im Übrigen bestimmt sich die Zuständigkeit nach der ZPO mit der Maßgabe, dass bei den Vorschriften über den allgemeinen Gerichtsstand auf den gewöhnlichen Aufenthalt abzustellen ist (§ 262 Abs. 2 FamFG). Wird eine Ehesache rechtshängig, während eine Güterrechtssache bei einem anderen Gericht im ersten Rechtszug anhängig ist, ist die Güterrechtssache von Amts wegen an das Gericht der Ehesache abzugeben (§ 263 S. 1 FamFG).

180 Für die Güterrechtssachen der § 1382 BGB (Stundung) und § 1383 BGB (Übertragung von Vermögensgegenständen), bei denen es sich um fG-Familiensachen handelt (vgl. § 261 Abs. 2 FamFG), enthält § 264 Abs. 1 FamFG die Maßgabe, dass die Entscheidung des Gerichts erst mit Rechtskraft wirksam wird und eine Abänderung oder Wiederaufnahme ausgeschlossen ist. Maßgeblich ist allein § 1382 Abs. 6 BGB.[282] § 1382 BGB ermöglicht, durch richterlichen Gestaltungsakt die Zugewinnausgleichsforderung zu stunden. Nach dem § 1382 Abs. 6 BGB kann das Familiengericht eine rechtskräftige Entscheidung auf Antrag aufheben oder ändern, wenn sich die Verhältnisse nach der Entscheidung wesentlich geändert haben. Die

---

278 Hüßtege in: Thomas/Putzo, § 621 ZPO, Rn 33; in Einzelfällen str.
279 Hüßtege in: Thomas/Putzo, § 621 ZPO, Rn 33; str.
280 Vgl. hierzu im Einzelnen: BT-Drucks 16/6308, 262.
281 BT-Drucks 16/6308, 262.
282 BT-Drucks 16/6308, 262.

Der Anspruch auf Zugewinnausgleich ist eine Familienstreitsache (§ 112 Nr. 2, 261 Abs. 1 FamFG). Dagegen ist ein Antrag nach § 1382 Abs. 5 BGB oder § 1383 Abs. BGB eine reine fg-Familiensache (vgl. § 261 Abs. 2 FamFG). § 265 FamFG bestimmt nun, dass eine Entscheidung durch einheitlichen Beschluss zu ergehen hat, wenn in einem Verfahren über eine güterrechtliche Auseinandersetzung ein Antrag nach § 1382 Abs. 5 BGB oder § 1383 Abs. 3 BGB gestellt wird.

181

Ein Gesetz zur Änderung des Zugewinnausgleichs- und Vormundschaftsrechts[283] hat für das Zugewinnausgleichsrecht insbesondere folgende Änderungen:
- Berücksichtigung eines negativen Anfangsvermögens in § 1374 BGB,
- Einführung einer neuen Beweislastregel in § 1375 Abs. 2 BGB,
- Stärkung der Auskunftsrechte in § 1379 BGB,
- Vorverlegung des Berechnungszeitpunktes in § 1384 BGB,
- Verbesserungen des vorläufigen Rechtsschutzes gegen unredliche Vermögensverschiebungen.

182

Das Gesetz enthält jedoch weder Änderungen für die §§ 261–265 FamFG, noch für die darin genannten BGB-Vorschriften.

X. Sonstige Familiensachen

1. Grundsätzliches

Das FGG-Reformgesetz verwirklicht durch die Erweiterung von Zuständigkeiten das Große Familiengericht.[284] Dies ist unter anderem dadurch geschehen, dass solche Zivilverfahren, die sich durch eine besondere Sachnähe zu Regelungsgegenständen des Familienrechts auszeichnen, nun den Familiengerichten zugeschlagen sind. Sie werden als „sonstige Familiensachen" bezeichnet. Die dazugehörigen Regelungen werden in den §§ 266–268 FamFG getroffen. § 266 FamFG enthält den Katalog von sonstigen Familiensachen, § 267 FamFG regelt die örtliche Zuständigkeit und § 268 FamFG bestimmt die Abgabe an das Gericht der Ehesache. Gemäß § 112 Nr. 3 FamFG sind die in § 266 Abs. 1 FamFG aufgezählten sonstigen Famili-

183

---

283 BT-Drucks 16/10798; BT-Drucks 16/13027.
284 Vgl. zum Großen Familiengericht auch: Borth, FamRZ 2007, 1925 (1927); Jacoby, FamRZ 2007, 1703 (1704); Wever, FF 2008, 399; Fölsch, SchlHA 2009, 35; Borth, FamRZ 2009, 157 (159); Kemper, FamRB 2009, 53 (56); Burger, FamRZ 2009, 1017; Büte, FuR 2009, 121.

ensachen **Familienstreitsachen**. Die in § 266 Abs. 2 FamFG genannte sonstige Familiensache ist eine reine **fG-Familiensache**.

184 Der Gesetzgeber unterscheidet bei den sonstigen Familiensachen zwei Gruppen von Verfahren:[285]

- Verfahren, die Ansprüche betreffen, die ihren Grund unmittelbar in einem familienrechtlich geregelten Rechtsverhältnis haben, wie etwa dem Verlöbnis, der Ehe, dem Eltern-Kind-Verhältnis oder dem Umgangsrechts-Verhältnis und
- Verfahren, bei denen dies nicht der Fall ist, die aber einen Zusammenhang mit der Beendigung eines familienrechtlich geregelten Rechtsverhältnisses aufweisen, wie etwa dem Verlöbnis oder der Ehe.

Der Begriff des Zusammenhangs hat dabei sowohl eine **inhaltliche** als auch eine **zeitliche**, nicht aber **unmittelbar** eine **personale Komponente**.[286] Inhaltlicher Zusammenhang bedeutet, dass das Verfahren die wirtschaftliche Entflechtung der Partner, Dispositionen im Hinblick auf die Verbindung oder Vorgänge anlässlich ihrer Beendigung betreffen muss.[287] Ein zeitlicher Zusammenhang ist gegeben, wenn seit der Beendigung der Verbindung und dem Abschluss der wirtschaftlichen Auseinandersetzung ein längerer Zeitraum noch nicht verstrichen ist.[288] Ein solcher längerer Zeitraum dürfte wohl erst nach drei Jahren nach Beendigung der Verbindung und dem Abschluss der wirtschaftlichen Auseinandersetzung verstreichen. Eine personale Komponente ist für den Begriff des Zusammenhangs dagegen nicht entscheidend. So kommt es nicht darauf an, wer die Beteiligten des konkreten Verfahrens sind, vielmehr kommt es auf die Rechtsnatur des Anspruchs bei seiner Entstehung an.[289] Soweit er nachträglich, etwa im Wege der Rechtsnachfolge, auf einen Dritten übergegangen ist, ist dies unschädlich und ändert nichts an der Einordnung als sonstige Familiensache.[290] Zudem ist nicht entscheidend, ob die Streitigkeit vermögensrechtlicher oder nichtvermögensrechtlicher Natur ist (letztere z.B.: Streitigkeiten wegen privater Beleidigungen zwischen Ehegatten oder ein Verfahren wegen Herausgabe von privatem Bildmaterial oder eines Tagebuchs).[291]

---

285 BT-Drucks 16/6308, 262.
286 BT-Drucks 16/6308, 262.
287 Meyer-Seitz/Kröger/Heiter, FamRZ 2005, 1430 (1437).
288 Meyer-Seitz/Kröger/Heiter, FamRZ 2005, 1430 (1437); krit. zu einer zeitlichen Komponente: Rehme in: Schulte-Bunert/Weinreich, § 266 FamFG, Rn 12; Wever, FF 2008, 399 (401); Kemper, FamRB 2009, 53 (56); vgl. auch Burger, FamRZ 2009, 1017 (1019).
289 BT-Drucks 16/6308, 262.
290 BT-Drucks 16/6308, 262.
291 BT-Drucks 16/6308, 262.

2. Katalog der sonstigen Familiensachen

Nach § 266 Abs. 1 FamFG betreffen[292] sonstige Familiensachen: **185**

- Streitigkeiten zwischen miteinander verlobten oder ehemals verlobten Personen oder zwischen einer solchen und einer dritten Person (**Nr. 1**).
  Dabei muss in allen Fällen ein Zusammenhang mit der Beendigung des Verlöbnisses bestehen.[293] Dritte Personen sind nur einbezogen, sofern Ansprüche aus den §§ 1298 und 1299 BGB geltend gemacht werden.[294] Beispielsweise kann es um Verfahren auf Rückgabe von Geschenken oder sonstigen Zuwendungen gehen.[295]
- Aus der Ehe herrührende Ansprüche (**Nr. 2**).
  Es kommt nicht darauf an, gegen wen sich die Ansprüche richten.[296] Beispielsweise kann es um aus § 1353 BGB herzuleitende Ansprüche (etwa auf Mitwirkung bei der gemeinsamen steuerlichen Veranlagung), um Ansprüche, die das absolute Recht zur ehelichen Lebensgemeinschaft verwirklichen (etwa Abwehr- und Unterlassungsansprüche gegen Störungen des räumlich-gegenständlichen Bereichs der Ehe) oder um diesbezügliche Schadensersatzansprüche (z.B.: § 823 Abs. 1 BGB) gehen.[297]
- Ansprüche zwischen miteinander verheirateten oder ehemals verheirateten Personen oder zwischen einer solchen und einem Elternteil im Zusammenhang mit Trennung oder Scheidung oder Aufhebung der Ehe (**Nr. 3**).
  Die Vorschrift geht damit insbesondere auf die vermögensrechtliche Auseinandersetzung zwischen den Ehegatten außerhalb des Güterrechts ein.[298] Diese Regelung dürfte in der Praxis die größte Bedeutung erlangen, weil hierunter die Auseinandersetzung einer Gemeinschaft nach den §§ 741 ff. BGB (z.B. Nutzungsentgelt eines Eigenheims), die Rückabwicklung unbenannter Zuwendungen nach den Grundsätzen zum Wegfall der Geschäftsgrundlage, die Ansprüche aus dem Gesamtschuldnerausgleich (§ 426 BGB) oder einer Gesamtgläubigerschaft (§ 430 BGB) fallen.[299]

---

292 Krit. zu diesem Gesetzesbegriff: B/L/A/Hartmann, § 266 FamFG, Rn 4. Vgl. auch Rehme in: Schulte-Bunert/Weinreich, § 266 FamFG, Rn 7 ff. zum hinreichenden „Mitbetreff" einer sonstigen Familiensache, bei nichtfamilienrechtlichen Vorfragen und bei Aufrechnung mit einer familienrechtsfremden Forderung.
293 BT-Drucks 16/6308, 262.
294 BT-Drucks 16/6308, 262.
295 BT-Drucks 16/6308, 262.
296 BT-Drucks 16/6308, 262.
297 BT-Drucks 16/6308, 262 f.
298 Borth, FamRZ 2007, 1925 (1935).
299 Borth, FamRZ 2007, 1925 (1935); BT-Drucks 16/6308, 263.

- Aus dem Eltern-Kind-Verhältnis herrührende Ansprüche (**Nr. 4**).
Zu nennen sind etwa Streitigkeiten wegen der Verwaltung des Kindesvermögens, auch soweit es sich um Schadenersatzansprüche handelt.[300]
- Aus dem Umgangsrecht herrührende Ansprüche (**Nr. 5**)
Eine Konstellation kann zum Beispiel der Schadenersatzanspruch wegen Nichteinhalten der Umgangsregelung sein.[301]

186 Die Zuständigkeit des Familiengerichts ist jedoch entgegen Nr. 1–5 nicht gegeben, sofern
- die Arbeitsgerichte zuständig sind
- das Verfahren das Wohnungseigentumsrecht betrifft
- das Verfahren das Erbrecht betrifft
- das Verfahren eines der in § 348 Abs. 1 S. 2, Nr. 2a) bis k) ZPO genannten Sachgebiete betrifft, nämlich
  - Streitigkeiten über Ansprüche aus Veröffentlichungen durch Druckerzeugnisse, Bild- und Tonträger jeder Art, insbesondere in Presse, Rundfunk, Film und Fernsehen;
  - Streitigkeiten aus Bank- und Finanzgeschäften;
  - Streitigkeiten aus Bau- und Architektenverträgen sowie aus Ingenieurverträgen, soweit sie im Zusammenhang mit Bauleistungen stehen;
  - Streitigkeiten aus der Berufstätigkeit der Rechtsanwälte, Patentanwälte, Notare, Steuerberater, Steuerbevollmächtigten, Wirtschaftsprüfer und vereidigten Buchprüfer;
  - Streitigkeiten über Ansprüche aus Heilbehandlungen;
  - Streitigkeiten aus Handelssachen im Sinne des § 95 GVG;
  - Streitigkeiten über Ansprüche aus Fracht-, Speditions- und Lagergeschäften;
  - Streitigkeiten aus Versicherungsvertragsverhältnissen;
  - Streitigkeiten aus den Bereichen des Urheber- und Verlagsrechts;
  - Streitigkeiten aus den Bereichen der Kommunikations- und Informationstechnologie;
  - Streitigkeiten, die dem Landgericht ohne Rücksicht auf den Streitwert zugewiesen sind.

187 Nach der Begründung des Gesetzgebers[302] handelt es sich jeweils um Rechtsgebiete, für deren Bearbeitung spezielle Kenntnisse erforderlich sind. Die Familien-

---

300 BT-Drucks 16/6308, 263.
301 BT-Drucks 16/6308, 263.
302 Vgl. BT-Drucks 16/6308, 263.

gerichte sollen nicht mit diesbezüglichen Verfahren befasst werden.[303] Der Gesichtspunkt der Spezialität setze sich hier gegenüber den für die Zuständigkeit des Familiengerichts maßgeblichen Kriterien durch.[304] Ob die Begründung allerdings tragfähig ist, wenn bei Landgerichten nicht entsprechende Spezialkammern eingerichtet sind, sei dahingestellt, weil die rechtspolitische Entscheidung durch den Gesetzgeber getroffen ist. Die Vorschrift wirkt allerdings durch seine Verweisungen **wenig transparent**.[305] Sowohl die Beteiligten als auch das angerufene Gericht müssen eine umfangreiche Begriffs- und Zuständigkeitsprüfung durchführen und dazu Vorschriften nicht nur des FamFG und GVG heranziehen, sondern auch des ArbGG, der ZPO, des WEG, des BGB und ggf. weiterer Gesetze, die besondere Zuständigkeitsvorschriften vorhalten (vgl. § 348 Abs. 1 S. 2 Nr. 2k ZPO). Der Beteiligte wird angesichts dessen kaum in der Lage sein, zu beurteilen, ob es sich um eine sonstige Familiensache handelt oder nicht.

> *Hinweis* **188**
>
> Sollten durch die Anrufung eines unzuständigen Gerichts Mehrkosten entstanden sein, wird das Gericht bei einer Kostenentscheidung – soweit statthaft – zu erwägen haben, die Mehrkosten wegen der mangelnden Transparenz des § 266 FamFG nicht dem anrufenden Beteiligten aufzuerlegen.

Eine sonstige Familiensache ist im Übrigen dann nicht gegeben, wenn es sich bei dem Verfahren bereits nach anderen Vorschriften um eine Familiensache handelt. Dies ergibt sich aus dem Wort „sonstige" in § 266 FamFG. **189**

§ 266 Abs. 2 FamFG bestimmt, dass auch Verfahren über einen **Antrag nach § 1357 Abs. 2 S. 1 BGB** sonstige Familiensachen sind. § 1357 BGB behandelt eine allgemeine Ehewirkung und ist somit güterstandsunabhängig, weshalb eine Zuordnung diesbezüglicher Verfahren zu den Güterrechtssachen ausscheidet.[306] **190**

3. Örtliche Zuständigkeit und Abgabe an das Gericht der Ehesache

Nach § 267 Abs. 1 S. 1 FamFG ist während der Anhängigkeit einer Ehesache dasjenige Gericht ausschließlich zuständig, bei dem die Ehesache anhängig ist oder war. Die Vorschrift enthält eine Zuständigkeitskonzentration beim Gericht der Ehesache, wie sie auch in anderen Familiensachen vorgesehen ist. Diese Zuständigkeit **191**

---

303 Vgl. BT-Drucks 16/6308, 263.
304 BT-Drucks 16/6308, 263.
305 Vgl. zu Abgrenzungsschwierigkeiten auch Burger, FamRZ 2009, 1017 (1020).
306 BT-Drucks 16/6308, 263.

geht jeder ausschließlichen Zuständigkeit eines anderes Gerichts vor (§ 267 Abs. 1 S. 2 FamFG). Im Übrigen bestimmt sich die örtliche Zuständigkeit nach der ZPO, wobei es für die sonstigen Familiensachen auf den gewöhnlichen Aufenthalt ankommt (§ 267 Abs. 2 FamFG).

192 Für alle sonstigen Familiensachen des § 266 FamFG wird mit § 268 FamFG eine Möglichkeit zur Verwirklichung der Zuständigkeitskonzentration beim Gericht der Ehesache geschaffen. Wird eine Ehesache rechtshängig, während eine sonstige Familiensache bei einem anderen Gericht anhängig ist, ist diese sonstige Familiensache an das Gericht der Ehesache abzugeben.

XI. Lebenspartnerschaftssachen

193 Lebenspartnerschaftssachen werden in den §§ 269–270 FamFG geregelt. § 269 FamFG definiert in drei Absätzen durch katalogartige Aufzählungen den Begriff der Lebenspartnerschaftssache.[307] Gemäß § 112 FamFG sind die Lebenspartnerschaftssachen nach § 269 Abs. 1 Nr. 8, 9, 10[308] sowie Abs. 2 FamFG Familienstreitsachen. § 270 FamFG regelt, welche Bestimmungen für Familiensachen in Lebenspartnerschaftssachen entsprechend anwendbar sind. Verfahrensrechtlich werden die Lebenspartnerschaftssachen wie die ihnen jeweils entsprechenden Familiensachen im Fall der Ehe behandelt.[309] Die Verweisung bezieht sich auf sämtliche in den entsprechenden Familiensachen anwendbaren Vorschriften, das heißt auch solche aus dem FamFG AT oder anderen Gesetzen.[310]

---

307 Das Gesetz zur Änderung des Zugewinnausgleichs- und Vormundschaftsrechts (BGBl 2009 I, 1696) enthält für § 269 FamFG begriffliche Anpassungen.
308 Das „FamFG-Berichtigungsgesetz" (Gesetz zur Modernisierung von Verfahren im anwaltlichen und notariellen Berufsrecht, zur Errichtung einer Schlichtungsstelle der Rechtsanwaltschaft sowie zur Änderung sonstiger Vorschriften; BT-Drucks 16/11385; BT-Drucks 16/12717) hat in § 112 FamFG einen Redaktionsfehler bei den Verweisen auf § 269 FamFG beseitigt. Auch in den §§ 269, 270 FamFG wurden redaktionelle Fehler berichtigt.
309 BT-Drucks 16/6308, 263.
310 BT-Drucks 16/6308, 264.

§ 4 Einstweilige Anordnungen in Familiensachen

A. Grundlagen des FamFG AT

Das FGG-Reformgesetz hat die einstweilige Anordnung völlig neu geregelt.[1] Insbesondere ist sie nicht mehr von der Anhängigkeit einer Hauptsache abhängig. Entscheidungen hierzu werden deshalb wohl eine wesentlich bedeutsamere Rolle in Familiensachen einnehmen.[2]

1

Ob allerdings eine Entscheidung im einstweiligen Rechtsschutzverfahren zwischen den Beteiligten ausreichend Rechtsfrieden erbringt, mag deshalb bezweifelt werden, weil zum einen jedenfalls zweifelhaft ist, ob derartige Entscheidungen in materielle Rechtskraft erwachsen,[3] und zum anderen keine materielle Rechtskraft einer Entscheidung im einstweiligen Rechtsschutz gegenüber einem Hauptsacheverfahren besteht.[4]

Die Vorschriften in den §§ 49–57 FamFG sind im Grundansatz für alle Familiensachen anwendbar. § 119 FamFG verweist nur in Einzelheiten auf die ZPO. Besonderheiten für einzelne Familiensachen sind gelegentlich in den dortigen Regelungsabschnitten vorhanden.

I. Einstweilige Anordnung: Antrag, Verfahren und Entscheidung

1. Voraussetzungen und Maßnahmen der einstweiligen Anordnung

§ 49 FamFG enthält den **Grundtatbestand** der einstweiligen Anordnung.

2

a) Anhängigkeit der Hauptsache keine Voraussetzung

Der wesentliche Unterschied zu dem im Bereich der freiwilligen Gerichtsbarkeit kraft Richterrechts geltenden Rechtsinstitut der vorläufigen Anordnung sowie zu einigen Bestimmungen des Familienverfahrensrechts (§§ 621g, 644 ZPO a.F.) liegt

3

---

1 Vgl. zur einstweiligen Anordnung nach dem FamFG auch: Borth, FamRZ 2007, 1925 (1928 f.); Gießler, FPR 2006, 421; Giers, FGPrax 2009, 47; Klein, FuR 2009, 241 und 321; Löhnig/Heiß, FamRZ 2009, 1101.
2 Borth, FamRZ 2007, 1925 (1928 f.); so auch Kroiß/Seiler, Das neue FamFG, § 3, Rn 76; anders dagegen: Vorwerk, FPR 2009, 8 (9); Giers, FGPrax 2009, 47 (51).
3 Vgl. auch Vorwerk, FPR 2009, 8 (9) unter Verweis auf BGH NJW 1984, 2095; Schwonberg in: Schulte-Bunert/Weinreich, § 51 FamFG, Rn 2.
4 Vgl. Huber in: Musielak, § 922 ZPO, Rn 11; vgl. auch Schwonberg in: Schulte-Bunert/Weinreich, § 51 FamFG, Rn 3 ff.

darin, dass die **Anhängigkeit** einer gleichartigen Hauptsache bzw. der Eingang eines diesbezüglichen Gesuchs auf Bewilligung von Prozesskostenhilfe **nicht mehr Voraussetzung** für eine einstweilige Anordnung ist.[5] Dies trägt zu einer Harmonisierung mit anderen Verfahrensordnungen, zu einer Stärkung des Rechtsinstituts und zu einer Prozess- und Kostenökonomie bei.[6] Gerade in Umgangssachen besteht regelmäßig ein besonderes Bedürfnis für eine zeitnahe Regelung.[7] Nur durch eine solche kann eine dem Kindeswohl abträgliche längere Unterbrechung der persönlichen Beziehung zu dem nicht betreuenden Elternteil vermieden werden.[8] Die einstweilige Anordnung ist dafür ein geeignetes Mittel. Die Wahlmöglichkeit bezüglich der Einleitung einer Hauptsache in Antragssachen stärkt die Verfahrensautonomie der Beteiligten.[9]

4 Die Ermöglichung einer von der Hauptsache unabhängigen einstweiligen Anordnung bedeutet nach Ansicht des Gesetzgebers keine Verringerung des Rechtsschutzes.[10] In Antragsverfahren steht den Beteiligten die Einleitung eines Hauptsacheverfahrens frei, in Amtsverfahren hat das Gericht die Pflicht zu überprüfen, ob die Einleitung eines Hauptsacheverfahrens von Amts wegen erforderlich ist. § 52 Abs. 1 FamFG regelt darüber hinaus, dass in Amtsverfahren auf Antrag eines von einer einstweiligen Anordnung Betroffenen das Gericht das Hauptsacheverfahren einzuleiten hat. In Antragsverfahren kann der Betroffene nach § 52 Abs. 2 FamFG beantragen, dass dem Antragsteller unter Fristsetzung aufgegeben wird, einen Antrag für ein Hauptsacheverfahren zu stellen.

b) Eilbedürfnis und Verbot der Vorwegnahme der Hauptsache

5 In § 49 Abs. 1 FamFG wird zum Ausdruck gebracht, dass für eine einstweilige Anordnung nur vorläufige Maßnahmen in Betracht kommen. Es gilt der Grundsatz des **Verbots der Vorwegnahme** der Hauptsache.[11] Die einstweilige Anordnung muss nach den für das Rechtsverhältnis maßgebenden Vorschriften gerechtfertigt sein. Die Formulierung macht deutlich, dass das Gericht sich auch im summarischen Verfahren an den einschlägigen – materiell-rechtlichen – Vorschriften zu ori-

---

5 BT-Drucks 16/6308, 199; a.A. zu Unrecht: B/L/A/Hartmann, vor § 49 FamFG, Rn 3: Einstweilige Anordnung dürfe nicht ohne Anhängigkeit der Hauptsache ergehen.
6 BT-Drucks 16/6308, 199; Meyer-Seitz/Kröger/Heiter, FamRZ 2005, 1430 (1434); Bahrenfuss, SchlHA 2007, 80 (83); Bahrenfuss, SchlHA 2008, 109 (111).
7 BT-Drucks 16/6308, 199.
8 BT-Drucks 16/6308, 199.
9 BT-Drucks 16/6308, 199; Bahrenfuss, SchlHA 2008, 109 (111).
10 BT-Drucks 16/6308, 199; Bahrenfuss, SchlHA 2008, 109 (111).
11 BT-Drucks 16/6308, 199.

entieren hat.¹² Das summarische Verfahren wird nicht durch eine begrenzte materiell-rechtliche Prüfung, sondern durch besondere Verfahrensvorschriften und geringere Beweis- beziehungsweise Ermittlungsanforderungen gekennzeichnet.¹³ Weiterhin ist ein dringendes Bedürfnis für ein sofortiges Tätigwerden erforderlich. Ob ein dringendes Bedürfnis anzunehmen ist, ist eine Frage des Einzelfalls. Es wird regelmäßig zu bejahen sein, wenn ein Zuwarten bis zur Entscheidung in einer etwaigen Hauptsache nicht ohne Eintritt erheblicher Nachteile möglich wäre.¹⁴

Hinweis **6**

Auf die zur vorläufigen Anordnung beziehungsweise zu § 621g ZPO a.F. ergangene Rechtsprechung kann in diesem Zusammenhang weiterhin zurückgegriffen werden.¹⁵

c) In Betracht kommende Maßnahmen der einstweiligen Anordnung

§ 49 Abs. 2 S. 1 FamFG enthält eine nähere Bezeichnung der für eine einstweilige **7** Anordnung in Betracht kommenden Maßnahmen, nämlich die Sicherungsanordnung und die Regelungsanordnung. S. 2 nennt in Anlehnung an § 938 Abs. 2 ZPO einige praktisch bedeutsame Fälle vorläufiger Maßnahmen, wie etwa Gebote oder Verbote und hierbei insbesondere das Verfügungsverbot. Von der Anordnungskompetenz des Gerichts sind auch Maßnahmen umfasst, die den Verfahrensgegenstand des einstweiligen Anordnungsverfahrens nur insoweit betreffen, als sie die Vollstreckung oder sonstige Durchführung der Anordnung regeln, ermöglichen oder erleichtern (§ 49 Abs. 2 S. 3 FamFG). Ein diesbezüglicher Antrag ist nicht erforderlich, und zwar auch dann nicht, wenn das Gericht im einstweiligen Anordnungsverfahren dem Grunde nach einer Bindung an die gestellten Anträge unterliegt.

2. Zuständigkeit

§ 50 FamFG regelt die örtliche und sachliche Zuständigkeit, differenziert nach Anhängigkeit oder fehlender Anhängigkeit der Hauptsache beziehungsweise nach besonderer Dringlichkeit des Falles. **8**

Ist eine Hauptsache nicht anhängig, sieht § 50 Abs. 1 S. 1 FamFG vor, dass für das **9** einstweilige Anordnungsverfahren das Gericht zuständig ist, das für die Haupt-

---

12 Vgl. BT-Drucks 16/6308, 199: „... weitmöglichst ..."; siehe auch Kroiß/Seiler, Das neue FamFG, § 3, Rn 89; Giers, FGPrax 2009, 47; Schwonberg in: Schulte-Bunert/Weinreich, § 49 FamFG, Rn 6.
13 Giers, FGPrax 2009, 47.
14 BT-Drucks 16/6308, 199.
15 BT-Drucks 16/6308, 199.

sache in erster Instanz zuständig wäre. Ist die Hauptsache anhängig, ist grundsätzlich für die einstweilige Anordnung das Gericht zuständig, bei dem die Hauptsache im ersten Rechtszug anhängig ist oder war. Für den Zeitraum zwischen Beginn und Ende der Anhängigkeit der Hauptsache beim Beschwerdegericht ist letzteres auch für das einstweilige Anordnungsverfahren zuständig. Während der Anhängigkeit der Hauptsache beim Rechtsbeschwerdegericht ist wiederum das Gericht erster Instanz für das einstweilige Anordnungsverfahren zuständig. Eine solche Regelung in § 50 Abs. 1 FamFG dient insgesamt der **Verfahrensökonomie**,[16] weil bei gleichzeitiger oder verschiedenzeitiger Anhängigkeit der Hauptsache jeweils dasselbe Gericht mit der Familiensache befasst wird. Die in bestimmten Familiensachen vorgesehenen Abgabevorschriften (z.B.: §§ 153, 202, 233, 263, 268, 270 FamFG) gelten auch im Verfahren der einstweiligen Anordnung.[17]

10 Eine weitere Zuständigkeit, die sogenannte Eilzuständigkeit, gibt § 50 Abs. 2 FamFG. Die **Eilzuständigkeit** ist nur in besonders dringenden Fällen und stets bei einem Amtsgericht gegeben, da dort flächendeckend ein Bereitschaftsdienst eingerichtet ist. Da einstweilige Anordnungen grundsätzlich nur ergehen können, wenn ein dringendes Bedürfnis für ein sofortiges Tätigwerden besteht, und um die nach § 50 Abs. 1 FamFG maßgebliche Zuständigkeitsregelung nicht zu unterlaufen, sind an die Fälle, für die die Eilzuständigkeit eröffnet wird, deutlich erhöhte Voraussetzungen gestellt, nämlich die besondere Dringlichkeit. Maßgeblich ist der Ort, an dem das Bedürfnis für ein gerichtliches Tätigwerden hervortritt. Im Übrigen wird darauf abgestellt, wo sich die Person oder die Sache, auf die sich die einstweilige Anordnung bezieht, befindet.

11 Gemäß § 50 Abs. 2 S. 2 FamFG ist das einstweilige Anordnungsverfahren unverzüglich an das nach § 50 Abs. 1 FamFG zuständige Gericht abzugeben. Die Abweichung von den allgemeinen Zuständigkeitsregeln § 50 Abs. 1 FamFG soll nicht länger als unbedingt nötig aufrechterhalten bleiben.[18] Dies reduziert gleichzeitig das Auseinanderfallen der Zuständigkeiten zwischen dem Gericht der einstweiligen Anordnung und dem Gericht der Hauptsache auf das angesichts der Dringlichkeit erforderlich Maß.[19]

---

16 BT-Drucks 16/6308, 200.
17 Giers, FGPrax 2009, 47 (48); Gießler, FÜR 2006, 421 (423); Schürmann, FamRB 2008, 376.
18 BT-Drucks 16/6308, 200.
19 Krit. jedoch Gießler, FPR 2006, 421 (423); van Els, FPR 2008, 406 (410).

3. Verfahren

§ 51 FamFG enthält die wesentlichen Regelungen für das Verfahren in einstweiligen Anordnungssachen.   **12**

a) Einleitung des Verfahrens

In Antragsverfahren kann eine einstweilige Anordnung nur auf Antrag ergehen (§ 51 Abs. 1 S. 1 FamFG). Dies bedeutet zugleich, dass für Verfahren, die von Amts wegen eingeleitet werden können, ein Antragserfordernis für die einstweilige Anordnung nicht besteht.[20] Der in Antragsverfahren erforderliche Antrag ist zu begründen, die Voraussetzungen für eine Anordnung sind in Antragsverfahren glaubhaft zu machen (§ 51 Abs. 1 S. 2 FamFG).   **13**

Im Verfahren über den einstweiligen Rechtsschutz (einstweilige Anordnung und Arrest) darf das Familiengericht seine Tätigkeit nicht von der vorherigen Zahlung von Gerichtskosten abhängig machen.[21]

b) Anwendung von Vorschriften der Hauptsache

§ 51 Abs. 2 S. 1 FamFG verweist für das **einstweilige Anordnungsverfahren** auf die **Verfahrensvorschriften**, die für eine entsprechende **Hauptsache** anwendbar sind. Diese Verweisung kann im Verfahren des einstweiligen Rechtsschutzes nicht uneingeschränkt gelten, sie reicht daher ausdrücklich nur so weit, als nicht die Besonderheiten des einstweiligen Rechtsschutzes entgegenstehen. Zu diesen Besonderheiten gehört typischerweise die Eilbedürftigkeit des Verfahrens und dessen summarischer Zuschnitt.[22] Aus diesem Grund werden etwa die Anordnung des Ruhens des Verfahrens oder die Einholung eines schriftlichen Sachverständigengutachtens im Regelfall nicht in Betracht kommen.[23] In Antragsverfahren ist eine Beweiserhebung auf präsente Beweismittel beschränkt (vgl. § 31 Abs. 2 FamFG beziehungsweise § 113 Abs. 1 S. 2 FamFG in Verbindung mit § 294 Abs. 2 ZPO).[24] § 51 Abs. 1 S. 2 FamFG räumt eine Beweismaßreduzierung ein; eine Glaubhaftmachung genügt. Im Ausnahmefall mag der Amtsermittlungsgrundsatz eine weiterge-   **14**

---

20 BT-Drucks 16/6308, 200.
21 Vgl. Fölsch in: Schneider/Wolf/Volpert, Hk-FamGKG (2009), Vorbemerkung zu Nr. 1410–1424 KV FamGKG, Rn 24–26, zu diesem Auslegungsergebnis der §§ 12–15 FamGKG; a.A.: Volpert in: Schneider/Wolf/Volpert, Hk-FamGKG (2009), § 14 FamGKG, Rn 97–104.
22 BT-Drucks 16/6308, 200.
23 BT-Drucks 16/6308, 200.
24 Giers, FGPrax 2009, 47 (49).

hende Beweisaufnahme gestatten.[25] Im Amtsverfahren gilt der Amtsermittlungsgrundsatz uneingeschränkt;[26] auch nicht präsente Beweismittel sind zu berücksichtigen.

15 *Hinweis*

Gebührenrechtlich sind die anwaltliche Tätigkeit im einstweiligen Anordnungsverfahren beziehungsweise im Hauptsacheverfahren verschiedene Angelegenheiten. Dieses ist nicht (mehr) in § 17 RVG geregelt, weil der Gesetzgeber die Verschiedenheit für jetzt selbstverständlich hält. In beiden Angelegenheiten verdient der Rechtsanwalt die Gebühren für eine gerichtliche Tätigkeit gesondert. Eine Anrechnung zwischen den jeweils entstandenen Verfahrensgebühren (Nr. 3100 VV RVG) in beiden gerichtlichen Verfahren findet insoweit nicht statt. Eine Anrechnung der außergerichtlichen Geschäftsgebühr (Nr. 2300 VV RVG) auf die Verfahrensgebühr (Nr. 3100 VV RVG) im einstweiligen Anordnungsverfahren gemäß Vorbem. 3 Abs. 4 VV RVG findet nur statt, wenn auch Gegenstand der außergerichtlichen Tätigkeit auf die einstweilige Sicherung oder Regelung des Gegenstands gerichtet war.[27]

16 Für die **Familienstreitverfahren** gestattet § 51 Abs. 2 S. 2 FamFG, dass das Gericht auch ohne mündliche Verhandlung entscheiden kann. Die Entscheidung hierüber steht in seinem Ermessen. Eine Versäumnisentscheidung ist ausgeschlossen (§ 51 Abs. 2 S. 3 FamFG).

17 *Hinweis*

Die „Säumnis" eines Beteiligten hindert nicht, dass das Gericht eine Sachentscheidung trifft.

c) Selbstständigkeit des Verfahrens der einstweiligen Anordnung

18 § 51 Abs. 3 S. 1 FamFG formuliert, dass das Verfahren der einstweiligen Anordnung auch bei Anhängigkeit einer Hauptsache ein **selbstständiges** Verfahren ist. Hierin liegt ein grundsätzlicher Unterschied zur bisherigen Rechtslage. Die verfah-

---

25 Giers, FGPrax 2009, 47 (49).
26 Giers, FGPrax 2009, 47 (49).
27 Vgl. auch BGH v. 12.3.2009 – IX ZR 10/08; BGH NJW 2008, 1744; hingegen BGH v. 2.12.2008 – I ZB 30/08; KG v. 7.10.2008 – 27 W 123/08; OLG Frankfurt NJOZ 2008, 3478.

rensmäßige Selbstständigkeit ist die Konsequenz aus der Hauptsacheunabhängigkeit der einstweiligen Anordnung.[28]

Die **Übertragung von Verfahrensergebnissen in ein Hauptsacheverfahren** räumt § 51 Abs. 3 S. 2 FamFG ein. Einzelne Verfahrenshandlungen müssen im Hauptsacheverfahren nicht wiederholt werden, wenn von deren erneuter Vornahme keine zusätzlichen Erkenntnisse zu erwarten sind. Die Vorschrift dient der Verfahrensökonomie.[29] So ist insbesondere eine zwingende persönliche Anhörung, wenn eine solche im Anordnungsverfahren bereits stattgefunden hat, im Hauptsacheverfahren nicht zu wiederholen, sofern der Anzuhörende nach Überzeugung des Gerichts den Sachverhalt bereits umfassend dargelegt hat. § 51 Abs. 3 S. 2 FamFG muss allerdings unter Einschränkung des Wortlauts so verstanden werden, dass die Vorschrift nicht gestattet, im Hauptsacheverfahren von einem gesetzlich vorgeschriebenen Termin oder einer mündlichen Verhandlung abzusehen.[30] Zwar ist es nicht grundsätzlich unzulässig, wenn der Gesetzgeber in Verfahrensordnungen gestattet, bestimmte Verfahrensergebnisse aus einem Verfahren in einem anderen Verfahren zu verwerten. So hat der Gesetzgeber zum Beispiel für den Zivilprozess die Verwertung von schriftlichen Sachverständigengutachten aus einem anderen gerichtlichen oder staatsanwaltschaftlichen Verfahren ermöglicht (§ 411a ZPO). Auch in Verfahren, in denen der Amtsermittlungsgrundsatz gilt, wird in Teilen auf Beweisergebnisse aus anderen Verfahren zurückgegriffen.

19

Gleichwohl erscheint § 51 Abs. 3 S. 2 FamFG zu weitgehend. Dabei ist nicht entscheidend, dass § 51 Abs. 3 S. 2 FamFG nicht gewährleistet, dass über das Hauptsacheverfahren zwingend derselbe Richter wie aus dem einstweiligen Anordnungsverfahren entscheidet. Neue örtliche Zuständigkeiten, Abgabe- oder Verweisungsentscheidungen oder (fehlende) Regelungen im Geschäftsverteilungsplan können nicht selten dazu führen, dass über die Hauptsache ein anderer Richter entscheidet als über die einstweilige Anordnung. Vielmehr erscheint § 51 Abs. 3 S. 2 FamFG in erster Linie deshalb zu weitgehend,

20

- weil er den Grundsatz der Mündlichkeit in denjenigen Verfahren durchbricht, in denen er gilt (vor allem Familienstreitsachen, Ehesachen),

---

28 B/L/A/Hartmann, § 51 FamFG, Rn 5, hält die Betonung für „etwas übertrieben". Denn es dürfe natürlich kein Gegensatz zum Hauptverfahren entstehen. Entgegenzuhalten ist jedoch, dass die gesetzlich vorgesehene Selbstständigkeit des einstweiligen Anordnungsverfahrens unterschiedliche Entscheidungen nicht ausschließt.
29 BT-Drucks 16/6308, 200.
30 Nur ähnlich BT-Drucks 16/6308, 199: „sollte".

- weil er gegebenenfalls auch den in FamFG-Sachen etwaig relevanten[31] Grundsatz der Öffentlichkeit in denjenigen Verfahren durchbricht, in denen er gilt (z.B.: Verfahren über Ansprüche und Verpflichtungen im Sinne von Art. 6 Abs. 1 S. 1 EMRK) und
- weil er auch den Grundsatz der Unmittelbarkeit der Beweisaufnahme in denjenigen Verfahren durchbricht, in denen er gilt (unter anderem Familienstreitsachen, Ehesachen).

Gebieten der Grundsatz der Mündlichkeit, mündlich zu verhandeln, der Grundsatz der Öffentlichkeit, öffentlich zu verhandeln, und der Unmittelbarkeitsgrundsatz, die Beweisaufnahme vor dem entscheidenden Richter durchzuführen, so können diese Verfahrensgrundsätze nicht durch eine derart weitgehende Ausnahmevorschrift in § 51 Abs. 3 S. 2 FamFG ausgehebelt werden. Allein das Bemerken des Gesetzgebers in der Gesetzesbegründung,[32] dass auf eine in der Hauptsache an sich vorgeschriebene mündliche Verhandlung nicht verzichtet werden „sollte", wird dem Grundsatz der Mündlichkeit nicht gerecht.

d) Kosten

21 § 51 Abs. 4 FamFG ordnet für die Kosten des Verfahrens der einstweiligen Anordnung die Geltung der diesbezüglichen allgemeinen Vorschriften an. Insoweit gelten für die fg-Familiensachen die §§ 80 ff. FamFG sowie für die Familienstreitsachen und die Ehesachen die §§ 91 ff. ZPO.

II. Einleitung des Hauptsacheverfahrens

22 § 52 FamFG klärt das Verhältnis zum Hauptsacheverfahren bei vorherigem Erlass einer einstweiligen Anordnung. Sind alle Beteiligten mit der einstweiligen Regelung zufrieden, ist ein Hauptsacheverfahren in aller Regel überflüssig.[33] Das Gesetz muss eine Durchführung eines Hauptsacheverfahrens nur in den Fällen sicherstellen, in denen derjenige, der durch die einstweilige Anordnung in seinen Rechten beeinträchtigt ist, dies wünscht, etwa um eine streitige Tatsache mit besseren Erkenntnismöglichkeiten und höherem richterlichen Überzeugungsgrad abschließend zu klären.[34]

---

31 Zu § 170 GVG siehe oben.
32 BT-Drucks 16/6308, 200.
33 BT-Drucks 16/6308, 201.
34 BT-Drucks 16/6308, 201.

§ 52 Abs. 1 FamFG bestimmt für Verfahren, die von Amts wegen eingeleitet werden, die Modalitäten zur Herbeiführung des Hauptsacheverfahrens. Auf Antrag eines Beteiligten im einstweiligen Anordnungsverfahren hat das Gericht das Hauptsacheverfahren von Amts wegen einzuleiten. Über dieses Antragsrecht ist nach Auffassung des Gesetzgebers gemäß § 39 FamFG mit der einstweiligen Anordnung zu belehren,[35] was sich aus dieser Vorschrift jedoch gerade nicht ergibt. Damit die Beteiligten nicht vorschnell in das Hauptsacheverfahren drängen, schreibt § 52 Abs. 1 S. 2 FamFG vor, dass das Gericht in der einstweiligen Anordnung eine Wartefrist für den Einleitungsantrag bestimmen kann. Ist das Gericht bei Erlass der einstweiligen Anordnung bereits zur Einleitung des Hauptsacheverfahrens entschlossen, unterbleibt die Fristsetzung. Die Frist beträgt gemäß S. 3 höchstens drei Monate, sollte aber kürzer bemessen werden, wenn die einstweilige Anordnung unanfechtbar ist und schwerwiegend in die Rechte eines Beteiligten eingreift.

23

§ 52 Abs. 2 FamFG bestimmt für Verfahren, die nur auf Antrag eingeleitet werden, einen Mechanismus zur Herbeiführung des Hauptsacheverfahrens, der sich weitgehend an die für Arrest und einstweilige Verfügung geltende Vorschrift des § 926 ZPO anlehnt.[36] Auf Antrag eines Beteiligten, der durch die einstweilige Anordnung in seinen Rechten beeinträchtigt ist, hat das Gericht gemäß S. 1 gegenüber demjenigen, der die einstweilige Anordnung erwirkt hat, anzuordnen, dass er die Einleitung des Hauptsacheverfahrens oder die Gewährung von Verfahrenskostenhilfe hierfür beantragt. Das Gericht hat hierzu eine Frist zu bestimmen. Die Höchstfrist beträgt drei Monate (S. 2). Der fruchtlose Ablauf der Frist hat gemäß S. 3 zwingend die Aufhebung der einstweiligen Anordnung zur Folge. Dies hat das Gericht durch unanfechtbaren Beschluss auszusprechen. Die Wirkungen des § 52 Abs. 2 FamFG entfalten sich ex tunc.[37]

24

III. Aufhebung oder Abänderung der einstweiligen Anordnung

§ 54 FamFG behandelt die Aufhebung und Abänderung von Entscheidungen im einstweiligen Anordnungsverfahren. Die weitgehende Abänderungsmöglichkeit ist insbesondere in Familiensachen der **Ersatz** für die regelmäßig nicht gegebene Anfechtbarkeit (vgl. dazu § 57 FamFG). § 54 Abs. 1 S. 1 FamFG enthält die Befugnis

25

---

35 BT-Drucks 16/6308, 199; so auch: Schwonberg in: Schulte-Bunert/Weinreich, § 52 FamFG, Rn 3; Klein in: Schulte-Bunert/Weinreich, § 231 FamFG, Rn 15; Viefhues in: Horndasch/Viefhues, § 52 FamFG, Rn 3.
36 BT-Drucks 16/6308, 201.
37 Vgl. zu § 926 ZPO a.F.: Huber in: Musielak, § 926 ZPO, Rn 22; Reichold in: Thomas/Putzo, § 926 ZPO, Rn 16.

des Gerichts, die Entscheidung aufzuheben oder zu ändern, und zwar grundsätzlich auch von Amts wegen. Dies gilt nicht nur für Entscheidungen, die eine einstweilige Anordnung enthalten, sondern auch für solche, die den Erlass einer solchen ablehnen.[38] Nicht ausgeschlossen ist, dass die Aufhebung oder Abänderung der einstweiligen Anordnung auch rückwirkend erfolgt.[39]

26 § 54 Abs. 1 S. 2 FamFG bestimmt allerdings ein Antragserfordernis für den Fall, dass eine entsprechende Hauptsache nur auf Antrag eingeleitet werden kann. Dieses Erfordernis besteht gemäß § 54 Abs. 1 S. 3 FamFG aber nicht, wenn die Entscheidung, deren Aufhebung oder Änderung in Frage steht, ohne vorherige Durchführung einer notwendigen Anhörung ergangen ist; in diesem Fall kann das Gericht die Entscheidung ebenfalls von Amts wegen aufheben oder ändern. Dies soll sicherstellen, dass das Ergebnis der Anhörung in jedem Fall, also auch wenn kein Antrag gestellt ist, umgesetzt werden kann.[40] Zugleich wird die Bedeutung der Anhörung damit hervorgehoben.[41]

27 Ist die Entscheidung in einer **Familiensache** ohne mündliche Verhandlung ergangen, ist auf Antrag aufgrund mündlicher Verhandlung erneut zu entscheiden (54 Abs. 2 FamFG).

28 § 54 Abs. 3 FamFG regelt die örtliche und sachliche Zuständigkeit für Maßnahmen des § 54 FamFG. § 54 Abs. 4 FamFG bestimmt das Verhältnis der Abänderung zu einem Rechtsmittelverfahren im Sinne eines Vorrangs des Letzteren während der Anhängigkeit der Sache beim Beschwerdegericht. Das Verfahren nach § 54 Abs. 2 FamFG ist vorrangig gegenüber demjenigen nach § 54 Abs. 1 FamFG.[42]

IV. Außerkrafttreten der einstweiligen Anordnung

29 Die Vorschrift des § 56 FamFG behandelt den im einstweiligen Anordnungsverfahren besonders bedeutsamen Gesichtspunkt des Außerkrafttretens des Beschlusses. Die Regelung folgt – mit Modifikationen – § 620f ZPO a.F.

30 Die einstweilige Anordnung tritt, sofern nicht das Gericht einen früheren Zeitpunkt bestimmt hat, bei Wirksamwerden einer anderweitigen Regelung außer Kraft (§ 56

---

38 BT-Drucks 16/6308, 201.
39 Vgl. zu § 620b ZPO: Philippi in: Zöller, § 620b ZPO, Rn 3; Borth in: Musielak, § 620b ZPO, Rn 4; Hüßtege in: Thomas/Putzo, § 620b ZPO, Rn 9; OLG Köln FamRZ 2004, 39.
40 BT-Drucks 16/6308, 202.
41 BT-Drucks 16/6308, 202.
42 So auch: Philippi in: Zöller, § 620b ZPO, Rn 2a; Schürmann, FamRB 2008, 375 (380); a.A. OLG Oldenburg FamRZ 2000, 759; Giers, FGPrax 2009, 47 (52).

Abs. 1 S. 1 FamFG). Ist dies eine Endentscheidung in einer **Familienstreitsache**, ist deren Rechtskraft maßgebend,[43] soweit nicht die Wirksamkeit zu einem späteren Zeitpunkt eintritt (§ 56 Abs. 1 S. 2 FamFG).

§ 56 Abs. 2 FamFG regelt für Antragsverfahren das Außerkrafttreten der einstweiligen Anordnung infolge einer Beendigung des Hauptsacheverfahrens. Wenn der Antrag in der Hauptsache zurückgenommen oder rechtskräftig abgewiesen wurde (Nr. 1–2), ist für eine vom Antragsteller erwirkte einstweilige Anordnung über denselben Verfahrensgegenstand kein Raum mehr. Dies dient dem Schutz des Antragsgegners.[44] Dasselbe gilt, wenn in der Hauptsache aus den in Nr. 3–4 bezeichneten Gründen Erledigung eintritt. **31**

In § 56 Abs. 3 FamFG werden die in § 620f Abs. 1, S. 2, 3 und Abs. 2 ZPO a.F. enthaltenen Regelungen im Wesentlichen inhaltsgleich übernommen und zusammengefasst. Das Gericht hat danach auf Antrag auszusprechen, ob und gegebenenfalls ab welchem Zeitpunkt die einstweilige Anordnung außer Kraft getreten ist. Nicht ausgeschlossen ist, dass das Außerkrafttreten auch rückwirkend eintritt.[45] **32**

V. Rechtsmittel

§ 57 FamFG regelt die begrenzte Anfechtbarkeit von Entscheidungen im Verfahren der einstweiligen Anordnung. § 57 S. 1 FamFG **schließt** die **Anfechtbarkeit** grundsätzlich **aus**. Stattdessen steht es den Beteiligten offen, unmittelbar oder über § 52 FamFG ein Hauptsacheverfahren einzuleiten und auf diese Weise die getroffene Entscheidung durch das Gericht und notfalls auch durch das Rechtsmittelgericht überprüfen zu lassen oder auf eine Abänderung hinzuwirken, die in weitgehendem Umfang möglich ist.[46] Etwaige Verletzungen des Grundrechts auf rechtliches Gehör können mit der Anhörungsrüge (§ 44 FamFG) geltend gemacht werden. Der Ausschluss der Anfechtbarkeit **gilt** aber nach § 57 S. 2 FamFG **nicht**, wenn das Gericht des ersten Rechtszugs aufgrund **mündlicher Erörterung** **33**

- über die elterliche Sorge für ein Kind,
- über die Herausgabe des Kindes an den anderen Elternteil,
- über einen Antrag auf Verbleiben eines Kindes bei einer Pflege- oder Bezugsperson,

---

43 Vgl. zur bisherigen Rechtslage BGH FamRZ 2000, 751.
44 BT-Drucks 16/6308, 202.
45 Vgl. zu § 620f ZPO a.F.: Philippi in: Zöller, § 620f ZPO, Rn 13, 16b; Borth in: Musielak, § 620b ZPO, Rn 12; a.A. Hüßtege in: Thomas/Putzo, § 620f ZPO, Rn 2.
46 BT-Drucks 16/6308, 202.

- über einen Antrag nach den §§ 1 und 2 des Gewaltschutzgesetzes oder
- in einer Ehewohnungssache⁴⁷ über einen Antrag auf Zuweisung der Wohnung entschieden hat.

34 Unanfechtbar ist damit insbesondere auch eine einstweilige Anordnung sowohl über die Anordnung des Umgangs, über die Beschränkung des Umgangs, zum Beispiel durch die Anordnung begleiteten Umgangs oder durch Kontrollmaßnahmen und Verbote, als auch über den vollständigen Ausschluss des Umgangsrechts.[48]

35 Ergänzend zu § 57 FamFG bestimmt § 56 Abs. 3 S. 2 FamFG, dass der Beschluss über die Wirkung des Außerkrafttretens einer einstweiligen Anordnung mit der Beschwerde anfechtbar ist.

Für den Fall der Anfechtung einer im einstweiligen Anordnungsverfahren ergangenen Entscheidung legt § 63 Abs. 2 Nr. 1 FamFG die **Beschwerdefrist auf zwei Wochen** fest.

VI. Vollstreckung

36 Nach § 53 Abs. 1 FamFG bedarf eine einstweilige Anordnung einer Vollstreckungsklausel nur für den Fall, dass die Vollstreckung für oder gegen eine nicht in dem Beschluss bezeichnete Person erfolgen soll. Soweit es nach den Vorschriften dieses Gesetzes (§§ 88 ff. FamFG) ohnehin keiner Vollstreckungsklausel bedarf, verbleibt es hierbei auch für den Fall der Vollstreckung gegen eine im Beschluss nicht bezeichnete Person. Die Vorschrift soll die Klauselpflicht lediglich einschränken, nicht erweitern.[49] § 53 Abs. 2 S. 1 FamFG gestattet die Vollstreckung der einstweiligen Anordnung vor deren Zustellung in Gewaltschutzsachen sowie in sonstigen Fällen, in denen eine besonderes Bedürfnis besteht; erforderlich ist insoweit eine Anordnung des Gerichts.

---

[47] Das Gesetz zur Änderung des Zugewinnausgleichs- und Vormundschaftsrechts (BGBl 2009 I, 1696; BT-Drucks 16/10798; BT-Drucks 16/13027) hat den Begriff „Wohnungszuweisungssachen" durch „Ehewohnungssachen" ersetzt.

[48] Vgl. BT-Drucks 16/9733, 289. Eine Differenzierung der Anfechtbarkeit von Umgangsentscheidungen im einstweiligen Anordnungsverfahren war im Gesetzgebungsverfahren zunächst noch vorgesehen; vgl. BT-Drucks 16/6308, 203.

[49] BT-Drucks 16/6308, 201.

§ 55 FamFG regelt die Aussetzung der Vollstreckung einer einstweiligen Anordnung.[50]

B. Besonderheiten in Familiensachen (Buch 2 FamFG)

I. Familienstreitsachen: § 119 FamFG

Nach § 119 Abs. 1 S. 1 FamFG sind in Familienstreitsachen grundsätzlich die FamFG-Vorschriften über die einstweilige Anordnung anzuwenden. In Familienstreitsachen im Sinne von § 112 Nr. 2, 3 FamFG (Teile von Güterrechtssachen, sonstigen Familiensachen sowie vergleichbaren Lebenspartnerschaftssachen) gilt zusätzlich die Schadensersatzpflicht entsprechend § 945 ZPO (§ 119 Abs. 1 S. 2 FamFG). Das Gericht kann in Familienstreitsachen den Arrest anordnen (§ 119 Abs. 2 S. 1 FamFG). Insoweit gelten die §§ 916–934 und die §§ 943–945 ZPO entsprechend (§ 119 Abs. 2 S. 2 FamFG). Der Arrest ist auf die Sicherung von Geldforderungen gerichtet. Er kommt in aller Regel für Zugewinnausgleichsansprüche in Betracht, grundsätzlich aber auch für die Sicherung von Unterhaltsansprüchen.[51] In der Regel ist der Arrest im Fall des Unterhalts aber unpraktisch, weil er nicht zur regelmäßigen Befriedigung des notwendigen Unterhalts führt.[52] Für die einstweilige Befriedigung ist eine einstweilige Anordnung nach § 246 FamFG angezeigt.[53] Bei der Gefährdung von künftigen Unterhaltsansprüchen kann aber durchaus der Arrest zweckmäßig sein.[54]

37

Da das FamFG an keiner Stelle auf die §§ 935–942 ZPO verweist, ist eine einstweilige Verfügung im Anwendungsbereich des FamFG ausgeschlossen.[55] Sie ist damit auch nicht ausnahmsweise in Unterhaltssachen möglich.[56] Das FGG-Reformgesetz hat nicht die Streitfrage entschieden, in welcher Form der einstweilige Rechtsschutz im Rahmen des Anspruchs auf Sicherheitsleistung nach § 1389 BGB

---

50 Das „FamFG-Berichtigungsgesetz" (Gesetz zur Modernisierung von Verfahren im anwaltlichen und notariellen Berufsrecht, zur Errichtung einer Schlichtungsstelle der Rechtsanwaltschaft sowie zur Änderung sonstiger Vorschriften; BT-Drucks 16/11385; BT-Drucks 16/12717) hat in § 55 FamFG eine redaktionelle Berichtigung vorgenommen. § 55 FamFG nimmt – statt des bisherigen Verweises auf § 53 FamFG – nunmehr Fälle des § 54 FamFG in Bezug.
51 Roßmann, Taktik im neuen familiengerichtlichen Verfahren, Rn 164.
52 Roßmann, Taktik im neuen familiengerichtlichen Verfahren, Rn 164.
53 Vgl. Roßmann, Taktik im neuen familiengerichtlichen Verfahren, Rn 164.
54 Vgl. Roßmann, Taktik im neuen familiengerichtlichen Verfahren, Rn 164, 168 ff., mit Verweis auf OLG Düsseldorf NJW-RR 1994, 452.
55 BT-Drucks 16/6308, 226; Borth, FamRZ 2007, 1925 (1929).
56 BT-Drucks 16/6308, 226.

erfolgt.[57] Jedoch ist im Zuge des Gesetzes zur Änderung des Zugewinnausgleichs- und Vormundschaftsrechts[58] der § 1389 BGB aufgehoben. Dadurch ist eine direkte Sicherung des künftigen neuen Zugewinnausgleichsanspruchs im Rahmen des vorläufigen Rechtsschutzes durch den Arrest ermöglicht.[59]

II. Kindschaftssachen: § 157 Abs. 3 FamFG

38 In Kindschaftsverfahren nach den §§ 1666, 1666a BGB wegen Gefährdung des Kindeswohls wird dem Gericht in § 157 Abs. 3 FamFG aufgegeben, den Erlass einer einstweiligen Anordnung zu prüfen. Das Vorrang- und Beschleunigungsgebot gilt übrigens auch in einstweiligen Anordnungsverfahren über eine Kindschaftssache.

III. Gewaltschutzsachen: § 214 FamFG

39 Nach § 214 Abs. 1 FamFG kann das Gericht auf Antrag durch einstweilige Anordnung eine vorläufige Regelung nach § 1 oder § 2 des Gewaltschutzgesetzes treffen. Ein dringendes Bedürfnis für ein sofortiges Tätigwerden liegt i.d.R. vor, wenn eine Tat nach § 1 des Gewaltschutzgesetzes begangen wurde oder aufgrund konkreter Umstände mit einer Begehung zu rechnen ist. Das Gericht hat nach pflichtgemäßem Ermessen zu prüfen, ob aufgrund einer glaubhaft gemachten Gefahrenlage von einer mündlichen Verhandlung abzusehen ist.[60] Mit der gesetzlichen Konkretisierung des dringenden Bedürfnisses ist keine Verschärfung gegenüber der allgemeinen Regelung des § 49 FamFG verbunden.[61] Gemäß § 214 Abs. 2 FamFG gilt der Antrag auf Erlass der einstweiligen Anordnung im Fall des Erlasses ohne mündliche Erörterung zugleich als Auftrag zur Zustellung durch den Gerichtsvollzieher unter Vermittlung der Geschäftsstelle und als Auftrag zur Vollstreckung; auf Verlangen des Antragstellers darf die Zustellung nicht vor der Vollstreckung erfolgen.

---

57 Borth, FamRZ 2008, 1925 (1929); vgl. zu den unterschiedlichen Ansichten: Brudermüller in: Palandt, 68. Aufl. (2009), § 1389 BGB, Rn 9.
58 BT-Drucks 16/10798; BT-Drucks 16/13027.
59 Vgl. BT-Drucks 16/10798, Begründung B zu Art. 1 zu Nr. 10 (Aufhebung von § 1389 BGB)
60 BT-Drucks 16/6308, 252.
61 A.A. Borth, FamRZ 2007, 1925 (1929); offengelassen: Kroiß/Seiler, Das neue FamFG, § 3, Rn 122.

IV. Versorgungsausgleichssachen

40 § 226 FamFG a.F. enthielt nach dem FGG-Reformgesetz eine besondere Vorschrift für einstweilige Anordnungen gegenüber den §§ 49 ff. FamFG vor. Das Gesetz zur Strukturreform des Versorgungsausgleichs[62] hat die Sonderregelung ersatzlos gestrichen.

Eine einstweilige Anordnung in Versorgungsausgleichssachen kommt nunmehr in Betracht, wenn dies nach den für das Rechtsverhältnis maßgebenden Vorschriften gerechtfertigt ist und ein dringendes Bedürfnis für ein sofortiges Tätigwerden besteht. Dabei hat das Gericht zu beachten, dass im Rahmen von § 49 FamFG der beanspruchte Rentenbetrag nicht in voller Höhe zugesprochen werden darf (keine Vorwegnahme der Hauptsache).[63] Das Gericht kann hier auf eine Notrente erkennen.[64]

V. Unterhaltssachen: §§ 246–248 FamFG

1. Besondere Vorschriften für die einstweilige Anordnung

41 § 246 Abs. 1 FamFG enthält die Befugnis des Gerichts, durch einstweilige Anordnung die Verpflichtung zur Zahlung von Unterhalt oder zur Zahlung eines Kostenvorschusses für ein gerichtliches Verfahren (vgl. etwa § 1360a Abs. 4 in Verbindung mit § 1361 Abs. 4 S. 4 BGB) zu regeln. Die Vorschrift modifiziert gegenüber § 49 FamFG die Voraussetzungen für den Erlass einer einstweiligen Anordnung. Insbesondere ist ein dringendes Bedürfnis für ein sofortiges Tätigwerden nicht erforderlich.[65] Es bedarf aber eines Regelungsbedürfnisses.[66] Ein Handlungsermessen für das Gericht besteht nicht.[67]

> *Hinweis*
>
> An einem Regelungsbedürfnis fehlt es in der Regel, wenn kein außergerichtlicher Versuch einer einverständlichen Regelung gemacht worden ist. Deshalb muss der Unterhaltsschuldner vorgerichtlich zur Unterhaltsleistung aufgefor-

---

[62] BGBl 2009 I, 700.
[63] BT-Drucks 16/10144, 92.
[64] BT-Drucks 16/10144, 92.
[65] Borth, FamRZ 2007, 1925 (1929); vgl. auch Philippi in: Zöller, § 620 ZPO, Rn 5.
[66] Borth, FamRZ 2007, 1925 (1929); vgl. auch Philippi in: Zöller, § 620 ZPO, Rn 5.
[67] Borth, FamRZ 2007, 1925 (1929); vgl. auch Philippi in: Zöller, § 620 ZPO, Rn 5.

dert werden. Die Aufforderung muss nicht direkt auf einen bezifferten Zahlungsbetrag gerichtet sein, sondern kann auch gestuft auf Auskunft erfolgen.

Auf der Rechtsfolgenseite besteht die in § 49 FamFG vorgesehene Begrenzung auf vorläufige Maßnahmen nicht, vielmehr kann insbesondere auch die Zahlung angeordnet werden. In § 246 FamFG handelt es sich also um eine Leistungsverfügung. Wie im geltenden Recht[68] kann daher durch eine einstweilige Anordnung der volle laufende Unterhalt ohne zeitliche Begrenzung zuerkannt werden, soweit die Voraussetzungen dafür glaubhaft gemacht worden sind.[69] Die Interessen des Unterhaltsschuldners werden durch die Möglichkeit zur Erzwingung eines Hauptsacheverfahrens nach § 52 Abs. 2 FamFG und durch den Antrag auf Aufhebung oder Änderung der Entscheidung nach § 54 FamFG gewahrt.[70] Das Außerkrafttreten der einstweiligen Anordnung bestimmt sich nach § 56 FamFG.

Hinweis

Eine Grundaussage, dass im einstweiligen Anordnungsverfahren ein Regelungsbedürfnis für rückständigen Unterhalt, der vor Antragstellung fällig geworden ist, in der Regel nicht bestünde, lässt sich nicht treffen.[71]

42 Nach § 246 Abs. 2 FamFG ergeht die Entscheidung aufgrund **mündlicher Verhandlung,** wenn dies zur Aufklärung des Sachverhalts oder für eine gütliche Streitbeilegung geboten erscheint. Die Vorschrift betont die Bedeutung der mündlichen Verhandlung im Verfahren der einstweiligen Anordnung in Unterhaltssachen und trägt damit dem Umstand Rechnung, dass das Ziel einer Verfahrensbeschleunigung in Unterhaltssachen nicht in der Weise im Vordergrund steht wie in anderen Bereichen des einstweiligen Rechtsschutzes.[72]

Hinweis

§ 241 FamFG soll analog zur Anwendung kommen, wenn es um die Herabsetzung von Unterhalt geht, der durch eine einstweilige Anordnung (§ 246 FamFG) geregelt ist.[73]

---

68 Philippi in: Zöller, § 620 ZPO, Rn 59.
69 BT-Drucks 16/6308, 259; Borth, FamRZ 2007, 1925 (1929); vgl. auch Schwonberg in: Schulte-Bunert/Weinreich, § 246 FamFG, Rn 7.
70 BT-Drucks 16/6308, 260.
71 A.A.: Schwonberg in: Schulte-Bunert/Weinreich, § 246 FamFG, Rn 8.
72 BT-Drucks 16/6308, 260.
73 Viefhues in: Horndasch/Viefhues, § 52 FamFG, Rn 26; Roßmann in: Horndasch/Viefhues, § 241 FamFG, Rn 7; Klein in: Schulte-Bunert/Weinreich, § 241 FamFG, Rn 4.

2. Einstweilige Anordnung vor Geburt des Kindes

§ 247 FamFG enthält eine besondere Vorschrift für die einstweilige Anordnung vor Geburt des Kindes. Im Wege der einstweiligen Anordnung kann bereits vor der Geburt des Kindes die Verpflichtung zur Zahlung des für die ersten drei Monate dem Kind zu gewährenden Unterhalts sowie des der Mutter nach § 1615l Abs. 1 BGB zustehenden Betrags geregelt werden (§ 247 Abs. 1 FamFG). Hinsichtlich des Unterhalts für das Kind kann der Antrag auch durch die Mutter gestellt werden (§ 247 Abs. 2 S. 1 FamFG). § 1600d Abs. 2, 3 BGB gilt entsprechend. In den Fällen des Abs. 1 kann auch angeordnet werden, dass der Betrag zu einem bestimmten Zeitpunkt vor der Geburt des Kindes zu hinterlegen ist (§ 247 Abs. 2 S. 2 FamFG).

43

3. Einstweilige Anordnung bei Feststellung der Vaterschaft

§ 248 Abs. 1 FamFG ergänzt § 246 FamFG durch die Einführung einer zusätzlichen Zulässigkeitsvoraussetzung für einstweilige Anordnungen, die den Unterhalt bei Feststellung der Vaterschaft betreffen. Steht die Vaterschaft des im einstweiligen Anordnungsverfahrens auf Unterhaltszahlung in Anspruch genommenen Mannes nicht bereits aufgrund anderer Vorschriften fest, ist der einstweilige Anordnungsantrag nur zulässig, wenn ein Verfahren auf Feststellung der Vaterschaft nach § 1600d BGB anhängig ist. Die Vorschrift durchbricht die Sperrwirkung des § 1600d Abs. 4 BGB, wonach die Rechtswirkungen der Vaterschaft grundsätzlich erst vom Zeitpunkt der rechtskräftigen Feststellung an geltend gemacht werden können.[74] Die Regelung des Abs. 1 ändert nichts an der Selbstständigkeit beider Verfahren. Das einstweilige Anordnungsverfahren ist, anders als nach bisherigem Recht (§ 641d ZPO a.F.), nicht Teil des Verfahrens auf Feststellung der Vaterschaft.

44

Die sachliche und örtliche Zuständigkeit für das einstweilige Anordnungsverfahren wird in § 248 Abs. 2 FamFG bestimmt. Die entsprechende Geltung von § 1600d Abs. 2, 3 BGB gemäß § 248 Abs. 3 FamFG ist erforderlich, da die Vaterschaftsvermutung ausdrücklich nur im Verfahren auf gerichtliche Feststellung der Vaterschaft, also im Abstammungsverfahren anwendbar ist. Hierzu gehört das einstweilige Anordnungsverfahren über den Unterhalt nicht. § 248 Abs. 4 FamFG ermöglicht dem Gericht auch die Anordnung der Sicherheitsleistung in Höhe eines bestimmten Betrages. § 248 Abs. 5 S. 1 FamFG ergänzt § 56 FamFG um zwei weitere Fälle des Außerkrafttretens der einstweiligen Anordnung in Unterhaltssachen. Beide Konstellationen haben ihren Grund in der Koppelung der einstweiligen An-

45

---

74 BT-Drucks 16/6308, 260.

ordnung an das Abstammungsverfahren. § 248 Abs. 5 S. 2 FamFG fixiert eine Schadensersatzpflicht des Antragstellers.

C. Zulässigkeit einer negativen Feststellungsklage zur Verteidigung gegen eine einstweilige Anordnung

46 Auch nach dem FGG-Reformgesetz ist es weiterhin zulässig, in einem Hauptsacheverfahren einen Antrag auf negative Feststellung über das Nichtbestehen einer Verpflichtung zu stellen, um durch einen entsprechenden Feststellungsbeschluss das rückwirkende Entfallen einer erlassenen einstweiligen Anordnung zu bewirken. Der Antrag auf negative Feststellung ist in besonderem Maße in den Fällen von Bedeutung, in denen durch eine einstweilige Anordnung die Verpflichtung zur Zahlung von Unterhalt geregelt ist.

Ein negativer Feststellungsbeschluss des Gerichts in der Hauptsache führt zum Außerkrafttreten der einstweiligen Anordnung (vgl. 56 Abs. 1 S. 1 FamFG).[75] Das Außerkrafttreten ist rückwirkend bis zum Beginn der Verpflichtung aus der einstweiligen Anordnung möglich.[76] Ein Feststellungsantrag muss – zumindest in Familienstreitsachen und Ehesachen – wegen § 113 Abs. 1 S. 2 FamFG in Verbindung mit § 253 ZPO die konkrete Zeitangabe enthalten.[77] Die einstweilige Anordnung tritt auf einen Feststellungsbeschluss so weit außer Kraft, als sich die Regelungsgegenstände (zeitlich) decken.[78]

47 Mangels eines vorhandenen Feststellungsinteresses bzw. Rechtsschutzbedürfnisses ist der Feststellungsantrag nicht *zulässig*:
- wenn bereits ein positiver Leistungsantrag (z.B.: Unterhalt) des Gläubigers erhoben ist,[79]
- wenn der Schuldner den Rückzahlungsbetrag (z.B.: Bereicherung) beziffern kann.[80]

48 Dem Feststellungsinteresse bzw. dem Rechtsschutzbedürfnis für einen Feststellungsantrag steht *nicht entgegen*:

---

75 Vgl. zu dieser Wirkung über § 620f ZPO: OLG Düsseldorf FamRZ 1992, 337; OLG Zweibrücken FamRZ 2001, 424.
76 Philippi in: Zöller, § 620f ZPO, Rn 13, 16b m.w.N.
77 Philippi in: Zöller, § 620f ZPO, Rn 16b.
78 Philippi in: Zöller, § 620f ZPO, Rn 13.
79 OLG Köln FamRZ 2001, 106; OLG Köln NJW-RR 2003, 1228.
80 OLG Frankfurt FamRZ 1991, 1210; OLG Düsseldorf FamRZ 1997, 824; OLG Hamburg FamRZ 1998, 294.

- die Möglichkeit einer Aufhebung oder Abänderung der einstweiligen Anordnung (auf Antrag) über § 54 FamFG,[81]
- die Möglichkeit der Einleitung der Hauptsache (auf Antrag) über § 52 FamFG.[82]

D. Übersicht

Nachfolgend werden die bei der einstweiligen Anordnung in Familiensachen anzuwendenden Vorschriften zusammenfassend dargestellt.

49

---

81 Vgl. zu § 620b ZPO: OLG Koblenz FamRZ 1983, 1148; vgl. auch BGH FamRZ 1983, 355.
82 Vgl. zu § 926 ZPO: BGH NJW 1986, 1815; OLG Hamburg MDR 2002, 965.

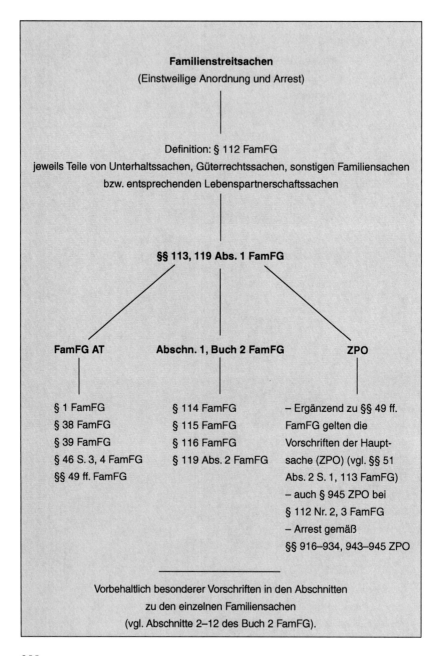

D. Übersicht §4

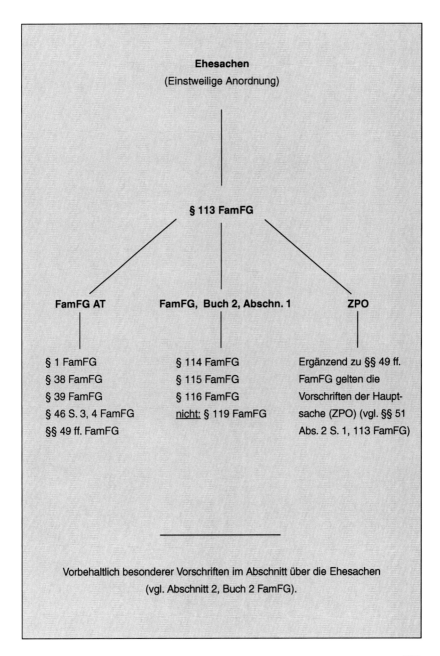

§ 4 Einstweilige Anordnungen in Familiensachen

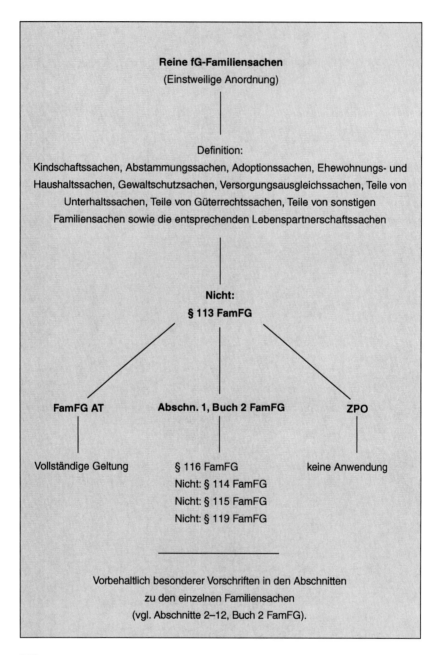

§ 5 Rechtsmittel, Rechtsbehelfe und Abänderung in Familiensachen

A. Beschwerde und Rechtsbeschwerde gegen Endentscheidungen

I. Übersicht über die Beschwerde gegen Endentscheidungen

Nachfolgend werden die bei der Beschwerde gegen erstinstanzliche Endentscheidungen in Familiensachen anzuwendenden Vorschriften zusammenfassend dargestellt. Die Skizzierung erfolgt dieses Mal vor den inhaltlichen Erläuterungen, weil hier die Vorschriften von FamFG und ZPO verstärkt ineinander greifen, was die Verständlichkeit der Systematik der Gesetzesanwendung erschwert. Deshalb soll zuerst ein bildlicher Eindruck verschafft werden.

1

In Familiensachen gelten für die Rechtsmittel der Beschwerde und der Rechtsbeschwerde grundsätzlich die §§ 58–75 FamFG.[1] Dies gilt auch für die Familienstreitsachen und die Ehesachen. §§ 113 und 117 FamFG nehmen für die Vorschriften der Rechtsmittel nur punktuelle – gleichwohl dringend zu beachtende – Änderungen vor.

---

1 Vgl. neuere Darstellungen von Maurer, FamRZ 2009, 465; Schael, FPR 2009, 11; Schürmann, FamRB 2009, 24.

§ 5 Rechtsmittel, Rechtsbehelfe und Abänderung in Familiensachen

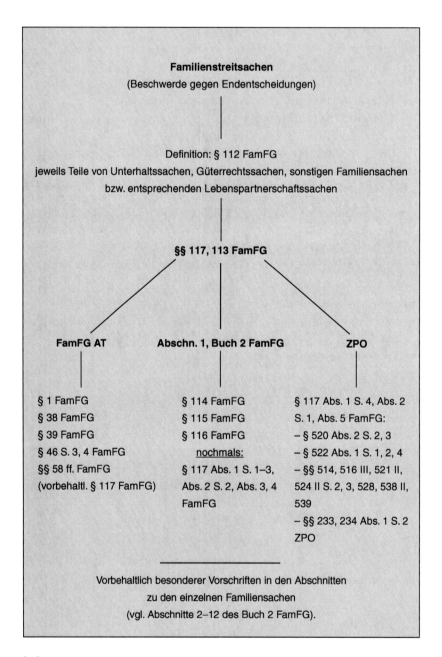

A. Beschwerde und Rechtsbeschwerde gegen Endentscheidungen §5

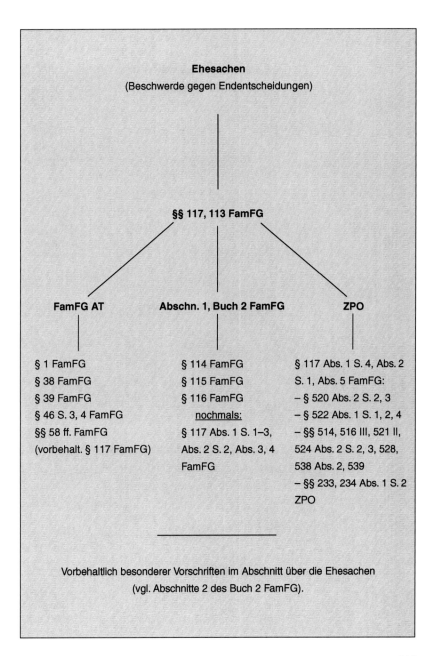

Ehesachen
(Beschwerde gegen Endentscheidungen)

§§ 117, 113 FamFG

FamFG AT
- § 1 FamFG
- § 38 FamFG
- § 39 FamFG
- § 46 S. 3, 4 FamFG
- §§ 58 ff. FamFG
(vorbehalt. § 117 FamFG)

Abschn. 1, Buch 2 FamFG
- § 114 FamFG
- § 115 FamFG
- § 116 FamFG
nochmals:
- § 117 Abs. 1 S. 1–3, Abs. 2 S. 2, Abs. 3, 4 FamFG

ZPO
- § 117 Abs. 1 S. 4, Abs. 2 S. 1, Abs. 5 FamFG:
  – § 520 Abs. 2 S. 2, 3
  – § 522 Abs. 1 S. 1, 2, 4
  – §§ 514, 516 III, 521 II, 524 Abs. 2 S. 2, 3, 528, 538 Abs. 2, 539
  – §§ 233, 234 Abs. 1 S. 2 ZPO

Vorbehaltlich besonderer Vorschriften im Abschnitt über die Ehesachen (vgl. Abschnitte 2 des Buch 2 FamFG).

§ 5 Rechtsmittel, Rechtsbehelfe und Abänderung in Familiensachen

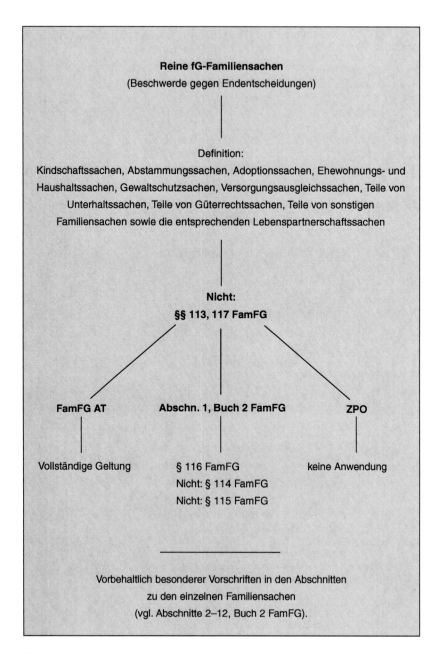

II. FamFG AT: §§ 58–75 FamFG

1. Beschwerde gegen Endentscheidungen

a) Einführung

Nach der Neukonzeption übernimmt die Beschwerde als Hauptsacherechtsmittel im FamFG die Funktion der Berufung in der ZPO und anderen Verfahrensordnungen.[2]

2

b) Zulässigkeit der Beschwerde

aa) Statthaftigkeit

(1) Anfechtbarkeit von Endentscheidungen

§ 58 Abs. 1 FamFG bestimmt die grundsätzliche Statthaftigkeit der Beschwerde gegen **Endentscheidungen**. Nach dieser Vorschrift findet die Beschwerde gegen die im ersten Rechtszug ergangenen Endentscheidungen der Amtsgerichte und Landgerichte in den FamFG-Sachen statt, sofern durch Gesetz nichts anderes bestimmt ist.[3] Eine Endentscheidung ist gemäß der Legaldefinition in § 38 FamFG eine solche Entscheidung, durch die der Verfahrensgegenstand in der Instanz ganz oder teilweise erledigt wird.[4] Endscheidungen in diesem Sinne sind neben abschließenden Entscheidungen zur Hauptsache auch Entscheidungen zur Verteilung der Kosten des Verfahrens (Kostengrundentscheidungen), die nach einer Antragsrücknahme oder nach übereinstimmenden Erledigungserklärungen ergehen.[5] Denn Gegenstand des Verfahrens ist nach dem Wegfall der Hauptsache nur noch die Verteilung

3

---

2 Vgl. zusätzlich zu den Darstellungen nach Fußnote 1 auch: Jacoby, FamRZ 2007, 1703 (1707); Borth, FamRZ 2007, 1925 (1929 f.); Bahrenfuss, SchlHA 2008, 109 (110 f.); Gutjahr, FPR 2006, 433; Kuntze, FGPrax 2005, 185 (188 f.).

3 Abweichend von der Systematik des § 58 FamFG lässt § 382 Abs. 4 FamFG die Beschwerde gegen Zwischenverfügungen in Registersachen zu.

4 Dazu gehört auch ein Zwischenbeschluss über die Zulässigkeit eines Antrags beziehungsweise des Verfahrens, weil es von der Sache her einer Endentscheidung über einen Teil des Gegenstands gleichkommt; vgl. B/L/A/Hartmann, § 58 FamFG, Rn 3; OLG Stuttgart FamRZ 1978, 442.

5 Vgl. BT-Drucks 16/6308, 195; BT-Drucks 16/12717, Bericht Nr. IV zu Art. 8 zu Nr. 1 zu Buchstabe m (Änderung von § 117 FamFG); Reinken in: Horndasch/Viefhues, § 38 FamFG, Rn 4; Oberheim in: Schulte-Bunert/Weinreich, § 38 FamFG, Rn 6; Bumiller in: Bumiller/Harders, § 38 FamFG, Rn 1; Unger in: Schulte-Bunert/Weinreich, § 58 FamFG, Rn 14; a.A. Schael, FPR 2009, 195 (196); Schael, FPR 2009, 11 (12). M.E. gemäß ist die Kostengrundentscheidung eine Endentscheidung, vgl. auch in diesem Buch, § 2 Rn 106. Nach der bisherigen Rechtslage ist eine isolierte Kostenentscheidung keine Endentscheidung im Sinne von § 621e ZPO a.F.; vgl.: Philippi in: Zöller, § 621e ZPO, Rn 11; BGH NJW-RR 1990, 1218; str.

der Kosten zwischen den Beteiligten. Endentscheidungen sind aber dann nicht mit der Beschwerde nach § 58 Abs. 1 FamFG anzufechten, wenn **ein anderes** bestimmt ist. Dies betrifft etwa die Anfechtung von ersten Versäumnisbeschlüssen in Familienstreitsachen sowie in Ehesachen. Diese Versäumnisbeschlüsse sind mit dem Einspruch gemäß § 113 Abs. 1 S. 2 FamFG in Verbindung mit § 338 ZPO anzugreifen.[6] Des Weiteren ist gegen Kostenentscheidungen in Familienstreitsachen sowie in Ehesachen, die nach einer Antragsrücknahme, übereinstimmenden Erledigungserklärungen oder einem Anerkenntnis ergehen, die sofortige Beschwerde (§§ 567 ff. ZPO) über §§ 269 Abs. 5, 91a Abs. 2, 99 Abs. 2 ZPO statthaft.[7]

Zwischen- und Nebenentscheidungen sind mit der FamFG-Beschwerde nicht anfechtbar, weil sie eben keine Endentscheidungen sind. Sie können gegebenenfalls mit der sofortigen Beschwerde entsprechend §§ 567 ff. ZPO anfechtbar sein.[8]

(2) Ausschlüsse zum Prüfungsumfang des Beschwerdegerichts

4 § 58 Abs. 2 FamFG bestimmt, dass der Beurteilung des Beschwerdegerichts „auch die nicht selbstständig anfechtbaren Entscheidungen, die der Endentscheidung vorausgegangen sind", unterliegen. Die Vorschrift schreibt also fest, dass die Fehlerhaftigkeit von Zwischenentscheidungen noch mit der Beschwerde gegen die Endentscheidung gerügt werden kann.[9] Seinem Wortlaut nach erweitert § 58 Abs. 2 FamFG durch das Wort „auch" die Überprüfung des Beschwerdegerichts auf nicht selbstständig anfechtbare Zwischenentscheidungen. Der Endentscheidung vorausgegangen und mit ihr überprüfbar sind etwa Beweis-, Verbindungs- und Trennungsbeschlüsse.[10]

5 Der Gesetzgeber beabsichtigte mit der Regelung des § 58 Abs. 2 FamFG die Anlehnung an § 512 ZPO.[11] Nach dem Willen des Gesetzgebers soll § 58 Abs. 2 FamFG gleichzeitig ausschließen, dass bestimmte Zwischenentscheidungen des erstinstanzlichen Gerichts vom Beschwerdegericht überprüft werden dürfen.[12] Ausgenommen von der Überprüfung mit der Endentscheidung sollen solche Ent-

---

6 Vgl. BT-Drucks 16/12717, Bericht Nr. IV zu Art. 8 zu Nr. 1 zu Buchstabe m (Änderung von § 117 FamFG).
7 Vgl. BT-Drucks 16/12717, Bericht Nr. IV zu Art. 8 zu Nr. 1 zu Buchstabe m (Änderung von § 117 FamFG); Unger in: Schulte-Bunert/Weinreich, § 58 FamFG, Rn 14. Siehe zur sofortigen Beschwerde die Darstellung weiter unten.
8 Siehe dazu weiter unten bei der Darstellung der sofortigen Beschwerde.
9 BT-Drucks 16/6308, 203.
10 BT-Drucks 16/6308, 204.
11 Vgl. BT-Drucks 16/6308, 203 f.
12 BT-Drucks 16/6308, 204.

A. Beschwerde und Rechtsbeschwerde gegen Endentscheidungen § 5

scheidungen sein, die nach den FamFG-Vorschriften unanfechtbar oder mit der sofortigen Beschwerde anfechtbar sind.[13] Nicht im Hauptsacherechtsmittelzug überprüfbar seien demnach etwa Zwischenentscheidungen über die Ablehnung einer Gerichtsperson, über die Zuständigkeit des angegangenen Gerichts oder über die Übertragung auf den Einzelrichter oder die Kammer.[14]

Der Gesetzgeber liegt in seiner Gesetzesbegründung allerdings nicht richtig, dass es sich bei § 58 Abs. 2 FamFG um die von ihr **gewollte Anlehnung an § 512 ZPO** handelt. § 58 Abs. 2 FamFG übernimmt nämlich nicht die Worte „sofern sie nicht nach den Vorschriften dieses Gesetzes unanfechtbar oder mit der sofortigen Beschwerde anfechtbar sind." Anders als § 512 ZPO schließt die Vorschrift nicht ausdrücklich aus, dass bestimmte Zwischenentscheidungen vom Beschwerdegericht nicht mehr überprüft werden dürfen. Nicht von einer Überprüfbarkeit mit der Endentscheidung ausgeschlossen sind:[15]

- Zwischenentscheidungen, die nicht nur nicht selbstständig anfechtbar sind, sondern kraft gesetzlicher Anordnung gänzlich unanfechtbar sind,
- Zwischenentscheidungen, die selbstständig mit der sofortigen Beschwerde (entsprechend §§ 567–572 ZPO) anfechtbar sind.

Demnach müsste zum Beispiel die vom Familiengericht gewährte Wiedereinsetzung (vgl. § 19 Abs. 2 FamFG) der Überprüfung mit der Endentscheidung durch das Oberlandesgericht als Beschwerdegericht unterliegen können.

bb) Beschwerdeberechtigte

§ 59 FamFG regelt den beschwerdeberechtigten Personenkreis. Nach § 59 Abs. 1 FamFG steht die Beschwerde demjenigen zu, der durch den Beschluss **in eigenen Rechten** beeinträchtigt ist. Auf die Beteiligtenstellung in erster Instanz kommt es demgegenüber nicht an.[16] Mithin ist es unerheblich, ob der Beschwerdeberechtigte tatsächlich Beteiligter des erstinstanzlichen Verfahrens war oder aufgrund seiner Rechtsbetroffenheit hätte hinzugezogen werden müssen.[17] Umgekehrt ist ein Beteiligter im erstinstanzlichen Verfahren nicht beschwerdeberechtigt, wenn er von dem Ergebnis der Entscheidung in seiner materiellen Rechtsstellung nicht betroffen

---

13 BT-Drucks 16/6308, 204.
14 BT-Drucks 16/6308, 204; zum Teil zweifelhaft.
15 A.A.: Unger in: Schulte-Bunert/Weinreich, § 58 FamFG, Rn 39–42.
16 BT-Drucks 16/6308, 204.
17 BT-Drucks 16/6308, 204.

ist.[18] Möglich ist es aber, im fremden Namen Beschwerde einzulegen, soweit die prozessuale Befugnis zur Ausübung des Beschwerderechts besteht.[19]

Kann ein Beschluss nur auf Antrag erlassen werden und ist der Antrag zurückgewiesen, so steht die Beschwerde nur dem Antragsteller zu (§ 59 Abs. 2 FamFG).

8 § 59 Abs. 3 FamFG bestimmt die Beschwerdeberechtigung von **Behörden**. Ihnen wird unabhängig von einer Beeinträchtigung in eigenen Rechten spezialgesetzlich in diesem oder einem anderen Gesetz eine besondere Beschwerdebefugnis zugewiesen, wenn sie zur Wahrnehmung öffentlicher Interessen anzuhören sind und sich an dem Verfahren beteiligen können.

9 § 60 FamFG regelt das **selbstständige Beschwerderecht des Kindes** oder des Mündels unabhängig vom Willen der ihn ansonsten vertretenden Person (gesetzlicher Vertreter, Sorgerechtsinhaber, Vormund oder Pfleger). Die Vorschrift schreibt die bisherige Rechtslage aus § 59 FGG a.F. fort.

cc) Statthaftigkeit der Beschwerde nach Erledigung der Hauptsache

10 § 62 FamFG regelt, unter welchen Voraussetzungen eine Entscheidung in FamFG-Sachen auch dann noch mit der Beschwerde angefochten werden kann, wenn sich der Verfahrensgegenstand nach Erlass der Entscheidung erledigt hat. In dem bisherigen Recht war eine Anfechtungsmöglichkeit nach Erledigung der Hauptsache nicht geregelt. Im Einzelfall kann trotz Erledigung des ursprünglichen Rechtsschutzzieles ein Bedürfnis nach einer gerichtlichen Entscheidung fortbestehen, wenn das Interesse des Betroffenen an der Feststellung der Rechtslage besonders geschützt ist.[20] Die Vorschrift greift diese Grundsätze auf und regelt nunmehr ausdrücklich die Anforderungen an ein Feststellungsinteresse des Beschwerdeführers.

11 Voraussetzung für den Ausspruch des Beschwerdegerichts, dass die Entscheidung des Gerichts des ersten Rechtszugs den Beschwerdeführer in seinen Rechten verletzt hat, ist, dass der Beteiligte ein **berechtigtes Interesse** an dieser Feststellung hat und er einen **Feststellungsantrag** stellt. Im Regelfall ist ein Rechtsschutzinteresse des Beteiligten nach Erledigung des Verfahrensgegenstandes nicht mehr gegeben. Es besteht regelmäßig dann nicht mehr, weil der Beteiligte nach Erledigung durch die Entscheidung lediglich noch Auskunft über die Rechtslage erhält, ohne

---

18 BT-Drucks 16/6308, 204.
19 BT-Drucks 16/6308, 204; vgl. zur bisherigen Rechtslage Kahl in: Keidel/Kuntze/Winkler, § 20 FGG, Rn 21.
20 Vgl. BVerfGE 104, 220 (232 f.).

dass damit noch eine wirksame Regelung getroffen werden kann. Ausnahmsweise ist aber trotz Erledigung des ursprünglichen Rechtsschutzzieles ein Feststellungsinteresse gegeben, wenn das Interesse des Beteiligten an der Feststellung der Rechtslage in besonderer Weise schutzwürdig ist.[21] Soweit ein Feststellungsinteresse nicht vorliegt, ist nach den allgemeinen Regeln der Erledigung zu entscheiden. § 62 Abs. 2 FamFG benennt Regelbeispiele für das Vorliegen eines berechtigten Feststellungsinteresses, nämlich das Vorliegen eines schwerwiegenden Grundrechtseingriffs oder die konkrete Gefahr einer Wiederholung.

dd) Wert der Beschwer oder Zulassung der Beschwerde

In **vermögensrechtlichen** Verfahren muss zur Zulässigkeit der Beschwerde eine Beschwerdesumme erreicht werden oder die Beschwerde durch das Erstgericht zugelassen sein (§ 61 FamFG). **12**

§ 61 Abs. 1 FamFG bestimmt den zu erreichenden Wert des Beschwerdegegenstandes auf **über 600 EUR**. Allerdings enthält das FamFG keinerlei Vorschriften über die Bestimmung eines Verfahrenswertes beziehungsweise eines Beschwerdewertes vor.[22] Ein Rückgriff auf das FamGKG ist nicht statthaft, weil die Wertvorschriften nur den Gebührenstreitwert regeln und das Kostenrecht nicht das Verfahrensrecht näher ausformt. Denkbar ist eine **analoge Anwendung der §§ 3–9 ZPO**.[23] Der Gesetzgeber des FGG-Reformgesetzes hat die Notwendigkeit gesetzlicher Regelungen über die Bestimmung des Beschwerdewertes übersehen. Die §§ 3–9 ZPO regeln rechtsähnliche Sachverhalte. Zudem bietet § 3 ZPO mit der Einräumung des freien Ermessens einen weiträumigen Spielraum für eine angemessene Wertbestimmung in den FamFG-Sachen. In Familienstreitsachen sowie in Ehesachen sind die §§ 3–9 ZPO über §§ 117, 68 Abs. 3 S. 1 in Verbindung mit § 113 Abs. 1 S. 2 FamFG entsprechend anzuwenden.[24] **13**

> *Hinweis* **14**
>
> Wird neben der „eigentlichen" Familiensache auch die Erstattung außergerichtlich verdienter Rechtsanwaltskosten verfolgt, wirkt sich die Geltendmachung nicht erhöhend für den Wert der Beschwer beziehungsweise den Wert des Be-

---

21 Vgl. BVerfGE 104, 220 (232 f.).
22 Vgl. Maurer, FamRZ 2009, 465 (471 f.).
23 Vgl. auch Maurer, FamRZ 2009, 465 (471).
24 Wohl auch Maurer, FamRZ 2009, 465 (471).

schwerdegegenstandes aus.[25] So lange die Hauptsache Gegenstand eines Verfahrens ist, handelt es sich bei den außergerichtlichen anwaltlichen Kosten um Nebenforderungen, wenn der materiell-rechtliche Kostenerstattungsanspruch neben der Hauptforderung, aus der er sich herleitet, geltend gemacht wird und von dem Bestehen der Hauptforderung abhängig ist.[26] Für die Frage der Verfahrenswerterhöhung ist es ohne Belang, ob die geltend gemachten Rechtsanwaltskosten betragsmäßig der Hauptforderung hinzugerechnet oder neben der Hauptforderung Gegenstand eines eigenen Antrags sind.[27] Es kommt allein auf die materielle Rechtslage an.[28]

15 Auf eine Sonderregelung für die Anfechtbarkeit von **Kostenentscheidungen** verzichtet der Gesetzgeber.[29] Auch für diese Entscheidungen ist ein Wert des Beschwerdegegenstandes von **über 600 EUR** erforderlich.[30] Gemeint können aber nur solche Kostenentscheidungen sein, die den Charakter einer Endentscheidung erfüllen. Außerdem muss es sich um eine vermögensrechtliche Streitigkeit in der Hauptsache handeln. Bei nichtvermögensrechtlichen Streitigkeiten ist auch die Kostengrundentscheidung ohne Einhaltung eines Wertes des Beschwerdegegenstands statthaft.[31] Wird lediglich die erstinstanzliche Kostenentscheidung angefochten, so muss mit der Beschwerde eine abweichende Kostenentscheidung angestrebt werden, die die Beschwer aus der erstinstanzlichen Kostenbescheidung von über 600 EUR beseitigt. Auf den Wert der Beschwer aus der Hauptsache oder auf den Wert des Verfahrens der Hauptsache kommt es dagegen nicht an.[32]

Für Kostenentscheidungen, die Zwischen- oder Nebenentscheidungen sind, gilt der Beschwerdewert von über 600 EUR nicht, da die §§ 58 ff. FamFG nur die Beschwerde gegen Endentscheidungen regeln. Ein Nebenverfahren, für das der Beschwerdewert von über 600 EUR nicht gilt, ist zum Beispiel das Kostenfestsetzungsverfahren (§ 85 FamFG).

---

25 Vgl. BGH NJW 2007, 3289; BGH AnwBl. 2007, 799; BGH AGS 2007, 578; BGH NJW-RR 2008, 374.
26 BGH NJW 2007, 3289.
27 BGH AnwBl. 2007, 799; BGH AGS 2007, 578; BGH NJW-RR 2008, 374.
28 BGH AnwBl. 2007, 799; BGH AGS 2007, 578; BGH NJW-RR 2008, 374.
29 BT-Drucks 16/6308, 204.
30 BT-Drucks 16/6308, 204.
31 Diese Differenzierung nicht benennend: BT-Drucks 16/6308, 204; vgl. allerdings auch: Unger in: Schulte-Bunert/Weinreich, § 61 FamFG, Rn 4 f.
32 So aber wohl Maurer, FamRZ 2009, 465 (472) zu der Kostenbeschwerde in einer Versorgungsausgleichssache.

A. Beschwerde und Rechtsbeschwerde gegen Endentscheidungen § 5

Hinweis **16**

Das FamFG schließt die isolierte Anfechtung der Kostenverteilung – anders als § 99 ZPO – nicht aus.[33] Es muss aber der Beschwerdewert von über 600 EUR erreicht werden, wenn es sich in der Hauptsache um eine vermögensrechtliche Streitigkeit handelt. In Familienstreitsachen und Ehesachen gilt dagegen § 99 ZPO, weil die Verweisvorschrift des § 113 Abs. 1 S. 2 FamFG diese Regelung einschließt.

§ 61 Abs. 2, 3 FamFG enthält als Ausnahme von Abs. 1 für den Bereich der vermögensrechtlichen FamFG-Sachen die Zulassungsbeschwerde. Absatz 2 bestimmt, dass die Beschwerde, wenn die Höhe des Beschwerdegegenstandes unterhalb des Wertes nach Abs. 1 liegt, zulässig ist, wenn das **erstinstanzliche Gericht die Beschwerde zulässt**. Absatz 3 regelt die Voraussetzungen für die Zulassung der Beschwerde. Gemäß § 61 Abs. 3 S. 1 FamFG hat das erstinstanzliche Gericht die Beschwerde zuzulassen, wenn die Rechtssache grundsätzliche Bedeutung hat oder die Fortbildung des Rechts oder die Sicherung einer einheitlichen Rechtsprechung eine Entscheidung des Beschwerdegerichts erfordert und der Beteiligte durch den Beschluss mit nicht mehr als 600 EUR beschwert ist. Die Zulassung ist für das Beschwerdegericht bindend (§ 61 Abs. 3 S. 2 FamFG). Nimmt das Beschwerdegericht entgegen der Ansicht des erstinstanzlichen Gerichts einen Streitwert von nicht über 600 EUR an, so muss das Beschwerdegericht die Entscheidung darüber nachholen, ob die Voraussetzungen für die Zulassung der Beschwerde nach § 61 Abs. 3 FamFG erfüllt sind.[34] **17**

ee) Beschwerdefrist

Die Beschwerde ist binnen einer Frist von einem Monat zu erheben (§ 63 Abs. 1 FamFG). Die Fristbindung der Beschwerde dient der Verfahrensbeschleunigung sowie der möglichst frühzeitigen Rechtsklarheit für alle Beteiligten über den dauerhaften Bestand der Entscheidung.[35] Darüber hinaus bezweckt die Neuregelung eine Verfahrensvereinfachung.[36] **18**

Die Beschwerdefrist **beginnt** grundsätzlich mit der **schriftlichen Bekanntgabe** des Beschlusses an den jeweiligen Beteiligten (§ 63 Abs. 3 S. 1 FamFG). **19**

---

33 Vgl. dazu: BT-Drucks 16/6308, 216.
34 Vgl. BGH NJW 2008, 218 zu § 511 Abs. 2, 4 ZPO.
35 BT-Drucks 16/6308, 205.
36 BT-Drucks 16/6308, 205.

Kann die schriftliche Bekanntgabe an den im erstinstanzlichen Verfahren formell Beteiligten nicht bewirkt werden, beginnt die Frist spätestens mit Ablauf von fünf Monaten nach Erlass des Beschlusses (§ 63 Abs. 3 S. 2 FamFG).[37] Eine Legaldefinition des Zeitpunktes des Erlasses enthält § 38 Abs. 3 S. 3 FamFG. Erlassen ist der Beschluss mit Übergabe des Beschlusses an die Geschäftsstelle oder mit Verlesen der Beschlussformel. Für den Beschwerdeführer kann es gelegentlich schwierig werden, den Zeitpunkt des Erlasses zu erkennen.[38] Da es sich bei der Übergabe des Beschlusses an die Geschäftsstelle um einen gerichtsinternen Vorgang handelt, wird der beschwerte Beteiligte eigene Nachforschungen anstellen müssen (z.B.: Akteneinsicht, amtliche Auskunft der Geschäftsstelle).

20 Nach Ansicht des Gesetzgebers kann ein **materiell Beteiligter**, der am **erstinstanzlichen Verfahren nicht beteiligt** war, aber von dem Beschluss in seinen Rechten beeinträchtigt wird und deshalb beschwerdebefugt ist, nur solange fristgemäß Beschwerde einlegen, bis die Frist für den letzten Beteiligten abgelaufen ist.[39] Der Umstand, dass eine schriftliche Bekanntgabe des Beschlusses an den im erstinstanzlichen Verfahren nicht hinzugezogenen, aber materiell beeinträchtigten Beteiligten unterblieben ist, kann nach dem Wortlaut von § 63 Abs. 3 S. 2 FamFG die dort genannte Beschwerdeauffangfrist nicht auslösen.[40] Die Beschwerdeauffangfrist bezieht sich nur auf solche im erstinstanzlichen Verfahren Beteiligten, bei denen eine schriftliche Bekanntgabe nicht gelungen ist.[41]

21 § 63 Abs. 2 FamFG sieht ausnahmsweise eine auf **zwei Wochen** verkürzte Beschwerdefrist vor, und zwar bei Beschwerden gegen einstweilige Anordnungen und gegen Beschlüsse, die die Genehmigung eines Rechtsgeschäfts zum Gegenstand haben.

ff) Einlegung der Beschwerde

22 Die Einlegung der Beschwerde wird in § 64 FamFG geregelt. Nach § 64 Abs. 1 FamFG muss die Beschwerde **ausschließlich** bei dem Gericht eingelegt werden, dessen Entscheidung angefochten wird (**Ausgangsgericht**). Die Beschwerde ist schriftlich oder zur Niederschrift der Geschäftsstelle einzulegen (§ 64 Abs. 2 S. 1

---

37 Vgl. auch: BT-Drucks 16/9733, 289.
38 So auch: Gutjahr, FPR 2006, 433 (434).
39 BT-Drucks 16/9733, 289; so auch Jacoby, Schriftliche Stellungnahme zur öffentlichen Anhörung vor dem Rechtsausschuss des Bundestages am 11.2.2008; Schürmann, FamRB 2009, 24 (25); zweifelhaft; vgl. auch Maurer, FamRZ 2009, 465 (472 f.).
40 BT-Drucks 16/9733, 289.
41 BT-Drucks 16/9733, 289.

FamFG). Maßgeblich ist die Niederschrift, nicht die bloße Erklärung des Beschwerdeführers. Die Erklärung des Beschwerdeführers zur Niederschrift setzt dessen persönliche Anwesenheit voraus; eine telefonische Erklärung genügt nicht.[42] Die Beschwerdeschrift beziehungsweise die Beschwerdeniederschrift muss die Bezeichnung des angefochtenen Beschlusses sowie die Erklärung enthalten, dass Beschwerde gegen diesen Beschluss eingelegt wird (§ 64 Abs. 2 S. 3 FamFG). Die Beschwerde ist von dem Beschwerdeführer oder seinem Bevollmächtigten zu unterzeichnen (§ 64 Abs. 2 S. 4). Für die Einlegung der Beschwerde besteht in den fG-Familiensachen kein Anwaltszwang.

Hinweis

Wichtig: In Familienstreitsachen sowie in Ehesachen besteht **Anwaltszwang** für die Einlegung der Beschwerde (vgl. § 64 Abs. 2 S. 2 FamFG). Diese Regelung ist erst durch das „FamFG-Berichtigungsgesetz"[43] eingefügt worden. Demnach muss in den Familienstreitsachen sowie in Ehesachen eine von einem Rechtsanwalt unterzeichnete Beschwerdeschrift bei dem Familiengericht binnen der Beschwerdefrist eingereicht werden.

Die verfahrensrechtliche Formvorschrift ist kein Selbstzweck. Sie soll insbesondere dem Beschwerdegericht eine rasche und unkomplizierte Anforderung der erstinstanzlichen Akten ermöglichen und damit den Geschäftsgang erleichtern und ihm zu einer eindeutigen Identifizierung des angefochtenen Beschlusses und Klärung des Beschwerdeführers verhelfen.[44] Angaben in der Beschwerdeschrift, die den Anforderungen des § 64 Abs. 2 S. 3 FamFG an sich nicht genügen, können unschädlich sein, wenn sich vor Ablauf der Beschwerdefrist zweifelsfrei ergibt, welcher Beschluss von wem angegriffen wird.[45] Der Beschwerdeeinlegung muss natürlich ebenso der Wille zu entnehmen sein, den erstinstanzlichen Beschluss einer Nachprüfung durch das höhere Gericht zu unterstellen.[46]

23

Eine an die Gewährung von Prozesskostenhilfe geknüpfte Einlegung der Beschwerde ist unzulässig.[47] Prozesshandlungen, die unmittelbare Rechtswirkungen auslösen, können nicht unter eine Bedingung gestellt werden. Möglich ist es dage-

24

---

42 BGH NJW-RR 2009, 852; OLG Frankfurt FGPrax 2001, 46.
43 Gesetz zur Modernisierung von Verfahren im anwaltlichen und notariellen Berufsrecht, zur Errichtung einer Schlichtungsstelle der Rechtsanwaltschaft sowie zur Änderung sonstiger Vorschriften (BT-Drucks 16/11385; BT-Drucks 16/12717).
44 Vgl.BGH NJW-RR 2007, 935; BGH NJW 2006, 1003; BGH NJW-RR 2004, 851.
45 Vgl.BGH NJW-RR 2007, 935; BGH NJW 2003, 1950; BGH NJW-RR 2008, 1161.
46 Vgl. z.B.: BGH MDR 2008, 1293.
47 Vgl. nur BGH NJW-RR 2007, 1565; st. Rspr.

gen, die Beschwerde unbedingt einzulegen und den gleichzeitig gestellten Prozesskostenhilfeantrag mit dem Begehren zu verbinden, das Beschwerdeverfahren möge erst nach der Entscheidung über die Bewilligung von Prozesskostenhilfe durchgeführt werden.[48]

gg) Begründung der Beschwerde

25 § 65 Abs. 1 FamFG sieht vor, dass die Beschwerde begründet werden **soll**, nicht muss. Die Begründungspflicht dient der Verfahrensförderung.[49] Die Ausgestaltung als Soll-Vorschrift stellt sicher, dass eine Nichterfüllung der Begründungspflicht nicht zur Verwerfung der Beschwerde als unzulässig führen kann.[50]

26 Das Gericht kann dem Beschwerdeführer eine Frist zur Begründung der Beschwerde setzen (§ 65 Abs. 2 FamFG). Diese Vorschrift dient einerseits der Verfahrensbeschleunigung, andererseits der Transparenz gegenüber den Beteiligten, die durch die Fristsetzung darüber in Kenntnis gesetzt werden, ab welchem Zeitpunkt mit einer weiteren Verfahrensförderung durch das Gericht – gegebenenfalls mit einer Entscheidung – gerechnet werden kann.[51] Die Beschwerde kann auf neue Beweismittel und Tatsachen gestützt werden. Die Möglichkeit der Zurückweisung neuen Vorbringens sieht das Gesetz nur für Ehe- und Familienstreitverfahren in § 115 FamFG vor.

27 Die Beschwerde kann gemäß § 65 Abs. 3 FamFG auf neue Tatsachen und Beweismittel gestützt werden. Die Beschwerdeinstanz ist also eine volle neue Tatsacheninstanz.

Die Beschwerde kann lediglich nicht darauf gestützt werden, dass das Gericht des ersten Rechtszugs seine Zuständigkeit zu Unrecht angenommen hat (§ 65 Abs. 4 FamFG).

---

48 Vgl. nur BGH NJW-RR 2007, 1565; st. Rspr.
49 BT-Drucks 16/6308, 206.
50 BT-Drucks 16/6308, 206; BT-Drucks 16/6308, 409; so auch: Kroiß/Seiler, Das neue FamFG, § 4, Rn 29; Zimmermann, Das neue FamFG, Rn 165; Reinken in: Horndasch/Viefhues, § 65 FamFG, Rn 3; Schürmann, FamRB 2009, 24 (27); Bumiller in: Bumiller/Harders, § 65 FamFG, Rn 1; Unger in: Schulte-Bunert/Weinreich, § 65 FamFG, Rn 3.
51 BT-Drucks 16/6308, 206; Reinken in: Horndasch/Viefhues, § 65 FamFG, Rn 3.

c) Verzicht und Rücknahme

§ 67 FamFG bestimmt die Voraussetzungen und Rechtsfolgen von Verzicht und Rücknahme.[52] **28**

d) Anschlussbeschwerde

Nach § 66 FamFG räumt die Möglichkeit der Anschlussbeschwerde ein. Die Anschlussbeschwerde bedarf der Schriftform (§ 66 S. 1 FamFG).[53] Die Anschlussbeschwerde kann durch einen Beteiligten erhoben werden. Sie setzt eine Beschwer nicht voraus. Das FamFG-Berichtigungsgesetz hat deshalb in § 66 S. 1 FamFG das Wort „Beschwerdeberechtigter" durch „Beteiligter" ersetzt.[54] Die Anschlussbeschwerde verliert ihre Wirkung, wenn die Beschwerde zurückgenommen oder als unzulässig verworfen wird. Wird dagegen die Beschwerde nur als unbegründet zurückgewiesen, bedarf es einer Entscheidung über die Zulässigkeit und Begründetheit der Anschlussbeschwerde. **29**

e) Zuständiges Beschwerdegericht

Die Zuständigkeit des Beschwerdegerichts ergibt sich aus § 119 GVG und § 72 GVG. Das **Oberlandesgericht** ist das **zuständige Beschwerdegericht** über die Beschwerde gegen Entscheidungen der Amtsgerichte in den **von den Familiengerichten entschiedenen Sachen** (§ 119 Abs. 1 Nr. 1a GVG) und in den Angelegenheiten der freiwilligen Gerichtsbarkeit mit Ausnahme der Freiheitsentziehungssachen und der von den Betreuungsgerichten entschiedenen Sachen (§ 119 Abs. 1 Nr. 1b GVG) und über die Berufung und die Beschwerde gegen Entscheidungen der Landgerichte. Nach § 72 GVG ist das LG das zuständige Beschwerdegericht in den vom Amtsgericht verhandelten bürgerlichen Rechtsstreitigkeiten, soweit nicht die Zuständigkeit des OLG gegeben ist, und in Freiheitsentziehungssachen sowie in den von den Betreuungsgerichten entschiedenen Sachen. **30**

---

52 Das FamFG-Berichtigungsgesetz (Gesetz zur Modernisierung von Verfahren im anwaltlichen und notariellen Berufsrecht, zur Errichtung einer Schlichtungsstelle der Rechtsanwaltschaft sowie zur Änderung sonstiger Vorschriften; BT-Drucks 16/11385; BT-Drucks 16/12717) hat in § 67 Abs. 4 FamFG ergänzt, dass die Rücknahme der Beschwerde gegenüber dem Gericht zu erklären ist.
53 BT-Drucks 16/9733, 289; BT-Drucks 16/6308, 368.
54 Vgl. Gesetz zur Modernisierung von Verfahren im anwaltlichen und notariellen Berufsrecht, zur Errichtung einer Schlichtungsstelle der Rechtsanwaltschaft sowie zur Änderung sonstiger Vorschriften; BT-Drucks 16/11385; BT-Drucks 16/12717.

§ 5 Rechtsmittel, Rechtsbehelfe und Abänderung in Familiensachen

▼

31 **Muster: Beschwerdeschrift**

An das Amtsgericht Kiel – Familiengericht –

In der Familiensache ▬▬▬ (Az.: ▬▬▬)

legt der Beteiligte ▬▬▬ gegen den am ▬▬▬ schriftlich bekanntgegebenen Beschluss des Gerichts vom ▬▬▬ die Beschwerde ein.

▬▬▬[55]

(*Unterschrift*)

▲

f) Beschwerdeverfahren

32 § 68 FamFG regelt den Gang des Beschwerdeverfahrens.

aa) Keine Abhilfe in Familiensachen

33 Hält das Gericht, dessen Beschluss angefochten wird, die Beschwerde für begründet, hat es ihr abzuhelfen (§ 68 Abs. 1, 1. Hs. FamFG). Hierdurch wird dem Gericht der ersten Instanz die Gelegenheit eingeräumt, seine Entscheidung nochmals zu überprüfen und sie gegebenenfalls zeitnah zurückzunehmen oder zu korrigieren. Das Beschwerdegericht wird dadurch entlastet, weil es nicht mit Entscheidungen befasst wird, deren Fehlerhaftigkeit das Gericht der ersten Instanz bereits selbst erkannt hat.[56] Zur Abhilfe ist das Erstgericht auch befugt, wenn die Beschwerde unzulässig ist.[57] Hilft das Erstgericht nicht ab, hat es die Beschwerde unverzüglich dem Beschwerdegericht vorzulegen (§ 68 Abs. 1, 2. Hs. FamFG). Mit der Einführung der Verpflichtung zur unverzüglichen Vorlage an das Beschwerdegericht wird einerseits dem Grundsatz der Verfahrensbeschleunigung Rechnung getragen, andererseits dem erstinstanzlichen Gericht eine angemessene Überprüfungsfrist eingeräumt.[58]

34 § 68 Abs. 1 S. 2 FamFG nimmt Familiensachen **uneingeschränkt von der Abhilfe aus.** Gleichwohl ist die Beschwerde bei dem Erstgericht einzulegen, das die Be-

---

55 Weiterer Erklärungen in der Beschwerdeschrift bedarf es nicht. Gleichwohl kann es taktisch empfehlenswert sein, Angaben dazu zu machen, aus welchen Erwägungen heraus die erstinstanzliche Entscheidung angefochten wird.
56 BT-Drucks 16/6308, 207.
57 Vgl. Gummer in: Zöller, § 572 ZPO, Rn 14.
58 BT-Drucks 16/6308, 207.

schwerde dann ohne Abhilfeprüfung unverzüglich dem Beschwerdegericht vorzulegen hat.[59]

Hinweis **35**

Nochmals, damit Fehler vermieden werden: In Familiensachen ist die Beschwerde an das Familiengericht zu adressieren. Das Familiengericht muss die Beschwerde ohne Abhilfeprüfung dem Beschwerdegericht vorlegen.

▼

Muster: Weiterleitung der Beschwerde durch das Familiengericht **36**

U.m.A. dem Oberlandesgericht mit dem Bemerken, dass die Beschwerde ohne Abhilfeprüfung vorgelegt wird und die Beschwerdeschrift des Beschwerdeführers den weiteren Beteiligten noch nicht bekannt gegeben wurde.

▲

bb) Zulässigkeitsprüfung durch das Beschwerdegericht

Das Beschwerdegericht hat zunächst die Zulässigkeit (insbesondere: Statthaftigkeit, Beschwer, Form, Frist) der Beschwerde zu prüfen hat (§ 68 Abs. 2 S. 1 FamFG). Ist die Beschwerde unzulässig, ist die Beschwerde zu verwerfen (§ 68 Abs. 2 S. 2 FamFG). Vor der Verwerfung der Beschwerde muss der Beschwerdeführer angehört werden.[60] **37**

▼

Muster: Beschlusstenor bei Verwerfung der Beschwerde **38**

Die Beschwerde des Beteiligten vom wird verworfen. Die Kosten des Beschwerdeverfahrens trägt der Beteiligte . Die Rechtsbeschwerde wird nicht zugelassen. Rechtsbehelfsbelehrung: Diese Entscheidung ist unanfechtbar.

▲

cc) Weiteres Beschwerdeverfahren

Das weitere Beschwerdeverfahren vor dem Beschwerdegericht regelt § 68 Abs. 3 FamFG. § 68 Abs. 3 S. 1 FamFG verweist zunächst auf die Vorschriften über das **39**

---

59 So auch: Gutjahr, FPR 2006, 433 (434).
60 Vgl. BGH NJW-RR 2007, 1718; BGH NJW-RR 2006, 142; BGH NJW 1994, 392.

Verfahren im ersten Rechtszug (§§ 23–37 FamFG). §§ 1–22a FamFG finden ohnehin unmittelbare Anwendung.

40 § 68 Abs. 3 S. 2 FamFG[61] regelt, dass das Beschwerdegericht von der **Wiederholung solcher Verfahrenshandlungen absehen kann**, die das Gericht der ersten Instanz bereits umfassend und vollständig durchgeführt hat. Des Weiteren bestimmt die Vorschrift ausdrücklich, dass nach pflichtgemäßem Ermessen auch von der erneuten Durchführung eines Termins oder einer mündlichen Verhandlung im Beschwerdeverfahren abgesehen werden kann. Die Vorschrift dient der effizienten Nutzung gerichtlicher Ressourcen in der Beschwerdeinstanz.[62] Diese Neuregelung hält der Gesetzgeber für vereinbar mit Artikel 6 EMRK.[63] Die Menschenrechtskonvention enthält zwar den Grundsatz der mündlichen Verhandlung für alle streitigen Zivilverfahren, worunter auch Ehesachen, Kindschaftssachen und Unterbringungssachen fallen.[64] Es ist aber anerkannt, dass der Staat eine Fallgruppe hiervon zum Schutz der Moral, der öffentlichen Ordnung, zum Jugendschutz oder zum Schutz des Privatlebens ausnehmen kann.[65] Für Rechtsmittelinstanzen gilt auch, dass von der mündlichen Verhandlung abgesehen werden kann, wenn in der ersten Instanz eine solche stattgefunden hat und es nur um die Zulassung des Rechtsmittels geht oder nur eine rechtliche Überprüfung möglich ist. Eine zweite mündliche Verhandlung ist nach der Rechtsprechung des EGMR auch bei Entscheidungen über Tatsachen entbehrlich, wenn ohne eigene Tatsachenermittlungen aufgrund der Aktenlage entschieden werden kann, nicht aber wenn der Fall schwierig ist und die tatsächlichen Fragen nicht einfach sind und erhebliche Bedeutung haben.[66] Daraus ergibt sich, dass in aller Regel in der ersten Instanz oder in der Beschwerdeinstanz zumindest eine mündliche Verhandlung stattgefunden haben muss oder aber die betroffenen Beteiligten auf eine mündliche Verhandlung (konkludent) verzichtet haben.[67]

dd) Einzelrichter beim Beschwerdegericht

41 § 68 Abs. 4 FamFG ermöglicht den Einzelrichtereinsatz beim Beschwerdegericht und bezieht sich hierzu auf § 526 ZPO. Die Übertragungsmöglichkeit ist aber beschränkt auf Richter, die auf Lebenszeit ernannt sind. Eine Entscheidung durch ei-

---

61 Instruktiv: Maurer, FamRZ 2009, 465 (476–479).
62 BT-Drucks 16/6308, 207.
63 BT-Drucks 16/6308, 207 f.
64 BT-Drucks 16/6308, 207.
65 BT-Drucks 16/6308, 207.
66 BT-Drucks 16/6308, 207 f.
67 Vgl. dazu auch: Kopp/Schenke, 15. Aufl. (2007), § 130a VwGO, Rn 2, 4.

A. Beschwerde und Rechtsbeschwerde gegen Endentscheidungen §5

nen Richter auf Probe als Einzelrichter erschien dem Gesetzgeber im Hinblick auf die Tragweite einer Beschwerdeentscheidung verfehlt.[68]

g) Entscheidung des Beschwerdegerichts

§ 69 FamFG schreibt Voraussetzungen und Form der Beschwerdeentscheidung vor. Das Beschwerdegericht hat grundsätzlich selbst in der Sache zu entscheiden (§ 69 Abs. 1 S. 1 FamFG). In Ausnahmefällen ist eine Zurückverweisung an das Gericht des ersten Rechtszugs (zum Teil auf Antrag eines Beteiligten) zulässig. Das Gericht des ersten Rechtszugs ist an die der Aufhebung des Beschwerdegerichts zugrunde liegende Beurteilung der Sach- und Rechtslage gebunden. **42**

Jeder Beschluss über die Beschwerde muss von dem Beschwerdegericht begründet werden (§ 69 Abs. 2 FamFG). Die **Verpflichtung** ist **ausnahmslos**.[69] Den Beteiligten sind stets die Gründe für die Entscheidung des Beschwerdegerichts darzulegen.[70] Der Gesetzgeber hielt – entgegen dem ursprünglichen Regierungsvorschlag – die ausnahmslose Begründungspflicht für geboten, um die Akzeptanz der in der Regel nicht anfechtbaren Beschwerdeentscheidung bei dem unterlegenen Beteiligten zu erhöhen und die Richtigkeitsgewähr dieser Entscheidung zu stärken.[71] Gibt es aber im Verfahren keinen unterlegenen Beteiligten, mag das Entfallen der Begründungspflicht im Einzelfall durchaus erwogen werden. **43**

Des Weiteren bestimmt § 69 Abs. 3 FamFG, dass im Übrigen die Vorschriften zum Beschluss im ersten Rechtszug entsprechend gelten. **44**

▼

Muster: Beschluss über die Zurückweisung der Beschwerde **45**

Schleswig-Holsteinisches Oberlandesgericht

Az.:

Beschluss

In der Beschwerdesache

des ▒▒▒▒ (Antragstellers und Beschwerdeführers)

▒▒▒▒ (Verfahrensbevollmächtigter)

---

68 BT-Drucks 16/6308, 208; BT-Drucks 16/6308, 410; rechtspolitisch a.A.: Bundesrat in: BT-Drucks 16/6308, 368 f.: Vorschlag, den Einsatz von Proberichtern als Einzelrichter zu ermöglichen.
69 BT-Drucks 16/9733, 289.
70 BT-Drucks 16/9733, 289 f.
71 BT-Drucks 16/9733, 290.

§ 5 Rechtsmittel, Rechtsbehelfe und Abänderung in Familiensachen

gegen

den ▮▮▮ (Antragsgegner und Beschwerdegegner)

▮▮▮ (Verfahrensbevollmächtigte)

wegen ▮▮▮

hat das Schleswig-Holsteinische Oberlandesgericht

durch den Vorsitzenden Richter am Oberlandesgericht ▮▮▮ sowie die beisitzenden Richterinnen am Oberlandesgericht ▮▮▮ und ▮▮▮

auf die mündliche Verhandlung vom ▮▮▮

am ▮▮▮ beschlossen:
- Die Beschwerde wird zurückgewiesen.
- Die Kosten des Beschwerdeverfahrens trägt der Beschwerdeführer.
- Die Rechtsbeschwerde wird nicht zugelassen.
- Rechtsmittelbelehrung: Diese Entscheidung ist unanfechtbar.

<u>Gründe</u>

I. Sachverhalt: ▮▮▮

II. Beschlussbegründung: ▮▮▮

III. Nebenentscheidungen: ▮▮▮

Unterschriften der entscheidenden Richter

Datum der Übergabe des Beschlusses an die Geschäftsstelle:

▲

46 *Hinweis*

Nicht von vornherein geklärt erscheinen damit für das FamFG-Beschwerdeverfahren die Aspekte,[72]
- ob und inwieweit das Beschwerdegericht an Anträge im Rechtsmittelverfahren gebunden ist (vgl. dazu zum Beispiel § 528 ZPO)[73]
- ob und wie eine Teilanfechtung möglich ist (wegen der teilweisen Rechtskraft, gegebenenfalls mit oder ohne Bindungswirkung für das Beschwerdegericht) und
- ob im Beschwerdeverfahren ein Verschlechterungsverbot gilt.

---

72 Vgl. dazu vertiefend: Gutjahr, FPR 2006, 433 (436).
73 Vgl. zur reformatio in peius Bumiller in: Bumiller/Harders, § 69 FamFG, Rn 58.

2. Rechtsbeschwerde

a) Grundzüge

In den §§ 70–75 FamFG ist die Rechtsbeschwerde in FamFG-Sachen eingeführt. Das FGG-Reformgesetz vollzieht das Rechtsbeschwerderecht aus §§ 574 ff. ZPO auch für den Bereich der FamFG-Sachen nach.[74] In den **meisten Rechtsbereichen** der FamFG-Sachen – wie den Familiensachen – ist die Rechtsbeschwerde **zulassungsabhängig**. Insoweit tritt Rechtsbeschwerde an die Stelle der bisherigen (zulassungsfreien) weiteren Beschwerde beziehungsweise der (zulassungsabhängigen) Revision, die in Familiensachen das statthafte Rechtsmittel sein konnte.

47

Die Einführung der zulassungsabhängigen Rechtsbeschwerde dient der Funktionsdifferenzierung zwischen den verschiedenen Instanzen.[75] Dem Rechtsbeschwerdegericht wird es ermöglicht, sich in erster Linie mit Verfahren zu befassen, denen aufgrund ihrer grundsätzlichen Bedeutung eine über den Einzelfall hinaus reichende Wirkung zukommt.[76] Die Konzentration der Rechtsbeschwerden beim Bundesgerichtshof sichert eine höchstrichterliche Entscheidung von Grundsatzfragen.[77] Hierdurch wird die Funktion des Bundesgerichtshofes als Wahrer der Rechtseinheitlichkeit und Rechtsfortbildung gestärkt.[78] Die Rechtsbeschwerde ist gleichwohl ein **Beteiligtenrechtsmittel**[79] und hängt von der Einleitung durch einen Verfahrensbeteiligten ab.

In bestimmten, besonders wichtigen Betreuungssachen sowie in bestimmten Unterbringungs- und Freiheitsentziehungssachen und in Kindschaftssachen im Sinne von § 151 Nr. 6, 7 FamFG (Unterbringung Minderjähriger)[80] ist die Rechtsbeschwerde zum BGH **zulassungsfrei**.[81] Wenn durch gerichtliche Entscheidung in höchstpersönliche Rechte der Beteiligten eingegriffen wird und freiheitsentziehende Maßnahmen angeordnet werden, steht eine weitere Überprüfung ohne weitere

48

---

74 BT-Drucks 16/6308, 209.
75 BT-Drucks 16/6308, 209.
76 BT-Drucks 16/6308, 209.
77 BT-Drucks 16/6308, 209.
78 BT-Drucks 16/6308, 209.
79 BT-Drucks 16/6308, 410.
80 Das „FamFG-Berichtigungsgesetz" (Gesetz zur Modernisierung von Verfahren im anwaltlichen und notariellen Berufsrecht, zur Errichtung einer Schlichtungsstelle der Rechtsanwaltschaft sowie zur Änderung sonstiger Vorschriften; BT-Drucks 16/11385; BT-Drucks 16/12717) hat in den Katalog der mit der zulassungsfreien Rechtsbeschwerde anfechtbaren Sachen aus Gleichheitsgründen auch auf die genannten Kindschaftssachen erweitert.
81 Vgl. BT-Drucks 16/9733, 290; BT-Drucks 16/9831.

Zulassungsvoraussetzungen zur Verfügung.[82] Weder das Beschwerdegericht noch das Rechtsbeschwerdegericht prüfen, ob Zulassungsgründe oder dazu vergleichbare Zulässigkeitsgründe vorliegen.[83] Eine grundsätzliche Bedeutung im weiteren Sinne muss die Rechtsbeschwerde nicht haben. Die Funktion der Rechtsbeschwerde liegt allein in der Einzelfallgerechtigkeit.

b) Zulässigkeit der Rechtsbeschwerde

aa) Statthaftigkeit und Zulassung der Rechtsbeschwerde

49 § 70 Abs. 1 FamFG bestimmt, dass die Rechtsbeschwerde gegen Beschlüsse nur statthaft ist, wenn sie vom Beschwerdegericht oder, wenn der Beschluss vom Oberlandesgericht im ersten Rechtszug erlassen ist, vom Oberlandesgericht in dem Beschluss zugelassen wurde. Über die **Zulassung** hat das Beschwerdegericht oder das Oberlandesgericht im ersten Rechtszug von Amts wegen zu entscheiden; eines entsprechenden Antrages der Beteiligten bedarf es nicht.[84] Die Rechtsbeschwerde ist nur bei Vorliegen der in § 70 Abs. 2 S. 1 Nr. 1, 2 FamFG genannten Voraussetzungen zuzulassen.

50 Grundsätzliche Bedeutung einer Rechtssache gemäß **Nr. 1** ist regelmäßig dann gegeben, wenn eine klärungsbedürftige Rechtsfrage zu entscheiden ist, deren Auftreten in einer unbestimmten Vielzahl von Fällen denkbar ist.[85] Die Zulassung erfolgt nach **Nr. 2** des Weiteren, wenn die Fortbildung des Rechts oder die Sicherung einer einheitlichen Rechtsprechung dies erfordern. Zur Fortbildung des Rechts ist die Zulassung erforderlich, wenn der Einzelfall Veranlassung gibt, Leitsätze für die Auslegung von Gesetzesbestimmungen des materiellen oder des Verfahrensrechts aufzustellen oder Gesetzeslücken auszufüllen.[86] Zur Sicherung einer einheitlichen Rechtsprechung ist die Rechtsbeschwerde zuzulassen, wenn vermieden werden soll, dass schwer erträgliche Unterschiede in der Rechtsprechung entstehen oder

---

82 BT-Drucks 16/9733, 290. Dass nur Entscheidungen mit freiheitsentziehenden Maßnahmen mit der zulassungsfreien Rechtsbeschwerde angefochten werden können, ergibt sich im Gesetzeswortlaut des § 70 Abs. 3 FamFG erst durch das „FamFG-Berichtigungsgesetz" (Gesetz zur Modernisierung von Verfahren im anwaltlichen und notariellen Berufsrecht, zur Errichtung einer Schlichtungsstelle der Rechtsanwaltschaft sowie zur Änderung sonstiger Vorschriften; BT-Drucks 16/11385; BT-Drucks 16/12717).
83 Vgl. BT-Drucks 16/9733, 290; BT-Drucks 16/9831.
84 BT-Drucks 16/6308, 209.
85 BT-Drucks 16/6308, 209.
86 BT-Drucks 16/6308, 209.

A. Beschwerde und Rechtsbeschwerde gegen Endentscheidungen § 5

fortbestehen, wobei darauf abzustellen ist, welche Bedeutung die angefochtene Entscheidung für die Rechtsprechung als Ganzes hat.[87]

Liegen diese Voraussetzungen vor, so steht die Zulassung nicht im freien Ermessen des Beschwerdegerichts, sondern unterliegt der gesetzlichen Bindung.

51

Nach § 70 Abs. 2 S. 2 FamFG ist das Rechtsbeschwerdegericht (BGH) an die Zulassung der Rechtsbeschwerde durch das Beschwerdegericht **gebunden**. Die – entgegen dem Regierungsentwurf[88] – nunmehr vorgesehene Bindung des BGH an die Zulassung trägt dem verfassungsrechtlichen Gebot der Einzelfallgerechtigkeit Rechnung. Der Einhaltung dieses Gebots bedarf es deshalb, weil die Rechtsbeschwerde ein Beteiligtenrechtsmittel ist. Der Erfolg der Rechtsbeschwerde muss (auch) an den Erfolgsaussichten in der Sache ausgerichtet sein. Die Bindung an die Zulassung verhindert, dass eine zugelassene Rechtsbeschwerde mangels Vorliegens der Zulassungsvoraussetzungen als unzulässig verworfen wird, auch wenn die Rechtsbeschwerde in der Sache selbst Aussicht auf Erfolg hat, also begründet ist.[89]

52

§ 70 Abs. 3 FamFG betrifft die zulassungsfreie Rechtsbeschwerde in bestimmten Betreuungssachen sowie in den Unterbringungs- und Freiheitsentziehungssachen und in Kindschaftssachen im Sinne von § 151 Nr. 6, 7 FamFG (Unterbringung Minderjähriger).[90] Der BGH hat weder zu prüfen, ob das Beschwerdegericht die Rechtsbeschwerde zugelassen hat oder ob die Rechtsbeschwerde grundsätzliche Bedeutung im weiteren Sinne hat.

53

Unstatthaft – unabhängig von einer Zulassung – ist die Rechtsbeschwerde in einem einstweiligen Anordnungs- sowie im Arrestverfahren (§ 70 Abs. 4 FamFG).

54

bb) Frist der Rechtsbeschwerde

Die Rechtsbeschwerde ist binnen einer Frist von einem Monat nach der schriftlichen Bekanntgabe des Beschlusses einzulegen (§ 71 Abs. 1 S. 1 FamFG). Sie ist des Weiteren binnen der Frist von einem Monat nach der schriftlichen Bekanntgabe zu begründen (§ 71 Abs. 2 S. 1, 2 FamFG). Möglichkeiten der Fristverlänge-

55

---

87 BT-Drucks 16/6308, 209.
88 Vgl. nur BT-Drucks 16/6308, 209, 410.
89 Vgl. BVerfG NJW 1981, 39 zu § 554b ZPO a.F.
90 Das „FamFG-Berichtigungsgesetz" (Gesetz zur Modernisierung von Verfahren im anwaltlichen und notariellen Berufsrecht, zur Errichtung einer Schlichtungsstelle der Rechtsanwaltschaft sowie zur Änderung sonstiger Vorschriften; BT-Drucks 16/11385; BT-Drucks 16/12717) hat in den Katalog der mit der zulassungsfreien Rechtsbeschwerde anfechtbaren Sachen aus Gleichheitsgründen auch auf die genannten Kindschaftssachen erweitert.

rung für die Rechtsbeschwerdebegründung ergeben sich aus § 71 Abs. 2 S. 3 FamFG in Verbindung mit § 551 Abs. 2 S. 5, 6 ZPO.

cc) Form der Rechtsbeschwerde

56 Die Einlegung der Rechtsbeschwerde muss durch Einreichung einer Rechtsbeschwerdeschrift erfolgen und ist zu unterschreiben (§ 71 Abs. 1 S. 1, 3 FamFG). Dass auch die Begründung der Rechtsbeschwerde die Schriftform gilt, schreibt § 71 Abs. 2 FamFG nicht ausdrücklich vor. Jedoch dürften kaum Zweifel bestehen, dass Sinn und Zweck des § 71 FamFG auch eine Schriftform für die Rechtsbeschwerdebegründung vorgeben.

dd) Inhalt der Rechtsbeschwerde und der Rechtsbeschwerdebegründung

57 § 71 Abs. 1 S. 2 FamFG schreibt den Mindestinhalt der Rechtsbeschwerde vor:
- die Bezeichnung des Beschlusses, gegen den die Rechtsbeschwerde gerichtet ist,
- die Erklärung, dass gegen diesen Beschluss Rechtsbeschwerde eingelegt wird.

§ 71 Abs. 3 FamFG regelt den Inhalt der Rechtsbeschwerdebegründung:
- Rechtsbeschwerdeantrag (Nr. 1):
Der Rechtsbeschwerdeführer hat konkret zu bezeichnen, inwieweit die Beschwerdeentscheidung angefochten und ihre Abänderung beantragt wird.
- Angabe der Rechtsbeschwerdegründe (Nr. 2a, b):
Der Rechtsbeschwerdeführer hat im Einzelnen bezeichnen, aus welchen Umständen sich eine Rechtsverletzung ergibt und, soweit die Rechtsbeschwerde auf einen Verfahrensfehler gestützt wird, die Tatsachen vortragen, aus denen sich der Verfahrensmangel ergibt.

ee) Postulationsfähigkeit

58 Nach § 10 Abs. 4 FamFG müssen sich die Beteiligten vor dem BGH als Rechtsbeschwerdegericht, außer im Verfahren über die Ausschließung und Ablehnung von Gerichtspersonen und im Verfahren über die Verfahrenskostenhilfe, durch einen beim BGH zugelassenen Rechtsanwalt vertreten lassen.

c) Rechtsbeschwerdegründe

59 § 72 FamFG bestimmt, auf welche Gründe eine Rechtsbeschwerde gestützt werden kann. Die Rechtsbeschwerde kann nur darauf gestützt werden, dass die angefochtene Entscheidung auf einer Verletzung des Rechts beruht. Das Recht ist verletzt, wenn eine Rechtsnorm nicht oder nicht richtig angewendet worden ist. Die Rechtsbeschwerde kann nicht darauf gestützt werden, dass das Gericht des ersten Rechtszuges seine Zuständigkeit zu Unrecht angenommen hat. Die §§ 547, 556 und 560 der ZPO gelten entsprechend.

d) Anschlussrechtsbeschwerde

Die Anschließung an die Rechtsbeschwerde eines anderen Beteiligten regelt § 73 FamFG.[91]   **60**

e) Rechtsbeschwerdegericht: BGH

Zuständiges Rechtsbeschwerdegericht ist gemäß § 133 GVG allein der BGH.   **61**

f) Prüfungsumfang und Entscheidung über die Rechtsbeschwerde

§ 74 FamFG regelt den Prüfungsumfang sowie Inhalt und Form der Entscheidung über die Rechtsbeschwerde. § 74 Abs. 1 FamFG enthält die Prüfung der Zulässigkeit und die Verwerfungsentscheidung bei einer unzulässigen Rechtsbeschwerde. § 74 Abs. 2 FamFG bestimmt die Zurückweisung der Rechtsbeschwerde auch für den Fall, dass eine Rechtsverletzung zwar vorliegt, sich die angefochtene Entscheidung aber aus anderen Gründen als richtig erweist. § 74 Abs. 3 FamFG bestimmt den Prüfungsumfang des Rechtsbeschwerdegerichts. § 74 Abs. 4 FamG regelt, dass sich das weitere Verfahren nach den Vorschriften über das Verfahren im ersten Rechtszug richtet.   **62**

> *Hinweis*   **63**
>
> Dieser Verweis bedeutet für die Familienstreitsachen und die Ehesachen, dass der Mündlichkeitsgrundsatz auch im Rechtsbeschwerdeverfahren zur Geltung gelangt und vor dem BGH in der Regel mündlich zu verhandeln ist (vgl. § 113 Abs. 1 S. 2 FamFG, § 128 Abs. 1 ZPO).

Nach § 74 Abs. 5 FamFG ist die angefochtene Entscheidung aufzuheben, soweit die Rechtsbeschwerde begründet ist. § 74 Abs. 6 FamFG bestimmt die Folgen der   **64**

---

91 Das „FamFG-Berichtigungsgesetz" (Gesetz zur Modernisierung von Verfahren im anwaltlichen und notariellen Berufsrecht, zur Errichtung einer Schlichtungsstelle der Rechtsanwaltschaft sowie zur Änderung sonstiger Vorschriften; BT-Drucks 16/11385; BT-Drucks 16/12717) hat § 73 S. 3 FamFG dahingehend erweitert, dass die Anschlussrechtsbeschwerde ihre Wirkung nicht nur bei einem die Rechtsbeschwerde verwerfenden Beschluss verliert, sondern auch bei einem Zurückweisungsbeschluss nach § 74a FamFG.

Entscheidung, sofern die Rechtsbeschwerde begründet ist. In der Regel hat das Rechtsbeschwerdegericht selbst zu entscheiden, im Ausnahmefall kann es zurückverweisen. Nach § 74 Abs. 7 FamFG kann der BGH von einer näheren Begründung der Entscheidung absehen, wenn sie nicht geeignet wäre, zur Klärung von Rechtsfragen grundsätzlicher Bedeutung im weiteren Sinne beizutragen.

g) Zurückweisungsbeschluss

65 In Anlehnung an § 552a ZPO eröffnet ein § 74a FamFG dem Rechtsbeschwerdegericht einen Weg zur erleichterten Erledigung von Rechtsbeschwerden. Nach dieser Vorschrift weist das Rechtsbeschwerdegericht die von dem Beschwerdegericht zugelassene Rechtsbeschwerde ohne mündliche Verhandlung durch einstimmigen Beschluss zurück, wenn es davon überzeugt ist, dass die Voraussetzungen für die Zulassung der Rechtsbeschwerde nicht vorliegen und die Rechtsbeschwerde keine Aussicht auf Erfolg hat (§ 74a Abs. 1 FamFG). Der Gesetzgeber will dem BGH ein Instrumentarium an die Hand geben, mit dem er ohne den Aufwand einer mündlichen Verhandlung aussichtslose Rechtsbeschwerden zurückweisen kann, deren Durchführung keinen Ertrag für die Fortentwicklung des Rechts verspricht.[92]

66 *Hinweis*

§ 74a FamFG wirkt sich insbesondere für die Familienstreitsachen und die Ehesachen aus. Denn der Mündlichkeitsgrundsatz im Rechtsbeschwerdeverfahren wird durch diese Vorschrift verfassungskonform durchbrochen und erlaubt eine Erledigung nichtgrundsätzlicher Familienstreit- und Ehesachen ohne Aussicht auf Erfolg auf schriftlichem Weg.

67 Der Zurückweisungsbeschluss ist an folgende Voraussetzungen geknüpft: Die Rechtsbeschwerde muss zulassungsabhängig und vom Beschwerdegericht zugelassen sein. Die Voraussetzungen für die Zulassung der Rechtsbeschwerde dürfen zur Überzeugung des BGH nicht vorliegen. Die Überzeugungsbildung hat im Zeitpunkt des Zurückweisungsbeschlusses zu erfolgen.[93] Es ist dagegen nicht auf den Zeitpunkt der Zulassung durch das Beschwerdegericht abzustellen. Fallen die Zulassungsgründe nach der Zulassung durch das Beschwerdegericht weg, so steht

---

92 BT-Drucks 16/9733, 290.
93 BT-Drucks 16/9733, 291; Fölsch, MDR 2004, 1029 (1034) zu § 552a ZPO.

dem BGH der Weg des Zurückweisungsbeschlusses offen.[94] An die Zulassung der Rechtsbeschwerde durch das Beschwerdegericht ist der BGH im Rahmen des Zurückweisungsbeschlusses nicht gebunden.[95] Die in § 70 Abs. 2 S. 2 FamFG vorgesehene Bindungswirkung besteht nur in Ansehung der Zulässigkeitsvoraussetzung für die Rechtsbeschwerde.[96]

Liegt nur einer der Zulassungsgründe aus § 70 Abs. 2 S. 1 FamFG vor, darf der BGH die Rechtsbeschwerde nicht durch Beschluss zurückweisen. Dabei kommt es nicht darauf an, aus welchem Grund das Beschwerdegericht die Rechtsbeschwerde zugelassen hat. Der BGH muss die Prüfung eigenständig anhand des gesamten Aktenmaterials vornehmen. Die Rechtsbeschwerde darf im Zeitpunkt des Zurückweisungsbeschlusses auch keine Aussicht auf Erfolg haben. Keine Aussicht auf Erfolg hat die Rechtsbeschwerde, wenn der BGH aufgrund des Akteninhalts zu der Überzeugung gelangt, dass die Rechtsbeschwerde unbegründet ist, weil die geltend gemachten Rechtsbeschwerderügen nicht durchgreifen.[97] Mit dem Erfordernis der mangelnden Erfolgsaussicht wird dem verfassungsrechtlich gebotenen Gedanken der Einzelfallgerechtigkeit Rechnung getragen.[98] Vor Erlass hat das Rechtsbeschwerdegericht oder dessen Vorsitzender die Beteiligten auf die in Aussicht genommene Zurückweisung und die Gründe hierfür hinzuweisen und dem Rechtsbeschwerdeführer binnen einer zu bestimmenden Frist Gelegenheit zur Stellungnahme zu geben (§ 74a Abs. 2 ZPO). Liegen alle Voraussetzungen vor, muss zwingend der Zurückweisungsbeschluss ergehen. Der BGH muss die Zurückweisung einstimmig beschließen. Der Zurückweisungsbeschluss ist zu begründen, soweit die Gründe für die Zurückweisung nicht bereits in dem vorherigen Hinweis enthalten sind (§ 74a Abs. 3 ZPO).

68

h) Sprungrechtsbeschwerde

§ 76 FamFG sieht die Sprungrechtsbeschwerde vor.

69

---

94 BT-Drucks 16/9733, 291; Fölsch, MDR 2004, 1029 (1034) zu § 552a ZPO.
95 BT-Drucks 16/9733, 291; Fölsch, MDR 2004, 1029 (1034) zu § 552a ZPO. Dagegen vertrat der BGH zu der früheren Annahmerevision nach § 554b ZPO die Ansicht, dass bei Zulassung der Revision durch das Berufungsgericht die Nichtannahme nicht möglich sei, da die Bindungswirkung der Zulassung entgegenstünde (BGH NJW 1984, 927). Deshalb war die Nichtannahme nur bei der Wertrevision, nicht aber bei der Zulassungsrevision möglich.
96 Fölsch, MDR 2004, 1029 (1034) zu § 552a ZPO.
97 Fölsch, MDR 2004, 1029 (1034) zu § 552a ZPO.
98 Vgl. BVerfG NJW 1981, 39.

i) Keine Nichtzulassungsbeschwerde

70 Mit der ZPO-Reform erklärte der Gesetzgeber, dass nur für eine Übergangszeit mit dem Ausschluss der Nichtzulassungsbeschwerde in Familiensachen einer Überlastung des BGH entgegengewirkt werden solle.[99] Nunmehr sieht aber auch das FamFG eine Beschwerde gegen Nichtzulassung der Rechtsbeschwerde **nicht** vor.

71 Dabei hätte die Möglichkeit der Erhebung einer Nichtzulassungsbeschwerde die Richtigkeitsgewähr der Entscheidung des Beschwerdegerichts nicht nur in Bezug auf die Zulassung der Rechtsbeschwerde, sondern auch in Bezug auf die Entscheidung insgesamt erhöht. Zudem wäre es der Rechtssicherheit zuträglich, wenn Rechtssachen von grundsätzlicher Bedeutung als bald als möglich einer Grundsatzentscheidung durch den BGH zugeführt werden und nicht erst dann, wenn auch ein Beschwerdegericht die Grundsatzbedeutung der Angelegenheit erkannt hat. Schließlich hätte die Einführung einer Nichtzulassungsbeschwerde gleichzeitig zu einer Harmonisierung mit anderen Verfahrensordnungen (z.B.: ZPO, ArbGG, VwGO, FGO) geführt, die eine Nichtzulassungsbeschwerde im Hauptsacheverfahren eröffnen.

III. Beschwerde gegen einstweilige Anordnungen

72 § 57 FamFG schließt in Familiensachen die Beschwerde gegen einstweilige Anordnungen im Grundsatz aus.[100] Soweit eine Beschwerde nach § 57 FamFG ausnahmsweise statthaft ist, beträgt die Beschwerdefrist nur zwei Wochen (§ 63 Abs. 2 Nr. 1 FamFG). Die Rechtsbeschwerde ist gemäß § 70 Abs. 4 FamFG nicht statthaft.

IV. Besonderheiten in Familiensachen (Buch 2 FamFG)

1. Familienstreitsachen und Ehesachen: § 117 FamFG und vollständiger Anwaltszwang nach §§ 114, 64 Abs. 2 S. 2 FamFG

a) Ausgangspunkt

73 Die **Beschwerde** ist einheitliches Rechtsmittel auch gegen erstinstanzliche Endentscheidungen in Familienstreitsachen und in Ehesachen

---

99 Vgl. BT-Drucks 14/4722, 126.
100 Siehe dazu bereits oben.

A. Beschwerde und Rechtsbeschwerde gegen Endentscheidungen § 5

Die Besonderheiten der Familienstreitsachen erlauben es, sie im Rechtsmittelzug trotz ihrer Eigenschaft als Streitsache abweichend von den allgemeinen Zivilsachen zu behandeln.[101] Für sie gelten im Ausgangspunkt die §§ 58–69 FamFG. Die allgemeinen Vorschriften der ZPO über die Berufung sind daher nicht anwendbar. Die ZPO-Vorschriften, denen die Vorstellung zugrunde liegt, dass im Zivilprozess über einen abgeschlossenen Lebenssachverhalt gestritten wird, sind mit der Dynamik eines Trennungsgeschehens häufig nur schwer vereinbar und lassen, etwa in Unterhaltssachen, die Berücksichtigung veränderter Einkommens- und Vermögensverhältnisse nur in eingeschränktem Maße zu.[102] Solche Änderungen sind nach Ansicht des Gesetzgebers sinnvollerweise bereits im Rechtsmittelverfahren und nicht erst in einem neuen Verfahren zu berücksichtigen.[103] Bereits aus diesen Erwägungen ergibt sich, dass die Rechtsmittelinstanz in Familienstreitsachen als **volle zweite Tatsacheninstanz** ausgestaltet ist.[104] Das Beschwerdeverfahren in Familienstreitsachen wird aber weiterhin als Streitverfahren unter Geltung des Beibringungsgrundsatzes geführt. **74**

Gegen die Entscheidung des Beschwerdegerichts findet nach Maßgabe der §§ 70–75 FamFG die Rechtsbeschwerde statt. Da die Rechtsbeschwerde in Familienstreitsachen und Ehesachen den gleichen inhaltlichen und formellen Voraussetzungen wie die Revision nach § 543 ZPO unterliegt, tritt insoweit keine Änderung gegenüber dem bisherigen Recht ein.[105] **75**

Für das Rechtsmittel der Beschwerde und der Rechtsbeschwerde gegen Endentscheidungen in Familienstreitsachen und Ehesachen sind also grundsätzlich die §§ 58–75 FamFG anzuwenden, jedoch **modifiziert durch § 117 FamFG sowie durch §§ 114, 64 Abs. 2 S. 2 FamFG**. **76**

> *Hinweis* **77**
>
> Nach § 68 Abs. 3 S. 1 FamFG bestimmt sich das Beschwerdeverfahren im Übrigen (d.h., soweit nicht in §§ 58 ff., 114, 117 FamFG geregelt) nach den Vorschriften über das Verfahren im ersten Rechtszug. Dies bedeutet, dass in Familienstreitsachen sowie in Ehesachen über § 113 Abs. 1 S. 2 FamFG die §§ 1–494a ZPO zur Anwendung gelangen. Der Wert der Beschwer ist dann nach den §§ 3–9 ZPO zu bestimmen.[106]

---

101 BT-Drucks 16/6308, 224.
102 BT-Drucks 16/6308, 225.
103 BT-Drucks 16/6308, 225.
104 BT-Drucks 16/6308, 225.
105 BT-Drucks 16/6308, 225.
106 So auch: Maurer, FamRZ 2009, 465 (471).

§ 5   Rechtsmittel, Rechtsbehelfe und Abänderung in Familiensachen

b) Besonderheiten in § 117 FamFG für die Beschwerde gegenüber §§ 58–69 FamFG

78 § 117 modifiziert für Familienstreitsachen und für Ehesachen die Anwendung der §§ 58–69 FamFG folgendermaßen:

aa) Begründung der Beschwerde (§ 117 Abs. 1 S. 1–3 FamFG)

79 *Hinweis*

Wichtige Abweichungen sind:
- Es besteht eine Pflicht zur Begründung der Beschwerde binnen zwei Monaten gegenüber dem Beschwerdegericht
- Es besteht ein Anwaltszwang. Dieser ist auch schon bei der Einlegung der Beschwerde bei dem Familiengericht zwingend einzuhalten.

80
- Der Beschwerdeführer **muss** die Beschwerde **begründen**.
- Zur Begründung muss der Beschwerdeführer einen bestimmten Sachantrag stellen und diesen begründen. Das Beschwerdegericht darf bei der Ermittlung des verfahrensrechtlichen Begehrens nicht beim Wortlaut des Beschwerdeantrags verharren, sondern muss stets auch die Beschwerdebegründung zur **Auslegung** des Begehrens heranziehen.[107] Dabei ist das Vorbringen eines Beteiligten so auszulegen, wie es nach den Maßstäben der Rechtsordnung vernünftig ist und seinem Interesse entspricht.[108]
- Nach § 117 Abs. 1 S. 2 FamFG ist die Begründung der Beschwerde **bei dem Beschwerdegericht** einzureichen. Diese Vorschrift ist erst durch das „FamFG-Berichtigungsgesetz" eingefügt worden.[109]
- Die Frist zur Begründung beträgt zwei Monate ab Zustellung der erstinstanzlichen Endentscheidung.
- Auf Antrag kann die Begründungsfrist entsprechend § 520 Abs. 2 S. 2, 3 ZPO verlängert werden. Von dem Vorsitzenden des Beschwerdegerichts wird die Begründungsfrist verlängert, wenn der Gegner einwilligt (§ 520 Abs. 2 S. 2 ZPO). Ohne Einwilligung kann die Frist um bis zu einen Monat verlängert werden, wenn nach freier Überzeugung des Vorsitzenden das Verfahren durch die Ver-

---

[107] Vgl. BVerfG v. 21.4.2006 – 1 BvR 2140/05; BGH NJW 2005, 1659; BGH NJW 1992, 2969.
[108] Vgl. BVerfG v. 21.4.2006 – 1 BvR 2140/05; BGH NJW 2005, 1659; BGH NJW 1995, 1469 (1470).
[109] Gesetz zur Modernisierung von Verfahren im anwaltlichen und notariellen Berufsrecht, zur Errichtung einer Schlichtungsstelle der Rechtsanwaltschaft sowie zur Änderung sonstiger Vorschriften, BT-Drucks 16/12717, Bericht Nr. IV zu Art. 8 – neu –zu Art. 1 zu Nr. 1 Buchstabe m Doppelbuchstabe aa.

A. Beschwerde und Rechtsbeschwerde gegen Endentscheidungen §5

längerung nicht verzögert wird oder wenn der Beschwerdeführer erhebliche Gründe darlegt (§ 520 Abs. 2 S. 3 ZPO).
- Die Begründung der Beschwerde muss **nicht** schriftlich erfolgen. Weder enthält § 117 FamFG eine solche Maßgabe, noch wird auf § 520 Abs. 3 ZPO verwiesen. Statthaft ist somit die Begründung in der Form des § 64 Abs. 2 FamFG, schriftlich **oder** zur Niederschrift der Geschäftsstelle.

Hinweis 81

Das „FamFG-Berichtigungsgesetz"[110] hat die Problematik[111] beseitigt, ob eine nicht gleichzeitig mit der Beschwerde gegebene Begründung bei dem Familiengericht oder bei dem Beschwerdegericht eingereicht werden muss. In § 117 Abs. 1 S. 2 FamFG ist festgelegt, dass die Begründung bei dem Beschwerdegericht einzureichen ist.

Der Rechtsanwalt des Beschwerdeführers muss darauf achten, rechtzeitig ein Aktenzeichen des Beschwerdegerichts zu erhalten. Das Familiengericht ist auch deshalb zu einer zügigen Weiterleitung der Beschwerde mitsamt der erstinstanzlichen Verfahrensakte gehalten. Ebenso darf das Beschwerdegericht nicht mit einer Mitteilung des Aktenzeichens zuwarten.

Liegt dem Rechtsanwalt des Beschwerdeführers kein Aktenzeichen des Beschwerdegerichts vor, muss er gleichwohl – dann ohne Aktenzeichen – die Begründung bei dem Beschwerdegericht einreichen und sich zu seiner eigenen Absicherung den Eingang quittieren oder anderweitig bestätigen lassen.

Wird die Beschwerdebegründung bei dem Familiengericht eingereicht, ist das Familiengericht zu einer unverzüglichen Weiterleitung verpflichtet. Aufgrund nachwirkender Fürsorgepflicht muss das vorbefasste Familiengericht binnen sieben Werktagen die Beschwerdebegründung an das zuständige Beschwerdegericht weiterleiten.[112] Hält das Familiengericht die Frist nicht ein und geht die Beschwerdebegründung erst nach Ablauf der Beschwerdebegründungsfrist

---

110 Gesetz zur Modernisierung von Verfahren im anwaltlichen und notariellen Berufsrecht, zur Errichtung einer Schlichtungsstelle der Rechtsanwaltschaft sowie zur Änderung sonstiger Vorschriften; BT-Drucks 16/11385; BT-Drucks 16/12717.
111 Vgl. noch die Erwägungen zu der vor dem „FamFG-Berichtigungsgesetz" geltenden Rechtslage: Fölsch, Das neue FamFG in Familiensachen, 1. Aufl., § 5, Rn 79; Schürmann, FamRZ 2009, 24 (27); BT-Drucks 16/12717, Bericht Nr. IV zu Art. 8 – neu –zu Art. 1 zu Nr. 1 Buchstabe m Doppelbuchstabe aa.
112 Vgl. BVerfG NJW 2005, 2137; BVerfG NJW 1995, 3173; vgl. hierzu auch: BGH NJW 2006, 3499; BGH NJW-RR 2007, 1429.

beim Beschwerdegericht ein, so hat das Beschwerdegericht auf Antrag Wiedereinsetzung zu gewähren.[113]

In § 117 Abs. 1 S. 2 FamFG fehlt der aus anderen Verfahrensordnungen (z.B.: § 520 Abs. 3 S. 1 ZPO; §§ 124a Abs. 3 S. 2, 124a S. 5 VwGO) bekannte Einschub, dass die Beschwerde nur dann bei dem Beschwerdegericht einzureichen ist, wenn sie nicht bereits in der Beschwerdeschrift enthalten ist. Aber auch wenn es diese Vorschrift nicht ausdrücklich vorsieht, ist es zulässig, wenn die Begründung gleichzeitig mit der Beschwerde bei dem Familiengericht eingereicht wird.[114] Zum einen ist dieses Auslegungsergebnis der Gesetzesbegründung[115] zu entnehmen, die ersichtlich nur auf die gesonderte Begründung einer Beschwerde abstellt. Zum anderen wäre es ein übertriebener Formalismus, gerade von demjenigen Beschwerdeführer die erneute Einreichung der Begründungsschrift bei dem Beschwerdegericht zu verlangen, der sich mit der frühzeitigen Begründung verfahrensfördernd und verfahrensökonomisch verhalten hat.

▼

82 **Muster: Beschwerdeeinlegung und -begründung in Familienstreitsache oder Ehesache**

An das Amtsgericht Kiel – Familiengericht –

In der Familiensache ▓▓▓▓▓ (Az.: ▓▓▓▓▓)

wird namens und gemäß Vollmacht des Beteiligten ▓▓▓▓▓ gegen den am ▓▓▓▓▓ schriftlich bekanntgegebenen Beschluss des Gerichts vom ▓▓▓▓▓ die Beschwerde ein.

Es wird beantragt, die Entscheidung des Amtsgerichts Kiel – Familiengericht – vom ▓▓▓▓▓ (Az.: ▓▓▓▓▓) abzuändern und den Antrag des Beteiligten ▓▓▓▓▓ zurückzuweisen.

---

113 Vgl. BVerfG NJW 2005, 2137; BVerfG NJW 1995, 3173; vgl. hierzu auch: BGH NJW 2006, 3499; BGH NJW-RR 2007, 1429.
114 Durchaus ähnlichen Diskussionsstoff bot § 124a Abs. 4 S. 5 VwGO in seinen verschiedenen Gesetzesfassungen zur Thematik der Einreichung der Begründung eines Antrags auf Zulassung der Berufung; vgl. Fölsch, JuS 2005, 228 (229 f.). Die Neufassung des § 124a Abs. 4 S. 5 VwGO seit dem Ersten Justizmodernisierungsgesetz heißt: „Die Begründung ist, soweit sie nicht bereits mit dem Antrag vorgelegt worden ist, bei dem Oberverwaltungsgericht einzureichen."
115 Vgl. BT-Drucks 16/12717, Bericht Nr. IV zu Art. 8 – neu – zu Art. 1 zu Nr. 1 Buchstabe m Doppelbuchstabe aa.

A. Beschwerde und Rechtsbeschwerde gegen Endentscheidungen § 5

Die Beschwerde wird wie folgt begründet: Das Erstgericht hat in seiner Entscheidung eine Rechtsverletzung begangen, indem ▬▬▬ Des Weiteren hat das Erstgericht die Tatsachen nicht zutreffend festgestellt. Dies ergibt sich daraus, dass ▬▬▬

(Unterschrift des Rechtsanwalts)

bb) Versäumung der Beschwerdebegründungsfrist (§ 117 Abs. 5 FamFG)

Für die Wiedereinsetzung gegen die Versäumung der Frist zur Begründung der Beschwerde gelten nach § 117 Abs. 5 FamFG die §§ 233 und 234 Abs. 1 S. 2 ZPO entsprechend.[116] Die Wiedereinsetzungsfrist beträgt bei der Versäumung der Frist zur Begründung der Beschwerde gemäß § 234 Abs. 1 S. 2 ZPO einen Monat.[117]

83

Hinweis

84

Die Wiedereinsetzung kommt im Familienrechtsmandat unter anderem dann in Betracht, wenn zunächst nur Verfahrenskostenhilfe beantragt und erst nach Ablauf der Fristen zur Einlegung und auch zur Begründung der Beschwerde Verfahrenskostenhilfe bewilligt wird. Welche Fristen gelten und wann sie beginnen, ist streitig; die Ansichten sind vielfältig.[118] Auch der BGH vertritt zu dieser Fallkonstellationen unterschiedliche Auffassungen: Der XI. Zivilsenat des *BGH*[119] hat mit seiner Entscheidung vom 19.6.2007 zwar klare Vorgaben gemacht. Diese sind jedoch auf ebenso eindeutigen Widerspruch beim XII. Zivilsenat des *BGH*[120] in seiner Entscheidung vom 11.6.2008 gestoßen.

---

116 Das FamFG-Berichtigungsgesetz (Gesetz zur Modernisierung von Verfahren im anwaltlichen und notariellen Berufsrecht, zur Errichtung einer Schlichtungsstelle der Rechtsanwaltschaft sowie zur Änderung sonstiger Vorschriften; BT-Drucks 16/11385; BT-Drucks 16/12717) hat die Anwendung der §§ 233, 234 Abs. 1 S. 2 ZPO auf die Versäumung der Frist zur Begründung der Beschwerde beschränkt. Zuvor erstreckte sich § 117 Abs. 5 FamFG noch auf die Versäumung der Frist zur Einlegung der Beschwerde.
117 Die allgemeinen Wiedereinsetzungsvorschriften aus §§ 17–19 FamFG gelten übrigens wegen des auch im Beschwerderechtszugs fortbestehenden Ausschlusses aus § 113 Abs. 1 FamFG nicht; a.A. jedoch B/L/A/Hartmann, § 117 FamFG, Rn 12.
118 Vgl. nur stellvertretend die bestrittene Ansicht von Fölsch, MDR 2004, 1029 (1032).
119 BGH NJW 2007, 3354.
120 BGH NJW-RR 2008, 1313.

85 Eine **besonders brisante Entscheidung** traf der BGH am 6.5.2008:[121] Versäumt eine mittellose Partei eine Frist, so kommt eine Wiedereinsetzung in den vorigen Stand nach der Entscheidung über die Prozesskostenhilfe nur in Betracht, wenn die **Mittellosigkeit für die Fristversäumung kausal** geworden ist. Dies sei nicht der Fall, wenn der beim Berufungsgericht zugelassene **Rechtsanwalt bereit** war, die **Berufung auch ohne** die **Bewilligung von Prozesskostenhilfe zu begründen**, was der Tatsache entnommen werden könne, dass vor Ablauf der Frist eine vollständige, allerdings als „Entwurf" bezeichnete Berufungsbegründungsschrift eingereicht wurde. Die Kausalität der Mittellosigkeit für die Fristversäumung sei demnach in einem solchen Fall durchbrochen. Zwar steht der Umstand, dass die Berufungsbegründung ohne Bewilligung von Prozesskostenhilfe erfolgt, der Annahme, dass sie zunächst wegen der Mittellosigkeit der Partei nicht oder später nicht rechtzeitig erfolgt sei, nicht entgegen. Holt die Partei die Prozesshandlung nach Ablauf der dafür vorgesehenen Frist, aber vor der Entscheidung über das Prozesskostenhilfegesuch nach, so ist, solange sich nichts Gegenteiliges ergibt, davon auszugehen, dass die Mittellosigkeit für die zunächst unterlassene Prozesshandlung und sodann für ihre Verspätung ursächlich geworden ist, wobei es einer Darlegung der Gründe, weshalb das Rechtsmittel nicht schon vor Ablauf der Frist unabhängig von der Entscheidung über die Prozesskostenhilfe begründet werden konnte, nicht bedarf. **Anders** verhält es sich indes, **wenn** der **Prozessbevollmächtigte** seine **Tätigkeit entfaltet, während** die **Frist** noch **läuft**. Das wirtschaftliche Unvermögen der Partei und eine Weigerung des Prozessbevollmächtigten, seine Leistung wegen ausbleibender Vorschusszahlung zu erbringen, scheiden als Ursache der Fristversäumung aus, wenn die Berufungsbegründung vollständig erstellt und – als „Entwurf" gekennzeichnet – bei Gericht eingereicht wird, der Prozessbevollmächtigte also tatsächlich seine (wegen der Berufungseinlegung vergütungspflichtige) Leistung in vollem Umfang bereits erbracht hat.

86 *Hinweis*

Um die Möglichkeit der Wiedereinsetzung nach der Entscheidung über die Verfahrenskostenhilfe zu erhalten, könnte der Weg gewählt werden, keine Begründung abzugeben. Dies kollidiert aber mit der Ansicht einiger Gerichte[122] – entgegen BGH[123] –, die eine Mindestbegründung verlangen. Ein zweiter Weg wä-

---

121 BGH NJW 2008, 2855 m. Anm. Schneider; mit dieser Entscheidung setzen sich des Weiteren kritisch auseinander: Gross, AnwBl. 2008, 640; Engels, AnwBl. 2008, 720; Benkelberg, AGS 2008, 426.
122 So etwa: OLG Schleswig SchlHA 2004, 316; OLG Celle MDR 2003, 470.
123 BGH NJW 1993, 732 (733); BGH NJW-RR 2001, 570; BGH NJW-RR 2001, 1146.

re, eine gegenüber einer Beschwerdebegründung nur verkürzte Begründung des Verfahrenskostenhilfeantrags abzugeben. Der dritte Weg könnte sein, dass eine ausführliche Begründung erst nach Ablauf der Beschwerde- und Beschwerdebegründungsfrist gegeben wird. Dann besteht nämlich bereits der Kausalverlauf zwischen Mittellosigkeit und Fristversäumung. Nachträglich entstehende Tatsachen können den Kausalverlauf nicht durchbrechen.

cc) **Verwerfung der Beschwerde als unzulässig (§ 117 Abs. 1 S. 4 FamFG)**

Das Beschwerdegericht hat die Beschwerde gemäß § 117 Abs. 1 S. 4 FamFG in entsprechender Anwendung von § 522 Abs. 1 S. 1, 2, 4 ZPO durch Beschluss als unzulässig zu verwerfen, wenn die Beschwerde nicht form- und fristgerecht eingelegt oder begründet wurde.

87

Hinweis

88

Vor dem Oberlandesgericht als Beschwerdegericht müssen sich die Ehegatten in Ehesachen und Folgesachen und die Beteiligten in selbstständigen Familienstreitsachen durch einen Rechtsanwalt vertreten lassen (§ 114 Abs. 1 FamFG). Bereits die Einlegung der Beschwerde bei dem Familiengericht muss durch einen Rechtsanwalt erfolgen (vgl. § 64 Abs. 2 S. 2 FamFG). Wird der Anwaltszwang nicht eingehalten, muss das Beschwerdegericht die Beschwerde als unzulässig verwerfen.

Kraft Verweises in § 117 Abs. 1 S. 4 FamFG auf § 522 Abs. 1 S. 4 ZPO ist in Familienstreitsachen und Ehesachen die Rechtsbeschwerde gegen den Beschluss des Beschwerdegerichts über die Verwerfung einer unzulässigen Beschwerde statthaft. Dieser Verweis wäre als solcher an sich entbehrlich, ist doch die Rechtsbeschwerde nach § 70 Abs. 1 FamFG gegen jede Entscheidung des Beschwerdegerichts über die Beschwerde eröffnet. Erst aus der Gesetzesbegründung wird deutlich, dass der **Gesetzgeber** mit der besonderen Anordnung in § 117 Abs. 1 S. 4 FamFG auf § 522 Abs. 1 S. 4 ZPO die **Ansicht** verbindet, dass die Rechtsbeschwerde **ohne deren Zulassung** durch das Beschwerdegericht zulässig sei.[124] Allerdings ist es zweifelhaft, dass die Rechtsbeschwerde ohne Zulassung eröffnet ist:

- Zunächst verweist § 117 Abs. 1 S. 4 FamFG in Verbindung mit § 522 Abs. 1 S. 4 ZPO nicht auf die §§ 574 ff. ZPO.

---

[124] BT-Drucks 16/6308, 372; so auch Kroiß/Seiler, Das neue FamFG, § 4, Rn 96; Zimmermann, Das neue FamFG, Rn 315.

- Des Weiteren ist unklar, ob die ZPO-Rechtsbeschwerde entsprechend §§ 574–577 ZPO oder die FamFG-Rechtsbeschwerde zur Anwendung kommen soll. Eine vergleichbare Frage stellt sich insbesondere auch bei der Anfechtung von Beschwerdeentscheidungen in Zwischen- und Nebenverfahren.[125] Insoweit fehlt eine klare gesetzgeberische Ausrichtung.
- Nach § 70 Abs. 1 FamFG ist in Familiensachen jede Rechtsbeschwerde zulassungsbedürftig. Die ZPO-Rechtsbeschwerde ist hingegen dann nicht zulassungsbedürftig, wenn die Statthaftigkeit der Rechtsbeschwerde ausdrücklich in der ZPO bestimmt ist (vgl. § 574 Abs. 1 S. 1 Nr. 1 ZPO). Dann aber besteht die zusätzliche Zulässigkeitsvoraussetzung des § 574 Abs. 2 ZPO.
- § 117 Abs. 1 S. 4 FamFG ordnet nur die entsprechende Anwendung des § 522 Abs. 1 S. 4 ZPO an. Dies verstärkt nochmals die Frage, ob nicht doch die Rechtsbeschwerde gegen den Verwerfungsbeschluss zulassungsbedürftig sein muss, denn ein Verweis auf § 574 Abs. 1, 2 ZPO fehlt.

89

Hinweis

Das Beschwerdegericht ist nach § 39 FamFG zur Erteilung einer Rechtsbehelfsbelehrung verpflichtet, wird sich also dazu zu erklären haben, ob und unter welchen Voraussetzungen es von der Anfechtbarkeit seiner Beschwerdeentscheidung ausgeht. Das Rechtsbeschwerdegericht, der BGH, ist an die Auffassung aber für die Frage der Statthaftigkeit der Rechtsbeschwerde nicht gebunden, müsste sich aber mit den Auswirkungen einer unrichtigen Rechtsbehelfsbelehrung befassen. All dies entbindet den mandatierten Rechtsanwalt nicht, die Frage zutreffend und im Sinne einer voraussichtlichen Entscheidung des BGH zu beantworten.

dd) Hinweispflicht bei Absehen von der Wiederholung einzelner Verfahrensschritte (§ 117 Abs. 3 FamFG)

90 Beabsichtigt das Beschwerdegericht von einzelnen Verfahrensschritten nach § 68 Abs. 3 S. 2 FamFG[126] abzusehen, hat das Gericht die Beteiligten zuvor gemäß § 117 Abs. 3 FamFG darauf hinzuweisen. Dem Beschwerdeführer wird mit dem Hinweis die Möglichkeit eröffnet, dem Beschwerdegericht weitere Gesichtspunkte zu unterbreiten, die eine erneute Durchführung der mündlichen Verhandlung oder der nicht für erforderlich erachteten Verfahrenshandlungen rechtfertigen.[127]

---

125 Siehe dazu unten.
126 Instruktiv zu dieser Vorschrift: Maurer, FamRZ 2009, 465 (476–479).
127 BT-Drucks 16/6308, 225.

A. Beschwerde und Rechtsbeschwerde gegen Endentscheidungen **§ 5**

Hinweis **91**
Mit § 68 Abs. 3 in Verbindung mit § 117 Abs. 3 FamFG lehnt sich der Gesetzgeber an die Idee des § 522 Abs. 2 ZPO (Zurückweisungsbeschluss ohne mündliche Verhandlung) an.[128] § 522 ZPO hatte bisher in Familienstreitsachen und Ehesachen eine eher untergeordnete praktische Bedeutung.

ee) Weitere Einzelpunkte (§ 117 Abs. 2 und 4 FamFG)

- Die Beschwerde gegen erstinstanzliche Versäumnisbeschlüsse ist in entsprechender Anwendung von § 514 ZPO statthaft, soweit sie nicht mit dem Einspruch anfechtbar sind.[129] **92**
- Nach § 516 Abs. 3 ZPO hat die Rücknahme der Beschwerde den Verlust der eingelegten Beschwerde und die Verpflichtung zur Folge, die durch die Beschwerde entstandenen Kosten zu tragen. Das Gericht stellt diese Folgen durch Beschluss fest. Die Verweisung auf § 516 Abs. 3 ZPO wurde durch das „FamFG-Berichtigungsgesetz" geschaffen.[130]
- § 521 Abs. 2 ZPO eröffnet dem Beschwerdegericht, dem Beschwerdegegner eine Erwiderungsfrist zu setzen. Diese Frist ist auch Anknüpfungspunkt für eine fristgemäße Anschlussbeschwerde (vgl. § 524 Abs. 2 S. 2 ZPO). Die Verweisung auf § 521 Abs. 2 wurde durch das „FamFG-Berichtigungsgesetz" geschaffen.[131]
- Die Anschlussbeschwerde ist in entsprechender Anwendung von § 524 Abs. 2 S. 2, 3 ZPO zulässig bis zum Ablauf der dem Beschwerdegegner gesetzten Frist zur Beschwerdeerwiderung. Diese Frist gilt nicht, wenn die Anschließung eine Verurteilung zu künftig fällig werdenden wiederkehrenden Leistungen (§ 323 ZPO) zum Gegenstand hat. Wesentliche Änderungen der Verhältnisse im Sinne

---

128 Krit. dazu Klinkhammer, Schriftliche Stellungnahme zur öffentlichen Anhörung des Bundestags vom 13.2.2008, S. 14; Rasch, FPR 2006, 426 (427); Schürmann, FamRZ 2009, 24 (28).
129 Vgl. zur Anfechtbarkeit eines Versäumnisbeschlusses mit dem Einspruch auch die Erwägungen im Rahmen des „FamFG-Berichtigungsgesetzes" (Gesetz zur Modernisierung von Verfahren im anwaltlichen und notariellen Berufsrecht, zur Errichtung einer Schlichtungsstelle der Rechtsanwaltschaft sowie zur Änderung sonstiger Vorschriften), BT-Drucks 16/12717, Bericht Nr. IV zu Art. 8 – neu – zu Art. 1 zu Nr. 1 Buchstabe m.
130 Gesetz zur Modernisierung von Verfahren im anwaltlichen und notariellen Berufsrecht, zur Errichtung einer Schlichtungsstelle der Rechtsanwaltschaft sowie zur Änderung sonstiger Vorschriften, BT-Drucks 16/12717, Bericht Nr. IV zu Art. 8 – neu – zu Art. 1 zu Nr. 1 Buchstabe m Doppelbuchstabe bb.
131 Gesetz zur Modernisierung von Verfahren im anwaltlichen und notariellen Berufsrecht, zur Errichtung einer Schlichtungsstelle der Rechtsanwaltschaft sowie zur Änderung sonstiger Vorschriften, BT-Drucks 16/12717, Bericht Nr. IV zu Art. 8 – neu – zu Art. 1 zu Nr. 1 Buchstabe m Doppelbuchstabe bb.

des § 323 ZPO beziehungsweise der §§ 238–240 FamFG sollen auch dann mit der Anschließung in das laufende Beschwerdeverfahren eingeführt werden können, wenn die grundsätzlich geltende Anschließungsfrist abgelaufen ist.[132] Hierdurch wird ein neues Abänderungsverfahren nach §§ 238–240 FamFG vermieden.[133] Die Anschließung ist bis zum Schluss der letzten mündlichen Verhandlung möglich.[134] Dies setzt nach § 524 Abs. 2 S. 3 ZPO nicht voraus, dass die zur Begründung vorgetragenen Umstände erst nach der letzten mündlichen Verhandlung in erster Instanz entstanden sind.[135]

- Das Beschwerdegericht ist entsprechend § 528 ZPO an die Beschwerdeanträge gebunden.
- Die Zurückverweisung an das erstinstanzliche Gericht richtet sich nach § 538 Abs. 2 ZPO in entsprechender Anwendung.
- Im Beschwerderechtszug kann eine Versäumnisentscheidung entsprechend § 539 ZPO ergehen.
- Einer Güteverhandlung im Beschwerdeverfahren bedarf es nicht.
- Wird die Endentscheidung in dem Termin, in dem die mündliche Verhandlung geschlossen wurde, verkündet, kann die Begründung auch in die Niederschrift aufgenommen werden.

c) Besonderheiten in § 117 FamFG für die Rechtsbeschwerde gegenüber §§ 70–75 FamFG

93 § 117 Abs. 2 S. 2, Abs. 5 FamFG[136] modifiziert für Familienstreitsachen und für Ehesachen die Anwendung der §§ 70–75 FamFG folgendermaßen:
- Für die Wiedereinsetzung gegen die Versäumung der Frist zur Begründung der Rechtsbeschwerde gelten die §§ 233 und 234 Abs. 1 S. 2 der ZPO entsprechend.[137]
- Einer Güteverhandlung bedarf es im Rechtsbeschwerdeverfahren nicht.

---

132 BT-Drucks 15/3482, 18 zu §§ 524, 323 ZPO.
133 BT-Drucks 15/3482, 18 zu §§ 524, 323 ZPO.
134 BGH NJW 2009, 1271; a.A.: OLG Koblenz NJW 2007, 3362.
135 BGH NJW 2009, 1271; a.A.: OLG Koblenz NJW 2007, 3362.
136 Die Begründungserleichterung für die Abfassung der Rechtsmittelentscheidung nach § 117 Abs. 4 FamFG gilt nicht für das Rechtsbeschwerdeverfahren; vgl. die Begründung in: BT-Drucks 16/6308, 225.
137 Das „FamFG-Berichtigungsgesetz" (Gesetz zur Modernisierung von Verfahren im anwaltlichen und notariellen Berufsrecht, zur Errichtung einer Schlichtungsstelle der Rechtsanwaltschaft sowie zur Änderung sonstiger Vorschriften; BT-Drucks 16/11385; BT-Drucks 16/12717) hat die Anwendung der §§ 233, 234 Abs. 1 S. 2 ZPO auf die Versäumung der Frist zur Begründung der Rechtsbeschwerde beschränkt. Zuvor erstreckte sich § 117 Abs. 5 FamFG noch auf die Versäumung der Frist zur Einlegung der Rechtsbeschwerde.

A. Beschwerde und Rechtsbeschwerde gegen Endentscheidungen § 5

d) Besonderer Anwaltszwang

aa) § 114 FamFG

Einen besonderen Anwaltszwang bestimmt § 114 FamFG.[138] Vor dem OLG müssen sich

- die Ehegatten in Ehesachen und Folgesachen sowie
- die Beteiligten in selbstständigen Familienstreitsachen

durch einen Rechtsanwalt vertreten lassen (§ 114 Abs. 1 FamFG).

Vor dem BGH müssen sich die Beteiligten durch einen bei dem BGH zugelassenen Rechtsanwalt vertreten lassen (§ 114 Abs. 2 FamFG). Weiteres regelt § 114 Abs. 3–5 FamFG.

bb) Einlegung der Beschwerde (§ 64 Abs. 2 S. 2 FamFG)

§ 64 Abs. 2 S. 2 FamFG schließt die Einlegung der Beschwerde zur Niederschrift der Geschäftsstelle im Sinne von § 64 Abs. 2 S. 1 FamFG in Familienstreitsachen und in Ehesachen aus. Dies hat zur Folge, dass bereits für die Einlegung der Beschwerde bei dem Familiengericht der Anwaltszwang gilt. § 64 Abs. 2 S. 2 FamFG führt dazu, dass die Ausnahme vom Anwaltszwang über § 114 Abs. 4 Nr. 6 FamFG in Verbindung mit § 78 Abs. 3 ZPO nicht greift. Die Beschwerde kann also nicht durch einen Beteiligten persönlich, sondern nur durch dessen anwaltlichen Bevollmächtigten eingelegt werden. Der Anwaltszwang schon für die Einlegung der Beschwerde bei dem Familiengericht in dem § 64 Abs. 2 S. 2 FamFG wurde erst durch das FamFG-Berichtigungsgesetz eingeführt. Zuvor hatte der Gesetzgeber des FGG-Reformgesetzes übersehen, dass eine Einlegung der Beschwerde durch einen Beteiligten persönlich nach § 64 Abs. 2 S. 1 FamFG in Verbindung mit § 114 Abs. 4 Nr. 6 FamFG, § 78 Abs. 3 ZPO möglich gewesen wäre.

2. Weitere besondere Einzelvorschriften für Ehesachen

a) Verzicht auf Anschlussrechtsmittel in Scheidungssachen und Folgesachen

Haben die Ehegatten auf Rechtsmittel gegen den Scheidungsausspruch verzichtet, können sie gemäß § 144 FamFG auch auf dessen Anfechtung im Wege der An-

---

138 Siehe näher zu dieser Vorschrift weiter oben bei der Darstellung von Buch 2 FamFG zu den Familiensachen.

§ 5 Rechtsmittel, Rechtsbehelfe und Abänderung in Familiensachen

schließung an ein Rechtsmittel in einer Folgesache verzichten, bevor ein solches Rechtsmittel eingelegt ist.

b) Befristung von Rechtsmittelerweiterung und Anschlussrechtsmittel in Scheidungssachen und Folgesachen

97 § 145 FamFG enthält eine Regelung über die Befristung von Rechtsmittelerweiterung und Anschlussrechtsmittel:[139] Ist eine nach § 142 FamFG einheitlich ergangene Entscheidung teilweise durch Beschwerde oder Rechtsbeschwerde angefochten worden, können Teile der einheitlichen Entscheidung, die eine andere Familiensache betreffen, durch Erweiterung des Rechtsmittels oder im Wege der Anschließung an das Rechtsmittel nur noch bis zum Ablauf eines Monats nach Zustellung der Rechtsmittelbegründung angefochten werden; bei mehreren Zustellungen ist die letzte maßgeblich. Erfolgt innerhalb dieser Frist eine solche Erweiterung des Rechtsmittels oder Anschließung an das Rechtsmittel, so verlängert sich die Frist um einen weiteren Monat. Entsprechendes gilt im Fall einer erneuten Erweiterung des Rechtsmittels oder Anschließung an das Rechtsmittel innerhalb der verlängerten Frist.

c) Zurückverweisung in Scheidungssachen und Folgesachen

98 Die Zurückverweisung in Scheidungssachen und Folgesachen regelt § 146 FamFG. Wird eine Entscheidung aufgehoben, durch die der Scheidungsantrag abgewiesen wurde, soll das Rechtsmittelgericht die Sache an das Gericht zurückverweisen, das die Abweisung ausgesprochen hat, wenn dort eine Folgesache zur Entscheidung ansteht (Sollvorschrift). Das Gericht hat die rechtliche Beurteilung, die der Aufhebung zugrunde gelegt wurde, auch seiner Entscheidung zugrunde zu legen. Das Gericht, an das die Sache zurückverwiesen wurde, kann, wenn gegen die Aufhebungsentscheidung Rechtsbeschwerde eingelegt wird, auf Antrag anordnen, dass über die Folgesachen verhandelt wird.

d) Erweiterte Aufhebung in Scheidungssachen und Folgesachen

99 Eine erweiterte Aufhebung in Scheidungssachen und Folgesachen gestattet § 147 FamFG. Wird eine Entscheidung auf eine Rechtsbeschwerde teilweise aufgehoben, kann das Rechtsbeschwerdegericht auf Antrag eines Beteiligten die Entscheidung auch insoweit aufheben und die Sache zur anderweitigen Verhandlung und Ent-

---

139 Vgl. hierzu: Philippi, FPR 2006, 406 (410).

scheidung an das Beschwerdegericht zurückverweisen, als dies wegen des Zusammenhangs mit der aufgehobenen Entscheidung geboten erscheint. Eine Aufhebung des Scheidungsausspruchs kann nur innerhalb eines Monats nach Zustellung der Rechtsmittelbegründung oder des Beschlusses über die Zulassung der Rechtsbeschwerde, bei mehreren Zustellungen bis zum Ablauf eines Monats nach der letzten Zustellung, beantragt werden.

3. Kindschaftssachen

In Kindschaftssachen nach § 151 Nr. 6, 7 FamFG (Unterbringung Minderjähriger) ist die Rechtsbeschwerde ohne eine Zulassung statthaft, soweit eine Unterbringung angeordnet war (vgl. § 70 Abs. 3 FamFG).[140] Der BGH ist demnach auch dann zur Entscheidung berufen, wenn die Angelegenheit keine grundsätzliche Bedeutung (im weiteren Sinne) hat. Die Rechtsbeschwerde dient bei diesen Kindschaftssachen, bei denen durch eine gerichtliche Entscheidung in höchstpersönliche Rechte der Beteiligten eingegriffen wird, allein der Einzelfallgerechtigkeit.

100

4. Abstammungssachen

Gegen Endentscheidungen in Abstammungssachen steht auch demjenigen die Beschwerde zu, der an dem Verfahren beteiligt war oder zu beteiligen gewesen wäre (§ 184 Abs. 3 FamFG). Die Vorschrift bedeutet eine Erweiterung der allgemeinen Regelung des § 59 FamFG. § 184 Abs. 3 FamFG stellt das Beschwerderecht für die nach § 172 FamFG zu beteiligenden Personen sicher.[141] Dazu gehört nach § 172 Abs. 1 Nr. 2 FamFG auch die Mutter. Ihr wird damit ein eigenständiges Beschwerderecht unabhängig davon eingeräumt, ob sie durch den in der Abstammungssache ergangenen Beschluss unmittelbar in ihren Rechten beeinträchtigt ist.[142]

101

---

140 § 70 Abs. 3 FamFG hat durch das „FamFG-Berichtigungsgesetz" (Gesetz zur Modernisierung von Verfahren im anwaltlichen und notariellen Berufsrecht, zur Errichtung einer Schlichtungsstelle der Rechtsanwaltschaft sowie zur Änderung sonstiger Vorschriften; BT-Drucks 16/11385; BT-Drucks 16/12717) eine im Sinne des Willens des FGG-Reformgesetzgebers ausdrückliche Beschränkung auf freiheitsentziehende Maßnahmen erhalten. Zudem ist durch das „FamFG-Berichtigungsgesetz" der Anwendungsbereich der zulassungsfreien Rechtsbeschwerde auf die Kindschaftssachen nach § 151 Nr. 6, 7 FamFG erweitert worden.
141 BT-Drucks 16/9733, 295.
142 BT-Drucks 16/9733, 295; vgl. BGH NJW 2009, 1496 (1497).

5. Versorgungsausgleichssachen

a) Zulässigkeit der Beschwerde

102 § 228 FamFG bestimmt, dass in Versorgungsausgleichssachen § 61 FamFG nur im Fall der Anfechtung einer Kostenentscheidung gilt. Für die Beschwerde in der Versorgungsausgleichssache ist der Wert des Beschwerdegegenstandes keine Zulässigkeitsvoraussetzung. Gleichwohl muss bei dem Beteiligten, der die Beschwerde erhebt, zumindest überhaupt eine Beschwer gegeben sein. Lediglich für die Beschwerde gegen eine Kostengrundentscheidung in einer Versorgungsausgleichssache ist ein Wert des Beschwerdegegenstandes von über 600 EUR erforderlich.[143] Für den Wert des Beschwerdegegenstands kommt es auf die Differenz der Kosten an, die sich aus der erstinstanzlich ergangenen und der erstrebten Kostengrundentscheidung ergeben. Auf den Wert der Beschwer aus der Hauptsache oder auf den Wert des Verfahrens der Hauptsache kommt es dagegen nicht an.[144]

b) Rechtsbeschwerde

103 Nach dem FGG-Reformgesetz war die Rechtsbeschwerde noch in bestimmten Versorgungsausgleichssachen ausgeschlossen. Das Gesetz zur Strukturreform des Versorgungsausgleichs[145] hat diesen Ausschluss nicht fortgeführt. Die Statthaftigkeit der Rechtsbeschwerde richtet sich nunmehr nach den allgemeinen Bestimmungen der §§ 70 ff. FamFG.

6. Unterhaltssachen

104 Im vereinfachten Verfahren über den Unterhalt Minderjähriger ist die Beschwerde nur nach Maßgabe des § 256 FamFG gegeben.

B. Beschwerde und Rechtsbeschwerde gegen Zwischen- und Nebenentscheidungen

I. Einführung in den Problembereich

105 Das FamFG enthält keinen eigenen Abschnitt über Rechtsmittel gegen Zwischen- und Nebenentscheidungen. Nach der Neukonzeption der Rechtsmittel übernimmt

---

143 BT-Drucks 16/6308, 204.
144 So aber wohl Maurer, FamRZ 2009, 465 (472).
145 BGBl 2009 I, 700.

B. Beschwerde/Rechtsbeschwerde bei Zwischen- und Nebenentscheidungen § 5

die Beschwerde als Hauptsacherechtsmittel die Funktion der Berufung aus der ZPO und anderen Verfahrensordnungen. Die Beschwerde ist nach § 58 Abs. 1 FamFG statthaft gegen Endentscheidungen. Eine Endentscheidung ist gemäß der Legaldefinition in § 38 FamFG eine solche Entscheidung, durch die der Verfahrensgegenstand in der Instanz ganz oder teilweise erledigt wird. §§ 58 ff. FamFG regeln also nicht die Beschwerde gegen Entscheidungen in Zwischen- und Nebenverfahren.

Hierzu erklärt der Gesetzgeber in der Gesetzesbegründung:[146] **106**

„Zwischen- und Nebenentscheidungen sind dagegen grundsätzlich nicht selbstständig anfechtbar. Dies entspricht geltendem Recht. Sie sind entweder überhaupt nicht oder aber nur zusammen mit der Hauptsachentscheidung anfechtbar. Soweit das Gesetz abweichend davon die selbstständige Anfechtbarkeit von Zwischen- und Nebenentscheidungen zulässt, orientiert es sich an den Verhältnissen im Zivilprozess. Das Gesetz sieht demgemäß an verschiedenen Stellen die sofortige Beschwerde in entsprechender Anwendung der §§ 567 bis 572 ZPO vor. Diese enthalten ein für die Anfechtung von Zwischen- und Nebenentscheidungen geeignetes Verfahren. Sie sehen eine kurze, vierzehntägige Beschwerdefrist, den originären Einzelrichter sowie im Übrigen ein weitgehend entformalisiertes Rechtsmittelverfahren vor, in dem neue Tatsachen und Beweismittel zu berücksichtigen sind. Die Anfechtbarkeit von nichtinstanzbeendenden Beschlüssen mit der sofortigen Beschwerde ergibt sich aus der jeweiligen Bezugnahme auf die ZPO. Damit ist gewährleistet, dass die Statthaftigkeit des Rechtsmittels gegen die auf der Grundlage von Vorschriften der ZPO getroffenen Neben- und Zwischenentscheidungen in Verfahren nach diesem Gesetz dieselbe ist wie in bürgerlichen Rechtsstreitigkeiten. Dies gilt auch für Beschlüsse in Verfahren der Verfahrenskostenhilfe. Im Interesse der Harmonisierung der Verfahrensordnungen ist auch dort als Rechtsmittel nicht die Beschwerde, sondern die sofortige Beschwerde nach den Vorschriften der ZPO vorgesehen, ..."

Hinweis **107**

Entscheidungen in Zwischen- oder Nebenverfahren, die mit der sofortigen Beschwerde entsprechend §§ 567–572 ZPO anfechtbar sind, ergehen zum Beispiel über die Verfahrenskostenhilfe, Kostenfestsetzung, Ablehnung von Gerichtspersonen, Ablehnung der Hinzuziehung von Beteiligten, Berichtigung von Beschlüssen, Vollstreckung; nicht aber isolierte Kostengrundentscheidungen nach Antragsrücknahme oder übereinstimmenden Erledigungserklärungen.[147]

---

146 BT-Drucks 16/6308, 203.
147 Vgl. BT-Drucks 16/6308, 195; BT-Drucks 16/12717, Bericht, Nr. IV zu Art. 8 zu Nr. 1 zu Buchstabe m (Änderung von § 117 FamFG); a.A. Schael, FPR 2009, 195 (196); Schael, FPR 2009, 11 (12). Nach der bisherigen Rechtslage ist eine isolierte Kostenentscheidung keine Endentscheidung im Sinne von § 621e ZPO a.F., vgl.: Philippi in: Zöller, § 621e ZPO, Rn 11; BGH NJW-RR 1990, 1218; str.

§ 5 Rechtsmittel, Rechtsbehelfe und Abänderung in Familiensachen

108 Die von dem Gesetzgeber vorgeschlagene Konzeption vermag nicht zu überzeugen. Zu einer modernen Verfahrensordnung gehören – rechtspolitisch betrachtet – eigenständige und transparente Regelungen zum Beschwerde- und Rechtsbeschwerdeverfahren gegen Zwischen- oder Nebenentscheidungen. In rechtlicher Hinsicht hinterlässt die Konzeption Auslegungsschwierigkeiten, die sich insbesondere in Bezug auf die Rechtsbeschwerde ergeben.[148]

109 *Hinweis*

Nicht immer eindeutig ist zu entscheiden, ob eine Entscheidung eine Endentscheidung oder aber nur eine Zwischen- oder Nebenentscheidung ist. Diese Interpretationsfrage wird vor allem dann relevant, wenn eine Auslegung als Neben- oder Zwischenentscheidung die Unanfechtbarkeit der Entscheidung zur Folge hätte, weil es an einem Verweis auf die §§ 567–572 ZPO fehlt.[149]

Ein erster praxisrelevanter Streitpunkt ist bereits entstanden, nämlich zu der Frage, ob eine Kostengrundentscheidung nach Wegfall der Hauptsache bei fG-Familiensachen und allen FamFG-Nichtfamiliensachen als Endentscheidung mit der Beschwerde (§§ 58 ff. FamFG) oder als Nebenentscheidung gar nicht anfechtbar ist.[150]

II. Zu den §§ 567–572 ZPO in entsprechender Anwendung

110 In den FamFG-Sachen richtet sich die sofortige Beschwerde in entsprechender Anwendung nach den §§ 567–572 ZPO. Sie findet statt gegen die im ersten Rechtszug ergangenen Entscheidungen der Amtsgerichte und Landgerichte. Bestimmt eine FamFG-Vorschrift die Anfechtbarkeit einer Zwischen- oder Nebenentscheidung mit der sofortigen Beschwerde, so ist § 567 Abs. 1 Nr. 1 ZPO erfüllt. Gegen Neben- oder Zwischenentscheidungen über Kosten ist die Beschwerde nur zulässig, wenn der Wert des Beschwerdegegenstandes 200 EUR übersteigt (§ 567 Abs. 2 ZPO). Diese Vorschrift betrifft zum Beispiel die Anfechtung von Kostenfestsetzungsent-

---

148 Siehe weiter unten.
149 Vgl. zur bisherigen Rechtslage z.B.: BGH v. 2.4.2008 – XII ZB 134/06 zu einer Entscheidung nach Art. 15 Abs. 1b) VO (EG) Nr. 2201/2003 (Brüssel IIa-VO); krit. Gebauer, LMK 2008, 265950.
150 Vgl. BT-Drucks 16/6308, 195; BT-Drucks 16/12717, Bericht, Nr. IV zu Art. 8 zu Nr. 1 zu Buchstabe m (Änderung von § 117 FamFG); Reinken in: Horndasch/Viefhues, § 38 FamFG, Rn 4; Oberheim in: Schulte-Bunert/Weinreich, § 38 FamFG, Rn 6; Bumiller in: Bumiller/Harders, § 38 FamFG, Rn 1; Unger in: Schulte-Bunert/Weinreich, § 58 FamFG, Rn 14; a.A. Schael, FPR 2009, 195 (196); Schael, FPR 2009, 11 (12). M.E. gemäß ist die Kostengrundentscheidung eine Endentscheidung, vgl. in diesem Buch, § 2, Rn 106, § 5, Rn 3. Nach der bisherigen Rechtslage ist eine isolierte Kostenentscheidung keine Endentscheidung im Sinne von § 621e ZPO a.F., vgl.: Philippi in: Zöller, § 621e ZPO, Rn 11; BGH NJW-RR 1990, 1218; str.

B. Beschwerde/Rechtsbeschwerde bei Zwischen- und Nebenentscheidungen § 5

scheidungen, nicht aber von Verfahrenskostenhilfenentscheidungen.[151] Die sofortige Beschwerde ist binnen einer Notfrist von zwei Wochen bei dem Gericht, dessen Entscheidung angefochten wird, oder bei dem Beschwerdegericht einzulegen (§ 569 Abs. 1 S. 1 ZPO). Die Beschwerde muss schriftlich eingereicht werden (§ 569 Abs. 2 S. 1 ZPO). Eine Erklärung zu Protokoll der Geschäftsstelle genügt, wenn für die Hauptsache ein Anwaltszwang nicht besteht oder die Beschwerde die Verfahrenskostenhilfe betrifft (§ 569 Abs. 3 Nr. 1, 2 ZPO). Die Beschwerde soll begründet werden (§ 571 Abs. 1 ZPO). Sie kann auf neue Tatsachen gestützt werden (§ 571 Abs. 2 S. 1 ZPO). Das Familiengericht entscheidet in Zwischen- und Nebenverfahren über die Abhilfe der Beschwerde (§ 572 Abs. 1 ZPO). Hilft es nicht ab, hat es die Beschwerde unverzüglich dem Beschwerdegericht vorzulegen (§ 572 Abs. 1 ZPO). Beschwerdegericht ist in Familiensachen das Oberlandesgericht (§ 119 Abs. 1 Nr. 1a GVG). Das Beschwerdegericht entscheidet den zur Familiensache gehörenden Zwischen- oder Nebenverfahren durch den originären Einzelrichter (§ 568 S. 1 ZPO). Der Einzelrichter hat den Rechtsstreit auf das vollbesetzte Kollegium des Senats zu übertragen, wenn die Sache Schwierigkeiten aufweist oder grundsätzliche Bedeutung im weiteren Sinne hat (§ 568 S. 2 ZPO).

III. Auslegungsschwierigkeiten bei fG-Familiensachen und Nichtfamiliensachen

1. Vorschriften mit ausdrücklichem Verweis auf §§ 567–572 ZPO entsprechend

Weder aus dem Wortlaut des FamFG noch aus der Gesetzesbegründung[152] lässt sich entnehmen, ob Beschwerdeentscheidungen gegen Zwischen- und Nebenentscheidungen mit der **Rechtsbeschwerde** anfechtbar sind oder nicht. Für eine Unanfechtbarkeit könnte einerseits die nur beschränkte Verweisung in den FamFG-Vorschriften auf die §§ 567–572 ZPO (entsprechend) sprechen. Die Verweisung erfasst nicht die §§ 574–577 ZPO über die ZPO-Rechtsbeschwerde. Andererseits könnte gegen eine Unanfechtbarkeit der Beschwerdeentscheidung in Zwischen- oder Nebenverfahren sprechen, dass das FamFG nicht die Unanfechtbarkeit von Beschwerdeentscheidungen anordnet. Die Anfechtbarkeit mit der Rechtsbeschwerde ergibt sich aber wohl nicht aus den §§ 70–75 FamFG. Diese Annahme folgt allerdings noch nicht aus dem insoweit offenen Wortlaut. Jedoch sind nach der Kon-

111

---

151 Ball in: Musielak, § 567 ZPO, Rn 20.
152 Vgl. insbesondere BT-Drucks 16/6308, 203, 209.

zeption des Gesetzgebers[153] die im FamFG selbst geregelten Rechtsmittel in den §§ 58–75 FamFG nur Hauptsacherechtsmittel. Die Statthaftigkeit eines Rechtsmittels gegen Beschwerdeentscheidungen in Zwischen- oder Nebenverfahren könnte sich möglicherweise aus § 574 Abs. 1 S. 1 Nr. 2 ZPO ergeben. Nach § 574 Abs. 1 S. 1 Nr. 2 ZPO ist die zugelassene ZPO-Rechtsbeschwerde gegen jede nicht ausdrücklich unanfechtbare Beschwerdeentscheidung eröffnet. Gegen eine entsprechende Heranziehung der §§ 574–577 ZPO könnte wiederum sprechen, dass die Verweisvorschriften im FamFG die §§ 574–577 ZPO nicht umfassen. Für eine entsprechende Anwendung der §§ 574–577 ZPO könnte hingegen sprechen, dass der Gesetzgeber für das Rechtsmittel gegen Zwischen- und Nebenentscheidungen die Konzeption der sofortigen Beschwerde nach den §§ 567–572 ZPO zugrunde gelegt hat, zu der eben auch die Anfechtbarkeit mit der Rechtsbeschwerde nach den §§ 574–577 ZPO gehört. Eine Auslegung dürfte insgesamt wohl ergeben, dass sich die Statthaftigkeit und Zulässigkeit der **Rechtsbeschwerde** gegen Beschwerdeentscheidungen in Zwischen- und Nebenverfahren **nach den §§ 574–577 ZPO (entsprechend)** richtet.[154]

112 Eine entsprechende Problematik stellt sich, wenn das FamFG-Beschwerdegericht der Hauptsache eine Zwischen- oder Nebenentscheidung trifft. Soweit Vorschriften eine Anfechtbarkeit von Entscheidungen im Zwischen- und Nebenverfahren mit der sofortigen Beschwerde nach §§ 567–572 ZPO (entsprechend) anordnen, ist die sofortige Beschwerde nicht statthaft, weil § 567 Abs. 1 ZPO die sofortige Beschwerde nur erlaubt, wenn die Zwischen- oder Nebenentscheidung innerhalb des erstinstanzlichen Hauptsacherechtszugs ergangen ist. In ZPO-Verfahren waren deshalb Zwischen- und Nebenentscheidungen des Berufungsgerichts nur mit der Rechtsbeschwerde (§§ 574 ff. ZPO) anfechtbar und Entscheidungen des Revisionsgerichts unanfechtbar. Mangels ausdrücklicher Regelungen im FamFG ist ein vergleichbares Auslegungsergebnis für den Rechtsmittelzug gegen Zwischen- und Nebenentscheidungen des FamFG-Beschwerdegerichts nicht ohne weiteres möglich. Eine Auslegung könnte aber auch hier durchaus ergeben, dass sich die Statthaftigkeit und Zulässigkeit der **Rechtsbeschwerde** gegen Beschwerdeentscheidungen in Zwischen- und Nebenverfahren **nach den §§ 574–577 ZPO (entsprechend)** richtet.[155]

---

153 Vgl. BT-Drucks 16/6308, 166 f., 203, 209.
154 A.A. Unger in: Schulte-Bunert/Weinreich, § 58 FamFG, Rn 29: Rechtsbeschwerde ist nicht statthaft.
155 So ohne nähere Begründung auch Bumiller in: Bumiller/Harders, § 58 FamFG, Rn 21; a.A. Unger in: Schulte-Bunert/Weinreich, § 58 FamFG, Rn 29: Rechtsbeschwerde ist nicht statthaft.

B. Beschwerde/Rechtsbeschwerde bei Zwischen- und Nebenentscheidungen §5

Hinweis **113**

Ob sich die hier von mir vertretene Rechtsauffassung durchsetzt – insbesondere auch vom BGH mitgetragen wird – bleibt abzuwarten. Insoweit ist Vorsicht geboten.

2. Vorschriften ohne ausdrücklichen Verweis auf §§ 567–572 ZPO entsprechend

Teilweise enthalten FamFG-Vorschriften nicht die ausdrückliche Regelung, dass **114** die Zwischen- oder Nebenentscheidung mit der sofortigen Beschwerde nach §§ 567–572 ZPO (entsprechend) anfechtbar ist. Stattdessen verweist die FamFG-Vorschrift auf eine ZPO-Norm, die die Statthaftigkeit der Anfechtung mit der sofortigen Beschwerde bestimmt. Ein Beispiel hierfür ist § 85 FamFG für das Kostenfestsetzungsverfahren.[156] Es stellen sich dieselben Fragen für die Anfechtbarkeit von Beschwerdeentscheidungen in Zwischen- und Nebenverfahren. Argumentativ kommt hier aber dazu, dass eine FamFG-Vorschrift nicht beschränkt nur auf §§ 567–572 ZPO in entsprechender Anwendung verweist. Schon nach der bisherigen Rechtslage des FGG a.F. war übrigens letztendlich nicht eindeutig, ob die ZPO-Rechtsbeschwerde, die weitere FGG-Beschwerde oder die weitere FGG-Beschwerde nach Zulassung im Sinne von § 574 ZPO statthaft war.[157]

IV. Auslegungsschwierigkeiten bei Familienstreitsachen und Ehesachen

Auch bei Familienstreitsachen und Ehesachen stellen sich zur Anfechtung von Beschwerdeentscheidungen durch die Rechtsbeschwerde in Zwischen- und Nebenverfahren dieselben Fragen. Eine Auslegung dürfte wohl auch hier ergeben, dass die **Rechtsbeschwerde** gegen Beschwerdeentscheidungen in Zwischen- und Nebenverfahren **nach den §§ 574–577 ZPO (entsprechend)** statthaft und zulässig ist.[158]

---

[156] Auch Kroiß/Seiler, Das neue FamFG, § 3, Rn 171 bejaht die Statthaftigkeit der Rechtsbeschwerde entsprechend §§ 574–577 ZPO. So auch Bumiller in: Bumiller/Harders, § 85 FamFG, Rn 5. Götsche, FamRZ 2009, 383 (388), meint dagegen im Zusammenhang mit der Darstellung von Verfahrenskostenhilfe nach dem FamFG, dass die Rechtsbeschwerde nach den §§ 70 ff. FamFG statthaft sei. So auch Götsche in: Horndasch/Viefhues, § 76 FamFG, Rn 238; Keske in: Schulte-Bunert/Weinreich, § 76 FamFG, Rn 35; auch Bumiller in: Bumiller/Harders, § 76 FamFG, Rn 26, meint, dass bei der Verfahrenskostenhilfe die Rechtsbeschwerde nach §§ 70 ff. FamFG gegeben sei, weil § 76 Abs. 2 FamFG die §§ 574 ff. ZPO nicht in Bezug nehme.

[157] Vgl. etwa: BGH NJW-RR 2008, 305; BGH NJW 2007, 158; BGH NJW 2004, 3412; BGH NJW 2006, 2495; BGH NJW 2003, 3133; BGH NJW-RR 2004, 356.

[158] A.A. Unger in: Schulte-Bunert/Weinreich, § 58 FamFG, Rn 29: Rechtsbeschwerde ist nicht statthaft.

§ 5 Rechtsmittel, Rechtsbehelfe und Abänderung in Familiensachen

116 Zusätzlich bedarf es aber auch der Erörterung, ob in Familienstreitsachen und in Ehesachen gegen Zwischen- oder Nebenentscheidungen überhaupt eine **sofortige Beschwerde** nach §§ 567–572 ZPO statthaft und zulässig ist. Denn es ist nicht eindeutig, nach welchen Grundlagen und Vorschriften Rechtsmittel gegen Zwischen- und Nebenentscheidungen statthaft und zulässig sein sollen. Das FamFG sieht an verschiedenen Stellen, insbesondere im FamFG AT, die Statthaftigkeit der sofortigen Beschwerde entsprechend §§ 567–572 ZPO vor. Jedoch gelten ganz überwiegend die Vorschriften des FamFG AT nicht in Familienstreitsachen und Ehesachen. § 113 Abs. 1 FamFG schließt in diesen Sachen die Anwendung der §§ 2–37, 40–45, 46 S. 1 und 2 sowie §§ 47–48, 70–96a FamFG aus, verweist stattdessen auf die Anwendung der §§ 1–494a ZPO. Es fehlt in § 113 FamFG oder in einer anderen FamFG-Vorschrift an einer Bestimmung, ob und dass sich die Statthaftigkeit und Zulässigkeit eines Rechtsmittels gegen Zwischen- und Nebenentscheidungen in Familienstreitsachen und Ehesachen nach den §§ 567–572 ZPO (entsprechend) zu richten hat. Zwar ergibt sich aus Einzelvorschriften der ZPO, deren entsprechende Anwendung § 113 Abs. 1 S. 2 FamFG bestimmt, ob und in welchen Fällen die sofortige Beschwerde gegen Zwischen- und Nebenentscheidungen statthaft ist. Diese Einzelvorschriften nehmen aber nicht ausdrücklich die §§ 567–572 ZPO in Bezug. Allenfalls anhand der Gesetzesbegründung[159] mag sich ergeben können, dass sich die sofortige Beschwerde gegen Zwischen- und Nebenentscheidungen an den §§ 567–572 ZPO (entsprechend) zu orientieren hat.[160]

117 *Hinweis*

Gegen Kostenentscheidungen in Familienstreitsachen sowie in Ehesachen, die nach einer Antragsrücknahme, übereinstimmenden Erledigungserklärungen oder einem Anerkenntnis ergehen, ist die sofortige Beschwerde (§§ 567 ff. ZPO) über §§ 269 Abs. 5, 91a Abs. 2, 99 Abs. 2 ZPO statthaft.[161]

118 Nicht undenkbar ist, dass eine sofortige Beschwerde gegen Zwischen- und Nebenentscheidungen in Familienstreitsachen und in Ehesachen auch dann statthaft sein kann, wenn ohne mündliche Verhandlung **ein das Verfahren betreffendes Gesuch zurückgewiesen** worden ist. **§ 567 Abs. 1 Nr. 2 ZPO** sieht eine entsprechende Statthaftigkeit für die sofortige ZPO-Beschwerde vor. Aufgrund der pauschalen Verweisung in § 113 Abs. 1 S. 2 FamFG und mangels gesetzlicher Vorgabe der Statthaftigkeit der sofortigen Beschwerde gegen Zwischen- und Nebenentschei-

---

159 BT-Drucks 16/6308, 203.
160 So auch: Schael, FPR 2009, 11 (13).
161 Vgl. BT-Drucks 16/12717, Bericht, Nr. IV, zu Art. 8, zu Nr. 1, zu Buchstabe m (Änderung von § 117 FamFG).

dungen insbesondere für Familienstreitsachen und Ehesachen liegt es nicht fern, die sofortige Beschwerde (§§ 567 ff. ZPO entsprechend) gegen die Zurückweisung eines Gesuchs zum Verfahren nach §§ 1–494a ZPO für statthaft zu halten.[162]

V. Seitenblick: Weitere Rechtsbehelfe in FamFG-Sachen

Neben den Rechtsmitteln der Beschwerde, der Rechtsbeschwerde und der sofortigen Beschwerde, der Rechtsbeschwerde (entspr. ZPO) bleibt die Erinnerung gemäß § 11 Abs. 2 des Rechtspflegergesetzes (RPflG) bestehen. Weitere im FamFG geregelte Rechtsbehelfe sind der Einspruch (§§ 388–390 FamFG) sowie der Widerspruch (§§ 393–395, 397–399; §§ 406, 407 FamFG).

119

C. Abänderung

I. FamFG AT: § 48 Abs. 1 FamFG

§ 48 Abs. 1 FamFG gestattet die Abänderung einer rechtskräftigen Endentscheidung mit Dauerwirkung. Die Vorschrift entspricht dem bisherigen **§ 18 FGG a.F. nur noch eingeschränkt**. Denn eine allgemeine Abänderungsvorschrift ist nicht mit der grundsätzlichen Befristung der Rechtsmittel vereinbar, zudem gibt es im FamFG an den gebotenen Stellen spezialgesetzliche Abänderungsvorschriften.[163]

120

§ 48 Abs. 1 FamFG bestimmt, dass das Gericht eine rechtskräftige Endentscheidung mit Dauerwirkung wegen wesentlich veränderter Umstände noch aufheben oder ändern kann. Die Regelung findet aber nur Anwendung, soweit gesetzliche Sonderregelungen über die Abänderung von Entscheidungen nicht bestehen. Diese existieren unter anderem für die Änderung von Entscheidungen in Sorgerechts-, Versorgungsausgleichs-, Betreuungs- und Unterbringungssachen gemäß §§ 166, 294, 330. § 48 Abs. 1 S. 1 FamFG beschränkt die Abänderungsmöglichkeit tatbestandlich auf Entscheidungen mit Dauerwirkung.[164] Die Änderung der Verhältnisse im Sinne der Vorschrift muss des Weiteren nachträglich, also nach Erlass des Beschlusses, eingetreten sein. Auch muss eine wesentliche bei der Entscheidungsfindung maßgebliche Änderung der Verhältnisse vorliegen. Geändert haben muss sich die Sach- oder die Rechtslage. Eine Änderung der Sachlage liegt immer dann

121

---

162 A.A. Unger in: Schulte-Bunert/Weinreich, § 58 FamFG, Rn 28: Sofortige Beschwerde entsprechend § 567 Abs. 1 Nr. 2 ZPO ist nicht statthaft.
163 BT-Drucks 16/6308, 198.
164 BT-Drucks 16/6308, 198.

vor, wenn sich die der Entscheidung zugrundeliegenden Tatsachen ändern.[165] Eine Änderung der Rechtslage ist gegeben, wenn sich das maßgebliche materielle Recht geändert hat.[166] Hierunter können grundsätzlich auch Änderungen der höchstrichterlichen Rechtsprechung fallen.[167] Eine Abänderung erfolgt in Verfahren, die nur auf Antrag eingeleitet werden, nur auf Antrag (§ 48 Abs. 1 S. 2 FamFG).

122 § 48 Abs. 3 FamFG bestimmt, dass ein Beschluss, durch den ein Rechtsgeschäft genehmigt wird, nicht der Abänderung unterliegt, nachdem er einem Dritten gegenüber wirksam geworden ist. Der Vorschrift liegt die Erwägung zugrunde, dass der am Rechtsgeschäft beteiligte Dritte regelmäßig ein schutzwürdiges Interesse an dem dauerhaften Bestand der Entscheidung hat.[168] Wann eine Entscheidung dem Dritten gegenüber wirksam wird, bestimmt sich nach besonderen Vorschriften.[169] So bestimmt § 1829 Abs. 1 S. 2 BGB zum Beispiel, dass die nachträgliche Genehmigung des Familiengerichts sowie deren Verweigerung dem anderen Teil gegenüber erst wirksam wird, wenn sie ihm durch den Vormund mitgeteilt wird.

II. Besonderheiten in Familiensachen (Buch 2 FamFG)

1. Familienstreitsachen und Ehesachen: § 113 FamFG

123 Für Familienstreitsachen und Ehesachen schließt § 113 Abs. 1 S. 1 FamFG die Anwendung des § 48 Abs. 1, 3 FamFG über die Abänderbarkeit von Entscheidungen aus.

2. Kindschaftssachen: § 166 FamFG

124 Nach § 166 Abs. 1 FamFG ändert das Gericht eine Entscheidung oder einen gerichtlich gebilligten Vergleich nach Maßgabe des § 1696 BGB ab. Die Vorschrift übernimmt insoweit den verfahrensrechtlichen Gehalt des bisherigen § 1696 BGB. Sie enthält mit der Verpflichtung zur Abänderung auch eine entsprechende Befugnis des Gerichts und ist daher für den Bereich der Kindschaftssachen als Spezialvorschrift zu § 48 FamFG über die Abänderung gerichtlicher Entscheidungen und gerichtlich gebilligter Vergleiche zu verstehen.[170] Die Vorschrift betrifft die Abän-

---

165 BT-Drucks 16/6308, 198.
166 BT-Drucks 16/6308, 198.
167 BT-Drucks 16/6308, 198.
168 BT-Drucks 16/6308, 199.
169 BT-Drucks 16/6308, 199.
170 BT-Drucks 16/6308, 242.

3. Abstammungssachen: § 184 FamFG

Für Abstammungssachen schließt § 184 Abs. 1 S. 2 FamFG eine Abänderung der rechtskräftigen Endentscheidung aus. Möglich ist allein eine Wiederaufnahme (§ 185 FamFG).

125

4. Adoptionssachen: §§ 197, 198 FamFG

§ 197 Abs. 3 S. 2 FamFG und § 198 Abs. 1, 2, 3 FamFG enthalten Ausschlüsse für die Abänderbarkeit von dort genannten Beschlüssen in Adoptionssachen.

126

5. Versorgungsausgleichssachen: §§ 225–227 FamFG

Abweichend von § 49 FamFG bestimmt sich die Abänderung von Entscheidungen zum Versorgungsausgleich nach den §§ 225–227 FamFG.

127

6. Unterhaltssachen: §§ 238–240 FamFG

Die §§ 238–240 FamFG enthalten Spezialvorschriften über die Abänderung gerichtlicher Entscheidungen, von Vergleichen und Urkunden und von Entscheidungen nach den §§ 237, 253 FamFG. Die Vorschriften haben ihren Ursprung in den bisherigen § 323 und § 654 ZPO a.F. Das FGG-Reformgesetz hat die Vorschriften teilweise erheblich reformiert. Die §§ 238–240 FamFG werden im Zusammenhang mit den Unterhaltssachen ausführlich behandelt.[171]

128

D. Anhörungsrüge

I. FamFG AT: § 44 FamFG

§ 44 FamFG enthält die Vorschrift über die Abhilfe bei der Verletzung des Anspruchs auf rechtliches Gehör. Sie entspricht inhaltlich dem durch das Anhörungsrügengesetz[172] eingefügten § 29a FGG. Die Anhörungsrüge ist ein eigenständiger, wiedereinsetzungs- und wiederaufnahmeähnlich ausgestalteter Rechtsbehelf zur Geltendmachung von Gehörsverletzungen gegenüber dem Ausgangsgericht.[173]

129

---

171 Siehe dazu oben.
172 BGBl 2004 I, 3220.
173 BT-Drucks 15/3706, 13 f.

§ 5 Rechtsmittel, Rechtsbehelfe und Abänderung in Familiensachen

1. Hervorzuhebende Voraussetzungen

a) Anfechtbare Entscheidungen

130 Der Anwendungsbereich der Anhörungsrüge erfasst Beschlüsse in jeder Instanz.[174] Die Vorschrift eröffnet damit den Gerichten im Falle der gerügten Verletzung des Anspruchs auf rechtliches Gehör (Art. 103 Abs. 1 GG) die Möglichkeit der Selbstkorrektur bei unanfechtbaren Beschlüssen.[175] Die Entscheidung muss allerdings die Instanz gemäß § 44 Abs. 1 S. 2 FamFG abschließen, weil erst in diesem Zeitpunkt die Beschwer und die Entscheidungserheblichkeit der Gehörsverletzung feststellbar sind und weil dies der zügigen Erledigung des Rechtsstreits dient.[176] In verfassungskonformer Auslegung ist die Beschränkung des § 44 Abs. 1 S. 2 FamFG auf solche Zwischenentscheidungen zu begrenzen, die im Hinblick auf mögliche Gehörsverletzungen im weiteren fachgerichtlichen Verfahren noch überprüft und korrigiert werden können, ohne dass es zur Erlangung des verfassungsrechtlich gebotenen fachgerichtlichen Rechtsschutzes der Erhebung einer Anhörungsrüge bedürfte.[177] Mit der Anhörungsrüge angreifbar ist deshalb zum Beispiel auch eine unanfechtbare Richterablehnungsentscheidung[178] oder die unanfechtbare Gewährung der Wiedereinsetzung.[179]

b) Geltendmachung einer entscheidungserheblichen Verletzung rechtlichen Gehörs

131 Dem Wortlaut des § 44 Abs. 1 FamFG nach kann mit der Anhörungsrüge nur die **Verletzung rechtlichen Gehörs** gerügt werden.[180] Die Verletzung des Anspruchs auf rechtliches Gehör muss entscheidungserheblich sein. Davon ist immer dann auszugehen, wenn nicht ausgeschlossen werden kann, dass das Gericht ohne Verletzung des Anspruchs auf rechtliches Gehör zu einer anderen Entscheidung gekommen wäre.[181] Ausreichend ist damit, dass eine dem Rügeführer günstigere Entscheidung nicht ausgeschlossen werden kann; nicht erforderlich ist, dass die

---

174 BT-Drucks 15/3706, 15.
175 BT-Drucks 15/3706, 15.
176 BT-Drucks 15/3706, 16.
177 BVerfG NZA 2008, 1201; BVerfG NJW 2009, 833.
178 BVerfG NZA 2008, 1201; BVerfG NJW 2009, 833.
179 Vgl. BGH v. 20.1.2009 – Xa ZB 34/08.
180 Vgl. die einzelnen Fallgruppen bei Vollkommer in: Zöller, § 321a ZPO, Rn 8–11.
181 BT-Drucks 15/3706, 16.

Entscheidung bei der Gehörsgewährung für ihn tatsächlich günstiger ausgefallen wäre.[182]

Hinweis **132**

Der Anspruch auf rechtliches Gehör gibt den Beteiligten ein Recht zur Äußerung über Tatsachen, Beweisergebnisse und die Rechtslage.[183] Das Gebot rechtlichen Gehörs verpflichtet ein Gericht darüber hinaus, die Ausführungen der Prozessbeteiligten zur Kenntnis zu nehmen und in Erwägung zu ziehen.[184] Art. 103 Abs. 1 GG Art. ist erst verletzt, wenn sich im Einzelfall klar ergibt, dass das Gericht dieser Pflicht nicht nachgekommen ist.[185] Die Gerichte sind dabei nicht verpflichtet, sich mit jedem Vorbringen in den Entscheidungsgründen ausdrücklich zu befassen.[186] Geht das Gericht in seinen Entscheidungsgründen auf den wesentlichen Kern des Vortrags einer Partei zu einer Frage nicht ein, die für das Verfahren von zentraler Bedeutung ist, so lässt dies auf die Nichtberücksichtigung des Vortrags schließen, sofern er nicht nach dem Rechtsstandpunkt des Gerichts unerheblich oder offensichtlich unsubstantiiert war.[187]

Hinweis **133**

Eine **Heilung eines Gehörsverstoßes** durch ergänzende Erwägungen in einer die Anhörungsrüge als unbegründet zurückweisenden Entscheidung ist statthaft.[188] Diese Voraussetzung der Heilung ist im Rahmen des Anhörungsrügeverfahrens jedenfalls dann als erfüllt anzusehen, wenn das Gericht einem Gehörsverstoß durch bloße Rechtsausführungen im Anhörungsrügebeschluss zum Vorbringen des Betroffenen in der Anhörungsrüge abhelfen kann.[189] Etwas anderes gilt in Fällen, in denen das Gericht den Gehörsverstoß durch bloß ergänzende Erwägungen zum Vorbringen in der Anhörungsrüge nicht zu heilen vermag, wie etwa bei der Übergehung eines erheblichen Beweisantrags.[190]

---

182 Vollkommer in: Zöller, § 321a ZPO, Rn 12; a.A.: Musielak in: Musielak, § 321a ZPO, Rn 7; vgl. auch Zuck, NJW 2005, 1226 (1227 f.).
183 BVerfG NVwZ 2009, 580.
184 BVerfG NVwZ 2009, 580.
185 BVerfG NVwZ 2009, 580.
186 BVerfG NVwZ 2009, 580.
187 BVerfG NVwZ 2009, 580.
188 BVerfG NVwZ 2009, 580 (581); vgl. BVerfG v. 12.11.2008 – 1 BvR 2788/08; offengelassen bei: BVerfG NVwZ 2007, 688; BVerfG NJW 2009, 1584.
189 BVerfG NVwZ 2009, 580 (581).
190 BVerfG NVwZ 2009, 580 (581); BVerfGE 50, 32 (35); BVerfGE 60, 247 (249).

c) Neue und eigenständige Gehörsverletzung durch das angerufene Gericht

134 Nach Ansicht des BGH vom 20.11.2007 ist die Anhörungsrüge nur dann erforderlich und zulässig, wenn sie sich gegen eine „neue und eigenständige" Verletzung des rechtlichen Gehörs durch das mit der Anhörungsrüge angerufene Gericht selbst richtet.[191] Denn das Rechtsstaatsprinzip verlange lediglich, für jede „neue und eigenständige" Verletzung des Art. 103 Abs. 1 GG durch eine gerichtliche Entscheidung die einmalige Möglichkeit gerichtlicher Kontrolle zu gewährleisten.[192] Sei ein Rechtsmittel gegen die auf der gerügten Verletzung beruhende Entscheidung gegeben, das zur Überprüfung dieser Verletzung führen könne, so sei den Anforderungen des Art. 103 Abs. 1 GG hinreichend Rechnung getragen.[193] Legt man die Ansicht des BGH zugrunde, so ist eine Anhörungsrüge gegen einen Beschwerdebeschluss des Beschwerdegerichts unzulässig, wenn mit der Anhörungsrüge ausschließlich geltend gemacht wird, dass das erstinstanzliche Gericht den Anspruch auf rechtliches Gehör verletzt habe.

135 In seiner Entscheidung vom 9.7.2007 lässt das BVerfG offen, ob eine Anhörungsrüge zulässig ist, wenn mit ihr nicht eine „neue und eigenständige" Verletzung rechtlichen Gehörs geltend gemacht wird.[194] Das BVerfG hält es aber nicht für verfassungsrechtlich geboten, die Anhörungsrüge über die „neue und eigenständige" Verletzung rechtlichen Gehörs zu erweitern.[195] Am 5.5.2008 hat das **BVerfG** nun ausgesprochen, dass sich die verfassungsrechtliche Garantie eines fachgerichtlichen Rechtsbehelfs zur Geltendmachung von Gehörsverstößen nicht auf Fälle erstrecke, in denen lediglich geltend gemacht wird, das Fachgericht habe zu Unrecht einen angeblichen Gehörsverstoß der Vorinstanz in dem durchgeführten Rechtsbehelfsverfahren nicht geheilt, ohne dass dabei ein eigenständiger, über die bloße Nichtheilung des behaupteten Gehörsverstoßes hinausgehender Gehörsverstoß gerügt würde.[196] Die Erfolglosigkeit eines Rechtsmittels gegen einen behaupteten Gehörsverstoß der Vorinstanz begründe, für sich genommen, keine neue Gehörsverletzung durch das über das Rechtsmittel entscheidende Gericht.[197] Auch das Gebot effektiven Rechtsschutzes (hier aus Art. 2 Abs. 1 GG in Verbindung mit

---

191 BGH NJW 2008, 923; so auch: BGH NJW 2008, 2126; zustimmend: Lindner, AnwBl. 2008, 362; dagegen eine sekundäre Gehörsrüge befürwortend: Zuck, AnwBl. 2008, 168.
192 BGH NJW 2008, 923 unter Verweis auf BVerfG NJW 2003, 1924.
193 BGH NJW 2008, 923 unter Verweis auf BVerfG NJW 2003, 1924.
194 BVerfG NJW 2007, 3418.
195 BVerfG NJW 2007, 3418.
196 BVerfG NJW 2008, 2635 m. zustimm. Anm. Zuck.
197 BVerfG NJW 2008, 2635 m. zustimm. Anm. Zuck.

D. Anhörungsrüge § 5

Art. 20 Abs. 3 GG) und der Anspruch auf Gewährung rechtlichen Gehörs (Art. 103 Abs. 1 GG) würden nicht die Eröffnung der Anhörungsrüge gegen eine solche Entscheidung verlangen.[198]

136 Es ist aber zu beachten, dass im ZPO-Berufungsverfahren eine neue und eigenständige Gehörsverletzung dann vorliegen kann, wenn das Berufungsgericht – nach einer erstinstanzlichen Gehörsverletzung – Tatsachenvortrag im Berufungsverfahren erstmals als **verspätet zurückweist**.[199] So hat es der BGH zu dem zivilprozessrechtlichen Streitverfahren am 14.7.2008 entschieden.[200] Das Berufungsgericht habe in einem solchen Fall nicht nur den erstinstanzlichen Gehörsverstoß nicht geheilt, sondern zusätzlich einen neuen und eigenständigen Gehörsverstoß begangen. Diese Entscheidung kann auch in FamFG-Sachen eine entsprechende Bedeutung entfalten.

d) Form, Inhalt, Frist

137 § 44 Abs. 2 FamFG regelt Form, Inhalt und Frist der Rüge. Die Rüge muss binnen einer Notfrist von zwei Wochen ab Kenntnis von der Verletzung des rechtlichen Gehörs erhoben werden; der Zeitpunkt der Kenntniserlangung ist glaubhaft zu machen (§ 44 Abs. 2 S. 1 FamFG). Zur Kenntnis gehört auch das Kennenmüssen.[201] Nach Ablauf eines Jahres seit Bekanntgabe der angegriffenen Entscheidung kann die Rüge nicht mehr erhoben werden (§ 44 Abs. 2 S. 2 FamFG; Ausschlussfrist). Formlos mitgeteilte Entscheidungen gelten mit dem dritten Tage nach Aufgabe zur Post als bekannt gegeben (§ 44 Abs. 2 S. 3 FamFG). Die Bekanntgabefiktion ist nicht widerlegbar.[202]

Für die Zwei-Wochen-Frist des § 44 Abs. 2 S. 1 FamFG kommt es auf den Zeitpunkt der Bekanntgabe der angefochtenen Entscheidung und die Bekanntgabefiktion (§ 44 Abs. 2 S. 2 FamFG) keinesfalls an; abzustellen ist allein auf die tatsächliche subjektive Kenntnis.[203] Ein gegenteiliges Verständnis verstößt nach Ansicht

---

198 BVerfG NJW 2008, 2635 m. zustimm. Anm. Zuck.
199 BGH NJW 2008, 3361; so auch Zuck, NJW 2008, 2636.
200 BGH NJW 2008, 3361; so auch Zuck, NJW 2008, 2636.
201 Treber, NJW 2005, 97 (99); Bepler, RdA 2005, 65 (66); krit. die Stellungnahme des Bundesrats in: BT-Drucks 15/3966, 6, unter Hinweis darauf, dass neuere Vorschriften wie z.B. § 199 BGB zwischen Kenntnis und Kennenmüssen ausdrücklich differenzieren; a.A.: BAG NJW 2006, 2346; Rensen, MDR 2005, 181 (183); Guckelberger, NVwZ 2005, 11 (14).
202 Vgl. Treber, NJW 2005, 97 (99); Piekenbrock, AnwBl. 2005, 125 (126); Rensen, MDR 2005, 181 (184).
203 BVerfG NJW 2007, 2242.

des BVerfG gegen das Recht auf effektiven Rechtsschutz in Verbindung mit dem Rechtsstaatsprinzip und dem Anspruch auf Gewährung rechtlichen Gehörs.[204]

2. Entscheidung mit materiell-rechtlicher Gestaltungswirkung; § 48 Abs. 3 FamFG

138 Die Anhörungsrüge nach § 44 FamFG ist, für sich gesehen, nicht bei solchen Entscheidungen ausgeschlossen, mit denen eine materiell-rechtliche Gestaltungswirkung verbunden ist.[205] Wird gegen eine derartige Entscheidung – z.b. gegen einen Adoptionsbeschluss – die Anhörungsrüge erhoben und ist diese begründet, so verbleibt es bei der materiell-rechtlichen Rechtswirkung, bis das Gericht nach der Gewährung rechtlichen Gehörs entschieden hat, ob die bisherige Entscheidung aufrechterhalten bleibt oder aufzuheben ist.[206] Die Fortführung des Verfahrens auf die begründete Anhörungsrüge beseitigt lediglich die Rechtskraft des Rechtsfolgenausspruches.[207]

139 Jedoch soll nach § 48 Abs. 3 FamFG eine Anhörungsrüge nicht stattfinden können gegen einen Beschluss, durch den die Genehmigung für ein Rechtsgeschäft erteilt oder verweigert wird, wenn die Genehmigung oder deren Verweigerung einem Dritten gegenüber wirksam geworden ist. § 48 Abs. 3 FamFG bleibt nicht ohne erhebliche verfassungsrechtliche Zweifel. Denn die Vorschrift führt zu einer Verkürzung des Anspruchs auf rechtliches Gehörs und des allgemeinen Justizgewährleistungsanspruchs zu Lasten desjenigen, dessen Anhörungsrüge unstatthaft sein soll. Es besteht auch keine rechtliche Notwendigkeit, die Anhörungsrüge in den Fällen des § 48 Abs. 3 FamFG auszuschließen. Wird gegen eine Entscheidung, mit der eine materiell-rechtliche Gestaltungswirkung verbunden ist (z.B. Adoptionsbeschluss, s.o.) die Anhörungsrüge erhoben und ist diese begründet, so verbleibt es bei der materiell-rechtlichen Rechtswirkung, bis das Gericht nach der Gewährung rechtlichen Gehörs entschieden hat, ob die bisherige Entscheidung aufrechterhalten bleibt oder aufzuheben ist.[208] Die Fortführung des Verfahrens auf die begrün-

---

204 BVerfG NJW 2007, 2242.
205 Fölsch, SchlHA 2005, 68 zu § 29a FGG; vgl. auch Bumiller/Winkler, § 55 FGG, Rn 9, und § 62 FGG, Rn 1.
206 Fölsch, SchlHA 2005, 68 zu § 29a FGG; siehe auch BVerfG NJW 1994, 1053; BVerfG NJW 2009, 138; LG Koblenz NJW-RR 2000, 959.
207 Fölsch, SchlHA 2005, 68 zu § 29a FGG; siehe auch BVerfG NJW 1994, 1053; BVerfG NJW 2009, 138; LG Koblenz NJW-RR 2000, 959.
208 Fölsch, SchlHA 2005, 68 zu § 29a FGG; vgl. auch BVerfG NJW 2009, 138; BVerfG FamRZ 2008, 243; BVerfG NJW 1994, 1053; LG Koblenz NJW-RR 2000, 959.

dete Anhörungsrüge beseitigt lediglich die Rechtskraft des Rechtsfolgenausspruches.[209] Die Wirksamkeit der mit der materiell-rechtlichen Gestaltungswirkung verbundenen Entscheidung ist von der erfolgreichen Anhörungsrüge nicht betroffen. Dies ist erst eine Frage des fortzuführenden Verfahrens. Dieser Verfahrensablauf entspricht der ausdrücklichen Rechtsprechung des BVerfG zur Zulässigkeit einer Verfassungsbeschwerde gegen eine Entscheidung, die mit einer materiell-rechtlichen Gestaltungswirkung verbunden ist.[210] Unterstellt § 48 Abs. 3 FamFG wäre verfassungskonform, so müsste ein Anhörungsverstoß direkt mit einer Verfassungsbeschwerde angegriffen werden.

3. Verletzung anderer Verfahrensgrundrechte

Nach dem in der Gesetzesbegründung zum Anhörungsrügengesetz niedergelegten Willen des Gesetzgebers ist eine Erstreckung des Rechtsbehelfs der Anhörungsrüge auf die Verletzung anderer Verfahrensgrundrechte als der Verletzung des Anspruchs auf Gewährung rechtlichen Gehörs nicht vorgesehen.[211] Das Anhörungsrügengesetz trifft keine Aussage, wie die Gerichte künftig mit der Verletzung anderer Verfahrensgrundrechte (z.B.: Willkürverbot) umzugehen haben; insbesondere schließt das Anhörungsrügengesetz nach Ansicht des Gesetzgebers nicht die Möglichkeit aus, dass in diesen Fällen eine außerordentliche Beschwerde statthaft sein kann.[212]

140

a) Keine außerordentliche Beschwerde

Für das *BVerfG* **verstößt** es gegen die verfassungsrechtliche Anforderung der **Rechtsmittelklarheit**, wenn von der Rechtsprechung außerordentliche Rechtsbehelfe außerhalb des geschriebenen Rechts geschaffen werden, um tatsächliche oder vermeintliche Lücken im bisherigen Rechtsschutzsystem zu schließen.[213] Die Entscheidung des *BVerfG* bezog sich auf die Statthaftigkeit einer außerordentlichen Beschwerde.[214]

141

Der *BGH* folgerte bereits aus der Einführung des § 321a ZPO (entspricht § 44 FamFG) durch das Zivilprozessreformgesetz, dass die außerordentliche Beschwer-

---

209 Fölsch, SchlHA 2005, 68 zu § 29a FGG; vgl. auch BVerfG NJW 2009, 138; BVerfG FamRZ 2008, 243; BVerfG NJW 1994, 1053; LG Koblenz NJW-RR 2000, 959.
210 Vgl. BVerfG NJW 1994, 1053.
211 Vgl. BT-Drucks 15/3706, 14.
212 BT-Drucks 15/3706, 14.
213 BVerfG NJW 2007, 2538.
214 Vgl. BVerfG NJW 2007, 2538.

de generell unstatthaft sei.²¹⁵ Von seiner Auffassung wich der *BGH* auch nach dem Anhörungsrügengesetz nicht ab; er bestätigte vielmehr, dass eine außerordentliche Beschwerde **generell unstatthaft** ist.²¹⁶

b) § 44 FamFG analog bzw. Gegenvorstellung

142 Ob § 44 FamFG einer analogen Anwendung zugänglich oder ansonsten eine Gegenvorstellung zulässig ist, wird in der Rechtsprechung teilweise bejaht,²¹⁷ teilweise verneint.²¹⁸ Ebenso wird die Statthaftigkeit einer Gegenvorstellung in der Rechtsprechung teilweise bejaht,²¹⁹ teilweise verneint.²²⁰

143 In einem grundlegenden Beschluss vom 12.1.2009 hat das **BVerfG** ausgesprochen, dass eine **Gegenvorstellung weder aus verfassungsrechtlichen Gründen als generell unzulässig** anzusehen ist, **noch** dass eine **offensichtliche Unzulässigkeit** aus der Rechtsprechung der Fachgerichte auf der Grundlage des einfachen Rechts folgt.²²¹ Das BVerfG stellt insbesondere klar, dass sich aus den Erwägungen des Plenums des BVerfG in seinem Beschluss vom 30.4.2003²²² nicht herleiten lässt, dass eine Gegenvorstellung gegen gerichtliche Entscheidungen von Verfassungs wegen unzulässig ist. Das Gebot der Rechtsmittelklarheit schließt lediglich aus, dass mit rechtsstaatlichen Defiziten behaftete außerordentliche Rechtsbehelfe (nämlich: fehlende gesetzliche Regelung) es ausschließen würden, ihre vorherige erfolglose Einlegung zur Voraussetzung für die Zulässigkeit einer Verfassungs-

---

215 Vgl. BGH NJW 2002, 1577; BGH NJW 2003, 3137 (3138); BGH NJW 2004, 292 (293); BGH NJW 2004, 2224 (2225); BGH NJW 2005, 143 (144); BGH NJW-RR 2004, 1654; BGH NJW-RR 2005, 214; BGH NJW 2005, 294; tendenziell in diese Richtung gehend: BAG v. 5.11.2003, AP Nr. 12 zu § 78 ArbGG 1979; BAG NJW 2004, 92 (93).
216 BGH NJW-RR 2007, 1654; siehe auch schon: BAG NJW 2005, 3231; BSG v. 7.4.2005 – B 1 KR 5/04 S; BVerwG v. 21.7.2005 – 9 B 9.05; OLG Zweibrücken MDR 2005, 1245; BGH NJW-RR 2007, 1295; BGH v. 15.2.2006 – IV ZB 57/04; BGH v. 27.9.2005 – XI ZB 24/05; BGH v. 27.9.2005 – XI ZB 26/05; BGH v. 5.10.2005 – VIII ZB 68 u. 69/05; str.
217 Vgl. OVG Weimar NJW 2008, 1609; OVG Lüneburg NJW 2006, 2506; OVG Lüneburg NVwZ-RR 2006, 295; VGH Mannheim NJW 2005, 920; offengelassen: BGH NJW 2006, 1978; BGH v. 21.12.2005 – III ZR 109/05; OLG Zweibrücken FamRZ 2006, 555.
218 Vgl. BFH NJW 2007, 2576; BGH v. 17.7.2008 – V ZR 149/07.
219 Vgl. BGH NJW-RR 2007, 1654; BGH NJW-RR 2007, 1295; BGH v. 15.2.2006 – IV ZB 57/04; BFH NJW 2006, 861; BSG NJW 2006, 860; OLG Dresden NJW 2006, 851; OLG Saarbrücken v. 21.3.2006 – 5 W 67/06; offengelassen: BGH v. 21.12.2005 – III ZR 109/05; BFH NJW 2007, 2576.
220 Vgl. OVG Lüneburg NJW 2006, 2506; OVG Lüneburg NJW 2005, 2171; VGH Mannheim NJW 2005, 920.
221 Vgl. BVerfG NJW 2009, 829.
222 Vgl. BVerfG NJW 2003, 1924.

beschwerde zu machen.[223] Von dem Verzicht auf die vorherige Einlegung der Gegenvorstellung als Voraussetzung einer zulässigen Verfassungsbeschwerde kann nicht auf die verfassungsrechtliche Unzulässigkeit der Gegenvorstellung selbst geschlossen werden.[224] Des Weiteren stellt das BVerfG in rechtstatsächlicher Hinsicht fest, dass bei den Bundesgerichten und auch innerhalb dieser Gerichte die Rechtsprechung zur Zulässigkeit der Gegenvorstellung uneinheitlich ist, so dass die Gegenvorstellung jedenfalls nicht als offensichtlich unzulässig angesehen werden kann.[225] Wichtig ist in diesem Zusammenhang auch, dass für das BVerfG die Gegenvorstellung keine Voraussetzung für die Einlegung der Verfassungsbeschwerde ist, weder für die Zulässigkeitsvoraussetzung der Erschöpfung des Rechtswegs noch für die Zulässigkeitsvoraussetzung des Subsidiaritätsgrundsatzes.[226] Durch die Einlegung einer Gegenvorstellung und die darauf ergehende gerichtliche Entscheidung wird demnach die Monatsfrist zur Einlegung und Begründung der Verfassungsbeschwerde nicht erneut in Lauf gesetzt.[227]

> *Hinweis* **144**
>
> Die Entscheidung des BVerfG besagt noch nicht, ob die Gegenvorstellung tatsächlich einfachrechtlich statthaft und zulässig ist. Soweit eine Gegenvorstellung in der Rechtsprechung als außerordentlicher Rechtsbehelf anerkannt ist, wird § 44 FamFG analog für die Zulässigkeitsvoraussetzungen herangezogen und wird die Gegenvorstellung insbesondere nur dann als statthaft angesehen, wenn die Verletzung fundamentaler Verfahrensrechte geltend gemacht wird. Zur Gewährleistung der Rechtssicherheit ist eine Gegenvorstellung dagegen die nicht statthaft, wenn die einfachrechtliche Verletzung materiellen Rechts behauptet wird.

Der BGH (IV. Zivilsenat)[228] bejaht die **Statthaftigkeit** einer **Gegenvorstellung** als **145** Rechtsbehelf für die Geltendmachung der Verletzung von Verfahrensgrundrechten bzw. der greifbaren Gesetzeswidrigkeit einer Entscheidung. Ebenso bekundete der BGH (VII. Zivilsenat),[229] dass die fachgerichtliche Kontrolle eines Verstoßes gegen das Gebot des gesetzlichen Richters mittels einer Gegenvorstellung erreicht

---

223 Vgl. BVerfG NJW 2009, 829 (830); BVerfG NJW 2003, 1924.
224 BVerfG NJW 2009, 829 (830).
225 BVerfG NJW 2009, 829 (831); vgl. auch frühere Entscheidungen des BVerfG, z.B.: BVerfG NJW 2007, 2538; BVerfG NJW 2006, 2907 (2908).
226 BVerfG NJW 2009, 829 (831).
227 BVerfG NJW 2009, 829 (831).
228 BGH v. 15.2.2006 – IV ZB 57/04.
229 BGH NJW-RR 2007, 1654.

werden könne, wobei die **Verfahrensregeln des § 321a ZPO** entsprechend anzuwenden seien. Am 17.7.2008 hat der BGH (V. Zivilsenat) nun ausgesprochen, dass der Anwendungsbereich der **Anhörungsrüge** (§ 321a ZPO) auf die **Rüge der Verletzung rechtlichen Gehörs** beschränkt sei.[230] Zur Begründung verweist der BGH (V. Zivilsenat) auf den klaren Gesetzeswortlaut sowie des deutlich geäußerten gesetzgeberischen Willens.[231]

146 Der BFH (V. Senat) hat am 26.9.2007 dem **Gemeinsamen Senat der obersten Gerichtshöfe des Bundes die Frage vorgelegt**, ob eine Gegenvorstellung gegen einen Beschluss über einen Antrag auf Prozesskostenhilfe statthaft sei.[232] Der BFH hält die Gegenvorstellung für unstatthaft, weil sie die Anforderungen der Rechtsmittelklarheit nicht erfülle.[233] Denn sie sei nicht gesetzlich geregelt.[234] Der Ansicht des BFH (V. Senat) haben sich weitere Senate des BFH angeschlossen.[235]

147 *Hinweis*

Sind Verfahrensgrundrechte durch eine Entscheidung eines Gerichts verletzt, so besteht die Möglichkeit der Erhebung einer Verfassungsbeschwerde. Es sind aber insbesondere die Zulässigkeitsvoraussetzungen der Rechtswegerschöpfung, des Subsidiaritätsprinzips und der Einlegungsfrist zu berücksichtigen.[236]

II. Besonderheiten in Familiensachen

148 In Familienstreitsachen und in Ehesachen gilt kraft des § 113 Abs. 1 FamFG nicht § 44 und auch nicht § 48 Abs. 3 FamFG, sondern der § 321a ZPO in entsprechender Anwendung. Die Voraussetzungen und Rechtsfolgen des § 321a ZPO sind nahezu übereinstimmend zu denjenigen des § 44 FamFG.

---

230 BGH v. 17.7.2008 – V ZR 149/07.
231 BGH v. 17.7.2008 – V ZR 149/07.
232 BFH NJW 2008, 543 m.w.N. zu den gegenseitigen Ansichten, vgl. zu dieser Entscheidung: Rüsken, NJW 2008, 481; Zuck, ZRP 2008, 44.
233 BFH NJW 2008, 543.
234 BFH NJW 2008, 543.
235 Vgl. BFH NJW 2008, 543.
236 Vgl. dazu: BVerfG NJW 2009, 829; BVerfG NJW 2005, 3059; BVerfG v. 15.3.2006 – 2 BvR 917/05; BVerfG NJW 2006, 2907 (2908); BVerfG v. 29.3.2007 – 2 BvR 120/07; BVerfG NJW 2007, 3054; BVerfG NJW 2007, 3418; BVerfG v. 13.12.2007 – 1 BvR 2532/07; BVerfG NJW-RR 2008, 75; BVerfG NJW 2008, 2635; BVerfG v. 30.5.2008 – 1 BvR 27/08; BVerfG v. 30.5.2008 – 1 BvR 27/08.

E. Wiederaufnahme

I. FamFG AT: § 48 Abs. 2 FamFG

§ 48 Abs. 2 FamFG ordnet an, dass die Vorschriften der ZPO über die Wiederaufnahme (§§ 578–591 ZPO) entsprechende Anwendung finden. Aus der entsprechenden Anwendung ergibt sich, dass die Wiederaufnahme stets nur auf Antrag erfolgt.[237]

149

§ 48 Abs. 3 FamFG bestimmt, dass ein Beschluss, durch den ein Rechtsgeschäft genehmigt oder verweigert wird, nicht der Wiederaufnahme unterliegt, nachdem er einem Dritten gegenüber wirksam geworden ist. Der Vorschrift liegt die Erwägung zugrunde, dass der am Rechtsgeschäft beteiligte Dritte regelmäßig ein schutzwürdiges Interesse an dem dauerhaften Bestand der Entscheidung hat.[238] Wann eine Entscheidung dem Dritten gegenüber wirksam wird, bestimmt sich nach besonderen Vorschriften.[239] So bestimmt § 1829 Abs. 1 S. 2 BGB zum Beispiel, dass die nachträgliche Genehmigung des Familiengerichts sowie deren Verweigerung dem anderen Teil gegenüber erst wirksam wird, wenn sie ihm durch den Vormund mitgeteilt wird.

150

II. Besonderheiten in Familiensachen (Buch 2 FamFG)

1. Familienstreitsachen und Ehesachen: § 113 FamFG

Für die Wiederaufnahme in Familienstreitsachen und in Ehesachen bestimmt § 118 FamFG die entsprechende Geltung der §§ 578–591 ZPO. Die Anwendung des § 48 Abs. 2, 3 FamFG ist durch § 113 Abs. 1 S. 1 FamFG ausgeschlossen.

151

2. Abstammungssachen: § 185 FamFG

In Abstammungssachen unterliegt die Wiederaufnahme den besonderen Voraussetzungen des § 185 FamFG. Der Restitutionsantrag gegen einen rechtskräftigen Beschluss, in dem über die Abstammung entschieden ist, ist auch statthaft, wenn ein Beteiligter ein neues Gutachten über die Abstammung vorlegt, das allein oder in Verbindung mit den im früheren Verfahren erhobenen Beweisen eine andere Ent-

152

---

237 BT-Drucks 16/6308, 198.
238 BT-Drucks 16/6308, 199.
239 BT-Drucks 16/6308, 199.

scheidung herbeigeführt haben würde (§ 185 Abs. 1 FamFG). Nach § 185 Abs. 4 FamFG gilt die Klagefrist des § 586 ZPO in Abstammungssachen nicht.

3. Adoptionssachen: §§ 197, 198 FamFG

153 § 197 Abs. 3 S. 2 FamFG und § 198 Abs. 1, 2, 3 FamFG enthalten Ausschlüsse für die Wiederaufnahme gegen die dort genannten Beschlüssen in Adoptionssachen. Hierbei geht es um Beschlüsse über die Annahme als Kind beziehungsweise über die Ersetzung einer Einwilligung oder Zustimmung zur Annahme als Kind.

§ 6 Vollstreckung familienrechtlicher Titel

A. Vollstreckung gemäß FamFG AT

Das FamFG enthält vollstreckungsrechtliche Vorschriften in den §§ 86–96a FamFG.[1] In einem ersten Unterabschnitt werden allgemeine Vorschriften getroffen, in einem zweiten Unterabschnitt Regelungen zur Vollstreckung von Entscheidungen über die Herausgabe von Personen und die Regelung des Umgangs und in einem dritten Abschnitt die Vollstreckung nach der im übrigen subsidiär geltenden ZPO.

I. Allgemeine Vorschriften

1. Vollstreckungstitel

Nach § 86 Abs. 1 FamFG sind Vollstreckungstitel:

- Gerichtliche Beschlüsse, und zwar sowohl Endentscheidungen als auch solche anderweitigen Beschlüsse mit vollstreckbarem Inhalt, die verfahrensabschließende Entscheidungen enthalten.[2] Auch ein Kostenfestsetzungsbeschluss (§ 85 FamFG, §§ 103–107 ZPO) ist ein Vollstreckungstitel.[3] Außerdem sind die Unterhaltsfestsetzungsbeschlüsse im vereinfachten Verfahren über den Unterhalt Minderjähriger (§ 253 FamFG) erfasst.[4] Ebenso gehören die einstweilige Anordnung[5] und der Arrest hierzu.
- Gerichtlich gebilligte Vergleiche (§ 156 Abs. 2 FamFG)
- Weitere Vollstreckungstitel im Sinne von § 794 ZPO, soweit die Beteiligten über den Gegenstand des Verfahrens verfügen können. Hier zählen etwa Vergleiche. Die Verfügungsbefugnis fehlt in der Regel in Amtsverfahren.[6]

Damit ein vor Gericht geschlossener **Vergleich** zu einem Vollstreckungstitel (§ 86 Abs. 1 Nr. 2 FamFG) zur Vollstreckung der Herausgabe von Personen oder des Umgangs wird, bedarf es der Billigung des Gerichts nach § 156 Abs. 2 FamFG. Die Vollstreckung aus Vereinbarungen ohne eine Billigung des Gerichts ist nicht

---

1 Vgl. hierzu auch: Giers, FamRB 2009, 87.
2 BT-Drucks 16/6308, 217.
3 Giers, FPR 2008, 441.
4 Giers, FPR 2008, 441.
5 Giers, FPR 2008, 441.
6 Giers, FPR 2008, 441 (442).

möglich.[7] Aufgabe des Vollstreckungsgerichts ist es deshalb, zu ermitteln, ob eine Billigung des Vergleichs durch das Verfahrensgericht (Erkenntnisgericht) vorlegen hat. Diese Billigung kann konkludent erfolgen und muss nicht in eine der gerichtlichen Entscheidung ähnliche Form gekleidet werden. Um aber Auslegungsschwierigkeiten bei dem Vollstreckungsgericht zu vermeiden, sollte das Verfahrensgericht (Erkenntnisgericht) seine Billigung deutlich im Protokoll zum Ausdruck bringen. Dies kann etwa durch Formulierungen im Protokoll wie „an Stelle einer gerichtlichen Entscheidung" oder „mit Billigung des Gerichts" geschehen. Der Gesetzgeber hat es im Hinblick auf die Pflichten des Staates zum Schutz von Ehe und Familie für die Vollstreckung der Herausgabe von Personen bei der Beschränkung auf Titel, die das Gericht selbst gebilligt hat, belassen.[8] Vollstreckungsgrundlage ist der Vergleich selbst, nicht die gerichtliche Verfügung über die Billigung.[9] Seiner Rechtsnatur nach ist der gerichtlich gebilligte Vergleich ein Vergleich, nicht eine Entscheidung, nicht ein Beschluss.[10] Teilweise lassen die besonderen Vorschriften über die Herausgabe- und Umgangsvollstreckung nach §§ 88–94 FamFG Zweifel aufkommen, dass für diese Vollstreckung die Besonderheiten des gerichtlich gebilligten Vergleichs ausreichend berücksichtigt worden sind. So ist der Unterabschnitt 2, Abschnitt 8, Buch 1 FamFG nur mit „Vollstreckung von Entscheidungen ..." überschrieben. Dem Wortlaut nach ist der gerichtlich gebilligte Vergleich von der Überschrift nicht erfasst. Ebenso ist in § 89 Abs. 2 FamFG nur von einem „Beschluss" die Rede, nicht aber von einem gerichtlich gebilligten Vergleich.

4 *Hinweis*

Anderweitige Vergleiche (§ 36 FamFG) können über § 86 Abs. 1 Nr. 3 FamFG Vollstreckungstitel sein. Dazu gehören auch gerichtliche schriftliche Vergleiche (§ 36 Abs. 3 FamFG in Verbindung mit § 278 Abs. 6 ZPO). Konkreter Vollstreckungstitel ist hier der den Inhalt des Vergleichs feststellende Beschluss.

5 Beschlüsse sind mit dem Wirksamwerden vollstreckbar (§ 86 Abs. 2 FamFG). Grundsätzlich ist ein Beschluss gemäß § 40 Abs. 1 FamFG mit seiner Bekanntgabe wirksam. Die Vollstreckungstitel bedürfen einer Vollstreckungsklausel nur, wenn die Vollstreckung nicht durch das Gericht erfolgt, das den Titel erlassen hat (§ 86

---

7 Giers, FPR 2008, 441.
8 BT-Drucks 16/6308, 217.
9 Anders noch bei § 33 FGG a.F. („... Verfügung ..."); vgl. z.B.: OLG Brandenburg NJW-RR 2001, 1089; OLG Köln NJW-FER 1998, 163; Bumiller/Winkler, § 33 FGG, Rn 4; Schulte-Bunert, FPR 2008, 397; str.
10 Vgl. BT-Drucks 16/6308, 237.

Abs. 3 FamFG). Das Gericht hat bei der Einleitung von Vollstreckungsmaßnahmen inzident zu prüfen, ob die Vollstreckung aus dem Titel statthaft ist.[11]

2. Vollstreckungsverfahren

a) Einleitung des Vollstreckungsverfahrens

§ 87 Abs. 1 S. 1 FamFG regelt, dass die Vollstreckung dann von Amts wegen vom Gericht veranlasst und durchgeführt wird, wenn auch das Erkenntnisverfahren von Amts wegen eingeleitet werden kann. Die Vorschrift stellt damit klar, dass für die Einleitung und Durchführung des Vollstreckungsverfahrens auf die Art des Erkenntnisverfahrens abzustellen ist. Findet das Erkenntnisverfahren allein auf Antrag statt, so erfordert auch die Vollstreckung einen Antrag des Berechtigten. Kann das Gericht dagegen im Erkenntnisverfahren von Amts wegen tätig werden, so kann auch die Vollstreckung von Amts wegen betrieben werden.

6

§ 87 Abs. 1 S. 2 FamFG enthält darüber hinaus ein ausdrückliches Antragsrecht des Berechtigten in Verfahren, die von Amts wegen eingeleitet werden können. Sofern das Gericht dem Antrag nicht entspricht, hat es den Antrag in Form eines Beschlusses abzulehnen.

7

b) Weitere Regelungen

§ 87 Abs. 2 FamFG bestimmt, dass Voraussetzung der Vollstreckung die Zustellung der Entscheidung ist. Die Vorschrift ist § 750 Abs. 1 S. 1 ZPO nachgebildet. Abweichungen können sich aus den weiteren Büchern des FamFG ergeben. § 87 Abs. 3 FamFG regelt die Befugnisse des Gerichtsvollziehers und, wie die Vollstreckung durchzuführen ist. Abs. 5 bestimmt, dass die Kostenentscheidung im Vollstreckungsverfahren sich nach den Grundsätzen richtet, die auch im Hauptsacheverfahren Anwendung finden.

8

3. Anfechtbarkeit von Beschlüssen im Vollstreckungsverfahren

§ 87 Abs. 4 FamFG bestimmt, dass gegen Entscheidungen im Vollstreckungsverfahren die sofortige Beschwerde nach den §§ 567–572 ZPO in entsprechender Anwendung statthaft ist. Durch die entsprechende Anwendung der Beschwerdevorschriften bleibt gemäß § 570 Abs. 1 ZPO auch die aufschiebende Wirkung hinsichtlich der Festsetzung von Ordnungs- oder Zwangsmitteln gewahrt.

9

---

11 BT-Drucks 16/6308, 217.

10 *Hinweis*

Aus dem Verweis in § 87 Abs. 4 FamFG auf die entsprechende Anwendung der §§ 567–572 ZPO ergibt sich, dass die Beschwerdefrist nur zwei Wochen beträgt.

11 Gegen eine Entscheidung über die Beschwerde gegen eine Vollstreckungsentscheidung ist die Rechtsbeschwerde statthaft und zulässig (§§ 574–577 ZPO in entsprechender Anwendung).[12] Ob sich die hier von mir vertretene Rechtsauffassung durchsetzt – insbesondere auch vom BGH mitgetragen wird – bleibt abzuwarten. Insoweit ist Vorsicht geboten.

II. Vollstreckung von Entscheidungen über die Herausgabe von Personen und die Regelung des Umgangs

1. Grundlagen

12 Die §§ 88–94 FamFG bestimmen die Vollstreckung von Entscheidungen über die Herausgabe von Personen und die Regelung des Umgangs. Sachlich zuständig ist in den Umgangs- und Herausgabesachen nach Ansicht von Zimmermann das Familiengericht,[13] nicht das Vollstreckungsgericht. Örtlich zuständig für die Durchführung der Vollstreckung ist das Gericht, in dessen Bezirk die Person zum Zeitpunkt der Einleitung der Vollstreckung seinen **gewöhnlichen Aufenthalt** hat (§ 88 Abs. 1 FamFG). Es kommt nicht auf einen aktuellen – nicht gewöhnlichen – Aufenthalt an.[14]

13 *Hinweis*

Die Vollstreckung einer Umgangs- oder Herausgaberegelung ist ein selbstständiges Verfahren. Für dieses Vollstreckungsverfahren ist die örtliche Zuständigkeit neu zu prüfen und zu entscheiden. Sie knüpft nicht an die örtliche Zuständigkeit des Verfahrensgerichts (Erkenntnisgerichts) an.[15]

14 Nach § 88 Abs. 2 FamFG ist das Jugendamt verpflichtet, in geeigneten Fällen Unterstützung zu leisten. Die Hinzuziehung eines Mitarbeiters des Jugendamts soll der Vermeidung von Gewaltanwendung dienen und eine das Kindeswohl so wenig

---

12 Siehe hierzu ausführlich oben bei der Anfechtung von Nebenentscheidungen.
13 Vgl. Zimmermann, Das neue FamFG, Rn 257; vgl. hierzu auch: BGH NJW 1978, 1112.
14 Vgl. zudem auch BGH FamRZ 1986, 789.
15 Krit. Giers, FPR 2008, 441 (442).

wie möglich beeinträchtigende Vollstreckung fördern.[16] Die Unterstützungspflicht des Jugendamts umfasst hierbei auch die Tätigkeit des Gerichtsvollziehers, soweit dieser im Auftrag des Gerichts tätig wird.[17]

2. Ordnungsmittel

a) Sanktionscharakter

§ 89 Abs. 1 FamFG regelt, dass zur zwangsweisen Durchsetzung von Herausgabe- und Umgangsanordnungen in einem Vollstreckungstitel **Ordnungsmittel** anzuordnen sind.

15

Die Vorschrift sieht in Abweichung von dem bisherigen § 33 FGG a.f. damit nicht mehr die Verhängung von Zwangs-, sondern von Ordnungsmitteln vor. Mit der Verhängung von Ordnungsmitteln will der Gesetzgeber die Effektivität der Vollstreckung von Umgangs- und Herausgabeentscheidungen erhöhen.[18] Anders als Zwangsmittel dienen Ordnungsmittel nicht ausschließlich der Einwirkung auf den Willen der pflichtigen Person, sondern haben daneben **Sanktionscharakter**.[19] Deshalb können sie auch dann noch festgesetzt und vollstreckt werden, wenn die zu vollstreckende Handlung, Duldung oder Unterlassung wegen Zeitablaufs nicht mehr vorgenommen werden kann.[20] Gerade bei zeitgebundenen Entscheidungen im Umgangsrecht (z.B. Herausgabe des Kindes über bestimmte Feiertage) blieben die bisherigen Zwangsmittel wegen des zwangsläufigen Zeitablaufs häufig ineffektiv.[21]

16

Ordnungsmittel ist im Regelfall das **Ordnungsgeld**. Angeordnet werden kann ersatzweise Ordnungshaft für den Fall, dass das angeordnete Ordnungsgeld nicht beigetrieben werden kann. Verspricht die Anordnung eines Ordnungsgeldes von vornherein keinen Erfolg, kann das Gericht unmittelbar **Ordnungshaft** anordnen. Die Anordnung ergeht durch Beschluss. Es wird angenommen, dass der sofortigen Anordnung von Ordnungshaft in Personenherausgabe- und Umgangssachen voraussichtlich erhebliche Bedeutung zukommen werde, weil die Festsetzung von

17

---

16 BT-Drucks 16/6308, 217.
17 BT-Drucks 16/6308, 218.
18 BT-Drucks 16/6308, 218; BT-Drucks 16/6308, 411; Bahrenfuss, SchlHA 2007, 80 (83).
19 BT-Drucks 16/6308, 218; Giers, FPR 2008, 441 (442); vgl. zur Differenzierung nach dem FamFG auch: OLG Brandenburg v. 16.10.2008 – 10 WF 165/08.
20 BT-Drucks 16/6308, 218; BT-Drucks 16/6308, 411; Bahrenfuss, SchlHA 2007, 80 (83); Bahrenfuss, SchlHA 2008, 109 (111); Giers, FGPrax 2006, 195 (196); Giers FPR 2006, 438 (440).
21 Bahrenfuss, SchlHA 2008, 109 (112).

Ordnungsgeld in diesen Sachen häufig von vornherein keinen Erfolg verspreche.[22] Mit Blick auf den Verhältnismäßigkeitsgrundsatz darf eine solche Annahme aber nicht pauschal getroffen werden.

18 Die Anordnung eines Ordnungsmittels steht im pflichtgemäßen **Ermessen** des Gerichts. Das Gericht wird sich bei der Ausübung des Ermessen in erster Linie davon leiten lassen, dass das Vollstreckungsverfahren der effektiven Durchsetzung des Vollstreckungstitels dient, die im Erkenntnisverfahren unter Beachtung der Vorgaben des materiellen Rechts, mithin auch des Kindeswohls, getroffen wurde.[23] Der Gesetzgeber geht davon aus, dass in den meisten Fällen das Gericht zur Anordnung eines Ordnungsmittels verpflichtet sein wird.[24] Eine Ermessensreduzierung kommt beispielsweise dann in Betracht, wenn der Umgang von dem zu betreuenden Elternteil grundlos verweigert wird, obwohl der räumlich entfernt lebende Umgangsberechtigte zu dessen Wahrnehmung erheblichen zeitlichen und finanziellen Aufwand leistet.[25] Dagegen kann eine Anordnung von Ordnungsmitteln zur zwangsweisen Durchsetzung der Umgangspflicht etwa dann unterbleiben, wenn der Elternteil den eigenen Umgang mit dem Kind verweigert, es sei denn, im konkreten Einzelfall liegen hinreichende Anhaltspunkte dafür vor, dass der erzwungene Umgang dem Kindeswohl dient.[26]

b) Verschuldenserfordernis

19 § 89 Abs. 4 FamFG bestimmt das Absehen von der Festsetzung eines Ordnungsmittels und der nachträglichen Aufhebung der Festsetzung eines Ordnungsmittels. Über § 89 Abs. 4 FamFG wird ein **Vertretenmüssen** des Schuldners für die Zuwiderhandlung i.S.v. Abs. 1 **vermutet**. Die Vermutung entfällt jedoch, wenn der Schuldner Gründe für ein Fehlen des Vertretenmüssens vorträgt. Der Schuldner trägt also die Darlegungslast für ein fehlendes Verschulden. Zweifel gehen zu seinen Lasten.[27]

Zumindest fraglich ist, ob § 89 Abs. 1, 4 FamFG gegen das Rechtsstaatsprinzip verstößt.[28] Verfassungsrechtlich ist es geboten, die Festsetzung eines Ordnungsmittels

---

22 Vgl. Giers, FPR 2008, 441 (442).
23 BT-Drucks 16/9733, 292.
24 BT-Drucks 16/9733, 292.
25 BT-Drucks 16/9733, 292.
26 Vgl. dazu BVerfG NJW 2008, 1287; BGH NJW 2008, 2586; Altrogge, FPR 2008, 410; Altrogge, FPR 2009, 34.
27 So auch: BT-Drucks 16/6308, 218.
28 Bedenken hegt grundsätzlich auch: Giers, FPR 2008, 441 (442); dagegen meint Gottwald in: Horndasch/Viefhues, § 89 FamFG, Rn 13, dass die Auferlegung der Darlegungslast gerechtfertigt sei.

von einem Verschulden abhängig zu machen. Diese Notwendigkeit ergibt sich aus dem Sanktionscharakter des Ordnungsmittels.[29] Die konkreten verfassungsrechtlichen Bedenken richten sich gegen die Verschuldensvermutung zu Lasten des Schuldners. Zwar hat das BVerfG die Anwendung der Regeln über den Anscheinsbeweis für die Festsetzung von Ordnungsmitteln nach § 890 ZPO für verfassungsrechtlich zulässig angesehen.[30] Die Entscheidung des BVerfG kann aber nicht ohne weiteres auf die Verschuldensvermutung nach § 89 Abs. 4 FamFG übertragen werden, unabhängig davon dass der Anscheinsbeweis und die Verschuldensvermutung zu Lasten des Schuldners ähnlich in ihren Rechtswirkungen sind. Das BVerfG stützte sich für seine Auffassung primär darauf, dass in einem zivilrechtlichen ZPO-Zwangsvollstreckungsverfahren nicht der Amtsermittlungsgrundsatz vorherrsche und der Gläubiger zur Erhebung von Beweisen keine Zwangsmittel einsetzen könne.[31] Aus dem Sanktionscharakter eines Ordnungsmittels ergebe sich auch keine grundsätzliche Verpflichtung für die Zivilgerichtsbarkeit, bei der Anordnung von Ordnungsmitteln die strafprozessualen Beweisanforderungen zugrunde zu legen.[32] Im FamFG-Vollstreckungsverfahren gilt jedoch der Amtsermittlungsgrundsatz (§ 26 FamFG). Anordnungen die das Gericht im Rahmen der Amtsermittlung trifft, sind zudem mit Zwangsmitteln (§ 35 FamFG) erzwingbar. Weder § 26 FamFG noch § 35 FamFG sind durch § 95 FamFG ausgeschlossen. Somit fehlt es an Argumenten, die § 89 Abs. 1, 4 FamFG verfassungsrechtlich haltbar erscheinen lassen.

c) Belehrungspflicht

Nach § 89 Abs. 2 FamFG muss der Verpflichtete **mit dem Beschluss in der Hauptsache** (Herausgabe der Person oder Regelung des Umgangs) auch über die Folgen einer Zuwiderhandlung gegen den Titel **belehrt** werden. § 89 Abs. 2 FamFG bezieht die Belehrungspflicht seinem Wortlaut nach nicht auf den Vollstreckungstitel des gerichtlich gebilligten Vergleichs. Die Vorschrift nennt nur den Beschluss in der Hauptsache. Jedoch besteht auch bei einem gerichtlich gebilligten Vergleich das unabweisbare Bedürfnis, dem Gericht eine entsprechende Belehrungspflicht aufzuerlegen.[33] Die Hinweispflicht kann nicht Bestandteil des Ver-

20

---

29 Vgl. zu § 890 ZPO: BVerfG NJW 1991, 3139; BVerfG NJW-RR 2007, 860.
30 BVerfG NJW 1991, 3139.
31 BVerfG NJW 1991, 3139.
32 Vgl. zu § 890 ZPO: BVerfG NJW 1991, 3139; vgl. auch: BVerfG NJW 1981, 2457.
33 Von einer Belehrungspflicht ausgehend: Giers, FGPrax 2006, 195 (196); Giers FPR 2006, 438 (440); Giers, FPR 2008, 441 (442); Schulte-Bunert in: Schulte-Bunert/Weinreich, § 241 FamFG, Rn 10.

gleichs selbst sein. Die Hinweispflicht obliegt nicht den Beteiligten, sondern dem Gericht. Auch bei einer Vollstreckung eines Vergleichs im ZPO-Zwangsvollstreckungsverfahren muss die Androhung durch einen gesonderten Beschluss des Gerichts erfolgen, kann nicht allein Bestandteil des Vergleichs sein.[34]

▼

21 **Muster: Belehrung nach § 89 Abs. 2 FamFG**

Der Verpflichtete wird darauf hingewiesen, dass eine Zuwiderhandlung gegen den Beschluss vom (Az.:) zur Regelung des Umgangs mit ▬▬ die Anordnung eines Ordnungsmittels zur Folge haben kann, nämlich Ordnungsgeld bis zu einer Höhe von 25.000 EUR und für den Fall, dass dieses nicht beigetrieben werden kann, Ordnungshaft oder unmittelbar Ordnungshaft, falls die Anordnung von Ordnungsgeld keinen Erfolg verspricht. Die Festsetzung von Ordnungsgeld unterbleibt, wenn der Verpflichtete Gründe vorträgt, aus denen sich ergibt, dass er die Zuwiderhandlung nicht zu vertreten hat.

▲

22 Die Belehrung ersetzt die nach bisherigem Recht gemäß § 33 Abs. 3 S. 6 FGG a.F. erforderliche Androhung. Mit der Belehrung soll dem Verpflichteten deutlich gemacht werden, dass ein Verstoß gegen den Vollstreckungstitel die Anordnung von Ordnungsmitteln nach sich ziehen kann.[35]

23 Keine Regelung enthält § 89 Abs. 2 FamFG, wenn die erforderliche Belehrung unterblieben ist. Jedoch dürfte auch eine **nachträgliche Belehrung** nicht ausgeschlossen sein.[36] Die Anordnung eines Ordnungsmittels kommt aber nur in Betracht, wenn der Verstoß gegen den Vollstreckungstitel zeitlich nach der nachträglichen Belehrung erfolgt ist.

d) Höhe von Ordnungsgeld und Ordnungshaft

24 § 89 Abs. 3 FamFG regelt Einzelheiten zum Ordnungsgeld und zur Ordnungshaft. Das einzelne Ordnungsgeld darf 25.000 EUR nicht übersteigen. Für den Vollzug der Ordnungshaft werden die §§ 901 S. 2, 904–906, 909, 910, 913 ZPO für entsprechend anwendbar erklärt.

---

34 Vgl.OLG Hamm MDR 1988, 506; Hüßtege in: Thomas/Putzo, § 890 ZPO, Rn 18; str.
35 BT-Drucks 16/6308, 218.
36 A.A. Schulte-Bunert in: Schulte-Bunert/Weinreich, § 241 FamFG, Rn 10.

3. Anwendung unmittelbaren Zwangs

Neben den Ordnungsmitteln ist die Möglichkeit der Gewaltanwendung zur Durchsetzung der gerichtlichen Entscheidungen in § 90 FamFG geregelt. Gemäß § 90 Abs. 1 S. 1 FamFG ist der Einsatz **unmittelbaren Zwangs** zur Vollstreckung stets durch ausdrücklichen Beschluss anzuordnen. Bei der Anordnung ist der **Grundsatz der Verhältnismäßigkeit** strikt zu beachten.[37] Die Anwendung unmittelbaren Zwangs kann nur dann in Betracht kommt, wenn mildere Mittel zur Vollstreckung der Entscheidung nicht zur Verfügung stehen. Gerade bei der Vollstreckung der Herausgabe von Personen ist ein behutsames Vorgehen erforderlich, wenn nicht Gefahr im Verzuge ist.[38] Grundsätzlich sollte daher zunächst das persönliche Gespräch des Familiengerichts mit dem Berechtigten und dem Verpflichteten und gegebenenfalls mit der herauszugebenden Person gesucht werden.[39] Im Anschluss daran kann sich das Familiengericht zur Unterstützung an das Jugendamt wenden.[40] Danach soll regelmäßig zunächst die Verhängung von Ordnungsmitteln erfolgen, bevor die Anwendung unmittelbaren Zwangs angeordnet wird.[41]

25

Unmittelbarer Zwang kann nur unter den in § 90 Abs. 1 Nr. 1–3 FamFG genannten Alternativen eingesetzt werden. Danach kommt die Anordnung unmittelbaren Zwangs in Betracht, wenn

26

- die Festsetzung von Ordnungsmitteln erfolglos geblieben ist,
- die Festsetzung von Ordnungsmitteln keinen Erfolg verspricht oder
- eine alsbaldige Vollstreckung der Entscheidung unbedingt geboten ist.

Die Anordnung unmittelbaren Zwangs gegen ein Kind darf nicht zugelassen werden, wenn das Kind herausgegeben werden soll, um das Umgangsrecht auszuüben (§ 90 Abs. 2 S. 1 FamFG). Im Übrigen darf unmittelbarer Zwang gegen ein Kind nur zugelassen werden, wenn dies unter Berücksichtigung des Kindeswohls gerechtfertigt ist und eine Durchsetzung der Verpflichtung mit milderen Mitteln nicht möglich ist (§ 90 Abs. 2 S. 2 FamFG; Grundsatz der Verhältnismäßigkeit). Hierbei ist ein wesentliches Kriterium das Alter des sich der Herausgabe widersetzenden Kindes.[42]

27

---

37 BT-Drucks 16/6308, 218; Giers, FGPrax 2006, 195 (196); Giers FPR 2006, 438 (441); Giers, FPR 2008, 441 (442); vgl. dazu auch BGH NJW 1977, 150 (151); OLG Brandenburg FamRZ 2001, 1315 (1316).
38 BT-Drucks 16/6308, 218.
39 BT-Drucks 16/6308, 218.
40 BT-Drucks 16/6308, 218.
41 BT-Drucks 16/6308, 218.
42 BT-Drucks 16/6308, 218.

4. Richterlicher Durchsuchungsbeschluss

28 § 91 Abs. 1–4 FamFG stellt Anforderungen für die Durchsuchung der Wohnung des Verpflichteten auf. Die Wohnung des Verpflichteten darf ohne dessen Einwilligung nur aufgrund eines richterlichen Beschlusses durchsucht werden. Würde der Erlass des Beschlusses den Erfolg der Durchsuchung gefährden, bedarf es zur Durchsuchung eines solchen Beschlusses nicht.

5. Vollstreckungsverfahren

29 § 92 Abs. 1 FamFG stellt die **Anhörung** des Verpflichteten sicher. Vor einer Festsetzung von Ordnungsmitteln muss der Verpflichtete gehört werden. Grundsätzlich hat die Anhörung vor der Genehmigung der Anwendung unmittelbaren Zwangs zu erfolgen. Würde die Anhörung jedoch den Vollstreckungserfolg vereiteln oder gefährden, kann sie unterbleiben.

30 § 92 Abs. 3 S. 1 FamFG bestimmt, dass vor der Festsetzung von Ordnungsmitteln oder der Anordnung von unmittelbarem Zwang **kein Vermittlungsverfahren** nach § 165 FamFG durchgeführt werden muss. Diese Frage wurde zu der bisherigen Rechtslage nicht einheitlich beantwortet.[43] Die Vorschrift stellt nunmehr ausdrücklich klar, dass das Vermittlungsverfahren und das Vollstreckungsverfahren zwei voneinander unabhängige Verfahrensarten sind.[44] Es steht daher im freien Ermessen des Gerichts, zwischen diesen Möglichkeiten diejenigen Maßnahmen zu wählen, die am ehesten geeignet erscheinen, die Umgangs- oder Sorgerechtsentscheidung effektiv zu vollziehen.[45] § 92 Abs. 3 S. 2 FamFG regelt, dass auch die Tatsache, dass ein Vermittlungsverfahren durchgeführt wird, das Gericht nicht hindert, im Interesse einer zügigen Umsetzung der Entscheidung gleichzeitig Vollstreckungsmaßnahmen zu ergreifen. Die Vorschrift stellt es ausdrücklich ins Ermessen des Gerichts, im Einzelfall zu entscheiden, ob es hinreichend wahrscheinlich ist, dass das Ergebnis des bereits begonnenen Vermittlungsverfahrens eine tragfähige Regelung hinsichtlich des Umgangs- oder Sorgerechts sein wird oder es zur effektiven Durchsetzung der Entscheidung geboten ist, auch Vollstreckungsmaßnahmen zu ergreifen.[46]

---

[43] Verneinend: OLG Bamberg FamRZ 2001, 169 f.; OLG Rostock FamRZ 2002, 967 f.; a.A.: OLG Zweibrücken FamRZ 2000, 299 f.
[44] BT-Drucks 16/6308, 219.
[45] BT-Drucks 16/6308, 219.
[46] BT-Drucks 16/6308, 219.

6. Ausschluss und Einstellung der Vollstreckung

Die Einstellung oder Beschränkung der Vollstreckung oder die Aufhebung von Vollstreckungsmaßregeln durch Beschluss gestattet § 93 Abs. 1 FamFG. § 93 Abs. 2 FamFG bestimmt die Voraussetzungen einer dauerhaften Einstellung der Vollstreckung und verweist insoweit auf die Vorschriften der §§ 775 Nr. 1 und 2, 776 ZPO in entsprechender Anwendung. **31**

7. Eidesstattliche Versicherung über den Verbleib

§ 94 FamFG sieht die Abgabe einer eidesstattlichen Versicherung des Verpflichteten über den Verbleib der herauszugebenden Person vor. **32**

III. FamFG-Vollstreckung nach der subsidär geltenden ZPO

1. Anwendung der ZPO

Soweit in den §§ 86–94 FamFG nichts Abweichendes geregelt ist, sind auf die Vollsteckung **33**

- wegen einer Geldforderung,
- zur Herausgabe einer beweglichen oder unbeweglichen Sache,
- zur Vornahme einer vertretbaren oder nicht vertretbaren Handlung,
- zur Erzwingung von Duldungen und Unterlassungen,
- zur Abgabe einer Willenserklärung

die ZPO-Vorschriften zur Zwangsvollstreckung entsprechend anzuwenden (§ 95 Abs. 1 FamFG).[47] Die Zwangsvollstreckungsvorschriften der ZPO sind etwa dann anzuwenden, wenn es um die Vollstreckung zum Beispiel wegen Geldforderungen wie Zahlungsansprüche im Versorgungsausgleich, Ausgleichszahlungen in Ehewohnungssachen,[48] güterrechtliche Forderungen (§ 261 Abs. 2 FamFG), um die Herausgabevollstreckung wie zum Beispiel in Ehewohnungssachen[49] oder Gewaltschutzsachen oder um die Vollstreckung von Unterlassungsansprüchen wie zum Beispiel in Gewaltschutzsachen geht.

---

47 Vgl. dazu auch: Giers, FGPrax 2006, 195 (197 f.).
48 Das Gesetz zur Änderung des Zugewinnausgleichs- und Vormundschaftsrechts (BGBl 2009 I, 1696; BT-Drucks 16/10798; BT-Drucks 16/13027) hat den Begriff „Wohnungszuweisungssachen" durch „Ehewohnungssachen" ersetzt.
49 Das Gesetz zur Änderung des Zugewinnausgleichs- und Vormundschaftsrechts (BGBl 2009 I, 1696; BT-Drucks 16/10798; BT-Drucks 16/13027) hat den Begriff „Wohnungszuweisungssachen" durch „Ehewohnungssachen" ersetzt.

34 § 95 Abs. 2 FamFG ordnet im Interesse der Einheitlichkeit des FamFG-Verfahrens an, dass ungeachtet der Anwendung der vollstreckungsrechtlichen Vorschriften der ZPO die Entscheidung durch **Beschluss** zu ergehen hat. Dies gilt auch für Entscheidungen über Vollstreckungsabwehrklagen und Drittwiderspruchsklagen.[50] Für den notwendigen Inhalt des Beschlusses, deren Bekanntgabe, die Berichtigung, die Ergänzung und die Rechtskraft des Beschlusses sowie für die Anhörungsrüge gelten die Vorschriften des FamFG AT (§§ 38 ff. FamFG).[51] Diese Vorschriften verdrängen die entsprechenden Regelungen in der ZPO.[52]

35 § 95 Abs. 3 S. 1 FamFG bestimmt, dass bei Titeln, die eine Geldforderung zum Inhalt haben, die **Vollstreckung** nur dann mit der Entscheidung in der Hauptsache **auszuschließen** ist, wenn der Verpflichtete glaubhaft macht, dass die Vollstreckung für ihn einen nicht zu ersetzenden Nachteil bringen würde. In den Fällen des § 707 Abs. 1 ZPO und des § 719 Abs. 1 ZPO kann die Vollstreckung nur unter derselben Voraussetzung eingestellt werden (§ 95 Abs. 3 S. 2 FamFG). § 95 Abs. 3 FamFG ist dem § 62 Abs. 1 S. 2, 3 ArbGG nachgebildet.[53] § 95 Abs. 4 FamFG eröffnet dem Gericht die Möglichkeit, bei der Vollstreckung zur Herausgabe oder Vorlage einer Sache sowie einer vertretbaren Handlung auf die Festsetzung von Zwangsmitteln nach § 888 ZPO statt auf die §§ 883, 885, 886, 887 ZPO zurückzugreifen. Das Gericht entscheidet nach pflichtgemäßem Ermessen.

2. Vollstreckung in Gewaltschutzsachen und Ehewohnungssachen

36 § 96 FamFG regelt Besonderheiten bei der Vollstreckung in Gewaltschutzsachen und Ehewohnungssachen[54] unter Anwendung der ZPO-Vorschriften. § 96 Abs. 1 FamFG gestattet dem Berechtigten, einen Gerichtsvollzieher zuzuziehen, wenn der Verpflichtete einer Anordnung nach § 1 Gewaltschutzgesetz zuwiderhandelt, eine Handlung zu unterlassen, um die andauernde Zuwiderhandlung zu beseitigen.

---

50 BT-Drucks 16/6308, 220.
51 BT-Drucks 16/6308, 220.
52 BT-Drucks 16/6308, 220.
53 BT-Drucks 16/6308, 220.
54 Das Gesetz zur Änderung des Zugewinnausgleichs- und Vormundschaftsrechts (BGBl 2009 I, 1696; BT-Drucks 16/10798; BT-Drucks 16/13027) hat den Begriff „Wohnungszuweisungssachen" durch „Ehewohnungssachen" ersetzt.

3. Vollstreckung in Abstammungssachen

§ 96a FamFG enthält besondere Maßgaben für die Vollstreckung in Abstammungssachen.[55] Kann die Art der Probeentnahme der zu untersuchenden Person nicht zugemutet werden, ist die Vollstreckung eines titulierten Anspruchs nach § 1598a BGB auf Duldung der Entnahme einer genetischen Probe ausgeschlossen (§ 96a Abs. 1 FamFG). Bei wiederholter unberechtigter Verweigerung der Untersuchung kann auch unmittelbarer Zwang angewendet werden, insbesondere die zwangsweise Vorführung zur Untersuchung angeordnet werden (§ 96a Abs. 2 FamFG).

37

B. Vollstreckung von einstweiligen Anordnungen

Für die Vollstreckung von einstweiligen Anordnungen enthalten § 53 und § 55 FamFG besondere Vorschriften.[56]

38

C. Besonderheiten in Familiensachen (Buch 2 FamFG)

I. Familienstreitsachen: § 120 FamFG

In Familienstreitsachen richtet sich gemäß § 120 Abs. 1 FamFG die Zwangsvollstreckung entsprechend den Vorschriften der ZPO. Die §§ 86–96a FamFG kommen nicht zum Tragen (vgl. § 113 Abs. 1 S. 1 FamFG). Die Zwangsvollstreckungsvorschriften der ZPO finden damit beispielsweise für unterhaltsrechtliche oder güterrechtliche Geldforderungen (§ 231 Abs. 1 und § 261 Abs. 1 FamFG) Anwendung.

39

Nach § 120 Abs. 2 S. 1 FamFG sind Endentscheidungen in Familienstreitsachen schon **mit Wirksamwerden vollstreckbar**. Wirksam sind die Endentscheidungen entweder mit Rechtskraft (§ 116 Abs. 3 S. 1 FamFG) oder schon vor Rechtskraft, wenn das Gericht die sofortige Wirksamkeit angeordnet hat (§ 116 Abs. 3 S. 2 FamFG). Eines Ausspruchs der Vollstreckbarkeit bedarf es nicht.[57] Insoweit sind die §§ 708–713, 720a ZPO nicht und die §§ 714–720 ZPO nur eingeschränkt anwendbar.[58]

40

---

55 Vgl. zu dem dieser Regelung zugrunde liegenden Gesetz zur Klärung der Vaterschaft (BGBl 2008 I, 441): Wellenhofer, NJW 2008, 1185.
56 Siehe bei den Ausführungen zur einstweiligen Anordnung.
57 BT-Drucks 16/6308, 226.
58 BT-Drucks 16/6308, 226; krit. deshalb: Bundesrat in: BT-Drucks 16/6308, 373.

41 Macht der Verpflichtete glaubhaft, dass die Vollstreckung ihm einen nicht zu ersetzenden Nachteil bringen würde, hat das Gericht auf seinen Antrag die Vollstreckung vor Eintritt der Rechtskraft in der Endentscheidung **einzustellen** oder zu beschränken (§ 120 Abs. 2 S. 2 FamFG). Durch diese Regelung wird vermieden, dass durch die Vollstreckung vor Eintritt der Rechtskraft ein Schaden entsteht, der auch im Fall des Erfolgs eines Rechtsmittels nicht mehr rückgängig zu machen ist.[59] Ein nicht zu ersetzender Nachteil dürfte sich bei Unterhaltsforderungssachen etwa erst dann ergeben, wenn Rückforderungsansprüche wegen beigetriebener Unterhaltsbeträge voraussichtlich nicht realisierbar erscheinen.[60] Dieser strenge Maßstab ist geboten, weil das Vollstreckungsrecht primär den Berechtigten, nicht den Verpflichteten schützt. In den Fällen des § 707 Abs. 1 und des § 719 Abs. 1 ZPO kann die Vollstreckung nur unter denselben Voraussetzungen eingestellt oder beschränkt werden (§ 120 Abs. 2 S. 3 FamFG). § 120 Abs. 2 FamFG ist dem § 62 Abs. 1 ArbGG in Teilen nachgebildet.[61]

42 Einen Schutz des Schuldners im Zeitraum vor der formellen Rechtskraft über den § 120 Abs. 2 FamFG hinaus bietet zudem der schon erwähnte **§ 116 Abs. 3 S. 2 FamFG**. Dieser gestattet zwar einerseits die Anordnung einer sofortigen Wirksamkeit des nicht rechtskräftigen Beschlusses. Andererseits hat das Gericht im Rahmen der Ermessensprüfung das Interesse des Gläubigers an der Erlangung der Leistung und das Schutzinteresse des Schuldners gegeneinander abzuwägen.[62] Das **Schutzinteresse des Schuldners** bleibt auch bei der Soll-Anordnung nach § 116 Abs. 3 S. 3 FamFG nicht ohne Bedeutung.

II. Ehesachen: § 120 FamFG

43 In Ehesachen richtet sich gemäß § 120 Abs. 1 FamFG die Zwangsvollstreckung entsprechend den Vorschriften der ZPO. Die §§ 86–96a FamFG kommen nicht zum Tragen.[63]

Nach § 120 Abs. 2 S. 1 FamFG sind Endentscheidungen in Ehesachen mit ihrem Wirksamwerden vollstreckbar. Endentscheidungen in Ehesachen werden ausschließlich erst mit Rechtskraft wirksam (§ 116 Abs. 2 FamFG). Die Anordnung einer sofortigen Wirksamkeit vor Rechtskraft ist nicht statthaft. § 120 Abs. 2 S. 2

---

59 BT-Drucks 16/6308, 226.
60 OLG Koblenz FamRZ 2005, 468; OLG Hamm FamRZ 2000, 363.
61 BT-Drucks 16/6308, 226.
62 BT-Drucks 16/6308, 412.
63 So im Ergebnis auch: Giers, FPR 2006, 438 (439).

FamFG ist deshalb für Ehesachen nicht von Bedeutung, die Anwendung von § 707 Abs. 1 ZPO in Verbindung mit § 120 Abs. 2 S. 3 FamFG ist dagegen möglich.

Die Verpflichtung zur Eingehung der Ehe und zur Herstellung des ehelichen Lebens unterliegt nicht der Vollstreckung (§ 120 Abs. 3 FamFG).

III. Ehewohnungssachen: § 209 FamFG

Für verheiratete Opfer häuslicher Gewalt, die einen Trennungswillen haben, ist in § 209 Abs. 3 FamFG eine Vollstreckungsvorschrift zu deren besonderem Schutz vorgesehen. Sie dient der Durchsetzung des titulierten Anspruchs aus § 1361b BGB. § 209 Abs. 1–3 FamFG[64] enthält besondere Bestimmungen zur Wirksamkeit einer Endentscheidung sowie zur Vollstreckung vor Zustellung der Endentscheidung in Ehewohnungssachen. Danach wird die Endentscheidung in Ehewohnungssachen grundsätzlich erst mit Rechtskraft wirksam. Das Gericht soll aber schon die sofortige Wirksamkeit anordnen. Mit der Anordnung der sofortigen Wirksamkeit kann das Gericht auch die Zulässigkeit der Vollstreckung vor der Zustellung an den Antragsgegner anordnen. In diesem Fall tritt die Wirksamkeit in dem Zeitpunkt ein, in dem die Entscheidung der Geschäftsstelle des Gerichts zur Bekanntmachung übergeben wird. Dieser Zeitpunkt ist auf der Entscheidung zu vermerken.

44

IV. Gewaltschutzsachen: § 216 FamFG

§ 216 Abs. 1, 2 FamFG enthält besondere Bestimmungen zur Wirksamkeit einer Endentscheidung sowie zur Vollstreckung vor Zustellung der Endentscheidung in Gewaltschutzsachen, die dem Schutz von Opfern dienen. Danach wird die Endentscheidung in Gewaltschutzsachen grundsätzlich erst mit Rechtskraft wirksam. Das Gericht soll aber schon die sofortige Wirksamkeit anordnen. Mit der Anordnung der sofortigen Wirksamkeit kann das Gericht auch die Zulässigkeit der Vollstreckung vor der Zustellung an den Antragsgegner anordnen. In diesem Fall tritt die Wirksamkeit in dem Zeitpunkt ein, in dem die Entscheidung der Geschäftsstelle des Gerichts zur Bekanntmachung übergeben wird. Dieser Zeitpunkt ist auf der Entscheidung zu vermerken.

45

---

64 Das Gesetz zur Änderung des Zugewinnausgleichs- und Vormundschaftsrechts (BGBl 2009 I, 1696; BT-Drucks 16/10798; BT-Drucks 16/13027) hat den Begriff „Wohnungszuweisungssachen" durch „Ehewohnungssachen" ersetzt.

V. Unterhaltssachen: §§ 242, 244, 245 FamFG

46 § 244 FamFG regelt den unzulässigen Einwand der Volljährigkeit gegen die Vollstreckung in Unterhaltssachen. Wenn der Verpflichtete dem Kind nach Vollendung des 18. Lebensjahres Unterhalt zu gewähren hat, kann gegen die Vollstreckung eines in einem Beschluss oder in einem sonstigen Titel nach § 794 ZPO festgestellten Anspruchs auf Unterhalt nach Maßgabe des § 1612a BGB nicht eingewandt werden, dass die Minderjährigkeit nicht mehr besteht. Die Vorschrift entspricht mit einer zusätzlichen Klarstellung („Vollstreckung") dem bisherigen § 798a ZPO a.F. § 245 FamFG trifft eine Bestimmung über die Bezifferung dynamisierter Unterhaltstitel zur Zwangsvollstreckung im Ausland. Sie entspricht dem bisherigen § 790 ZPO a.F. Bei einem Abänderungsantrag auf Herabsetzung ermöglicht § 242 FamFG eine einstweilige Einstellung der Vollstreckung.

D. Übersicht

47 Nachfolgend werden die bei der Vollstreckung in Familiensachen anzuwendenden Vorschriften zusammenfassend dargestellt.

D. Übersicht §6

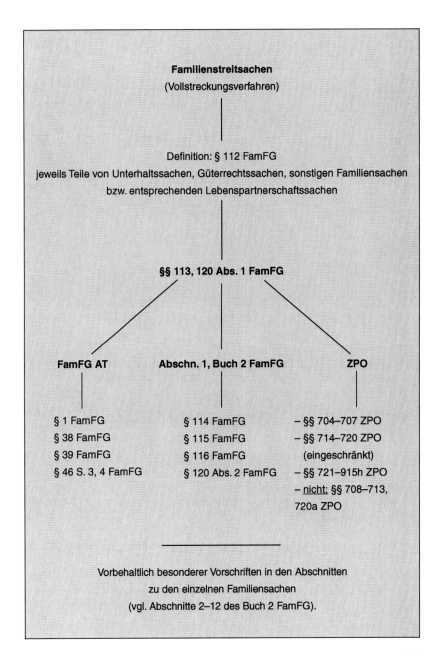

§ 6 Vollstreckung familienrechtlicher Titel

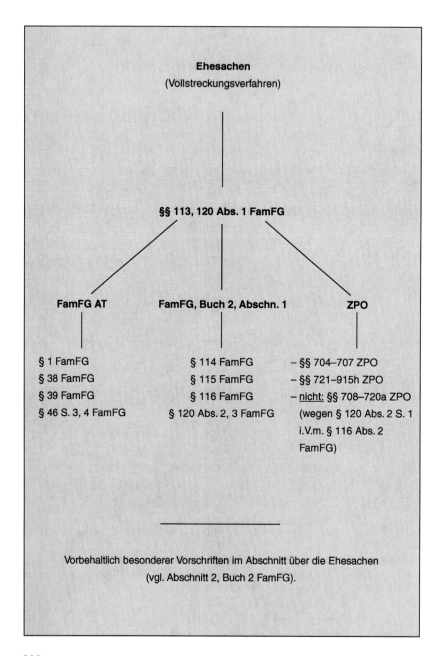

D. Übersicht §6

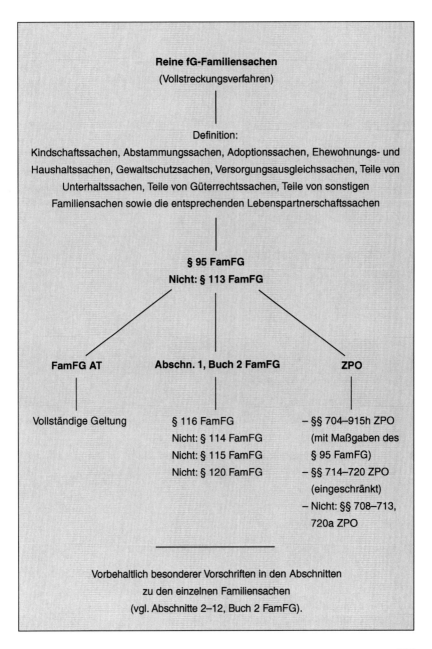

§ 7 Familiensachen mit Auslandsbezug

A. Grundlagen

1 Im Abschnitt 9 des FamFG AT befinden sich Regelungen zu Verfahren mit Auslandsbezug.[1] Die Grundregel des § 97 FamFG hat in erster Linie Warnfunktion.[2] Nach § 97 FamFG gehen Regelungen in völkerrechtlichen Vereinbarungen, soweit sie unmittelbar anwendbares innerstaatliches Recht geworden sind, dem FamFG vor. Regelungen in Rechtsakten der Europäischen Union bleiben unberührt. Ebenso bleiben Bestimmungen zur Umsetzung und Ausführung derartiger Vereinbarungen und Rechtsakte unberührt.

B. Internationale Zuständigkeit

2 Die internationale Zuständigkeit deutscher Gerichte richtet sich nach §§ 98–106 FamFG. § 106 FamFG regelt klarstellend, dass die internationale Zuständigkeit nicht ausschließlich ist.

Geregelt wird die internationale Zuständigkeit in:
- Ehesachen; Verbund von Scheidungs- und Folgesachen (§ 98 FamFG)
- Kindschaftssachen (§ 99 FamFG)
- Abstammungssachen (§ 100 FamFG)
- Adoptionssachen (§ 101 FamFG)
- Versorgungsausgleichssachen (§ 102 FamFG)
- Lebenspartnerschaftssachen (§ 103 FamFG)
- Betreuungs- und Unterbringungssachen; Pflegschaft für Erwachsene (§ 104 FamFG)
- anderen Verfahren (§ 105 FamFG) in Ableitung aus der örtlichen Zuständigkeit.[3]

---

1 Vertiefend: Rausch, FPR 2006, 441 (446 f.); Hau, FamRZ 2009, 821.
2 BT-Drucks 16/6308, 220.
3 BT-Drucks 16/6308, 221.

C. Anerkennung und Vollstreckbarkeit ausländischer Entscheidungen

Die Anerkennung und Vollstreckbarkeit ausländischer Entscheidungen bestimmt sich nach §§ 107–110 FamFG. Geregelt werden die: Anerkennung ausländischer Entscheidungen in Ehesachen, Anerkennung anderer ausländischer Entscheidungen,[4] Anerkennungshindernisse, Vollstreckbarkeit ausländischer Entscheidungen.

---

4 Siehe hierzu auch: Klinck, FamRZ 2009, 741.

§ 8 Kosten

A. Kostentragungspflicht

I. Grundsatz: §§ 80–84 FamFG

1. Umfang der Kostenpflicht

1 § 80 FamFG regelt den Umfang der Kostenpflicht, welche Kosten also erstattungsfähig sind.[1] Gegenstand einer gerichtlichen Kostenentscheidung sind die Gerichtskosten (Gebühren und Auslagen) und die mit dem Verfahren unmittelbar zusammenhängenden, notwendigen Aufwendungen der Beteiligten (§ 80 S. 1 FamFG). Über die Notwendigkeit der Aufwendungen wird im Kostenfestsetzungsverfahren (§ 85 FamFG) entschieden. Zu den Aufwendungen des Beteiligten **können** Kosten für den Rechtsanwalt (Verfahrensbevollmächtigten) gehören. Jedoch verweist § 80 FamFG nicht auf § 91 Abs. 2 S. 1 ZPO. Daher handelt es sich bei den **Gebühren und Auslagen des Rechtsanwalts** nicht zwingend um erstattungsfähige Kosten.[2] Die Notwendigkeit einer anwaltlichen Beauftragung wird in aller Regel zu bejahen sein. Denn ein nicht rechtskundiger Beteiligter kann kaum erkennen, ob sein Fall mit gewissen tatsächlichen oder rechtlichen Schwierigkeiten verbunden ist.[3]

2 *Hinweis*

Bei Familienstreitsachen und Ehesachen ist § 91 Abs. 2 S. 1 ZPO über § 113 Abs. 1 S. 2 ZPO anzuwenden. In diesen Sachen ist die gesetzliche Vergütung eines Rechtsanwalts stets erstattungsfähig.

Nach § 80 S. 2 FamFG in Verbindung mit § 91 Abs. 1 S. 2 ZPO umfasst die Kostenerstattung auch die Entschädigung des durch die Kostenentscheidung Begünstigten für die durch notwendige Reisen oder durch die notwendige Wahrnehmung von Terminen entstandene Zeitversäumnis. Maßgeblich sind hierfür die Bestimmungen des JVEG.

---

1 Zu den Kostenvorschriften des FamFG siehe auch: Zimmermann, FamRZ 2009, 377; Krause, FamRB 2009, 123.
2 Bumiller/Winkler, § 13a FGG, Rn 28; Zimmermann, Das neue FamFG, Rn 206; Götsche in: Horndasch/Viefhues, § 80 FamFG, Rn 13; Bumiller in: Bumiller/Harders, § 80 FamFG, Rn 5.
3 Vgl. Zimmermann, Das neue FamFG, Rn 206, dessen Auffassung nicht ganz so weit geht. Vgl. auch Götsche in: Horndasch/Viefhues, § 80 FamFG, Rn 14: Um die Notwendigkeit zu bejahen, muss es sich um ein rechtlich und tatsächlich nicht ganz einfach gelagertes Verfahren handeln.

2. Grundsatz der Kostenpflicht

a) Entscheidung nach billigem Ermessen

§ 81 Abs. 1 S. 1 FamFG eröffnet dem Gericht die Möglichkeit, den Beteiligten die **3** Kosten des Verfahrens nach **billigem Ermessen** ganz oder zum Teil aufzuerlegen. Eine allgemeine Verpflichtung des Gerichts zur Entscheidung über die Kosten wird mit § 81 Abs. 1 S. 1 FamFG nicht eingeführt.[4] Es liegt grundsätzlich im pflichtgemäßen Ermessen des Gerichts zu entscheiden, ob und gegebenenfalls in welchem Umfang eine Entscheidung über die Kosten sachgerecht ist.[5] Das gilt allerdings **nicht in Familiensachen**. Nach § 81 Abs. 1 S. 3 FamFG muss das Gericht stets eine Entscheidung über die Kosten treffen.

> *Hinweis* **4**
>
> Die Verpflichtung zur Entscheidung über Kosten ergibt sich für die fG-Familiensachen aus § 81 Abs. 1 S. 3 FamFG. Für die Familienstreitsachen und die Ehesachen ergibt sich die Verpflichtung zur Kostenentscheidung dagegen aus den §§ 91 ff. ZPO in Verbindung mit § 113 Abs. 1 FamFG.

Die Entscheidung, **wie** die Kosten des Verfahrens zu verteilen sind (d.h. welche **5** Beteiligte zu welchem Anteil die Kostenlast zu tragen haben), liegt im pflichtgemäßen Ermessen. Die Vorschrift des § 81 Abs. 1 S. 3 FamFG sieht hierzu nichts anderes in Familiensachen vor. Bei der Ausübung des pflichtgemäßen Ermessens ist das Gericht nicht an gesetzlich vorgegebene Gründe gebunden. Ermessensgesichtspunkte können zum Beispiel das Verfahrensergebnis, das Verhalten der Beteiligten im Verfahren oder vor Beginn des Verfahrens oder eine gütliche Erledigung des Verfahrens sein. Bei der Ausübung seines Ermessens kann das Gericht auch Konstellationen berücksichtigen, wie sie aufgrund der strengen Bindung an das Obsiegen und Unterliegen im Zivilprozess in den Verfahrensvorschriften über die Prozesskosten der Zivilprozessordnung ausdrücklich geregelt sind.[6] Dies betrifft etwa auch die Überbürdung der Kosten der ersten Instanz auf einen Beteiligten, dessen Anliegen erst im Rechtsmittelzug entsprochen wurde, weil er dem Gericht erst in der Beschwerdeinstanz in hinreichendem Umfang Umstände dargetan hat, die sein Anliegen begründen.[7] Eine Kostenüberbürdung kommt jedoch nur insoweit in Betracht, als der Beteiligte diese Tatsachen im Rahmen seiner Mitwir-

---

4 BT-Drucks 16/6308, 215.
5 BT-Drucks 16/6308, 215; Zimmermann, FamRZ 2009, 377 (379).
6 BT-Drucks 16/6308, 215.
7 BT-Drucks 16/6308, 215.

kungspflichten (§ 27 FamFG) hätte vortragen müssen, nicht jedoch soweit die Ermittlung der Tatsachen Teil der Amtsermittlungspflichten des Gerichts (§ 26 FamFG) gewesen wäre.[8]

Beteiligter im Sinne von § 81 FamFG ist grundsätzlich nur der formell am Verfahren Beteiligte.[9] Einem an einer Angelegenheit nur materiell Beteiligten, der nicht formell am Verfahren beteiligt ist, können Kosten des Verfahrens nicht auferlegt werden.[10] Zieht das Gericht entgegen § 7 FamFG einen „Beteiligten hinzu, der nicht hätte hinzugezogen werden dürfen, so gehören dessen Aufwendungen zu den erstattungsfähigen Kosten des Verfahrens.[11]

6 Gemäß § 81 Abs. 1 S. 2 FamFG kann das Gericht auch anordnen, dass von der **Erhebung von Kosten abgesehen** wird. Dies wird regelmäßig dann in Betracht kommen, wenn es nach dem Verlauf oder dem Ausgang des Verfahrens unbillig erscheint, die Beteiligten mit den Gerichtskosten des Verfahrens zu belasten.[12] Trifft das Gericht dagegen keine ausdrückliche Entscheidung über die Nichterhebung der Kosten, richtet sich die Kostenerhebung nach dem maßgeblichen Kostenrecht.[13]

§ 81 Abs. 1 S. 2 FamFG ist systematisch nicht überzeugend in das FamFG eingeordnet. Die Vorschrift gehört richtigerweise in die relevanten Gerichtskostengesetze (KostO, GKG, FamGKG). Bei der Nichterhebung von Kosten geht es nicht um die Frage einer Kostenverteilung zwischen den Beteiligten eines Verfahrens und damit nicht um den Erlass einer Kostengrundentscheidung mit einer Quotierung von entstandenen Kosten. Stattdessen geht es bei der Nichterhebung von Kosten um den Kostenansatz bzw. die Gebührenfreiheit eines Verfahrens. Beides ist Bestandteil des Gerichtskostenrechts, nicht aber des jeweiligen Verfahrensrechts. Im übrigen kann sich die Nichterhebung von Kosten ohnehin nur auf Gerichtskosten und nicht auf Anwaltskosten beziehen. Die Entstehung von Anwaltskosten ergibt sich allein aus dem RVG und steht nicht im billigen Ermessen des Gerichts. Auch ist der Gesetzesbegründung zu entnehmen, dass die Vorschrift nur auf die Nichterhebung von Gerichtskosten abzielt.[14]

---

8 BT-Drucks 16/6308, 215.
9 Zimmermann, Das neue FamFG, Rn 217; Zimmermann, FPR 2009, 5 (8); vgl. auch BGHZ 31, 92.
10 Zimmermann, Das neue FamFG, Rn 217; Zimmermann, FPR 2009, 5 (8).
11 So auch: Zimmermann, Das neue FamFG, Rn 217; Zimmermann, FPR 2009, 5 (8); a.A. BayObLG FamRZ 2001, 380.
12 BT-Drucks 16/6308, 215.
13 Vgl. BT-Drucks 16/6308, 215.
14 Vgl. BT-Drucks 16/6308, 215.

Hinweis 7

Das FamFG schließt die isolierte Anfechtung der Kostenverteilung – anders als § 99 ZPO – nicht aus.[15] Es muss aber der Beschwerdewert von über 600 EUR erreicht werden, wenn es sich in der Hauptsache um eine vermögensrechtliche Streitigkeit handelt (§ 61 Abs. 1 FamFG). In Familienstreitsachen und Ehesachen gilt dagegen § 99 ZPO, weil die Verweisvorschrift des § 113 Abs. 1 S. 2 FamFG diese Regelung einschließt. In diesen Sachen ist grundsätzlich die isolierte Anfechtung der Kostengrundentscheidung nicht statthaft.

b) Einschränkungen für das billige Ermessen bei der Kostenentscheidung

§ 81 Abs. 2 FamFG bestimmt Abweichungen vom Grundsatz der Kostenentscheidung nach billigem Ermessen gemäß Abs. 1. Die Vorschrift gibt dem Gericht durch eine Soll-Regelung vor, wie die Kostenverteilung in den dort geregelten Sachverhalten zu erfolgen hat. § 81 Abs. 2 FamFG ist eine **kostenrechtliche Sanktionsvorschrift**. Die Vorschrift eröffnet dem Gericht die Möglichkeit, die pflichtwidrige Einleitung von Verfahren sowie Verstöße gegen die Mitwirkungspflichten der Beteiligten negativ zu sanktionieren.[16] § 81 Abs. 2 FamFG orientiert sich also am Verfahrensverhalten von Beteiligten. Keinesfalls gebieten die Fälle des § 81 Abs. 2 Nr. 1–5 FamFG aber eine starre Orientierung an Erfolgsaussichten in der Hauptsache. 8

Es besteht in § 81 Abs. 2 FamFG keine strikte Beschränkung der Kostenüberbürdung auf die Verursachungsbeiträge des Beteiligten.[17] Keine Voraussetzung für die Kostenauferlegung ist, dass die Verursachungsbeiträge des Beteiligten überhaupt zusätzliche Kosten verursacht haben.[18] In der Rechtsfolge der Kostenauflegung ist das Gericht auch nicht darauf beschränkt, die Überbürdung auf zusätzliche Kosten zu beschränken.[19] Erforderlich ist allein, dass ein Zusammenhang zwischen dem Verursachungsbeitrag des Beteiligten und dem Verfahrensgegenstand, dessen Kosten dem Beteiligten auferlegt werden sollen, besteht.[20] Tatbestandsvoraussetzungen der Sollverpflichtung für die Kostenauflegung durch das Gericht sind: 9

- Der Beteiligte hat durch grobes Verschulden Anlass für das Verfahren gegeben.

---

15 Vgl. dazu: BT-Drucks 16/6308, 216.
16 BT-Drucks 16/6308, 215.
17 BT-Drucks 16/6308, 215.
18 BT-Drucks 16/6308, 215.
19 BT-Drucks 16/6308, 215 f.
20 BT-Drucks 16/6308, 216.

- Der Antrag des Beteiligten hatte von vornherein keine Aussicht auf Erfolg und der Beteiligte musste dies erkennen.
- Der Beteiligte hat zu einer wesentlichen Tatsache schuldhaft unwahre Angaben gemacht.
- Der Beteiligte hat durch schuldhaftes Verletzen seiner Mitwirkungspflichten das Verfahren erheblich verzögert.
- Der Beteiligte ist einer richterlichen Anordnung zur Teilnahme an einer Beratung durch Träger der Kinder- und Jugendhilfe in Kindschaftssachen (§ 156 Abs. 1 S. 4 FamFG) nicht nachgekommen, sofern der Beteiligte dies nicht genügend entschuldigt hat.

Die Rücknahme eines Antrags führt mangels Aufzählung nicht zu einer Kostenentscheidung nach § 81 Abs. 2 FamFG, sondern zu einer Kostenentscheidung nach rein billigem Ermessen (§ 81 Abs. 1 S. 1 FamFG).

c) Weitere Regelungen in § 81 FamFG

10 Nach § 81 Abs. 3 FamFG können einem minderjährigen Beteiligten in Verfahren, die seine Person betreffen, nicht auferlegt werden. Einem Dritten können Kosten des Verfahrens nur auferlegt werden, soweit die Tätigkeit des Gerichts durch ihn veranlasst wurde und ihn ein grobes Verschulden trifft (§ 81 Abs. 4 FamFG). Bundesrechtliche Vorschriften, die die Kostenpflicht abweichend regeln, bleiben gemäß § 81 Abs. 5 FamFG unberührt.

3. Junktim der Kostenentscheidung mit der Hauptsacheentscheidung

11 Trifft das Gericht eine ausdrückliche Entscheidung über die Kosten, so hat die Kostenentscheidung des Gerichts gleichzeitig mit der Endentscheidung in der Hauptsache zu erfolgen (§ 82 FamFG). Hierdurch haben die Beteiligten mit der Bekanntgabe der Endentscheidung auch Gewissheit über die Verteilung der Kosten.[21]

4. Kostenpflicht bei Vergleich, Erledigung und Rücknahme

12 § 83 FamFG regelt die Kostenverteilung bei Vergleich, Erledigung und Rücknahme. Wird das Verfahren durch **Vergleich** erledigt und haben die Beteiligten keine Bestimmung über die Kosten getroffen, fallen die Gerichtskosten jedem Beteilig-

---

21 BT-Drucks 16/6308, 216.

ten zu gleichen Teilen zur Last (§ 83 Abs. 1 S. 1 FamFG). Seine außergerichtlichen Kosten trägt jeder Beteiligte selbst (§ 83 Abs. 1 S. 2 FamFG). Will der Beteiligte eine hälftige Kostenausgleichung erreichen – etwa weil er einen anwaltlichen Verfahrensbevollmächtigten bestellt hat, der Gegner dagegen nicht –, dann bedarf es einer solchen kostenrechtlichen Regelung im Vergleich.

Hinweis **13**

Bei einem außergerichtlichen wirksamen Vergleich gilt § 83 Abs. 1 FamFG entsprechend, wenn der Vergleich das gerichtliche Verfahren erledigt.[22]

Ist das Verfahren auf sonstige Weise **erledigt** oder wird der Antrag **zurückgenommen**, richtet sich gemäß § 83 Abs. 2 FamFG eine Kostenentscheidung nach den Grundsätzen des § 81 FamFG. **14**

5. Rechtsmittelkosten

Für die Verteilung der Rechtsmittelkosten räumt § 84 FamFG dem Gericht ein intendiertes Ermessen ein. Das Gericht soll die Kosten eines **ohne Erfolg eingelegten Rechtsmittels** demjenigen Beteiligten auferlegen, der es eingelegt hat. Durch die Ausgestaltung des § 84 FamFG als Soll-Vorschrift, besteht die Möglichkeit, in besonders gelagerten Fällen dem im Ergebnis erfolglosen Rechtsmittelführer die Kosten nicht aufzuerlegen. Dies kann etwa die Rücknahme des Rechtsmittels betreffen.[23] Sie zieht für sich genommen die Auferlegung der Kosten nicht zwingend nach sich. Es können auch Umstände berücksichtigt werden, die den Rechtsmittelführer zur Rücknahme seines Rechtsmittels veranlasst haben. Ein solcher berücksichtigungsfähiger Umstand kann zum Beispiel eine außergerichtliche Einigung der Beteiligten sein.[24] **15**

Soweit das Rechtsmittel nicht vollständig erfolglos bleibt, muss das Gericht für seine Kostenentscheidung zusätzlich § 81 FamFG berücksichtigen.[25] **16**

---

22 Vgl. BGH NJW-RR 2006, 1000 zu § 98 ZPO.
23 BT-Drucks 16/6308, 216.
24 BT-Drucks 16/6308, 216.
25 A.A. zu § 13a Abs. 1 S. 2 FGG a.F.: Bumiller/Winkler, § 13a FGG, Rn 23: Die Vorschrift zu den Rechtsmittelkosten ist eine Ausnahmevorschrift und gilt nur bei einem vollständig unbegründeten Rechtsmittel. Ist das Rechtsmittel nur teilweise unbegründet, ist insgesamt die allgemeine Kostenverteilungsvorschrift anzuwenden.

II. Besonderheiten in Familiensachen gemäß Buch 2 FamFG

17 Das Buch 2 FamFG hält für Familiensachen an einigen Stellen besondere Vorschriften für die Kostenverteilung vor, nämlich:

1. Familienstreitsachen und Ehesachen

18 In Familienstreitsachen und in Ehesachen richtet sich gemäß § 113 Abs. 1 S. 2 FamFG die Kostenverteilung nach den **§§ 91–101 ZPO**. Die §§ 80–84 FamFG finden keine Anwendung (vgl. § 113 Abs. 1 S. 1 FamFG). Es kann damit auch nicht auf die Billigkeitsabwägungen nach § 81 Abs. 1, 2 FamFG zurückgegriffen werden.[26] Zu berücksichtigen ist in diesem Zusammenhang, dass die §§ 93a, 93c, 93d ZPO aufgehoben wurden. Ihre Regelungsgehalte sind teilweise modifiziert in §§ 132, 150, 183, 243 FamFG übernommen. § 97 Abs. 3 ZPO wurde ebenfalls aufgehoben.

2. Weitere Besonderheiten in Ehesachen

19 § 132 FamFG übernimmt für die **Kostenverteilung bei Aufhebung der Ehe** im Wesentlichen den bisherigen § 93a Abs. 3, 4 ZPO a.f. Grundsätzlich wird bei Aufhebung der Ehe ausgesprochen, dass die Kosten des Verfahrens gegeneinander aufzuheben sind (§ 132 Abs. 1 S. 1 FamFG). In besonderen Fällen kann sich aber eine andere Kostenverteilung ergeben.

20 Zudem regelt § 150 FamFG die **Kostentragung in Scheidungssachen und Folgesachen**.[27] Sie geht als Spezialregelung den allgemeinen Bestimmungen vor. Wird die Scheidung der Ehe ausgesprochen, sind die Kosten der Scheidungssache und der Folgesachen gegeneinander aufzuheben (§ 150 Abs. 1 FamFG). § 150 Abs. 2 FamFG enthält eine Regelung zur Kostenverteilung in den Fällen der sonstigen Beendigung des Verfahrens. § 150 Abs. 3 FamFG stellt klar, dass Drittbeteiligte ihre außergerichtlichen Kosten grundsätzlich selbst tragen. Erscheint die Kostenverteilung nach § 150 Abs. 1–3 FamFG insbesondere im Hinblick auf eine Versöhnung der Ehegatten oder auf das Ergebnis einer als Folgesache geführten Unterhaltssache oder Güterrechtssache als unbillig, kann das Gericht die Kosten nach billigem Ermessen anderweitig verteilen (§ 150 Abs. 4 S. 1 FamFG). Dabei kann das Gericht auch berücksichtigen, ob ein Beteiligter einer richterlichen Anordnung zur Teilnahme an einem Informationsgespräch (§ 135 Abs. 1 FamFG) nicht nach-

---

26 A.A. ohne Begründung: Borth, FamRZ 2007, 1925 (1927).
27 Vgl. zu dieser Vorschrift auch: Caspary, FPR 2009, 303.

gekommen ist, sofern der Beteiligte dies nicht genügend entschuldigt hat (§ 150 Abs. 4 S. 2 FamFG). Kommen alle Beteiligten der richterlichen Anordnung nicht nach, bleiben die Verfehlungen ohne kostenrechtliche Folge.[28] Wenn die Beteiligten eine Vereinbarung über die Kosten getroffen haben, so soll das Gericht diese gemäß § 150 Abs. 4 S. 3 FamFG der Kostenentscheidung ganz oder teilweise zugrunde legen. § 150 Abs. 5 FamFG betrifft Folgesachen.

3. Abstammungssachen: § 183 FamFG

Die Kostenverteilung bei Anfechtung der Vaterschaft nach § 183 FamFG entspricht inhaltlich dem bisherigen § 93c S. 1 ZPO: Hat ein Antrag auf Anfechtung der Vaterschaft Erfolg, tragen die Beteiligten mit Ausnahme des minderjährigen Kindes die Gerichtskosten zu gleichen Teilen; die Beteiligten tragen ihre außergerichtlichen Kosten selbst.

21

4. Unterhaltssachen: § 243 FamFG

§ 243 FamFG enthält Sonderregeln für die Kostenverteilung in Unterhaltssachen als Familienstreitsachen. § 243 FamFG ist wegen § 231 Abs. 2 S. 2 FamFG nur für Unterhaltssachen im Sinne von § 231 Abs. 1 FamFG anwendbar. Bei den Unterhaltssachen im Sinne von § 231 Abs. 1 FamFG handelt es sich um Familienstreitsachen, für die grundsätzlich §§ 91–101 ZPO gelten würden. Abweichend zu den §§ 91–101 ZPO entscheidet das Gericht aber nun in den Unterhaltssachen im Sinne von § 231 Abs. 1 FamFG nach billigem Ermessen über die Verteilung der Kosten des Verfahrens auf die Beteiligten (§ 243 S. 1 FamFG). Dabei orientiert sich § 243 FamFG im Ausgangspunkt an § 93d ZPO a.F. Die wesentlichen zu berücksichtigenden Gesichtspunkte nennt § 243 S. 2 FamFG unter Nr. 1–4. Das Gericht hat demnach vor allem zu berücksichtigen: das Verhältnis von Obsiegen und Unterliegen, eine verspätete oder unvollständige Auskunft vor Beginn des gerichtlichen Verfahrens, eine verspätete oder unvollständige Auskunft im gerichtlichen Verfahren nach § 235 Abs. 1 FamFG sowie ein sofortiges Anerkenntnis. Die Aufzählung ist aber nicht abschließend („insbesondere"). Die Kostenentscheidung in Unterhaltssachen soll nach Ansicht des Gesetzgebers flexibler und weniger formal gehandhabt werden können.[29] Hierzu bestand für den Gesetzgeber auch deshalb Anlass, weil in Unterhaltssachen dem Dauercharakter der Verpflichtung bei der Streitwertermittlung nur begrenzt Rechnung getragen werden könne.[30]

22

---

28 Groß, FPR 2006, 430 (431).
29 BT-Drucks 16/6308, 259.
30 BT-Drucks 16/6308, 259.

§ 8 Kosten

B. Kostenfestsetzung

I. Grundsatz: § 85 FamFG

1. Entsprechende Anwendung der §§ 103–107 ZPO

23 Für das Kostenfestsetzungsverfahren ordnet § 85 FamFG die entsprechende Anwendung der §§ 103–107 ZPO an. Dies entspricht der bisherigen Rechtslage in § 13a Abs. 3, 2. Hs. FGG a.F.

24 *Hinweis*

Mit dem „FamFG-Berichtigungsgesetz"[31] hat der Gesetzgeber in § 15a RVG eine allgemeine Regelung zur Anrechnung geschaffen und den Begriff sowie die Auswirkungen der Anrechnung geregelt.[32] Im Kostenfestsetzungsverfahren ist eine Anrechnung der hälftigen Geschäftsgebühr auf die Verfahrensgebühr gemäß Vorbem. 3 Abs. 4 VV RVG in Verbindung mit § 15a Abs. 1, 2 RVG nur noch dann zu berücksichtigen, soweit der Kostenerstattungsschuldner den Anspruch auf die Geschäftsgebühr erfüllt hat oder wegen der Geschäftsgebühr ein Vollstreckungstitel gegen ihn besteht.[33]

2. Anfechtung von Kostenfestsetzungsentscheidungen

25 Ob und in welcher Weise Kostenfestsetzungsentscheidungen anfechtbar sind, erscheint problematisch: Zunächst erfasst der Verweis des § 85 FamFG den **§ 104 Abs. 3 ZPO**, der die Statthaftigkeit der sofortigen Beschwerde eröffnet. Eine ausdrückliche gesetzliche Anordnung in § 85 FamFG oder an anderer Stelle, dass sich die Beschwerde gegen FamFG-Kostenfestsetzungsentscheidungen nach §§ 567–572 ZPO richten soll, fehlt. Für die Anfechtbarkeit von anderen Zwischen- und Nebenentscheidungen ist die Anfechtbarkeit mit der sofortigen Beschwerde in entsprechender Anwendung der §§ 567–572 ZPO aber im FamFG regelmäßig ausdrücklich niedergelegt worden (z.B. bei § 76 Abs. 2 FamFG). Dennoch dürfte es dem gesetzgeberischen Willen[34] am nächsten kommen, über § 85 FamFG i.V.m. § 104 Abs. 3 ZPO die **sofortige Beschwerde in entsprechender Anwendung der**

---

31 Gesetz zur Modernisierung von Verfahren im anwaltlichen und notariellen Berufsrecht, zur Errichtung einer Schlichtungsstelle der Rechtsanwaltschaft, zur Änderung sonstiger Vorschriften; BT-Drucks 16/11385; BT-Drucks 16/12717.
32 Vgl. zu dieser Vorschrift Hansens, AnwBl. 2009, 535; Schneider, DAR 2009, 353.
33 Vgl. noch zur alten Rechtslage:BGH NJW 2008, 1323; str.
34 Vgl. insbesondere: BT-Drucks 16/6308, 203.

§§ 567–572 ZPO für statthaft und zulässig zu halten. Dies bedeutet unter anderem, dass die sofortige Beschwerde nur zulässig ist, wenn sie binnen einer Frist von zwei Wochen eingelegt wird und der Wert des Beschwerdegegenstands 200 EUR übersteigt.

> *Hinweis* **26**
>
> Wird der Wert des Beschwerdegegenstandes nicht erreicht, ist die sofortige Erinnerung bei dem Gericht, dessen Entscheidung angefochten wird, einzulegen („Rechtspflegererinnerung", § 11 RPflG). Die Frist der sofortigen Erinnerung beträgt zwei Wochen. Über die Erinnerung entscheidet der Richter.

Ein weiteres Problem besteht darin, ob Beschwerdeentscheidungen in Kostenfestsetzungsverfahren mit der **Rechtsbeschwerde** anfechtbar sind. § 85 FamFG schließt dieses nicht ausdrücklich aus. Darüber hinaus enthält § 85 FamFG nicht eine nur beschränkte Verweisung auf die §§ 567–572 ZPO, die sich gerade nicht auf die Vorschriften der Rechtsbeschwerde der §§ 574–577 ZPO erstreckt. Auch lässt sich dem gesetzgeberischen Willen[35] nicht entnehmen, dass die Statthaftigkeit der Rechtsbeschwerde in Zwischen- und Nebenverfahren im Allgemeinen und in Kostenfestsetzungsverfahren im Besonderen ausgeschlossen sein soll. Schon nach der bisherigen Rechtslage war übrigens letztendlich nicht eindeutig, ob die ZPO-Rechtsbeschwerde, die weitere FGG-Beschwerde oder die weitere FGG-Beschwerde nach Zulassung i.s.v. § 574 ZPO statthaft war.[36] Jedenfalls im Kostenfestsetzungsverfahren spricht einiges dafür, die Rechtsbeschwerde über § 85 FamFG in Verbindung mit § 104 Abs. 3 ZPO in entsprechender Anwendung der §§ 574–577 ZPO für statthaft zu halten.[37] **27**

II. Besonderheiten in Familiensachen gemäß Buch 2 FamFG

Für das Kostenfestsetzungsverfahren in Familienstreitsachen sowie in Ehesachen gelten über § 113 Abs. 1 S. 2 FamFG die **§§ 103–107 ZPO**. Die inhaltlich übereinstimmende Verweisvorschrift des § 85 FamFG gilt wegen § 113 Abs. 1 S. 1 FamFG nicht. Auch in den Familienstreitsachen und in den Ehesachen dürfte es vertretbar sein, die Statthaftigkeit und Zulässigkeit von Beschwerde und Rechtsbeschwerde in entsprechender Anwendung von §§ 567–577 ZPO zu bejahen. **28**

---

35 Vgl. insbesondere: BT-Drucks 16/6308, 203.
36 Vgl. etwa: BGH NJW-RR 2008, 305; BGH NJW 2007, 158; BGH NJW 2004, 3412; BGH NJW 2006, 2495; BGH NJW 2003, 3133; BGH NJW-RR 2004, 356.
37 So auch ohne nähere Begründung: Kroiß/Seiler, Das neue FamFG, § 3, Rn 171; Bumiller in: Bumiller/Harders, § 85 FamFG, Rn 5.

§ 8 Kosten

C. Verfahrenskostenhilfe

I. Grundsatz: §§ 76–78 FamFG

1. Einführung

29 Die Verfahrenskostenhilfe wird im FamFG AT in den §§ 76–78 FamFG geregelt.[38] Dabei verweist § 76 Abs. 1 FamFG grundlegend auf die Vorschriften der ZPO, nämlich auf §§ 114–127 ZPO.[39] Einzelne Abweichungen für die FamFG-Sachen bestimmen §§ 76 Abs. 2, 77, 78 FamFG.[40] § 77 Abs. 1 FamFG bestimmt das Ermessen und die Pflicht des Gerichts zur Anhörung von Beteiligten im Verfahrenskostenhilfeprüfungsverfahrens. § 77 Abs. 2 FamFG bestimmt den Umfang von Verfahrenskostenhilfe für die Vollstreckung in das bewegliche Vermögen. Die Beiordnung eines Rechtsanwalts wird in § 78 FamFG geregelt. Diese Bestimmung ist bei Verfahren ohne Anwaltszwang deutlich strenger als § 121 ZPO und führt zu deutlichen Einschränkungen für eine Beiordnung. Nach § 76 Abs. 2 FamFG ist ein Beschluss über die Verfahrenskostenhilfe mit der sofortigen Beschwerde (§§ 567–572 ZPO entsprechend) anfechtbar.

30 Auf das Verfahren der freiwilligen Gerichtsbarkeit sind die **§§ 114–127 ZPO** demnach **mit folgenden Maßgaben** anzuwenden.

- Die §§ 114, 115, 116, 117 ZPO sind einschränkungslos anzuwenden.
- § 77 Abs. 1 FamFG verdrängt § 118 Abs. 1 S. 1 ZPO. Hingegen ist § 118 Abs. 1 S. 2–5, Abs. 2, 3 ZPO entsprechend anwendbar.
- § 119 Abs. 1 ZPO ist entsprechend anzuwenden. § 77 Abs. 2 FamFG geht dem § 119 Abs. 2 ZPO vor.
- § 120 ZPO ist ohne Einschränkungen anzuwenden.
- § 78 FamFG verdrängt § 121 ZPO.
- §§ 122, 123, 124, 125, 126 ZPO sind entsprechend anzuwenden. Als speziellere Regelung geht § 124 ZPO der Abänderungsvorschrift des § 48 FamFG vor.[41]
- § 127 Abs. 1 ZPO ist ohne Einschränkungen entsprechend anzuwenden.
- § 76 Abs. 2 FamFG verweist für die sofortige Beschwerde auf § 127 Abs. 2–4 in Verbindung mit §§ 567–572 ZPO in entsprechender Anwendung.

---

38 Siehe hierzu auch: Götsche, FamRZ 2009, 383; Schürmann, FamRB 2009, 58; Büttner, FF 2009, 242.
39 Vgl. zum Umfang des Verweises: BT-Drucks 16/6308, 212–215; BT-Drucks 16/9733, 291.
40 Das vormals geltende FGG a.F. enthielt für die Prozesskostenhilfe keine Sondervorschriften. § 14 FGG a.F. lautete: „Die Vorschriften der Zivilprozessordnung über die Prozesskostenhilfe finden entsprechende Anwendung."
41 BT-Drucks 16/6308, 214.

31 Hinzuweisen ist noch auf ein Gesetzesvorhaben zur Prozess- und Verfahrenskostenhilfe aus der 16. Wahlperiode des Bundestages. Der Bundesrat hat nämlich den Entwurf eines Prozesskostenhilfebegrenzungsgesetzes in den Bundestag eingebracht.[42] Dieser Entwurf hat das Ziel, die Aufwendungen der Staatskasse für die Prozesskostenhilfe deutlich zu senken. Gegen diesen Entwurf sind verschiedene verfassungsrechtliche Zweifel angemeldet worden.[43] Zu einer Verabschiedung des Gesetzesentwurfs ist es bisher nicht gekommen. Es bleibt abzuwarten, ob sich der Bundestag in seiner 17. Wahlperiode erneut mit einem entsprechenden Entwurf zu befassen hat.

2. Voraussetzungen

32 Für die Voraussetzungen der Bewilligung von Verfahrenskostenhilfe enthalten die §§ 76–78 FamFG keine Sondervorschriften. Die Voraussetzungen richten sich demgemäß nach §§ 114, 115, 116 ZPO. Ein Beteiligter, der nach seinen persönlichen und wirtschaftlichen Verhältnissen die Kosten der Verfahrensführung nicht, nur zum Teil oder nur in Raten aufbringen kann, erhält auf seinen Antrag Verfahrenskostenhilfe, wenn die beabsichtigte Rechtsverfolgung oder Rechtsverteidigung **hinreichende Aussicht auf Erfolg** bietet und nicht mutwillig erscheint. Die Bewilligung von Verfahrenskostenhilfe erfordert zunächst einen **Antrag** des Beteiligten. Dies gilt unabhängig davon, ob dass Hauptsacheverfahren ein Amts- oder ein Antragsverfahren ist. Beteiligter ist jeder im Sinne von § 7 FamFG. Erforderlich ist aber, dass der Beteiligte eine Verfolgung oder Verteidigung von Rechten beabsichtigt. Dabei muss es nicht um eigene Rechte gehen; auch bei Beteiligten, die fremde Rechte im Wege der Abtretung oder der Verfahrensstandschaft geltend machen, kommt die Verfahrenskostenhilfe in Betracht.[44] Wer sich dagegen nur aufgrund besonderer persönlicher Nähe im Interesse eines anderen Beteiligten am Verfahren beteiligt, ohne Rechte geltend zu machen, kann keine Verfahrenskostenhilfe erhalten.[45] Für eine bloß verfahrensbegleitende Rechtswahrnehmung, die weder einen eigenen Antrag ankündigt noch sich dem gegnerischen Begehren widersetzt, kann Verfahrenskostenhilfe nicht bewilligt werden.[46]

33 In den vom **Amtsermittlungsgrundsatz** beherrschten FamFG-Sachen ist die hinreichende **Erfolgsaussicht** gegeben, wenn der Antragsteller in diesem Hauptsache-

---

42 BT-Drucks 16/1994.
43 Vgl. nur BT-Drucks 16/1994, 38 ff.
44 Vgl. auch Götsche in: Horndasch/Viefhues, § 76 FamFG, Rn 15.
45 Vgl. zu diesem Problemkreis BT-Drucks 16/6308, 213.
46 OLG Zweibrücken FamRZ 1999, 1092.

verfahren seine Lage verbessern kann.[47] Stehen schwere Eingriffe in die Rechte und die Lebensstellung des Beteiligten im Raum, kann dies die Gewährung von Verfahrenskostenhilfe rechtfertigen.[48] Grundsätzlich gilt, dass die Anforderungen an die hinreichenden Erfolgsaussichten geringer sind, wenn sich der Beteiligte dem gerichtlichen Verfahren nicht entziehen kann,[49] wie zum Beispiel bei Kindschaftssachen oder Abstammungssachen. Eine Rechtsverfolgung erscheint nur dann **mutwillig**, wenn feststeht, dass ein verständiger Antragsteller auch ohne Gewährung von Verfahrenskostenhilfe seine Rechte in gleicher Weise verfolgen würde.[50] Eine beabsichtigte Rechtsverteidigung ist aber nicht schon deswegen mutwillig, weil das Verfahren von dem Amtsermittlungsgrundsatz beherrscht wird.[51] Nicht mutwillig ist auch die Geltendmachung einer Scheidungsfolgensache außerhalb des Scheidungsverbundes.[52]

3. Beiordnung eines Rechtsanwalts

34 § 78 FamFG bestimmt die Beiordnung eines Rechtsanwalts. Beigeordnet werden kann ein einzelner Rechtsanwalt, aber auch eine Rechtsanwaltsgesellschaft wie die Sozietät in der Form der Gesellschaft bürgerlichen Rechts.[53] § 78 Abs. 1 FamFG enthält den Beiordnungszwang in Verfahren mit Anwaltszwang. Die Vorschrift entspricht § 121 Abs. 1 ZPO.

35 § 78 Abs. 2 FamFG regelt die Voraussetzungen für eine Anwaltsbeiordnung in Verfahren ohne Anwaltszwang. Die Beiordnung erfordert zunächst einen Antrag. Eine Beiordnung erfolgt nur unter der Voraussetzung, dass die Vertretung durch einen Rechtsanwalt wegen der **Schwierigkeit der Sach- und Rechtslage** erforderlich erscheint. Nach Ansicht des Gesetzgebers soll die Erforderlichkeit einer Anwaltsbeiordnung allein nach objektiven Kriterien zu beurteilen sein.[54] Keine Gründe für eine Beiordnung sind angesichts des klaren Wortlauts in § 78 Abs. 2 FamFG deshalb:

---

47 OLG Nürnberg FamRZ 2002, 109; Zimmermann in: Keidel/Kuntze/Winkler, § 14 FGG, Rn 7.
48 LG Karlsruhe FamRZ 1999, 1091; vgl. BT-Drucks 16/6308, 212; BT-Drucks 16/9733, 291.
49 Vgl. Fischer in: Musielak, § 114 ZPO, Rn 28.
50 BT-Drucks 16/6308, 212.
51 BVerfG NJW 1957, 1228; Bumiller/Winkler, § 14 FGG, Rn 4; Zimmermann in: Keidel/Kuntze/Winkler, § 14 FGG, Rn 8.
52 Vgl. dazu BGH NJW 2005, 1497; BGH NJW 2005, 1498; so auch Roßmann in: Horndasch/Viefhues, § 137 FamFG, Rn 31; str.
53 BGH NJW 2009, 440.
54 BT-Drucks 16/6308, 214.

- Schwere des Eingriffs in die Rechte des Antragstellers beziehungsweise Bedeutung der Angelegenheit für den Antragsteller,[55]
- mangelnde subjektive Fähigkeiten bei dem Antragsteller,[56]
- Herstellung einer Waffengleichheit durch eine Beiordnung, weil auch der Gegner anwaltlich vertreten ist.[57]

§ 78 Abs. 2 FamFG ist deutlich enger gefasst als § 121 Abs. 2 ZPO, der in all diesen Fällen eine Beiordnung gestattet.[58] Verfassungsrechtliche Zweifel an § 78 Abs. 2 FamFG sind angezeigt.[59] § 78 Abs. 2 FamFG lässt die existentielle Bedeutung einer Sache außer Acht, die auch nicht (stets) durch die Bestellung eines Verfahrenspflegers aufgefangen werden kann.[60] Wenn zudem der Gesetzgeber zur Begründung des Verzichts auf die Beiordnung zur Herstellung einer Waffengleichheit auf den Fürsorgecharakter der FamFG-Verfahren und auf den dort geltenden Amtsermittlungsgrundsatz verweist,[61] so ist gerade dieses pauschale Abstellen auf einen geltenden Amtsermittlungsgrundsatz verfassungsrechtlich kaum ausreichend.[62]

§ 78 Abs. 3 FamFG entspricht inhaltlich § 121 Abs. 3 ZPO. Für das Mehrkostenverbot des § 78 Abs. 3 FamFG bzw. § 121 Abs. 3 ZPO kommt es auf die so genannte **Bezirksansässigkeit** an,[63] nicht auf eine Ortsansässigkeit. § 121 Abs. 3 ZPO ist durch das Gesetz zur Stärkung der Selbstverwaltung der Rechtsanwaltschaft,[64] dass am 1.6.2007 in Kraft getreten ist, neu gefasst. Das Gesetz hat in der Vorschrift die Wörter „bei dem Prozessgericht zugelassener" durch die Wörter „in dem Bezirk des Prozessgerichts niedergelassener" ersetzt. § 78 Abs. 3 FamFG lautet deshalb: „Ein nicht in dem Bezirk des Verfahrensgerichts niedergelassener Rechts-

36

---

55 Vgl. BT-Drucks 16/6308, 214. Götsche, FamRZ 2009, 383 (387) meint aber, eine besondere Eingriffshärte könne eine anwaltliche Beiordnung nach § 78 Abs. 2 FamFG bedingen. Siehe auch Götsche in: Horndasch/Viefhues, § 78 FamFG, Rn 29: Der Einzelfall sollte entscheiden.
56 Vgl. Götsche, FamRZ 2009, 383 (387); Götsche in: Horndasch/Viefhues, § 78 FamFG, Rn 33. Bumiller in: Bumiller/Harders, § 78 FamFG, Rn 3 hält dieses Kriterium weiterhin für beachtlich.
57 Vgl. BT-Drucks 16/6308, 214; so auch Götsche, FamRZ 2009, 383 (387). Götsche in: Horndasch/Viefhues, § 78 FamFG, Rn 32. Zimmermann, Das neue FamFG, Rn 193, meint aber, dass es ein Abwägungskriterium für § 78 Abs. 2 FamFG sei, wenn ein gegensätzlich Beteiligter anwaltlich vertreten sei.
58 B/L/A/Hartmann, § 78 FamFG, Rn 1, sieht dies so nicht.
59 Zweifelnd auch Schürmann, FamRB 2009, 58 (60).
60 So aber: BT-Drucks 16/6308, 214: vgl. hingegen: BGH NJW 2007, 3644 zur Beiordnung in einem Amtsverfahren mit existentieller Bedeutung; siehe jetzt allerdings auch: BGH NJW-RR 2009, 794.
61 BT-Drucks 16/6308, 214; hiergegen: Groß, FPR 2006, 430 (432); Bumiller in: Bumiller/Harders, § 78 FamFG, Rn 2.
62 Vgl. BVerfG NJW 1997, 2103; BVerfG FamRZ 2002, 531; BVerfG NJW-RR 2007, 1713; BGH NJW 2007, 3644; vgl. auch: BVerfG NJW 1983, 1599.
63 Fölsch, NZA 2007, 418; zustimmend: LAG Köln v. 26.7.2007 – 11 Ta 166/07.
64 BGBl 2007 I, 358.

anwalt kann nur beigeordnet werden, wenn dadurch weitere Kosten nicht entstehen."

37 Rechtsanwälte, die innerhalb des Bezirks des Verfahrensgerichts niedergelassen sind, müssen ohne Einschränkungen beigeordnet werden.[65] Denn § 78 Abs. 3 FamFG erfasst nach dessen Voraussetzungen diese Rechtsanwälte nicht.

38 *Hinweis*

> Einem Rechtsanwalt sind die Auslagen nach Teil 7 VV RVG, die für eine Reise innerhalb des Gerichtsbezirks zum Termin des Verfahrensgerichts anfallen, voll aus der Staatskasse zu vergüten.[66]

Bei Rechtsanwälten, die ihren Kanzleisitz nicht innerhalb des Bezirks des Gerichts haben, kann eine dem Mehrkostenverbot entsprechende Einschränkung der Beiordnung nur „zu den Bedingungen eines im Bezirk des Verfahrensgerichts niedergelassenen Rechtsanwalts" ausgesprochen werden.[67]

39 *Hinweis*

> Wird dagegen mit der Einschränkung „ortsansässig" oder „Sitz des Verfahrensgerichts" beigeordnet, so geht diese Einschränkung über die gesetzlichen Maßgaben hinaus und ist mit der Beschwerde anfechtbar.

40 Eine das Mehrkostenverbot beachtende, einschränkende Beiordnung kommt aber nur in Betracht, wenn nicht die Voraussetzungen des § 78 Abs. 4 FamFG für eine zusätzliche Beiordnung eines Verkehrsanwalts vorliegen[68] und der Rechtsanwalt sein Einverständnis konkludent erklärt hat.[69]

41 *Hinweis*

> Will der auswärtige Rechtsanwalt sein Einverständnis nicht konkludent erklären, so muss er ausdrücklich die „uneingeschränkte" Beiordnung beantragen. In diesem Fall ist das Gericht zu einer Rückfrage für ein Einverständnis zu einer nur eingeschränkten Beiordnung verpflichtet.

---

65 Fölsch, NZA 2007, 418; Fischer in: Musielak, § 121 ZPO, Rn 19; darüber hinausgehend sogar LAG München v. 4.12.2008 – 8 Ta 473/08.
66 Fölsch, NZA 2007, 418; Fischer in: Musielak, § 121 ZPO, Rn 19.
67 Fölsch, NZA 2007, 418; Fischer in: Musielak, § 121 ZPO, Rn 19; LSG Essen v. 5.6.2008 – L 8 B 7/08 R; darüber hinausgehend sogar LAG München v. 4.12.2008 – 8 Ta 473/08.
68 Vgl. BGH NJW 2004, 2749.
69 Vgl. BGH NJW 2006, 3783 m. Anm. Fölsch.

4. Verfahrenskostenhilfeprüfungsverfahren

Nach § 77 Abs. 1 S. 1 FamFG kann das Gericht vor der Bewilligung der Verfahrenskostenhilfe den übrigen Beteiligten Gelegenheit zur Stellungnahme geben. In Antragsverfahren hat das Gericht dem Antragsgegner vor der Gelegenheit zur Stellungnahme zu geben, wenn dies nicht aus besonderen Gründen unzweckmäßig erscheint (§ 77 Abs. 1 S. 2 FamFG). § 77 Abs. 1 FamFG verdrängt als speziellere Vorschrift § 118 Abs. 1 S. 1 ZPO. Grundsätzlich bezieht sich die Anhörung des Antragsgegners nur auf die objektiven Voraussetzungen der hinreichenden Erfolgsaussicht und der fehlenden Mutwilligkeit, nicht aber auf die subjektive Voraussetzung der Bedürftigkeit. Deshalb bestimmt § 76 Abs. 1 FamFG in Verbindung mit § 117 Abs. 2 S. 2, 1. Hs. ZPO auch, dass die Erklärung des Antragstellers über seine persönlichen und wirtschaftlichen Verhältnisse dem Antragsgegner nicht zugeleitet werden dürfen. Das FGG-Reformgesetz hat jedoch eine Ausnahme eingeführt, wonach eine Zuleitung an den Antragsgegner gestattet ist. Der neu eingefügte § 117 Abs. 2 S. 2, 2. Hs. ZPO[70] erlaubt, dass das Gericht dem Gegner die Erklärung über die persönlichen und wirtschaftlichen Verhältnisse dann zur Stellungnahme zugänglich machen kann, wenn der Gegner gegen den Antragsteller einen materiell-rechtlichen Anspruch auf Auskunft über Einkünfte und Vermögen des Antragstellers hat.[71] Der Antragsteller ist insoweit vorab zu hören und über eine erfolgte Übermittlung zu unterrichten (§ 117 Abs. 2 S. 3, 4 ZPO). Im Übrigen richtet sich das Verfahrenskostenhilfeprüfungsverfahren nach § 118 Abs. 1 S. 2–5, Abs. 2, 3 ZPO.

42

5. Verfahrenskostenhilfebewilligung

Das Gericht hat über die Bewilligung von Verfahrenskostenhilfe durch Beschluss zu entscheiden. Dies ergibt sich zwar nicht unmittelbar aus § 38 Abs. 1 FamFG, der die Beschlussform nur für Endentscheidungen in der Hauptsache vorgibt. Jedoch ist die Entscheidung über die Verfahrenskostenhilfe für den Antragsteller von so gewichtiger Natur, dass daraus die Entscheidungsform des Beschlusses vorgegeben ist. Der Verfahrenskostenhilfebeschluss muss deshalb die Voraussetzungen des § 38 Abs. 2–6 FamFG einhalten. Der Beschluss hat gemäß § 39 FamFG eine Rechtsbehelfsbelehrung zu enthalten.

43

---

70 Krit. zu einer solchen Regelung: Groß, FPR 2006, 430 (431).
71 Schürmann, FamRB 58 (59) und FuR 2009, 130 (132), meint, dass der Auskunftsanspruch auch Gegenstand des (beabsichtigten) Hauptverfahrens sein muss, damit eine Zuleitung statthaft ist.

§ 8 Kosten

44 Der Umfang der Verfahrenskostenhilfebewilligung ergibt sich aus § 76 Abs. 1 FamFG in Verbindung mit § 119 ZPO beziehungsweise aus § 77 Abs. 2 FamFG. Der Begriff des Rechtszugs in § 119 Abs. 1 ZPO ist kostenrechtlich zu verstehen.[72] Für das Verfahrenskostenhilfeprüfungsverfahren selbst kann grundsätzlich keine Verfahrenskostenhilfe bewilligt werden.[73] Schließen die Beteiligten im Verfahrenskostenhilfeprüfungsverfahren einen Vergleich, so ist m.E. bei Vorliegen der weiteren Voraussetzungen ausnahmsweise Verfahrenskostenhilfe für das gesamte Verfahrenskostenhilfeprüfungsverfahren zu bewilligen.[74] Dann ist dem beigeordneten Rechtsanwalt aus der Staatskasse eine 1,0-Verfahrensgebühr (Nr. 3335 VV RVG), bei Wahrnehmung eines Termins eine 1,2-Terminsgebühr (Nr. 3104 VV RVG) sowie eine 1,0-Einigungsgebühr (Nr. 1003 VV RVG) zuzüglich Auslagen zu vergüten.

45 *Hinweis*

Mit dem „FamFG-Berichtigungsgesetz"[75] hat der Gesetzgeber in § 15a RVG eine allgemeine Regelung zur Anrechnung geschaffen und den Begriff sowie die Auswirkungen der Anrechnung geregelt.[76] Im Kostenfestsetzungsverfahren ist eine Anrechnung der hälftigen Geschäftsgebühr auf die Verfahrensgebühr gemäß Vorbem. 3 Abs. 4 VV RVG in Verbindung mit § 15a Abs. 1, 2 RVG nur noch dann zu berücksichtigen, soweit der Kostenerstattungsschuldner den Anspruch auf die Geschäftsgebühr erfüllt hat oder wegen der Geschäftsgebühr ein Vollstreckungstitel gegen ihn besteht.[77]

Beispiel für Vergütungsfestsetzung der Prozesskostenhilfevergütung und Anwendung von § 15a RVG

Der Rechtsanwalt verdient für seine außergerichtliche Vertretung eine 1,5-Geschäftsgebühr nach Nr. 2300 VV RVG auf einen Wert von 9.000 EUR. Beratungshilfe ist dem Mandanten nicht bewilligt worden. Der Mandant zahlt die außergerichtliche Vergütung. Der Rechtsanwalt erhebt für seinen Mandanten vor Gericht einen Antrag in einer Unterhaltssache nach einem Gebührenwert

---

72 BGH NJW 2004, 3260.
73 BGH NJW 1984, 2106.
74 Im einzelnen sehr str. Wie hier: Fischer in: Musielak, § 118 ZPO, Rn 6; Philippi in: Zöller, § 118 ZPO, Rn 8; Götsche in: Horndasch/Viefhues, § 76 FamFG, Rn 22; a.A.: BGH NJW 2004, 2595.
75 Gesetz zur Modernisierung von Verfahren im anwaltlichen und notariellen Berufsrecht, zur Errichtung einer Schlichtungsstelle der Rechtsanwaltschaft, zur Änderung sonstiger Vorschriften; BT-Drucks 16/11385; BT-Drucks 16/12717.
76 Vgl. zu dieser Vorschrift Hansens, AnwBl. 2009, 535; Schneider, DAR 2009, 353.
77 Vgl. noch zur alten Rechtslage: BGH NJW 2008, 1323; str.

von 9.000 EUR. Dem Mandanten wird im Laufe des Verfahrens Prozesskostenhilfe bewilligt und sein Rechtsanwalt beigeordnet. Später wird die Unterhaltsforderung des Mandanten erfüllt; das Verfahren endet mit einer Kostenentscheidung nach § 113 Abs. 1 S. 2 FamFG in Verbindung mit § 91a ZPO. Nach Abschluss der Instanz beantragt der Rechtsanwalt die Vergütungsfestsetzung unter anderem einer 1,3-Verfahrensgebühr (Nr. 3100 VV RVG) ohne Anrechnung. Zu Recht?

Lösung:[78]

Der Rechtsanwalt hat für die außergerichtlich verdiente 1,5-Geschäftsgebühr einen Betrag von 673,50 EUR erhalten. Nach § 15a RVG in Verbindung mit der Vorbem. 3 Abs. 4 VV RVG müsste der Rechtsanwalt die tatsächlich gezahlte Geschäftsgebühr mit dem hälftigen Satz von 0,75 anrechnen, also mit einem Betrag von 336,75 EUR. Jedoch kann der Rechtsanwalt diesen anzurechnenden Betrag von 336,75 EUR zunächst auf die Differenz zwischen der Wahlanwaltsvergütung und der PKH-Vergütung verrechnen. Die 1,3-Verfahrensgebühr nach der Wahlanwaltsgebührentabelle des § 13 RVG beträgt 583,70 EUR. Die Verfahrensgebühr nach der PKH-Gebührentabelle des § 49 RVG beträgt 309,40 EUR. Die Differenz beträgt also 274,30 EUR. Diese Differenz ist von dem Anrechnungsbetrag (336,75 EUR) abzusetzen. Es verbleibt somit ein restlicher Anrechnungsbetrag von 62,45 EUR. Diese 62,45 EUR sind nunmehr von der PKH-Verfahrensgebühr (309,40 EUR) abzuziehen. Der Rechtsanwalt erhält somit aus der Staatskasse eine PKH-Verfahrensgebühr von lediglich 246,95 EUR.

6. Anfechtung

§ 76 Abs. 2 FamFG bestimmt, dass eine Verfahrenskostenhilfeentscheidung mit der sofortigen Beschwerde in entsprechender Anwendung der §§ 567–572, 127 Abs. 2–4 ZPO anfechtbar ist. Das bedeutet im Wesentlichen: **46**

- Die Statthaftigkeit der sofortigen Beschwerde ergibt sich aus § 127 Abs. 2, 3 ZPO.
- § 127 Abs. 2 S. ZPO beschreibt den Konvergenzgedanken, dass für das Verfahren über die Verfahrenskostenhilfe kein weitergehender Instanzenzug zur Ver-

---

[78] Vgl. OLG Frankfurt JurBüro 2007, 149; OLG Schleswig MDR 2008, 847; Fölsch, SchlHA 2008, 149.

fügung stehen soll, als in der Hauptsache, um die Gefahr widersprüchlicher Entscheidungen zu vermeiden.[79]
Eine sofortige Beschwerde gegen Entscheidungen in Verfahrenskostenhilfeverfahren ist nicht zulässig, wenn gegen einen Beschluss in der Hauptsache die Beschwerde wegen Nichterreichens der Beschwerdesumme von über 600 EUR unzulässig wäre. Dies gilt nicht, falls das Gericht ausschließlich die persönlichen und wirtschaftlichen Voraussetzungen für die Verfahrenskostenhilfe verneint hat.

- Die Frist zur Einlegung der sofortigen Beschwerde in Verfahrenskostenhilfesachen beträgt einen Monat (§ 127 Abs. 2 S. 3, Abs. 3 S. 3 ZPO).

47 Gegen eine Entscheidung über die Beschwerde gegen eine Verfahrenskostenhilfeentscheidung ist die Rechtsbeschwerde statthaft und zulässig (§§ 574–577 ZPO in entsprechender Anwendung).[80]

48 *Hinweis*

Ob sich die hier von mir vertretene Rechtsauffassung durchsetzt – insbesondere auch vom BGH mitgetragen wird – bleibt abzuwarten. Insoweit ist Vorsicht geboten.

49 Wenn ein Hauptsacheverfahren vor dem FamFG-Beschwerdegericht anhängig ist und es um die Anfechtung einer Entscheidung über die Bewilligung von Verfahrenskostenhilfe für das Hauptsacherechtsmittel durch das Rechtsmittelgericht geht, dürfte ebenfalls die Rechtsbeschwerde entsprechend §§ 574–577 ZPO statthaft und zulässig sein.[81]

II. Besonderheiten in Familiensachen gemäß Buch 2 FamFG

1. Familienstreitsachen und Ehesachen

50 Für die Verfahrenskostenhilfe in Familienstreitsachen und in Ehesachen gelten über § 113 Abs. 1 FamFG ausschließlich die §§ 114–127 ZPO. §§ 76–78 FamFG sind wegen § 113 Abs. 1 S. 1 FamFG nicht anzuwenden.

---

79 BT-Drucks 16/6308, 215.
80 Siehe hierzu ausführlich oben bei der Anfechtung von Nebenentscheidungen. Götsche, FamRZ 2009, 383 (388) und in: Horndasch/Viefhues, § 76 FamFG, Rn 238, meint, es sei die Rechtsbeschwerde nach §§ 70 ff. FamFG statthaft. So auch Bumiller in: Bumiller/Harders, § 76 FamFG, Rn 26; Keske in: Schulte-Bunert/Weinreich, § 76 FamFG, Rn 35.
81 So ohne nähere Begründung auch Bumiller in: Bumiller/Harders, § 76 FamFG, Rn 23.

Hinweis **51**

Die Beiordnung in Verfahren ohne Anwaltszwang richtet sich in Familienstreitsachen und Ehesachen nach § 121 Abs. 2 ZPO. Für viele dieser Sachen gilt aber ohnehin ein Anwaltszwang, so dass eine Beiordnung bereits nach § 121 Abs. 1 ZPO erfolgen muss.

Was der direkte Verweis auf die ZPO-Vorschriften für die Anfechtung von Verfahrenskostenhilfeentscheidungen in Familienstreitsachen und Ehesachen bedeutet, erscheint gesetzgeberisch nicht eindeutig geklärt. Denn unklar bleibt, ob die Verweisung auf die ZPO auch die Statthaftigkeit und Zulässigkeit von Rechtsmitteln in Verfahrenskostenhilfesachen umfassen soll. Diese Unklarheit wird insbesondere dadurch hervorgerufen, dass im FamFG gemeinsame grundlegende Vorschriften zur Anfechtung von Neben- und Zwischenentscheidungen fehlen. Auch die Gesetzesbegründung gibt keine Hilfestellung. Letztlich könnte auch bei Verfahrenskostenhilfeentscheidungen in Familienstreitsachen und in Ehesachen einiges dafür sprechen, die Statthaftigkeit von Beschwerde und Rechtsbeschwerde in entsprechender Anwendung von §§ 567–577 ZPO unter Einbeziehung von § 127 Abs. 2, 3 ZPO zu bejahen.

2. Scheidungssachen: Erstreckung der Verfahrenskostenhilfebewilligung

In Scheidungssachen ist eine Sondervorschrift zur Verfahrenskostenhilfe vorgesehen. Nach § 149 FamFG erstreckt sich die Bewilligung von Verfahrenskostenhilfe für die Scheidungssache auf eine Versorgungsausgleichssache, sofern nicht eine Erstreckung ausdrücklich ausgeschlossen wird. **52**

D. Gerichtskosten und Rechtsanwaltsvergütung

I. Gerichtskosten in Familiensachen (FamGKG)

1. Neugestaltung der Gerichtskosten in Familiensachen

Für die Familiensachen im Sinne des Buchs 2 FamFG gilt ein einheitliches Gerichtskostenrecht in einem neuen FamGKG. Weder auf das GKG noch auf die KostO ist in Familiensachen zurückzugreifen. Dabei lehnt sich das FamGKG an **53**

§ 8 Kosten

die Systematik des GKG an.[82] Das FamGKG hält am Wertgebührensystem fest, vereinheitlicht und systematisiert aber die Wertregelungen.[83] Bei der Bemessung des Verfahrenswerts ist dem Gericht in den Vorschriften des FamGKG oftmals ein weiter Ermessensspielraum eingeräumt worden, um den Besonderheiten des Einzelfalls gerecht zu werden.[84] Für einige, wenige Verfahren sieht das FamGKG Festgebühren oder aber feste Verfahrenswerte vor. § 28 FamGKG übernimmt die Gebührentabelle des GKG.

54 Das FamGKG sieht einheitlich für alle Familiensachen **pauschale Verfahrensgebühren** vor. Das FGG-Reformgesetz hat diese Gebührenart nunmehr auch für die Verfahrensgebühren in fG-Familiensachen eingeführt. Für den Gesetzgeber gab es keinen Grund, für fG-Familiensachen eine Kostensystematik vorzuhalten, die von den übrigen Familiensachen abweicht.[85] Teilweise lösten gerichtliche Tätigkeiten nach der KostO a.F. überhaupt keine Gebühren aus.[86] Teilweise fielen nur niedrige Gebühren nach der KostO a.F. an, die nicht im Verhältnis zum Aufwand des Gerichts standen.[87] Die Einführung pauschaler Verfahrensgebühren in § 29 FamGKG an Stelle von Entscheidungsgebühren führt zu einer Vereinfachung des Kostenrechts.[88]

55 In jedem familiengerichtlichen Verfahren fällt unabhängig von seinem Ausgang grundsätzlich nur **eine Verfahrensgebühr** an. Für die einzelnen Verfahrensgebühren sind weitgehend vereinheitlichte **Ermäßigungstatbestände** vorgesehen, die an den Zeitpunkt der Beendigung des Verfahrens anknüpfen. Für Rechtsmittelverfahren gegen Entscheidungen sind im FamGKG Verfahrensgebühren mit im Vergleich zu den erstinstanzlichen Verfahren erhöhten Gebührensätzen enthalten. Für die nach dem FamFG von einer Hauptsache unabhängigen Verfahren des einstweiligen Rechtsschutzes sieht das FamGKG eigenständige Gebührentatbestände mit geringeren Gebührensätzen vor.

56 Die Zusammenführung der für Familiensachen geltenden Kostenbestimmungen des GKG und der KostO in einem FamGKG mit einer einheitlichen Gebührentabelle einschließlich der strukturellen Änderungen **wirkt** sich hinsichtlich der einzelnen Verfahren unterschiedlich **aus**:

---

82 BT-Drucks 16/6308, 299.
83 BT-Drucks 16/6308, 299.
84 BT-Drucks 16/6308, 299.
85 BT-Drucks 16/6308, 299.
86 BT-Drucks 16/6308, 299.
87 BT-Drucks 16/6308, 299.
88 BT-Drucks 16/6308, 299.

D. Gerichtskosten und Rechtsanwaltsvergütung   § 8

- Kosten für Verfahren, die bisher nach dem GKG a.F. erhoben wurden, bleiben weitgehend unverändert:[89]
  - Ehesachen und diesen entsprechende Lebenspartnerschaftssachen,
  - Verbundverfahren und
  - Familienstreitsachen.
- In Bezug auf Kosten für Verfahren, die bisher nach der KostO a.f. erhoben wurden, gilt:[90]
  - In den Verfahren, in denen das Kindeswohl im Vordergrund steht, bleibt ein niedriges Gebührenniveau erhalten (vgl. Teil 1 Hauptabschnitt 3 Abschnitt 1 KV FamGKG).
  - Für die übrigen Familiensachen der freiwilligen Gerichtsbarkeit erhöht sich das Gebührenniveau abhängig von der Höhe der bisher vorgesehenen Gebühren nach der KostO a.f. unterschiedlich.
- Für folgende Verfahren ergeben sich hiervon abweichende Auswirkungen:[91]
  - Verfahren des einstweiligen Rechtsschutzes (Teil 1 Hauptabschnitt 4 KV FamGKG):
    Für diese Verfahren findet eine kostenrechtliche Neugewichtung statt, um der größeren Bedeutung gerecht zu werden und den höheren Aufwand der Gerichte auszugleichen.[92]
  - Abstammungssachen:
    Das FamGKG verringert die Gebühren um ein Drittel.[93]
  - Gewaltschutzsachen:
    Gewaltschutzsachen werden gleich behandelt mit den Abstammungssachen, den Adoptionssachen, die einen Volljährigen betreffen, den Ehewohnungs- und Haushaltssachen,[94] den Versorgungsausgleichssachen sowie mit den Unterhaltssachen, Güterrechtssachen und sonstigen Familiensachen (§ 111 Nr. 10 FamFG), die nicht Familienstreitsachen sind.[95] In diesen Verfahren fällt nach Teil 1 Hauptabschnitt 3 Abschnitt 2 KV FamGKG grundsätzlich eine pauschale Verfahrensgebühr von 2,0 an. § 49 FamGKG sieht Streitwerte von i.d.R. zwi-

---

89 BT-Drucks 16/6308, 299.
90 BT-Drucks 16/6308, 299 f.
91 BT-Drucks 16/6308, 230.
92 BT-Drucks 16/6308, 230.
93 BT-Drucks 16/6308, 299.
94 Nach dem Gesetz zur Änderung des Zugewinnausgleichs- und Vormundschaftsrechts (BGBl 2009 I, 1696; BT-Drucks 16/10798; BT-Drucks 16/13027) sind § 111 Nr. 5 FamFG, § 48 FamGKG angepasst und haben die Bezeichnung „Ehewohnungs- und Haushaltssachen" statt bisher „Wohnungszuweisungs- und Hausratssachen" erhalten.
95 BT-Drucks 16/6308, 230.

schen 2.000 und 3.000 EUR vor. In Verfahren über eine einstweilige Anordnung beträgt der Verfahrenswert regelmäßig lediglich die Hälfte des Werts für das Hauptsacheverfahren (§ 41 FamGKG). Der Gebührensatz ist für das Verfahren der einstweiligen Anordnung auf 1,5 reduziert.

57 *Hinweis*

In Ehesachen und selbstständigen Familienstreitsachen gestattet § 14 Abs. 1 S. 1 FamGKG, dass das Gericht die Zustellung einer Antragsschrift oder eines Klageantrags erst vornimmt, wenn der Antragsteller die Gebühr für das Verfahren im Allgemeinen eingezahlt hat.

2. Struktur des FamGKG

58 Das FamGKG besteht aus einem Paragraphenteil und einem Kostenverzeichnis.

59 Der Paragraphenteil besteht aus folgenden neuen Abschnitten:

Abschnitt 1	Allgemeine Vorschriften
Abschnitt 2	Fälligkeit
Abschnitt 3	Vorschuss und Vorauszahlung
Abschnitt 4	Kostenansatz
Abschnitt 5	Kostenhaftung
Abschnitt 6	Gebührenvorschriften
Abschnitt 7	Wertvorschriften
Unterabschnitt 1	Allgemeine Wertvorschriften
Unterabschnitt 2	Besondere Wertvorschriften
Unterabschnitt 3	Wertfestsetzung
Abschnitt 8	Erinnerung und Beschwerde
Abschnitt 9	Schluss- und Übergangsvorschriften

60 Das Kostenverzeichnis besteht aus zwei Teilen, dem Teil 1 Gebühren und dem Teil 2 Auslagen. Der Teil 1 Gebühren besteht aus neun Hauptabschnitten mit weiteren Abschnitten und Unterabschnitten:

Hauptabschnitt 1 **Hauptsacheverfahren in Ehesachen einschließlich aller Folgesachen**
[Der Gebührensatz der Verfahrensgebühr im Allgemeinen für den ersten Rechtszug beträgt 2,0 und kann sich in besonderen Situationen auf 0,5 reduzieren. Im Beschwerderechtszug beträgt die Verfahrensgebühr grundsätzlich 3,0 und im Rechtsbeschwerdezug 4,0.]

Hauptabschnitt 2	**Hauptsacheverfahren in selbstständigen Familienstreitsachen** [Der Gebührensatz der Verfahrensgebühr im Allgemeinen für den ersten Rechtszug beträgt im Grundsatz 3,0 und kann sich in besonderen Situationen auf 1,0 reduzieren. Im Beschwerderechtszug beträgt die Verfahrensgebühr grundsätzlich 4,0 und im Rechtsbeschwerdezug 5,0.]
Hauptabschnitt 3	**Hauptsacheverfahren in selbstständigen Familiensachen der freiwilligen Gerichtsbarkeit** [*Kindschaftssachen*: Der Gebührensatz der Verfahrensgebühr im Allgemeinen für den ersten Rechtszug beträgt 0,5. Im Beschwerderechtszug beträgt die Verfahrensgebühr grundsätzlich 1,0 und im Rechtsbeschwerdezug 1,5. *Übrige Familiensachen*: Der Gebührensatz der Verfahrensgebühr im Allgemeinen für den ersten Rechtszug beträgt 2,0 und kann sich in besonderen Situationen auf 0,5 reduzieren. Im Beschwerderechtszug beträgt die Verfahrensgebühr grundsätzlich 3,0 und im Rechtsbeschwerdezug 4,0.]
Hauptabschnitt 4	**Einstweiliger Rechtsschutz** [*Einstweilige Anordnung in Kindschaftssachen*: Der Gebührensatz der Verfahrensgebühr im Allgemeinen für den ersten Rechtszug beträgt 0,3. Im Beschwerderechtszug beträgt die Verfahrensgebühr grundsätzlich 0,5. *Übrige Familiensachen und Arrest*: Der Gebührensatz der Verfahrensgebühr im Allgemeinen für den ersten Rechtszug beträgt 1,5 und kann sich in besonderen Situationen auf 0,5 reduzieren. Im Beschwerderechtszug beträgt die Verfahrensgebühr grundsätzlich 2,0.]
Hauptabschnitt 5	**Besondere Gebühren**
Hauptabschnitt 6	**Vollstreckung**
Hauptabschnitt 7	**Verfahren mit Auslandsbezug**
Hauptabschnitt 8	**Rüge wegen Verletzung des Anspruchs auf rechtliches Gehör**
Hauptabschnitt 9	**Rechtsmittel im Übrigen**

3. Zur Streitwertfestsetzung nach dem FamGKG

a) Allgemeine Wertvorschriften

61 Im Unterabschnitt 1 des Abschnitt 7 Wertvorschriften des FamGKG (§§ 33–42) sind die Allgemeinen Wertvorschriften enthalten. § 33 Abs. 1 S. 1 FamGKG enthält den Grundsatz, dass in demselben Verfahren und demselben Rechtszug die **Werte** mehrerer Verfahrensgegenstände **zusammengerechnet** werden, soweit nicht ein anderes bestimmt ist. Ist mit einem nichtvermögensrechtlichen Anspruch ein aus ihm hergeleiteter vermögensrechtlicher Anspruch verbunden, ist nur der höhere von beiden Ansprüchen für die Wertbestimmung maßgebend (§ 33 Abs. 1 S. 2 FamGKG). Zudem besteht eine Höchstgrenze für Verfahrenswerte auf 30 Mio. EUR, soweit kein niedrigerer Höchstwert bestimmt ist (§ 33 Abs. 2 FamGKG).

62 Maßgebender **Zeitpunkt** für die **Wertberechnung** in Antragsverfahren ist der Zeitpunkt der jeweiligen einleitenden Antragstellung in dem jeweiligen Rechtszug (§ 34 S. 1 FamGKG). In Verfahren, die von Amts wegen eingeleitet werden, ist der Zeitpunkt der Fälligkeit der Gerichtsgebühr nach §§ 9–11 FamGKG maßgebend (§ 34 S. 2 FamGKG).

63 Unter den allgemeinen Wertvorschriften finden sich dann Bestimmungen über

§ 35 FamGKG	Geldforderung
§ 36 FamGKG	Genehmigung einer Erklärung oder deren Ersetzung
§ 37 FamGKG	Früchte, Nutzungen, Zinsen und Kosten
§ 38 FamGKG	Stufenklageantrag
§ 39 FamGKG	Klage- und Widerklageantrag, Hilfsanspruch, wechselseitige Rechtsmittel, Aufrechnung
§ 40 FamGKG	Rechtsmittelverfahren
§ 41 FamGKG	Einstweilige Anordnung
§ 42 FamGKG	Auffangwert

64 § 35 FamGKG stellt für Verfahren wegen **Geldforderungen** klar, dass sich der Verfahrenswert nach deren Höhe bemisst, soweit nichts anderes bestimmt ist. Eine solche Vorschrift, die der Sache nach Selbstverständliches enthält, ist in das FamGKG aufgenommen worden, da die allgemeine Regelung des § 3 ZPO in Familiensachen nicht anwendbar ist.[96] Ein Abschlag wegen eines bloßen Titulie-

---

[96] § 3 ZPO regelt in bürgerlichen Rechtsstreitigkeiten den Zuständigkeitsstreitwert, der nach § 48 GKG auch für den GKG-Gebührenstreitwert maßgeblich ist. Im FamGKG gibt es jedoch aus systematischen Gründen keinen Rückgriff auf § 3 ZPO.

rungsinteresses bleibt – jedenfalls bei solchen Geldforderungen, die nicht Gegenstand des Verfahrens, aber Bestandteil eines gerichtlichen Mehrvergleichs sind – möglich.

Sind außer dem Hauptgegenstand des Verfahrens auch **Kosten** betroffen, wird der Wert der Kosten bei der Festsetzung des Verfahrenswertes nicht berücksichtigt (Nebenforderung, § 37 Abs. 1 FamGKG). Demnach soll ein materiell-rechtlicher Anspruch auf Erstattung von außergerichtlichen Rechtsverfolgungskosten (zum Beispiel Rechtsanwaltskosten) den Verfahrenswert nicht erhöhen, wenn gleichzeitig die Hauptsache gerichtlich geltend gemacht wird.[97]

65

> *Hinweis*
>
> Der materiell-rechtliche Kostenerstattungsanspruch ist eine Familiensache, weil er mit „eigentlichen" Familiensache in einem unmittelbaren Sachzusammenhang steht (vgl. im Übrigen § 266 FamFG).[98] Eingeklagt werden kann die volle Geschäftsgebühr (Nr. 2300 VV RVG) zuzüglich Auslagen. Wird die Geschäftsgebühr voll tituliert, stellt sich die Frage der Anrechnung auf die Verfahrensgebühr (Nr. 3100 VV RVG) erst im Kostenfestsetzungsverfahren (vgl. § 15a RVG in Verbindung mit Vorbem. 3 Abs. 4 VV RVG).[99]

66

Für die Bestimmung des Verfahrenswerts bei einem **Stufenantrag** orientiert sich § 38 FamGKG sprachlich weitgehend und inhaltlich vollständig an § 44 GKG. Wird mit dem Klageantrag auf Rechnungslegung oder auf Vorlegung eines Vermögensverzeichnisses oder auf Abgabe einer eidesstattlichen Versicherung der Klageantrag auf Herausgabe desjenigen verbunden, was der Antragsgegner aus dem zugrunde liegenden Rechtsverhältnis schuldet, ist für die Wertberechnung nur einer der verbundenen Ansprüche, und zwar der höhere maßgebend.

67

§ 41 FamGKG enthält die Wertvorschrift für die **einstweilige Anordnung**. Die Regelung erfasst jede einstweilige Anordnung, gleich in welchem Rechtszug, gleich in welchem Verfahren.[100] Danach ist im Verfahren der einstweiligen Anordnung der Wert in der Regel unter Berücksichtigung der geringeren Bedeutung gegenüber

68

---

97 Vgl. BGH NJW 2007, 3289; BGH AnwBl. 2007, 799; BGH AGS 2007, 578; BGH NJW-RR 2008, 374.
98 So schon zur bisherigen Rechtslage OLG München NJW-RR 2006, 650; OLG Saarbrücken OLGReport 2009, 54.
99 § 15a RVG ist durch das Gesetz zur Modernisierung von Verfahren im anwaltlichen und notariellen Berufsrecht, zur Errichtung einer Schlichtungsstelle der Rechtsanwaltschaft, zur Änderung sonstiger Vorschriften (vgl. BT-Drucks 16/12717) eingeführt worden und korrigiert die vom BGH (NJW 2008, 1323) angenommene bisherige Rechtslage zu Vorbem. 3 Abs. 4 VV RVG.
100 Hartmann, Kostengesetze, § 41 FamGKG, Rn 1.

der Hauptsache zu ermäßigen (§ 41 S. 1 FamGKG). Dabei ist von der Hälfte des für die Hauptsache bestimmten Wertes auszugehen (§ 41 S. 2 FamGKG). Der Gesetzgeber setzt mit § 41 FamGKG kostenrechtlich seine verfahrensrechtliche Neukonzeption um, das Institut der einstweiligen Anordnung zu stärken. Nicht statthaft ist es also, pauschal von einem zu § 41 S. 2 FamGKG geringeren Wert mit der Erwägung auszugehen, dass die einstweilige Anordnung nur vorläufigen Charakter habe. Andererseits ist auch nicht ausgeschlossen, dass eine Einzelfallabwägung ergibt, dass der Wert der einstweiligen Anordnung auf unter 50 % des Hauptsachewertes zu ermäßigen ist.[101]

Nimmt die einstweilige Anordnung die Hauptsache vorweg oder ersetzt sie diese, so kann der Streitwert bis zur Höhe des für die Hauptsache bestimmten Wertes angehoben werden.[102]

b) Besondere Wertvorschriften

69 Im Unterabschnitt 2 (§§ 43–52 FamGKG) befinden sich die Besonderen Wertvorschriften, nämlich im Einzelnen:

§ 43 FamGKG	Ehesachen
§ 44 FamGKG	Verbund
§ 45 FamGKG	Bestimmte Kindschaftssachen
§ 46 FamGKG	Übrige Kindschaftssachen
§ 47 FamGKG	Abstammungssachen
§ 48 FamGKG	Ehewohnungs- und Haushaltssachen[103]
§ 49 FamGKG	Gewaltschutzsachen
§ 50 FamGKG	Versorgungsausgleichssachen[104]
§ 51 FamGKG	Unterhaltssachen
§ 52 FamGKG	Güterrechtssachen

70 In **Ehesachen** richtet sich der Verfahrenswert nach § 43 FamGKG.[105] Die Vorschrift übernimmt inhaltlich unverändert den bisherigen § 48 Abs. 2, 3 S. 1, 2 GKG

---

101 So auch: Hartmann, Kostengesetze, § 41 FamGKG, Rn 3.
102 So auch: Hartmann, Kostengesetze, § 41 FamGKG, Rn 3.
103 Nach dem Gesetz zur Änderung des Zugewinnausgleichs- und Vormundschaftsrechts (BGBl 2009 I, 1696; BT-Drucks 16/10798; BT-Drucks 16/13027) ist § 48 FamGKG angepasst und hat die Bezeichnung „Ehewohnungs- und Haushaltssachen" statt bisher „Wohnungszuweisungs- und Hausratssachen" erhalten.
104 Durch das Gesetz zur Strukturreform des Versorgungsausgleichs (BGBl 2009 I, 700) ist § 50 FamGKG überarbeitet worden.
105 Siehe zu dieser Vorschrift Enders, JurBüro 2009, 281.

a.F.[106] Der Verfahrenswert ist in Ehesachen unter Berücksichtigung aller Umstände des Einzelfalls nach Ermessen zu bestimmen (§ 43 Abs. 1 S. 1 FamGKG). Zu berücksichtigende Umstände können insbesondere der Umfang der Sache, die Bedeutung der Sache, die Einkommens- und Vermögensverhältnisse sein. Als Mindeststreitwert ist in § 43 Abs. 1 S. 2 FamGKG der Betrag von 2.000 EUR bestimmt. Eine Auslegung des § 43 FamGKG verstößt gegen das Grundgesetz, wenn sie dazu führt, dass der Streitwert in Ehesachen wegen der beiderseitigen Bewilligung ratenfreier Prozesskostenhilfe „stets" oder „im Regelfall" lediglich auf den Mindeststreitwert festgesetzt wird.[107] Der Mindestwert von 2.000 EUR gilt nur für den „Einsatzfaktor Einkommensverhältnisse", nicht für die mitbeachtlichen weiteren Umstände im Sinne von § 43 Abs. 1 S. 1 FamGKG.[108] Für Einkommensverhältnisse ist das in drei Monaten erzielte Nettoeinkommen der Ehegatten einzusetzen (§ 43 Abs. 2 FamGKG). Nettoeinkommen sind auch Sozialleistungen wie das Arbeitslosengeld I[109] und II.[110]

Gemäß § 44 Abs. 1 FamGKG gelten Scheidungssachen und Folgesachen als ein Verfahren (**Verbund**). Die Werte der einzelnen miteinander verbundenen Verfahren werden grundsätzlich addiert.[111] Sind die in § 137 Abs. 3 FamFG genannten Kindschaftssachen Folgesachen, erhöht sich der Verfahrenswert des § 43 FamGKG für jede Kindschaftssache um 20 %, höchstens aber um 3.000 EUR (§ 44 Abs. 2 S. 1 FamGKG).[112] Der Wert der Kindschaftssache ist als zusätzlicher Wert festzusetzen, der sich lediglich aus dem Wert der Ehesache ableitet.[113] Entgegen der gesetzlichen Formulierung ist die Kindschaftssache nicht im Rahmen der Ehesache mitzubewerten. Eine Kindschaftssache ist auch dann als ein Verfahrensgegenstand zu bewerten, wenn sie mehrere Kinder betrifft (§ 44 Abs. 2 S. 1 FamGKG).

71

Die Werte der übrigen Folgesachen werden hinzugerechnet (§ 44 Abs. 2 S. 2 FamGKG). Diese Hinzurechnung findet auch bei einer Verbindung von vermögensrechtlichen und nichtvermögensrechtlichen Ansprüchen stets statt. § 44 Abs. 2 S. 3 FamGKG schließt insoweit die Anwendung des einschränkenden § 33 Abs. 1 S. 2 FamGKG aus.

---

106 BT-Drucks 16/6308, 305.
107 BVerfG NJW 2007, 1445; BVerfG NJW 2005, 2980.
108 Hartmann, Kostengesetze, § 43 FamGKG, Rn 23; OLG Schleswig FamRZ 2000, 1517.
109 Hartmann, Kostengesetze, § 43 FamGKG, Rn 25.
110 OLG Schleswig (1. FamSen.) JurBüro 2008, 594 m.w.N. zu den gegenteiligen Ansichten; Hartmann, Kostengesetze, § 43 FamGKG, Rn 25; a.A.: OLG Schleswig (4. FamSen.) JurBüro 2009, 193 m.w.N. zu den gegenteiligen Ansichten; str.
111 BT-Drucks 16/6308, 305.
112 Krit. zu dieser Regelung: Groß, FPR 2006, 430 (432 f.).
113 Vgl. BT-Drucks 16/6308, 306; Enders, JurBüro 2009, 337 (338).

§ 8 Kosten

§ 44 Abs. 3 FamGKG gestattet ein Abweichen von dem nach Abs. 2 berechneten erhöhten Verfahrenswert der Ehesache, wenn der Wert nach den besonderen Umständen des Einzelfalls unbillig wäre. Das Gericht kann bei Unbilligkeit einen höheren oder einen niedrigeren Wert berücksichtigen. Auch der Höchstwert von 3.000 EUR kann überschritten werden.[114] Abgewichen werden darf nur von dem Erhöhungswert, nicht von dem Wert der reinen Scheidungssache.

72 Für **Kindschaftssachen**, die nicht im Verbund mit dem Scheidungsverfahren verhandelt werden, treffen §§ 45, 46 FamGKG nähere Bestimmungen zum Verfahrenswert. Betrifft die Kindschaftssache die Übertragung oder Entziehung der elterlichen Sorge, das Umgangsrecht einschließlich der Umgangspflegschaft oder die Kindesherausgabe, sieht § 45 Abs. 1 FamGKG einen Regelwert von 3.000 EUR vor. Dieser Wert ist unabhängig davon zugrunde zu legen, ob das Verfahren mehrere Kinder betrifft. Ein Abweichen von den Regelwert ist nur im Fall der Unbilligkeit statthaft (§ 45 Abs. 3 FamGKG). Für die weiteren vermögensrechtlichen Kindschaftssachen verweist § 46 Abs. 1 FamGKG auf verschiedene Vorschriften der Kostenordnung. Höchstwert ist in jedem Fall 1 Mio. EUR (§ 46 Abs. 3 FamGKG).

73 Für **Ehewohnungssachen** gibt § 48 Abs. 1 FamGKG[115] Regelwerte von 4.000 bzw. 3.000 EUR vor und für Haushaltssachen bestimmt § 48 Abs. 2 FamGKG Regelwerte von 3.000 bzw. 2.000 EUR vor.[116] Bei Unbilligkeit kann das Gericht abweichend festsetzen (§ 48 Abs. 3 FamGKG).

74 Auch bei **Gewaltschutzsachen** sind zunächst Regelwerte vorgesehen. In Gewaltschutzsachen nach § 1 Gewaltschutzgesetz (Schutz vor Nachstellungen und Gewalt) beträgt der Regelwert 2.000 EUR, in Gewaltschutzsachen nach § 2 Gewaltschutzgesetz (Überlassung gemeinsam genutzter Wohnung) 3.000 EUR (§ 49 Abs. 1 FamGKG). Ist der Regelwert nach den besonderen Umständen des Einzelfalls unbillig, kann das Gericht einen höheren oder niedrigeren Wert festsetzen (§ 49 Abs. 2 FamGKG).

75 Für **Unterhaltssachen** bestimmt § 51 FamGKG:[117]

„(1) In Unterhaltssachen, die Familienstreitsachen sind und wiederkehrende Leistungen betreffen, ist der für die ersten zwölf Monate nach Einreichung des Kla-

---

114 BT-Drucks 16/6308, 306.
115 Das Gesetz zur Änderung des Zugewinnausgleichs- und Vormundschaftsrechts (BGBl 2009 I, 1696) hat § 48 FamGKG angepasst und die Überschrift „Ehewohnungs- und Haushaltssachen" statt bisher „Wohnungszuweisungs- und Hausratssachen" erhalten. In der Vorschrift sind nur begriffliche Anpassungen erfolgt, nicht aber inhaltliche Änderungen.
116 Krit. zu dieser Regelung: Groß, FPR 2006, 430 (433).
117 Krit. zu dieser Regelung: Groß, FPR 2006, 430 (433).

D. Gerichtskosten und Rechtsanwaltsvergütung § 8

geantrags oder des Antrags geforderte Betrag maßgeblich, höchstens jedoch der Gesamtbetrag der geforderten Leistung. Bei Unterhaltsansprüchen nach den §§ 1612a–1612c des Bürgerlichen Gesetzbuchs ist dem Wert nach Satz 1 der Monatsbetrag des zum Zeitpunkt der Einreichung des Klageantrags oder des Antrags geltenden Mindestunterhalts nach der zu diesem Zeitpunkt maßgebenden Altersstufe zugrunde zu legen.

(2) Die bei Einreichung des Klageantrags fälligen Beträge werden dem Wert hinzugerechnet. Der Einreichung des Klageantrags steht die Einreichung eines Antrags auf Bewilligung der Prozesskostenhilfe gleich, wenn der Klageantrag alsbald nach Mitteilung der Entscheidung über den Antrag oder über eine alsbald eingelegte Beschwerde eingereicht wird. Die Sätze 1 und 2 sind im vereinfachten Verfahren zur Festsetzung von Unterhalt Minderjähriger entsprechend anzuwenden.

(3) In Unterhaltssachen, die nicht Familienstreitsachen sind, beträgt der Wert 300 Euro. Ist der Wert nach den besonderen Umständen des Einzelfalls unbillig, kann das Gericht einen höheren Wert festsetzen."

Im Vergleich zum bisherigen Recht (§ 42 GKG a.F.) gilt Folgendes: **76**

- § 51 Abs. 1 FamGKG entspricht – redaktionell angepasst – dem bisherigen § 42 Abs. 1 GKG a.F.[118]
- § 51 Abs. 2 S. 1 FamGKG übernimmt inhaltlich die Regelung des bisherigen § 42 Abs. 5 S. 1 Hs. 1 GKG a.F.
- § 51 Abs. 2 S. 2, 3 FamGKG übernimmt die Regelung des bisherigen § 42 Abs. 5 S. 2, 3 GKG a.F.[119]
- § 51 Abs. 3 FamGKG ist neu. Die bisherige Gebührenfreiheit in diesen Fällen ist aufgegeben.

§ 51 Abs. 1, 2 FamGKG regelt den Verfahrenswert von Unterhaltssachen als Familienstreitsachen. Unterhaltssachen als Familienstreitsachen sind nicht nur solche im Sinne der §§ 112 Nr. 1, 231 Abs. 1 FamFG. Die Regelung des § 51 FamGKG erfasst auch Familienstreitsachen über vertragliche Unterhaltsansprüche (§§ 112 Nr. 3, 266 Abs. 1 FamFG), sofern sie wiederkehrende Leistungen betreffen.[120] Betrifft eine Unterhaltssache als Familienstreitsache wiederkehrende Leistungen, so richtet sich der Verfahrenswert nach dem für die ersten zwölf Monate nach Einreichung des Antrags geforderten Betrag (§ 51 Abs. 1 S. 1 FamGKG). Höchstgrenze ist allerdings der Gesamtbetrag der geforderten Unterhaltsleistungen (§ 51 Abs. 1 S. 1 FamGKG). Rückständige fällige Unterhaltsleistungen sind nach § 51 Abs. 2 FamGKG zusätzlich zu berücksichtigen. Maßgeblicher Zeitpunkt, ob Unterhalts- **77**

---

118 BT-Drucks 16/6308, 307.
119 BT-Drucks 16/6308, 307.
120 BT-Drucks 16/6308, 307.

leistungen bereits fällig sind,[121] ist die Einreichung der Antragsschrift, also Anhängigkeit, nicht Rechtshängigkeit.[122] Ein Verfahrenskostenhilfeantrag kann dem Antrag in der Hauptsache diesbezüglich gleichstehen.[123] Bei einer Stufenforderung wird auch der zunächst noch nicht bezifferbare Zahlungsanspruch mit der Einreichung anhängig.[124] Durch eine Antragserhöhung in Bezug auf nach Anhängigkeit des ursprünglichen Antrags neu fällig gewordener Beträge entsteht kein neuer Rückstand im Sinne von § 51 Abs. 2 FamGKG, der eine Erhöhung des Verfahrenswerts begründen könnte.[125]

78 § 51 Abs. 3 FamGKG erfasst diejenigen Unterhaltssachen, die keine Familienstreitsachen sind. Es sind dies Unterhaltsverfahren nach § 3 Abs. 2 S. 3 Bundeskindergeldgesetz und § 64 Abs. 2 S. 3 EStG (§ 231 Abs. 2 FamFG). Wegen der geringen Bedeutung dieser Verfahren ist ein Regelwert von 300 EUR vorgesehen.[126] Bei Unbilligkeit kann das Gericht einen abweichenden Verfahrenswert festsetzen.

c) Wertfestsetzung

79 Das Verfahren zur Wertfestsetzung ergibt sich aus den §§ 53–56 FamGKG. Die Vorschriften übernehmen – der Neukonzeption des FamFG und des FamGKG angepasst – die §§ 61–64 GKG.

80 Der Streitwert für die Gerichtskosten kann durch Beschluss nach § 55 FamGKG festgesetzt werden. Die Gerichte setzen den Wert für die zu erhebenden Gebühren nach Anhörung der Beteiligten[127] durch Beschluss endgültig fest, sobald eine Entscheidung über den Verfahrensgegenstand ergeht oder sich das Verfahren anderweitig erledigt (§ 55 Abs. 2 FamGKG). Eine vorläufige Wertfestsetzung ist nach § 55 Abs. 1 S. 1 FamGKG möglich.

Die endgültige Festsetzung des § 55 Abs. 2 FamGKG kann von dem Gericht, das die Festsetzung getroffen hat, und, wenn das Verfahren wegen der Hauptsache oder wegen der Entscheidung über den Streitwert, den Kostenansatz oder die Kostenfestsetzung in der Rechtsmittelinstanz schwebt, von der Rechtsmittelinstanz

---

121 OLG Brandenburg FamRZ 2001, 94, OLG Hamburg FamRZ 2003, 1198.
122 Hartmann, Kostengesetze, § 51 FamGKG, Rn 20.
123 OLG Brandenburg FamRZ 2001, 779.
124 BGH NJW 1981, 1731; Hartmann, Kostengesetze, § 51 FamGKG, Rn 22.
125 OLG Brandenburg MDR 2003, 335; OLG Schleswig OLGReport 2000, 477; Hartmann, Kostengesetze, § 51 FamGKG, Rn 22; a.A.: OLG Köln FamRZ 2004, 1226; Mock/Schneider/Wahlen in: Schneider/Wolf, RVG, Anhang II, Rn 39.
126 BT-Drucks 16/6308, 307.
127 Hartmann, Kostengesetze, § 63 GKG, Rn 24.

von Amts wegen geändert werden (§ 55 Abs. 3 S. 1 FamGKG). Die Änderung ist nur innerhalb von sechs Monaten zulässig, nachdem die Entscheidung in der Hauptsache Rechtskraft erlangt oder das Verfahren sich anderweitig erledigt hat (§ 55 Abs. 3 S. 2 FamGKG). Gegen die Wertfestsetzung ist die Beschwerde zulässig (vgl. § 59 FamGKG).

d) Verfahrenswertbeschwerde

aa) Vorbemerkungen

81 §§ 57–61 FamGKG übernehmen – der Neukonzeption des FamFG und des FamGKG angepasst – die §§ 66–69a GKG. Geregelt wird die Erinnerung gegen den Kostenansatz sowie die Beschwerde (§ 57 FamGKG), die Beschwerde gegen die Anordnung einer Vorauszahlung (§ 58 FamGKG), die Beschwerde gegen die Festsetzung des Verfahrenswerts (§ 59 FamGKG), die Beschwerde gegen die Auferlegung einer Verzögerungsgebühr (§ 60 FamGKG) und die Abhilfe bei Verletzung des Anspruchs auf rechtliches Gehör (§ 61 FamGKG). Das FGG-Reformgesetz ändert nichts an der Festlegung des Kostenrechtsmodernisierungsgesetzes, dass die Vorschriften über die Erinnerung und Beschwerde in Kostensachen von den Verfahrensvorschriften vollständig abgekoppelt sind und eigenständige Regelungen enthalten.[128] Die **Verfahrensvorschriften** können grundsätzlich **nicht ergänzend herangezogen** werden. Dies gilt etwa auch in Bezug auf § 39 FamFG (Rechtsmittelbelehrung). Die §§ 57–61 FamGKG sind völlig isoliert zu betrachten. Eine gewisse Durchbrechung der gesetzgeberisch gewünschten Abkoppelung bestimmt jedoch § 57 Abs. 4 S. 2 FamGKG,[129] der für die Bevollmächtigung auf das FamFG Bezug nimmt. Grundnorm aller Kostenbeschwerden in Familiensachen ist § 57 FamGKG, auf den die anderen Kostenbeschwerdevorschriften teilweise Bezug nehmen. Die vergleichbare Vorschrift im GKG ist § 66 GKG.

bb) Grundzüge der Verfahrenswertbeschwerde

82 Gegen die Festsetzung des Verfahrenswerts (§ 55 Abs. 2 FamGKG) findet gemäß § 59 FamGKG die Beschwerde statt. Sie ist statthaft, wenn der Wert des Beschwerdegegenstands 200 EUR übersteigt oder wenn sie wegen der grundsätzlichen Bedeutung der zur Entscheidung stehenden Frage in dem Beschluss zugelassen ist. Für den Wert des Beschwerdegegenstands kommt es nicht auf die Verfahrenswert-

---

128 Vgl. dazu: BT-Drucks 15/1971, 156 f.; Fölsch, Rpfleger 2004, 385.
129 Ebenso: § 66 Abs. 5 S. 2 GKG.

differenz an, sondern auf die Differenz der Kosten, die sich aus dem festgesetzten und dem erstrebten Verfahrenswert ergeben.

83

> *Hinweis*
>
> Wird der Wert des Beschwerdegegenstandes nicht erreicht und hat das erstinstanzliche Gericht die Beschwerde nicht zugelassen, so ist nur die Anhörungsrüge nach § 61 FamGKG statthaft. Die Rechtspflegerinnerung nach § 11 RPflG ist kein statthafter Rechtsbehelf, soweit es sich bei der Festsetzung des Streitwerts in einer Familiensache um eine Richterentscheidung handelt.

Ein Anwaltszwang besteht für die Verfahrenswertbeschwerde nicht.[130] § 57 Abs. 4 S. 1 FamFG, auf den § 59 Abs. 1 S. 5 FamGKG verweist, hat in diesem Sinne eine Klarstellung („... ohne Mitwirkung eines Bevollmächtigten ...") durch das „FamFG-Berichtigungsgesetz" erfahren.[131] Die Beschwerde gegen die Festsetzung des Verfahrenswerts ist an eine Frist gebunden (vgl. § 59 Abs. 1 S. 3 FamGKG). Sie beträgt sechs Monate, nachdem die Entscheidung in der Hauptsache Rechtskraft erlangt oder das Verfahren sich anderweitig erledigt hat. Ist der Verfahrenswert später als einen Monat vor Ablauf dieser Frist festgesetzt worden, kann sie noch innerhalb eines Monats nach Zustellung oder formloser Mitteilung des Festsetzungsbeschlusses eingelegt werden. Bei einer unverschuldeten Fristversäumung kann eine Wiedereinsetzung in Betracht kommen.

84 Soweit das Familiengericht die Beschwerde für zulässig und begründet hält, hilft es ihr ab; im Übrigen ist die Beschwerde unverzüglich dem Oberlandesgericht vorzulegen (§ 59 Abs. 1 S. 5, § 57 Abs. 3 S. 1 FamGKG). Das Oberlandesgericht ist an die Zulassung der Beschwerde gebunden; die Nichtzulassung ist unanfechtbar. Das Oberlandesgericht entscheidet durch einen Einzelrichter. Bei grundsätzlicher Bedeutung im weiteren Sinne überträgt der Einzelrichter das Verfahren auf das Richterkollegium im Senat.

85 Entscheidungen des Oberlandesgerichts sind unanfechtbar. Entscheidungen des BGH auf ein Rechtsmittel in Kostensachen sind nicht vorgesehen.[132] Auch eine Zulassung einer Rechtsbeschwerde führt nicht zu deren Statthaftigkeit.[133]

---

130 Vgl. auch OVG Münster NVwZ 2009, 123. In diesem Sinne auch: BT-Drucks 16/11385, Begründung B zu Art. 7 zu Abs. 1 Nr. 2, Abs. 2–4, Abs. 5 Nr. 1–3.
131 Vgl. Gesetz zur Modernisierung von Verfahren im anwaltlichen und notariellen Berufsrecht, zur Errichtung einer Schlichtungsstelle der Rechtsanwaltschaft, zur Änderung sonstiger Vorschriften; BT-Drucks 16/11385; BT-Drucks 16/12717.
132 Vgl. BT-Drucks 16/6308, 308.
133 Vgl. BGH NJW 2006, 2924; BGH MDR 2002, 1388 m. Anm. Fölsch; st. Rspr.

Die Verfahren sind gebührenfrei (§ 59 Abs. 3 S. 1 FamGKG). Kosten werden nicht erstattet (§ 59 Abs. 3 S. 2 FamGKG). **86**

II. Rechtsanwaltsvergütung (RVG)

Auch das RVG ist von Änderungen durch das FGG-Reformgesetz betroffen. Jedoch erfährt das RVG keine grundlegenden Neuerungen. **87**

1. Gebührenrechtliche Angelegenheiten

Die §§ 16, 17, 18, 19, 21 RVG sind durch das FGG-Reformgesetz im Wesentlichen nur im Hinblick auf die Anpassung durch die Neukonzeption des FamFG und des FamGKG geändert worden. Hervorzuheben sind zwei Neuerungen. **88**

Die bisherigen Nr. 1, 2 des § 18 RVG sind weggefallen. Sie regeln besondere Angelegenheiten für **einstweilige Anordnungen** auf Zahlung eines Prozesskostenvorschusses und für einstweilige Anordnungen in Familiensachen jeweils im Verhältnis untereinander beziehungsweise im Verhältnis zur **Hauptsache**. Der Wegfall beruht auf der neuen Struktur der einstweiligen Anordnung im FamFG als selbstständige Verfahren.[134] Dass mehrere derart **verselbstständigte Verfahren** jeweils eine **eigene Angelegenheit** bilden, versteht sich für den Gesetzgeber von selbst und bedarf nach seiner Auffassung ebenso wie bei Arrest und einstweiliger Verfügung keiner besonderen Regelung.[135] Damit bekennt der Gesetzgeber übrigens, dass die Aufzählung in § 18 RVG eben doch[136] keine abschließende ist, sondern sich auf einzelne Zweifelsfälle beschränkt.

In § 21 Abs. 3 RVG – ähnlich auch in § 6 Abs. 2 FamGKG – wird geregelt, dass wenn eine Folgesache (z.B. durch Abtrennung von der Scheidungssache) als selbstständige Familiensache fortgeführt wird, das fortgeführte Verfahren und das frühere Verfahren dieselbe Angelegenheit sind. Die selbstständige Familiensache wird so behandelt, als sei sie nie im Verbund gewesen.[137] Dies bedeutet, dass diese Sache bei der Gebührenberechnung des Scheidungsverfahrens unberücksichtigt bleibt.[138] Werden Folgesachen abgetrennt, aber nach § 137 Abs. 5 S. 1 FamFG als

---

134 BT-Drucks 16/6308, 339.
135 BT-Drucks 16/6308, 339.
136 Anders noch: BT-Drucks 15/1971, 192.
137 BT-Drucks 16/6308, 340, 301 zu § 6 Abs. 2 FamGKG.
138 BT-Drucks 16/6308, 340, 301 zu § 6 Abs. 2 FamGKG.

Folgesache fortgeführt, sollen Scheidung und Folgesachen dagegen weiterhin als einheitliches Verfahren abgerechnet werden.[139]

2. Keine Neuregelung der Beratungshilfegebühren

89 In Familiensachen ist der Begriff und die Abgrenzung der Angelegenheit bei der Gewährung von Beratungshilfe und bei der Abrechnung der Beratungshilfevergütung bisher höchst streitig.[140] In der gerichtlichen Praxis wird häufig unter Berufung auf § 16 Nr. 4 RVG eine Angelegenheit angenommen, wenn der Rechtsanwalt in der Ehesache und in verschiedenen Familiensachen berät oder vertritt, die im gerichtlichen Verfahren Folgesachen sein könnten. Dieser Auffassung kann durchaus entgegengehalten werden, dass § 16 Nr. 4 RVG nur für ein gerichtliches Verfahren gilt; nur bei Anhängigkeit der Ehesache gibt es ein Verbundverfahren, nicht aber schon bei einer außergerichtlichen Tätigkeit.

Die Bundesregierung nahm sich dieser Problematik an, entschied sie aber nicht, sondern bereinigte sie auf anderem Wege.[141] In Teil 2 Abschnitt 5 VV RVG sollte – ohne in den Begriff der Angelegenheit einzugreifen – geregelt werden, dass in den Fällen, in denen in Familiensachen eine einheitliche Angelegenheit vorliegt bzw. die gerichtliche Praxis eine solche annimmt, ein Ausgleich durch eine Erhöhung der Gebühren je weiteren Gegenstand eintritt. So sollten sich Beratungshilfegebühren erhöhen, wenn in einer Angelegenheit Gegenstand der Beratungstätigkeit verschiedene Familiensachen i.S.d. § 111 FamFG sind. Eine besondere gesetzliche Umschreibung und Abgrenzung der gebührenrechtlichen Angelegenheit für die Beratungshilfe erschien der Bundesregierung nicht sachgerecht.[142] Insbesondere würde eine auf die Beratungshilfe beschränkte Abgrenzung der Angelegenheit zwangsläufig zu (nicht gewollten) Rückschlüssen bei Tätigkeiten außerhalb der Beratungshilfe im außergerichtlichen Bereich führen.[143] Die Bundesregierung sah nach der bisherigen Rechtslage eine unzureichende Vergütung anwaltlicher Tätigkeit, die in diesem Bereich aus gebührenrechtlichen Gründen die Herbeiführung außergerichtlicher einvernehmlicher Regelungen verhindern könnte.[144] Um dem entgegenzuwirken, sei eine Verbesserung der Beratungshilfegebühren vorzuneh-

---

139 BT-Drucks 16/6308, 340, 301 zu § 6 Abs. 2 FamGKG.
140 Vgl. nur Schneider in: Schneider/Wolf, vor Nr. 2501 ff. RVG, Rn 26–41, insbesondere Rn 31 und 34 f; BVerfG NJW 2002, 429.
141 BT-Drucks 16/6308, 341 f. und 426.
142 BT-Drucks 16/6308, 341 f.
143 BT-Drucks 16/6308, 341 f.
144 BT-Drucks 16/6308, 341 f.

men.[145] Zudem führe die Neuregelung zu einer Vereinheitlichung der Rechtsprechung.[146]

Diesem Gesetzesvorschlag ist nach Widerspruch des Bundesrats[147] der Bundestag nicht näher getreten.[148] Nach Ansicht des Bundestags sollten die Überlegungen im Hinblick auf eine Änderung der Vergütungsregelungen bei Beratungshilfe in Familiensachen einer Reform des Beratungshilferechts vorbehalten bleiben.[149]

Zwar gibt es in der Zwischenzeit einen Gesetzesentwurf zur Änderung des Beratungshilferechts.[150] Der Bundesrat schlägt dort jedoch keineswegs klarstellende Neuerungen für die Beratungshilfegebühren in Familiensachen vor. Dagegen enthält der Gesetzesentwurf ganz erhebliche Einschränkungen für die Bewilligung von Beratungshilfe, so dass die Möglichkeit der Inanspruchnahme eines Rechtsanwalts durch einen Bedürftigen maßgeblich erschwert werden würde. Es bleibt abzuwarten, ob das Beratungshilferecht und die Beratungshilfegebühren in der 17. Wahlperiode des Bundestags erneut Gegenstand eines Gesetzesentwurfs werden.

3. Einigungsgebühr in Kindschaftssachen

Die Rechtsprechung zur Entstehung der Einigungsgebühr in Kindschaftssachen nach der bisherigen Rechtslage war nicht einheitlich.[151] Das FGG-Reformgesetz regelt nunmehr ausdrücklich, dass die Einigungsgebühr auch in Kindschaftssachen entstehen kann, stellt aber zum Teil besondere Anforderungen auf. Die neuen Anmerkungen in Nr. 1000, 1003, 1004 VV RVG unterstreichen die besondere Bedeutung der streitvermeidenden Einigung gerade in Kindschaftssachen.[152]

90

Nach einer neuen Nr. 1000 Anm. Abs. 5 S. 2 VV RVG kann in Kindschaftssachen eine 1,5-Einigungsgebühr in entsprechender Anwendung der Nr. 1000 Anm. Abs. 1 S. 1 VV RVG „auch für die Mitwirkung an einer Vereinbarung, über deren Gegenstand vertraglich nicht verfügt werden kann", anfallen

91

---

145 BT-Drucks 16/6308, 341 f. und 426.
146 BT-Drucks 16/6308, 426.
147 BT-Drucks 16/6308, 399 f.
148 BT-Drucks 16/9733, 303.
149 BT-Drucks 16/9733, 303.
150 BT-Drucks 16/10997.
151 Vgl. nur OLG Stuttgart NJW 2007, 3218 m.w.N.; a.A. jedoch für ein Verfahren nach § 1666 BGB: OLG Koblenz NJW-RR 2006, 1151.
152 BT-Drucks 16/6308, 341.

In Nr. 1003 Anm. VV RVG wird ein neuer Abs. 2 angefügt: „In Kindschaftssachen entsteht die Gebühr auch für die Mitwirkung am Abschluss eines gerichtlich gebilligten Vergleichs (§ 156 Abs. 2 FamFG) und an einer Vereinbarung, über deren Gegenstand vertraglich nicht verfügt werden kann, wenn hierdurch eine gerichtliche Entscheidung entbehrlich wird oder wenn die Entscheidung der getroffenen Vereinbarung folgt." Entgegen der sonst üblichen Regelungstechnik, dass alle Voraussetzungen für das Entstehen der Einigungsgebühr in Nr. 1000 Anm. VV RVG zu finden sind, ist für Kindschaftssachen eine Regelung in der Anmerkung zu der für das gerichtliche Verfahren geltenden Gebührenvorschrift enthalten, weil § 156 Abs. 2 FamFG das Institut des gerichtlich gebilligten Vergleichs einführt, der nur in einer gerichtlich laufenden Kindschaftssache hinsichtlich des Umgangsrechts geschlossen werden kann.[153] Hinsichtlich sonstiger Vereinbarungen im gerichtlichen Kindschaftsverfahren ist zusätzliche Voraussetzung, dass das Anfallen der 1,0-Einigungsgebühr davon abhängig gemacht ist, dass der Vorschlag durch die gerichtliche Entscheidung umgesetzt wird[154] oder die gerichtliche Entscheidung entbehrlich wird.

Nach einer neuen Anm. Abs. 2 in Nr. 1004 VV RVG fällt eine 1,3-Einigungsgebühr in Kindschaftssachen zweiter und dritter Instanz auch unter den Voraussetzungen der neuen Nr. 1003 Anm. Abs. 2 VV RVG an.

4. Einigungsgebühr in der Berufung/Revision gleichstehenden Verfahren

92 Nr. 1004 VV RVG enthält in einer neuen Anm. Abs. 1, dass die 1,3-Einigungsgebühr auch in den in Vorbem. 3.2.1 und Vorbem. 3.2.2. genannten Beschwerde- und Rechtsbeschwerdeverfahren entsteht. Diese Verfahren stehen einer Berufung oder Revision gleich, weshalb die Einigungsgebühr in gleicher Höhe anfallen soll.[155] Dies war nach der bisherigen Rechtslage nicht eindeutig.[156]

5. Sonstige Anpassungen

93 In zahlreichen weiteren Vorschriften des RVG werden durch das FGG-Reformgesetz Anpassungen vorgenommen, ohne aber den Inhalt dieser Vorschriften (bedeutsam) zu ändern, so in: §§ 8, 12, 23, 24, 25, 33, 39, 45, 47, 48, 59 RVG; Nr. 3100,

---

153 BT-Drucks 16/6308, 341.
154 BT-Drucks 16/6308, 341.
155 BT-Drucks 16/6308, 341.
156 Vgl. nur Schneider, NJW 2007, 2666.

3101, 3104, 3105, Vorbem. 3.2., Vorbem. 3.2.1, 3201, 3203, Vorbem. 3.2.2, 3208, 3209, 3211, Vorbem. 3.3.3., 3309, 3328, 3331, 3332, 3337, 3400, Vorbem. 3.5, 3502, 6300, 6302 VV RVG. Auch das „FamFG-Berichtigungsgesetz"[157] nimmt nochmals Überarbeitungen im RVG vor (§§ 11, 18, 33 RVG) und führt darüber hinaus neue Regeln zur Anrechnung ein (§§ 15a, 55 RVG).

---

157 Gesetz zur Modernisierung von Verfahren im anwaltlichen und notariellen Berufsrecht, zur Errichtung einer Schlichtungsstelle der Rechtsanwaltschaft, zur Änderung sonstiger Vorschriften; BT-Drucks 16/11385; BT-Drucks 16/12717.

§ 9 BGB-Familienrecht

1 Im Folgenden werden ausschließlich die Änderungen des BGB durch das FGG-Reformgesetz und das FamFG-Berichtigungsgesetz näher betrachtet.

A. Umgangspflegschaft bei Umgang des Kindes mit seinen Eltern (§ 1684 Abs. 3 BGB)

I. Grundlagen und Voraussetzungen

2 In § 1684 Abs. 3 S. 3–6 BGB wird die Pflegschaft mit dem Aufgabenkreis der Durchführung des Umgangs (Umgangspflegschaft) ausdrücklich geregelt.[1] In der Praxis haben Familiengerichte bei schwerwiegenden Umgangskonflikten zunehmend von der Möglichkeit Gebrauch gemacht, den Eltern die elterliche Sorge für den Bereich des Umgangs nach § 1666 BGB zu entziehen und dafür einen Ergänzungspfleger einzusetzen.[2] Zum Umgangspfleger wird in der gegenwärtigen Praxis vielfach das örtliche Jugendamt bestellt.[3] Ziel der Vorschrift ist es nicht nur, die Instrumentarien des Gerichts zu erweitern.[4] Die Umgangspflegschaft dient auch dazu, andere insbesondere aufwendige und streitige Verfahren vermeidbar zu machen, zum Beispiel Vermittlungsverfahren, Ordnungsgeldverfahren, Verfahren über Schadensersatzansprüche wegen Vereitelung des Umgangs, Verfahren zur Einschränkung oder Entziehung des elterlichen Sorgerechts.[5]

3 Voraussetzung für die Anordnung der Umgangspflegschaft ist nach § 1684 Abs. 3 S. 3 BGB, dass die **Wohlverhaltenspflicht** nach § 1684 Abs. 2 BGB **dauerhaft oder wiederholt erheblich beeinträchtigt** wird. Die Anordnung der Umgangspflegschaft wird dadurch auf Fälle beschränkt werden, in denen der betreuende Elternteil oder die Obhutsperson im Sinne des § 1684 Abs. 2 S. 2 BGB das Umgangsrecht des getrennt lebenden Elternteils in erheblicher Weise vereitelt[6] bzw. schwerwiegende Umgangskonflikte bestehen.[7] Ausreichend für die Anordnung der Umgangspflegschaft ist die **erhebliche Verletzung**; die Schwelle der Kindeswohl-

---

1 Vgl. hierzu auch: Stötzel, FPR 2009, 27.
2 Vgl. OLG Frankfurt NJW 2000, 368; OLG Frankfurt FamRZ 2002, 1585; OLG Frankfurt FamRZ 2004, 1311; OLG Dresden FamRZ 2002, 1588; OLG München FamRZ 2003, 1957.
3 BT-Drucks 16/6308, 345.
4 BT-Drucks 16/6308, 426.
5 BT-Drucks 16/6308, 426.
6 BT-Drucks 16/6308, 345.
7 BT-Drucks 16/6308, 426.

gefährdung (§ 1666 BGB) muss nicht erreicht werden. Eine Prognose über die Auswirkungen des unterbleibenden Umgangs auf das Kindeswohl, die häufig nur mit Hilfe eines Sachverständigengutachtens möglich ist, wird damit entbehrlich.[8] Die Anordnung der Umgangspflegschaft ist etwa dann möglich, wenn der Umgang wiederholt an fehlender oder unzureichender Vorbereitung des Kindes für den Umgang scheitert oder es den Eltern nicht gelingt, die für die Gestaltung des Umgangs notwendigen Vereinbarungen (z.b. zum Zeitpunkt des Umgangs bei unregelmäßigen Arbeitszeiten der umgangsberechtigten Person) zu treffen.[9]

II. Verfassungsrechtliche Bedenken

Verfassungsrechtliche Gründe, die es gebieten würden, weiterhin auf die Schwelle der Kindeswohlgefährdung abzustellen, bestehen für die Bundesregierung nicht.[10] Das Gericht habe hier die Rechtspositionen der Eltern untereinander auszugleichen, so dass nach Ansicht der Bundesregierung die strengen Voraussetzungen für einen **Eingriff in das elterliche Erziehungsrecht**[11] nicht vorliegen müssen.[12] Des Weiteren verweist die Bundesregierung, dass die Bestellung eines Umgangspflegers dazu dient, das Umgangsrecht des anderen Elternteils, geschützt durch Art. 6 Abs. 2 GG, durchzusetzen.[13] Die Belastungen des betreuenden Elternteils, der im Übrigen die negativen Ursachen gesetzt habe, seien vergleichsweise gering, weil die Umgangspflegschaft nur der Durchführung des angeordneten Umgangs diene.[14] Gleichwohl verbleiben im Hinblick auf Art. 6 Abs. 2 GG verfassungsrechtliche Zweifel.[15] Denn es geht nicht nur um den Ausgleich von Rechtspositionen der Eltern durch eine gerichtliche Anordnung nach § 1684 Abs. 3 BGB. Vielmehr wird zusätzlich eine dritte Person, der Umgangspfleger, „zwischengeschaltet". Diese Durchführungsmaßnahme kann somit eigenständig einen grundgesetzlichen Eingriff darstellen.

4

---

8 BT-Drucks 16/6308, 345.
9 BT-Drucks 16/6308, 426.
10 BT-Drucks 16/6308, 345.
11 Vgl. BVerfGE 31, 194 (208).
12 BT-Drucks 16/6308, 345.
13 BT-Drucks 16/6308, 426.
14 BT-Drucks 16/6308, 426.
15 Zweifelnd auch: Salgo, FPR 2008, 401 (403); wohl auch: Bundesrat in: BT-Drucks 16/6308, 400.

III. Gegenstand der Umgangspflegschaft

5 Gegenstand der Umgangspflegschaft ist die „**Durchführung des Umgangs**". Nach § 1684 Abs. 3 S. 4 BGB umfasst sie das Recht, die Herausgabe des Kindes zur Durchführung des Umgangs zu verlangen und für die Dauer des Umgangs dessen Aufenthalt zu bestimmen. Der Umgangspfleger erhält damit eigene Rechte, die es ihm ermöglichen sollen, auf den Umgang hinzuwirken.[16] Er kann bei der Vorbereitung des Umgangs, bei der Übergabe des Kindes an den umgangsberechtigten Elternteil und bei der Rückgabe des Kindes vor Ort sein sowie über die konkrete Ausgestaltung des Umgangs (z.B.: Ort des Umgangs, Ort der Übergabe des Kindes, dem Kind mitzugebende Kleidung, Nachholtermine) vermitteln oder von seinem Bestimmungsrecht Gebrauch machen.[17] Soweit sein Aufgabenbereich reicht, wird das Sorgerecht der Eltern eingeschränkt (§ 1630 Abs. 1 BGB). Der Umgangspfleger hat jedoch kein Recht, die Herausgabe des Kindes vom betreuenden Elternteil mit Hilfe unmittelbaren Zwangs zu erzwingen.[18] Hält das Gericht die Anwendung unmittelbaren Zwangs für erforderlich, muss es zusätzlich zur Anordnung der Umgangspflegschaft eine Entscheidung nach § 90 FamFG erlassen.[19]

IV. Befristung der Anordnung

6 Die Anordnung einer Umgangspflegschaft ist zu befristen (§ 1684 Abs. 3 S. 5 BGB). Sie soll in aller Regel nicht über einen längeren Zeitraum sinnvoll sein.[20] Das Gericht kann aber die Umgangspflegschaft erneut anordnen.

V. Weiteres

7 Im Übrigen sind auf die Umgangspflegschaft die Vorschriften über die Pflegschaft anwendbar (§§ 1909 ff. BGB). Dies gilt auch für die Auswahl der Person, die zum Umgangspfleger bestellt werden soll. Hier dürfte insbesondere eine Person in Betracht kommen, zu der das Kind Bindungen und damit Vertrauen besitzt, eine Fachkraft einer Beratungsstelle (§ 1915 Abs. 1 in Verbindung mit § 1779 Abs. 2 BGB) oder das Jugendamt (§ 1915 Abs. 1 in Verbindung mit § 1791b BGB).

---

16 BT-Drucks 16/6308, 345.
17 BT-Drucks 16/6308, 345 f.
18 BT-Drucks 16/6308, 345 f.
19 BT-Drucks 16/6308, 346.
20 BT-Drucks 16/6308, 346.

VI. Vergütung des Umgangspflegers

Für den Ersatz von Aufwendungen und die Vergütung des Umgangspflegers gilt § 277 FamFG. Die Vorschrift regelt grundsätzlich die Vergütung und den Aufwendungsersatz für einen Verfahrenspfleger. § 1684 Abs. 3 BGB, § 277 FamFG und § 81 Abs. 3 FamFG erbringen, dass das Kind keinesfalls Kostenschuldner wird.[21]

8

VII. Umgangspflegschaft bei Umgang des Kindes mit anderen Bezugspersonen (§ 1685 Abs. 3 BGB)

Über die Verweisung des § 1685 Abs. 3 BGB gilt die in § 1684 Abs. 3 BGB vorgesehene Möglichkeit der Anordnung einer Umgangpflegschaft auch für die Durchführung von Umgangsrechten der Bezugspersonen des Kindes nach § 1685 BGB. Allerdings ist bei § 1685 Abs. 3 BGB die Anordnung der Umgangspflegschaft an die zusätzliche Voraussetzung der Kindeswohlgefährdung im Sinne von § 1666 BGB geknüpft.

9

B. Materiell-rechtliche Abänderungsbefugnis (§ 1696 BGB)

Die Vorschrift des § 1696 BGB wird neu gefasst. Die Vorschrift enthält die materiell-rechtliche Eingriffsbefugnis[22] zur Änderung von sorge- und umgangsrechtlichen Entscheidungen des Familiengerichts sowie zur Änderung gerichtlich gebilligter Vergleiche.[23] Sie enthält dagegen keinen verfahrensrechtlichen Vorgaben; diese sind ausschließlich im FamFG zu finden.

10

Nach § 1696 Abs. 1 S. 1 BGB ist eine Entscheidung zum Sorge- oder Umgangsrecht oder ein gerichtlich gebilligter Vergleich zu ändern, wenn dies aus triftigen, das Wohl des Kindes nachhaltig berührenden Gründen angezeigt ist. Vorrangig gegenüber dieser Generalnorm sind die in § 1696 Abs. 1 S. 2 BGB genannten Spezialregelungen beziehungsweise die kindesschutzrechtliche Aufhebungsvorschrift

11

---

21 So auch: BT-Drucks 16/6308, 346.
22 Vgl. auch Diederichsen in: Palandt, 68. Aufl. (2009), § 1696 BGB, Rn 5: materiell-rechtliche Änderungsbefugnis.
23 Die Bundesregierung (BT-Drucks 16/6308, 346) meint, dass das Gericht einen gerichtlich gebilligten Vergleich nur auf Antrag mindestens eines Elternteil abändern könne, da der Vergleich auf einer einvernehmlichen Entscheidung der Eltern beruhe. Von Amts wegen könne das Familiengericht einen gerichtlich gebilligten Vergleich nur unter den Voraussetzungen des § 1666 BGB abändern.

des § 1696 Abs. 2 BGB anzuwenden.[24] § 1696 Abs. 1 BGB entspricht damit der schon bisher geltenden Rechtslage.

12 § 1696 Abs. 2 BGB stellt klar, dass der Grundsatz der Erforderlichkeit und Verhältnismäßigkeit für diese familiengerichtlichen Maßnahmen zugleich Eingriffs- und Bestandsvoraussetzung ist.[25] Die Vorschrift enthält die Befugnis und Pflicht des Familiengerichts, Maßnahmen zum Schutz des Kindes aufzuheben, wenn eine Gefahr für das Wohl des Kindes nicht mehr besteht oder die Erforderlichkeit der Maßnahme entfallen ist. § 1696 Abs. 2 BGB definiert den Begriff der „kindesschutzrechtlichen Maßnahme". Hierunter fallen alle Maßnahmen des Familiengerichts, die zur Abwendung einer Kindeswohlgefährdung oder aus Gründen der Erforderlichkeit für das Kindeswohl die Einschränkung einer Rechtsposition von Eltern, Pflegeeltern, etc. zulassen (insbesondere: §§ 1631b, 1632 Abs. 4, 1666, 1666a, 1667, 1682, 1684 Abs. 4, 1685 Abs. 3 i.V.m. 1684 Abs. 4, 1687 Abs. 2, 1687a i.V.m. 1687 Abs. 2, 1688 Abs. 3 S. 2, Abs. 4 BGB).[26]

C. FamFG-Folgeänderungen im BGB

13 In zahlreichen Vorschriften des BGB-Familienrechts und auch in §§ 112, 113 BGB sind durch das FGG-Reformgesetz[27] Folgeänderungen aufgrund der Abschaffung des Vormundschaftsgerichts und der Neuverteilung auf das Familien- und Betreuungsgericht vorgenommen worden. Zumeist wird die Benennung des Vormundschaftsgerichts durch die Benennung des Familiengerichts ersetzt, in Betreuungsfällen durch die Benennung des Betreuungsgerichts. Aufgrund der Einführung einer einheitlichen Entscheidungsform für Endentscheidungen durch das FamFG werden eine Reihe von Regelungen des BGB-Familienrechts geändert (neu: „richterliche Entscheidung"). In § 204 BGB ist eingefügt, dass auch die Veranlassung der Bekanntgabe eines Antrags auf Gewährung von Verfahrenskostenhilfe verjährungshemmend wirken kann.

---

24 BT-Drucks 16/6308, 346.
25 BT-Drucks 16/6308, 346.
26 BT-Drucks 16/6308, 346.
27 Das „FamFG-Berichtigungsgesetz" (Gesetz zur Modernisierung von Verfahren im anwaltlichen und notariellen Berufsrecht, zur Errichtung einer Schlichtungsstelle der Rechtsanwaltschaft sowie zur Änderung sonstiger Vorschriften; BT-Drucks 16/12717) ändert zudem § 1493 Abs. 3 BGB mit der Ersetzung des Wortes „Vormundschaftsgericht" durch das Wort „Familiengericht" und berichtigt in Bezug auf § 1449 Abs. 1 BGB einen Änderungsbefehl des FGG-Reformgesetzes.

D. Überführung von BGB-Vorschriften in das FamFG

Die Neugestaltung des Verfahrens in **Abstammungssachen** in den §§ 169 ff. FamFG macht die Regelung des § 1600e und des § 1615o BGB a.F. entbehrlich. Das Verfahren nach dem FamFG wird durch einen Antragsteller eingeleitet. Die weiteren Beteiligten bestimmen sich nach § 172 i.V.m. § 7 FamFG. Die verfahrensrechtlichen Folgen des Versterbens eines Beteiligten während des Verfahrens vor Rechtskraft der Endentscheidung ergeben sich aus § 181 FamFG. Der verfahrensrechtliche Regelungsgehalt des bisherigen § 1615o BGB wird in § 247 FamFG bei den Vorschriften über die Unterhaltssachen übernommen. In **Adoptionssachen** entspricht § 190 FamFG dem nunmehr aufgehobenen § 1751 Abs. 1 S. 4 BGB a.F. Die Vorschrift betrifft die Bescheinigung über den Eintritt der Vormundschaft.

E. Veränderungen bei den Genehmigungsvorschriften im Vormundschaftsrecht

Das FGG-Reformgesetz ändert die Genehmigungsvorschriften §§ 1829, 1831 BGB im Vormundschaftsrecht ab.

Schließt der Vormund einen Vertrag ohne die erforderliche Genehmigung des Familiengerichts, so hängt die Wirksamkeit von der nachträglichen Genehmigung des Familiengerichts ab (§ 1829 Abs. 1 BGB). Fordert der andere Teil den Vormund zur Mitteilung darüber auf, ob die Genehmigung erteilt sei, so kann die Mitteilung der Genehmigung nur bis zum Ablauf der in § 1829 Abs. 2 BGB genannten Frist nach dem Empfang der Aufforderung erfolgen; ansonsten gilt die Genehmigung als verweigert. Das FGG-Reformgesetz verlängert die in **§ 1829 Abs. 2 BGB** genannte Frist von zwei Wochen auf **vier Wochen**. Es handelt sich insoweit um eine Anpassung des Fristlaufs zur Mitteilung der nachträglich erteilten Genehmigung nach Aufforderung des anderen Teils an die in § 40 Abs. 2 S. 1 FamFG vorgesehene Wirksamkeitsvoraussetzung der Rechtskraft. § 63 Abs. 2 Nr. 2 FamFG räumt für Beschlüsse, die die Genehmigung zu einem Rechtsgeschäft zum Gegenstand haben, die Beschwerde binnen einer gesetzlichen Frist von zwei Wochen ein. Für den Fall, dass kein Rechtsmittelverzicht erlangt werden kann, muss bis zum Eintritt der Rechtskraft zumindest die zweiwöchige Frist verstreichen. Die Frist zur Mitteilung der Genehmigung, die ohne Rechtskraft des Beschlusses selbst nicht wirksam ist, ist daher entsprechend auf vier Wochen zu verlängern.[28]

---

28 BT-Drucks 16/6308, 347.

Bei einem Gegenvormund beträgt dagegen die Frist für die Mitteilung der Genehmigung zwei Wochen (§ 1832 BGB). Dieser gibt die Genehmigung als sofort wirksame Erklärung ab. Der Gesetzgeber sah die Gründe, die bei § 1829 BGB zu einer Verlängerung der Frist auf Wochen geführt haben, bei § 1832 BGB nicht gegeben.[29]

17 Ein einseitiges Rechtsgeschäft, das der Vormund ohne die erforderliche Genehmigung des Familiengerichts vornimmt, ist nach § 1831 BGB unwirksam. Nimmt der Vormund aber mit einer Genehmigung ein solches Rechtsgeschäft einem anderen gegenüber vor, so ist das Rechtsgeschäft wirksam, wenn der Vormund die Genehmigung vorlegt. Nicht mehr erforderlich ist nach **§ 1831 S. 2 BGB**, dass die Genehmigung „in schriftlicher Form" vorgelegt werden muss. Diese Gesetzesänderung erfolgt in Anpassung an §§ 38 Abs. 1, 40 Abs. 2 FamFG. Da die Genehmigung nunmehr durch einen förmlichen Beschluss erteilt wird, ist der Hinweis auf die schriftliche Form nicht mehr erforderlich. Da in dem Beschluss auch ausgesprochen wird, dass dieser erst mit Rechtskraft wirksam ist (§ 40 Abs. 2 S. 2 FamFG), und der Hinweis auf die Beschwerde binnen einer gesetzlichen Frist von zwei Wochen enthalten ist (§§ 39, 63 Abs. 2 Nr. 2 FamFG), kann der andere das Rechtsgeschäft auch dann noch unverzüglich zurückweisen, wenn nicht zusätzlich ein Rechtskraft- oder ein Notfristzeugnis (§ 46 FamFG) vorgelegt wird. Denn nur in diesem Fall wird eine wirksame Genehmigung vorgelegt.[30]

---

29 BT-Drucks 16/6308, 347.
30 BT-Drucks 16/6308, 347.

§ 10 Änderungen der ZPO mit und ohne Bezug zu Familiensachen

A. Aufhebung der Bücher 6, 9 ZPO sowie Folgeänderungen

Durch die Überführung der Verfahrensvorschriften in Familiensachen in das FamFG wird das 6. Buch der ZPO vollständig aufgehoben. Auch die §§ 23a, 35a, 53a, 93a, 93c, 93d, 127a, 790, 798a, 892a ZPO werden aufgehoben; die §§ 78, 97, 227, 233, 234, 313a, 328, 704, 706, 794, 798, 885, 888, 894 ZPO werden angepasst. Zudem wird das Buch 9 der ZPO vollständig aufgehoben; das Aufgebotsverfahren wird nunmehr im FamFG geregelt.

B. Zuleitung von PKH-Unterlagen an den Verfahrensgegner

Grundsätzlich dürfen im Prozesskostenhilfeprüfungsverfahren nach § 117 Abs. 2 S. 2, 2. Hs. ZPO die Erklärung des Antragstellers über seine persönlichen und wirtschaftlichen Verhältnisse nebst Belegen dem Gegner nur mit Zustimmung des Antragstellers zugeleitet werden. Das FGG-Reformgesetz gestattet hierzu in § 117 Abs. 2 S. 2, 2. Hs. ZPO eine Ausnahme. Die **Zuleitung an den Gegner** ohne Zustimmung des Antragstellers ist dem Gericht zum Zwecke der Einholung einer Stellungnahme erlaubt, wenn der Gegner gegen den Antragsteller einen materiellrechtlichen Anspruch auf Auskunft über dessen Einkünfte und Vermögen hat. Dieses kann vor allem Verwandte in gerader Linie (§ 1605 BGB), getrennt lebende Ehegatten (§ 1361 Abs. 4 S. 4 i.V.m. § 1605 BGB) und geschiedene Ehegatten (§ 1580 BGB) betreffen.[1] Es entspricht der Verfahrensökonomie, den Gegner sogleich in das Prozesskostenhilfeprüfungsverfahren einzubeziehen, um etwaige Unrichtigkeiten in der Erklärung so früh wie möglich korrigieren zu können, wenn der Gegner ohnehin einen zivilrechtlichen Anspruch auf die Kenntnis der Angaben, die Gegenstand der Erklärung des Antragstellers sind, hat.[2] Unterbleibt die Zuleitung trotz Vorliegens der Voraussetzungen aus § 117 Abs. 2 S. 2, 2. Hs. ZPO, so steht dem Gegner gleichwohl kein Beschwerderecht zu (vgl. § 127 Abs. 2 S. 2 ZPO). Findet die Zuleitung statt, obwohl die Voraussetzungen der Vorschrift nicht vorliegen, so verstößt das Gericht gegen das Grundrecht auf informationelle Selbstbestimmung. Das Gericht darf die tatsächlichen Angaben und Belege des Gegners auf die verfahrenswidrig erfolgte Zuleitung zur Vermeidung der Fortset-

---

1 BT-Drucks 16/6308, 325.
2 BT-Drucks 16/6308, 325.

zung des Verstoßes gegen das Grundrecht auf informationelle Selbstbestimmung nicht verwerten.

Das Gericht hat den Antragsteller auf die Absicht einer Zuleitung hinzuweisen (§ 117 Abs. 2 S. 3 ZPO) und ihn von einer erfolgten Zuleitung zu unterrichten (§ 117 Abs. 2 S. 4 ZPO).

3 *Hinweis*

Die unterlassene Zuleitung der Unterlagen gibt dem Gegner kein Anfechtungsrecht gegen die Bewilligung von Prozesskostenhilfe. Denn er ist formell gesehen nicht Beteiligter des Prozesskostenhilfeprüfungsverfahrens. Durch die Bewilligung von Prozesskostenhilfe wird der Gegner nicht in eigenen Rechten beschwert.

C. Abänderungsklage

4 Das FGG-Reformgesetz strukturiert die ZPO-Abänderungsklage neu. Entsprechend der Abänderung in Unterhaltssachen (§§ 238, 239, 241 FamFG) wird die ZPO-Abänderungsklage nach unterschiedlichen Vollstreckungstiteln aufgegliedert. § 323 ZPO bezieht sich auf die Abänderung von Urteilen, § 323a ZPO auf die Abänderung von Vergleichen und vollstreckbaren Urkunden, und § 323b ZPO regelt die verschärfte Haftung. In ihren Voraussetzungen sind die §§ 323–323b ZPO den §§ 238, 239, 241 FamFG nachgebildet.

§ 769 Abs. 4 ZPO stellt klar, dass im Fall der Anhängigkeit einer auf Herabsetzung gerichteten Abänderungsklage die vorläufige Einstellung der Zwangsvollstreckung einstweilen angeordnet werden kann.[3] Wie bereits der Wortlaut der Vorschrift besagt, genügt eine Anhängigkeit; Rechtshängigkeit ist dagegen nicht erforderlich.[4]

D. Untersuchung zur Feststellung der Abstammung

5 Die ZPO enthält in § 372a weiterhin eine Vorschrift über die Untersuchung zur Feststellung der Abstammung. Sie ist wortgleich zu § 178 FamFG für das FamFG-Abstammungsverfahren. § 372a ZPO ist notwendig als Rechtsgrundlage für eine Abstammungsuntersuchung außerhalb des Abstammungsverfahrens gemäß

---

3 Vgl. schon zur bisherigen Rechtslage: BGH NJW 1998, 2434; BGH NJW 1986, 2075; Vollkommer in: Zöller, § 323 ZPO, Rn 39.

4 Vgl. schon zur bisherigen Rechtslage: OLG Naumburg OLGReport 2000, 388; Vollkommer in: Zöller, § 323 ZPO, Rn 39.

§§ 169 ff. FamFG in Verfahren,⁵ in denen die Vorschriften der ZPO zur Anwendung kommen. Dies ist etwa in Unterhaltsverfahren als Familienstreitsachen (§ 113 Abs. 1 FamFG), in Verfahren über die Geltendmachung des Rechts zur Namensführung oder in Erbrechtsstreitigkeiten der Fall.

E. Revisionsgründe

Das FGG-Reformgesetz erweitert in § 545 ZPO den Anwendungsbereich für die revisionsgerichtliche Überprüfung von Rechtsnormen in zivilgerichtlichen Verfahren. § 545 ZPO regelt die Revisionsgründe. In der bisherigen Fassung unterlagen der Revision neben Bundesrecht lediglich solche Vorschriften, deren Geltungsbereich sich über den Bezirk eines Oberlandesgerichts hinaus erstreckte.⁶ Nunmehr erstreckt sich die revisionsgerichtliche Prüfung nach § 545 ZPO einheitlich auf alle Rechtsnormen, unabhängig davon, ob sie in mehreren Oberlandesgerichtsbezirken Anwendung finden.

6

F. Seitenblick: § 119 GVG in bürgerlichen Rechtsstreitigkeiten

Das FGG-Reformgesetz hat die Zuständigkeit des Oberlandesgerichts in Zivilsachen nicht nur in Bezug auf die FamFG-Sachen neu bestimmt,⁷ sondern auch Neuregelungen für bürgerliche Rechtsstreitigkeiten (ZPO-Sachen) getroffen. Das Oberlandesgericht ist in bürgerlichen Rechtsstreitigkeiten für die Verhandlung und Entscheidung über die **Berufungen und Beschwerden gegen Entscheidungen der Amtsgerichte nicht mehr zuständig**. Das FGG-Reformgesetz hat zum einen die Sonderzuständigkeit des Oberlandesgerichts bei amtsgerichtlichen Entscheidungen mit Auslandsberührung aufgehoben. Nach Ansicht des Gesetzgebers bewährte sich diese Regelung nicht.⁸ Die vielen Entscheidungen des BGH und die damit verbundenen praktischen Probleme haben dieses belegt.⁹ Zum anderen hat das FGG-Reformgesetz die sogenannte Experimentierklausel des § 119 Abs. 3–6 GVG aufgehoben, die die Bundesländer bis Ende 2007 ermächtigte, weitere Berufungs- und Beschwerdezuständigkeiten der Oberlandesgerichte gegen amtsgericht-

7

---

5 BT-Drucks 16/6308, S. 325.
6 Vgl. darüber hinausgehend schon: BGH NJW 2005, 2919; BGH NJW-RR 2008, 251.
7 Siehe dazu oben bei der Darstellung der Beschwerde gegen Endentscheidungen.
8 Vgl. BT-Drucks 16/6308, 320.
9 Vgl. nur Fölsch, MDR 2008, 301 m.w.N. zur BGH-Rechtsprechung.

§ 10 Änderungen der ZPO mit und ohne Bezug zu Familiensachen

liche Entscheidungen zu schaffen. Mit Ablauf der Frist ist die Experimentierklausel gegenstandslos geworden.[10] Kein Bundesland hat von ihr Gebrauch gemacht.

Demnach ist das Oberlandesgericht in bürgerlichen Rechtsstreitigkeiten (ZPO-Sachen) nur noch bei Berufungen und Beschwerden gegen Entscheidungen der Landgerichte zuständig (vgl. § 119 Abs. 1 Nr. 2 GVG).

---

10 BT-Drucks 16/9733, 300.

§ 11 Anhang: Gesetzestext der §§ 111–120 FamFG

Buch 2 Verfahren in Familiensachen[1]

Abschnitt 1 Allgemeine Vorschriften

§ 111 Familiensachen

Familiensachen sind
1. Ehesachen,
2. Kindschaftssachen,
3. Abstammungssachen,
4. Adoptionssachen,
5. Ehewohnungs- und Haushaltssachen,
6. Gewaltschutzsachen,
7. Versorgungsausgleichssachen,
8. Unterhaltssachen,
9. Güterrechtssachen,
10. sonstige Familiensachen,
11. Lebenspartnerschaftssachen.

§ 112 Familienstreitsachen

Familienstreitsachen sind folgende Familiensachen:
1. Unterhaltssachen nach § 231 Abs. 1 und Lebenspartnerschaftssachen nach § 269 Abs. 1 Nr. 8 und 9,
2. Güterrechtssachen nach § 261 Abs. 1 und Lebenspartnerschaftssachen nach § 269 Abs. 1 Nr. 10 sowie
3. sonstige Familiensachen nach § 266 Abs. 1 und Lebenspartnerschaftssachen nach § 269 Abs. 2.

§ 113 Anwendung von Vorschriften der Zivilprozessordnung

(1) In Ehesachen und Familienstreitsachen sind die §§ 2 bis 37, 40 bis 45, 46 S. 1 und 2 sowie §§ 47 und 48 sowie 76 bis 96 nicht anzuwenden. Es gelten die All-

---

[1] Die Änderungen durch das Gesetz zur Modernisierung von Verfahren im anwaltlichen und notariellen Berufsrecht, zur Errichtung einer Schlichtungsstelle der Rechtsanwaltschaft sowie zur Änderung sonstiger Vorschriften („FamFG-Berichtigungsgesetz"), durch das Gesetz zur Änderung des Zugewinnausgleichs- und Vormundschaftsrechts und durch das Gesetz zur Strukturreform des Versorgungsausgleichs sind eingearbeitet.

gemeinen Vorschriften der Zivilprozessordnung und die Vorschriften der Zivilprozessordnung über das Verfahren vor den Landgerichten entsprechend.

(2) In Familienstreitsachen gelten die Vorschriften der Zivilprozessordnung über den Urkunden- und Wechselprozess und über das Mahnverfahren entsprechend.

(3) In Ehesachen und Familienstreitsachen ist § 227 Abs. 3 der Zivilprozessordnung nicht anzuwenden.

(4) In Ehesachen sind die Vorschriften der Zivilprozessordnung über
1. die Folgen der unterbliebenen oder verweigerten Erklärung über Tatsachen,
2. die Voraussetzungen einer Klageänderung,
3. die Bestimmung der Verfahrensweise, den frühen ersten Termin, das schriftliche Vorverfahren und die Klageerwiderung,
4. die Güteverhandlung,
5. die Wirkung des gerichtlichen Geständnisses,
6. das Anerkenntnis,
7. die Folgen der unterbliebenen oder verweigerten Erklärung über die Echtheit von Urkunden,
8. den Verzicht auf die Beeidigung des Gegners sowie von Zeugen oder Sachverständigen nicht anzuwenden.

(5) Bei der Anwendung der Zivilprozessordnung tritt an die Stelle der Bezeichnung
1. Prozess oder Rechtsstreit die Bezeichnung Verfahren,
2. Klage die Bezeichnung Antrag,
3. Kläger die Bezeichnung Antragsteller,
4. Beklagter die Bezeichnung Antragsgegner,
5. Partei die Bezeichnung Beteiligter.

§ 114 Vertretung durch einen Rechtsanwalt; Vollmacht

(1) Vor dem Familiengericht und dem Oberlandesgericht müssen sich die Ehegatten in Ehesachen und Folgesachen und die Beteiligten in selbstständigen Familienstreitsachen durch einen Rechtsanwalt vertreten lassen.

(2) Vor dem Bundesgerichtshof müssen sich die Beteiligten durch einen bei dem Bundesgerichtshof zugelassenen Rechtsanwalt vertreten lassen.

(3) Behörden und juristische Personen des öffentlichen Rechts einschließlich der von ihnen zur Erfüllung ihrer öffentlichen Aufgaben gebildeten Zusammenschlüsse können sich durch eigene Beschäftigte oder Beschäftigte anderer Behörden oder

juristischer Personen des öffentlichen Rechts einschließlich der von ihnen zur Erfüllung ihrer öffentlichen Aufgaben gebildeten Zusammenschlüsse vertreten lassen. Vor dem Bundesgerichtshof müssen die zur Vertretung berechtigten Personen die Befähigung zum Richteramt haben.

(4) Der Vertretung durch einen Rechtsanwalt bedarf es nicht
1. im Verfahren der einstweiligen Anordnung,
2. wenn ein Beteiligter durch das Jugendamt als Beistand vertreten ist,
3. für die Zustimmung zur Scheidung und zur Rücknahme des Scheidungsantrags und für den Widerruf der Zustimmung zur Scheidung,
4. für einen Antrag auf Abtrennung einer Folgesache von der Scheidung,
5. im Verfahren über die Verfahrenskostenhilfe,
6. in den Fällen des § 78 Abs. 3 der Zivilprozessordnung sowie
7. für den Antrag auf Durchführung des Versorgungsausgleichs nach § 3 Abs. 3 Versorgungsausgleichsgesetzes und die Erklärungen zum Wahlrecht nach § 15 Abs. 1 und 3 des Versorgungsausgleichsgesetzes.

(5) Der Bevollmächtigte in Ehesachen bedarf einer besonderen auf das Verfahren gerichteten Vollmacht. Die Vollmacht für die Scheidungssache erstreckt sich auch auf die Folgesachen.

§ 115 Zurückweisung von Angriffs- und Verteidigungsmitteln

In Ehesachen und Familienstreitsachen können Angriffs- und Verteidigungsmittel, die nicht rechtzeitig vorgebracht werden, zurückgewiesen werden, wenn ihre Zulassung nach der freien Überzeugung des Gerichts die Erledigung des Verfahrens verzögern würde und die Verspätung auf grober Nachlässigkeit beruht. Im Übrigen sind die Angriffs- und Verteidigungsmittel abweichend von den allgemeinen Vorschriften zuzulassen.

§ 116 Entscheidung durch Beschluss; Wirksamkeit

(1) Das Gericht entscheidet in Familiensachen durch Beschluss.

(2) Endentscheidungen in Ehesachen werden mit Rechtskraft wirksam.

(3) Endentscheidungen in Familienstreitsachen werden mit Rechtskraft wirksam. Das Gericht kann die sofortige Wirksamkeit anordnen. Soweit die Endentscheidung eine Verpflichtung zur Leistung von Unterhalt enthält, soll das Gericht die sofortige Wirksamkeit anordnen.

§ 117 Rechtsmittel in Ehe- und Familienstreitsachen

(1) In Ehesachen und Familienstreitsachen hat der Beschwerdeführer zur Begründung der Beschwerde einen bestimmten Sachantrag zu stellen und diesen zu begründen. Die Begründung ist beim Beschwerdegericht einzureichen. Die Frist zur Begründung der Beschwerde beträgt zwei Monate und beginnt mit der schriftlichen Bekanntgabe des Beschlusses, spätestens mit Ablauf von fünf Monaten nach Erlass des Beschlusses. § 520 Abs. 2 Satz 2 und 3 sowie § 522 Abs. 1 Satz 1, 2 und 4 der Zivilprozessordnung gelten entsprechend.

(2) Die §§ 514, 516 Abs. 3, 521 Abs. 2, 524 Abs. 2 S. 2 und 3, die §§ 528, 538 Abs. 2 und 539 der Zivilprozessordnung gelten im Beschwerdeverfahren entsprechend. Einer Güteverhandlung bedarf es im Beschwerde- und Rechtsbeschwerdeverfahren nicht.

(3) Beabsichtigt das Beschwerdegericht von einzelnen Verfahrensschritten nach § 68 Abs. 3 Satz 2 abzusehen, hat das Gericht die Beteiligten zuvor darauf hinzuweisen.

(4) Wird die Endentscheidung in dem Termin, in dem die mündliche Verhandlung geschlossen wurde, verkündet, kann die Begründung auch in die Niederschrift aufgenommen werden.

(5) Für die Wiedereinsetzung gegen die Versäumung der Fristen zur Begründung der Beschwerde und Rechtsbeschwerde gelten die §§ 233 und 234 Abs. 1 Satz 2 der Zivilprozessordnung entsprechend.

§ 118 Wiederaufnahme

Für die Wiederaufnahme des Verfahrens in Ehesachen und Familienstreitsachen gelten die §§ 578 bis 591 der Zivilprozessordnung entsprechend.

§ 119 Einstweilige Anordnung und Arrest

(1) In Familienstreitsachen sind die Vorschriften dieses Gesetzes über die einstweilige Anordnung anzuwenden. In Familienstreitsachen nach § 112 Nr. 2 und 3 gilt § 945 der Zivilprozessordnung entsprechend.

(2) Das Gericht kann in Familienstreitsachen den Arrest anordnen. Die §§ 916 bis 934 und §§ 943 bis 945 der Zivilprozessordnung gelten entsprechend.

§ 120 Vollstreckung

(1) Die Vollstreckung in Ehesachen und Familienstreitsachen erfolgt entsprechend den Vorschriften der Zivilprozessordnung über die Zwangsvollstreckung.

(2) Endentscheidungen sind mit Wirksamwerden vollstreckbar. Macht der Verpflichtete glaubhaft, dass die Vollstreckung ihm einen nicht zu ersetzenden Nachteil bringen würde, hat das Gericht auf seinen Antrag die Vollstreckung vor Eintritt der Rechtskraft in der Endentscheidung einzustellen oder zu beschränken. In den Fällen des § 707 Abs. 1 und des § 719 Abs. 1 der Zivilprozessordnung kann die Vollstreckung nur unter denselben Voraussetzungen eingestellt oder beschränkt werden.

(3) Die Verpflichtung zur Eingehung der Ehe und zur Herstellung des ehelichen Lebens unterliegt nicht der Vollstreckung.

§ 12 Anhang: Gesetzestexte mit wichtigen FamFG-Änderungen

1 Nachfolgend werden Auszüge des Gesetzes zur Änderung des Zugewinnausgleichs und Vormundschaftsrechts,[1] des Gesetzes zur Strukturreform des Versorgungsausgleichs[2] sowie des Gesetzes zur Modernisierung von Verfahren im anwaltlichen und notariellen Berufsrecht, zur Errichtung einer Schlichtungsstelle der Rechtsanwaltschaft sowie zur Änderung sonstiger Vorschriften[3] wiedergegeben. Die Gesetze enthalten bedeutsame Änderungen des FamFG und des FamGKG.

A. Gesetz zur Änderung des Zugewinnausgleichs- und Vormundschaftsrechts

2 **Artikel 3** **Änderung des Gesetzes über das Verfahren in Familiensachen und in den Angelegenheiten der freiwilligen Gerichtsbarkeit**

...

2. In § 57 Nr. 5 wird das Wort „Wohnungszuweisungssache" durch das Wort „Ehewohnungssache" ersetzt.

3. § 96 wird wie folgt geändert:

a) In der Überschrift wird das Wort „Wohnungszuweisungssachen" durch das Wort „Ehewohnungssachen" ersetzt.

b) In Absatz 2 Satz 1 wird jeweils das Wort „Wohnungszuweisungssachen" durch das Wort „Ehewohnungssachen" ersetzt.

4. In § 109 Absatz 4 Nummer 3 werden die Wörter „am Hausrat durch die Wörter „an den Haushaltsgegenständen" ersetzt.

5. § 111 Nr. 5 wird wie folgt gefasst:

„5. Ehewohnungs- und Haushaltssachen".

---

1 BGBl 2009 I, 1696.
2 BGBl 2009 I, 700.
3 Vgl. BT-Drucks 16/11385; BT-Drucks 16/12717; BR-Drucks zu 377/09; BGBl 2009, 2449.

A. Gesetz zur Änderung des Zugewinnausgleichs- und Vormundschaftsrechts § 12

6. In § 133 Absatz 1 Nummer 2 werden die Wörter „am Hausrat" durch die Wörter „an den Haushaltsgegenständen" ersetzt.

7. § 137 Abs. 2 Satz 1 Nr. 3 wird wie folgt gefasst:

„3. Ehewohnungs- und Haushaltssachen und".

8. In Buch 2 wird die Überschrift zu Abschnitt 6 wie folgt gefasst:

„Abschnitt 6 Verfahren in Ehewohnungs- und Haushaltssachen"

9. § 200 wird wie folgt gefasst:

„§ 200 Ehewohnungssachen; Haushaltssachen

(1) Ehewohnungssachen sind Verfahren

1. nach § 1361b des Bürgerlichen Gesetzbuchs,

2. nach § 1586a des Bürgerlichen Gesetzbuchs.

(2) Haushaltssachen sind Verfahren

1. nach § 1361a des Bürgerlichen Gesetzbuchs,

2. nach § 1568b des Bürgerlichen Gesetzbuchs."

10. In § 202 Satz 1 werden die Wörter „Wohnungszuweisungssache oder Hausratssache" durch die Wörter „Ehewohnungs- oder Haushaltssache" ersetzt.

11. § 203 wird wie folgt geändert:

a) Absatz 2 wird wie folgt geändert:

aa) In Satz 1 wird das Wort „Hausratssachen" durch das Wort „Haushaltssachen" ersetzt.

bb) In Satz 2 wird das Wort „Hausratssachen" durch das Wort „Haushaltssachen" und das Wort „Hausratsgegenstände" durch das Wort „Haushaltsgegenstände" ersetzt.

b) In Absatz 3 wird das Wort „Wohnungszuweisungssachen" durch das Wort „Ehewohnungssachen" ersetzt.

12. § 204 wird wie folgt geändert:

a) In Absatz 1 werden das Wort „Wohnungszuweisungssachen" durch das Wort „Ehewohnungssachen" und die Wörter „§ 4 der Verordnung über die Behandlung der Ehewohnung und des Hausrats" durch die Wörter „§ 1568a Absatz 4 des Bürgerlichen Gesetzbuchs" ersetzt.

b) In Absatz 2 wird jeweils das Wort „Wohnungszuweisungssachen" durch das Wort „Ehewohnungssachen" ersetzt.

13. § 205 wird wie folgt geändert:

a) In der Überschrift wird das Wort „Wohnungszuweisungssachen" durch das Wort „Ehewohnungssachen" ersetzt.

b) In Absatz 1 Satz 1 wird das Wort „Wohnungszuweisungssachen" durch das Wort „Ehewohnungssachen" ersetzt.

14. § 206 wird wie folgt geändert:

a) In der Überschrift wird das Wort „Hausratssachen" durch das Wort „Haushaltssachen" ersetzt.

b) Absatz 1 wird wie folgt geändert:

aa) In dem Satzteil vor Nummer 1 wird das Wort „Hausratssachen" durch das Wort „Haushaltssachen" ersetzt.

bb) In den Nummern 1 und 2 wird jeweils das Wort „Hausratsgegenstände" durch das Wort „Haushaltsgegenstände" ersetzt.

15. § 209 Abs. 2 wird wie folgt geändert:

a) In Satz 1 werden die Wörter „Wohnungszuweisungs- und Hausratssachen" durch die Wörter „Ehewohnungs- und Haushaltssachen" ersetzt.

b) In Satz 2 wird das Wort „Wohnungszuweisungssachen" durch das Wort „Ehewohnungssachen" ersetzt.

16. § 269 Abs. 1 wird wie folgt geändert:

a) In Nummer 5 wird die Angabe „§ 18" durch die Angabe „§ 17" ersetzt.

b) In Nummer 6 wird das Wort „Hausratssachen" durch das Wort „Haushaltssachen" und die Angabe „§ 19" durch die Angabe „§ 17" ersetzt.

Artikel 4 Änderung des Gesetzes über Gerichtskosten in Familiensachen

...

2. § 48 wird wie folgt gefasst:

„§ 48 Ehewohnungs- und Haushaltssachen

(1) In Ehewohnungssachen nach § 200 Abs. 1 Nr. 1 des Gesetzes über das Verfahren in Familiensachen und in den Angelegenheiten der freiwilligen Gerichtsbarkeit beträgt der Verfahrenswert 3.000 Euro, in Ehewohnungssachen nach § 200 Abs. 1 Nr. 2 des Gesetzes über das Verfahren in Familiensachen und in den Angelegenheiten der freiwilligen Gerichtsbarkeit 4.000 Euro.

(2) In Haushaltssachen nach § 200 Abs. 2 Nr. 1 des Gesetzes über das Verfahren in Familiensachen und in den Angelegenheiten der freiwilligen Gerichtsbarkeit beträgt der Wert 2.000 Euro, in Haushaltssachen nach § 200 Abs. 2 Nr. 2 des Gesetzes über das Verfahren in Familiensachen und in den Angelegenheiten der freiwilligen Gerichtsbarkeit 3.000 Euro.

(3) Ist der nach den Absätzen 1 und 2 bestimmte Wert nach den besonderen Umständen des Einzelfalls unbillig, kann das Gericht einen höheren oder einen niedrigeren Wert festsetzen."

3. In der Anlage 1 (Kostenverzeichnis) wird die Vorbemerkung 1.3.2 Abs. 1 Nr. 3 wie folgt gefasst:

„3. Ehewohnungs- und Haushaltssachen."

B. Gesetz zur Strukturreform des Versorgungsausgleichs

Artikel 2 Änderung des Gesetzes über das Verfahren in Familiensachen und in den Angelegenheiten der freiwilligen Gerichtsbarkeit

...

2. § 114 Abs. 4 wird wie folgt geändert:

a) In Nummer 5 wird das Wort „sowie" durch ein Komma ersetzt.

b) In Nummer 6 wird der Punkt am Ende durch das Wort „sowie" ersetzt.

c) Folgende Nummer 7 wird angefügt:

„7. für den Antrag auf Durchführung des Versorgungsausgleichs nach § 3 Abs. 3 des Versorgungsausgleichsgesetzes und die Erklärungen zum Wahlrecht nach § 15 Abs. 1 und 3 des Versorgungsausgleichsgesetzes."

3. § 137 Abs. 2 Satz 2 wird wie folgt gefasst:

„Für den Versorgungsausgleich ist in den Fällen der §§ 6 bis 19 und 28 des Versorgungsausgleichsgesetzes kein Antrag notwendig."

4. Dem § 142 wird folgender Absatz 3 angefügt:

„(3) Enthält der Beschluss nach Absatz 1 eine Entscheidung über den Versorgungsausgleich, so kann insoweit bei der Verkündung auf die Beschlussformel Bezug genommen werden."

5. Die §§ 219 bis 229 werden wie folgt gefasst:

„§ 219 Beteiligte

Zu beteiligen sind

1. die Ehegatten,

2. die Versorgungsträger, bei denen ein auszugleichendes Anrecht besteht,

3. die Versorgungsträger, bei denen ein Anrecht zum Zweck des Ausgleichs begründet werden soll, und

4. die Hinterbliebenen und die Erben der Ehegatten.

§ 220 Verfahrensrechtliche Auskunftspflicht

(1) Das Gericht kann über Grund und Höhe der Anrechte Auskünfte einholen bei den Personen und Versorgungsträgern, die nach § 219 zu beteiligen sind, sowie bei sonstigen Stellen, die Auskünfte geben können.

(2) Übersendet das Gericht ein Formular, ist dieses bei der Auskunft zu verwenden. Satz 1 gilt nicht für eine automatisiert erstellte Auskunft eines Versorgungsträgers.

(3) Das Gericht kann anordnen, dass die Ehegatten oder ihre Hinterbliebenen oder Erben gegenüber dem Versorgungsträger Mitwirkungshandlungen zu erbringen haben, die für die Feststellung der in den Versorgungsausgleich einzubeziehenden Anrechte erforderlich sind.

(4) Der Versorgungsträger ist verpflichtet, die nach § 5 des Versorgungsausgleichsgesetzes benötigten Werte einschließlich einer übersichtlichen und nachvollziehbaren Berechnung sowie der für die Teilung maßgeblichen Regelungen mitzuteilen. Das Gericht kann den Versorgungsträger von Amts wegen oder auf Antrag eines Beteiligten auffordern, die Einzelheiten der Wertermittlung zu erläutern.

(5) Die in dieser Vorschrift genannten Personen und Stellen sind verpflichtet, gerichtliche Ersuchen und Anordnungen zu befolgen.

§ 221 Erörterung, Aussetzung

(1) Das Gericht soll die Angelegenheit mit den Ehegatten in einem Termin erörtern.

(2) Das Gericht hat das Verfahren auszusetzen, wenn ein Rechtsstreit über Bestand oder Höhe eines in den Versorgungsausgleich einzubeziehenden Anrechts anhängig ist.

(3) Besteht Streit über ein Anrecht, ohne dass die Voraussetzungen des Absatzes 2 erfüllt sind, kann das Gericht das Verfahren aussetzen und einem oder beiden Ehegatten eine Frist zur Erhebung der Klage setzen. Wird diese Klage nicht oder nicht rechtzeitig erhoben, kann das Gericht das Vorbringen unberücksichtigt lassen, das mit der Klage hätte geltend gemacht werden können.

§ 222 Durchführung der externen Teilung

(1) Die Wahlrechte nach § 14 Abs. 2 und § 15 Abs. 1 des Versorgungsausgleichsgesetzes sind in den vom Gericht zu setzenden Fristen auszuüben.

(2) Übt die ausgleichsberechtigte Person ihr Wahlrecht nach § 15 Abs. 1 des Versorgungsausgleichsgesetzes aus, so hat sie in der nach Absatz 1 gesetzten Frist zugleich nachzuweisen, dass der ausgewählte Versorgungsträger mit der vorgesehenen Teilung einverstanden ist.

(3) Das Gericht setzt in der Endentscheidung den nach § 14 Abs. 4 des Versorgungsausgleichsgesetzes zu zahlenden Kapitalbetrag fest.

(4) Bei einer externen Teilung nach § 16 des Versorgungsausgleichsgesetzes sind die Absätze 1 bis 3 nicht anzuwenden.

§ 223 Antragserfordernis für Ausgleichsansprüche nach der Scheidung

Über Ausgleichsansprüche nach der Scheidung nach den §§ 20 bis 26 des Versorgungsausgleichsgesetzes entscheidet das Gericht nur auf Antrag.

§ 12 Anhang: Gesetzestexte mit wichtigen FamFG-Änderungen

§ 224 Entscheidung über den Versorgungsausgleich

(1) Endentscheidungen, die den Versorgungsausgleich betreffen, werden erst mit Rechtskraft wirksam.

(2) Die Endentscheidung ist zu begründen.

(3) Soweit ein Wertausgleich bei der Scheidung nach § 3 Abs. 3, § 6, § 18 Abs. 1 oder Abs. 2 oder § 27 des Versorgungsausgleichsgesetzes nicht stattfindet, stellt das Gericht dies in der Beschlussformel fest.

(4) Verbleiben nach dem Wertausgleich bei der Scheidung noch Anrechte für Ausgleichsansprüche nach der Scheidung, benennt das Gericht diese Anrechte in der Begründung.

§ 225 Zulässigkeit einer Abänderung des Wertausgleichs bei der Scheidung

(1) Eine Abänderung des Wertausgleichs bei der Scheidung ist nur für Anrechte im Sinne des § 32 des Versorgungsausgleichsgesetzes zulässig.

(2) Bei rechtlichen oder tatsächlichen Veränderungen nach dem Ende der Ehezeit, die auf den Ausgleichswert eines Anrechts zurückwirken und zu einer wesentlichen Wertänderung führen, ändert das Gericht auf Antrag die Entscheidung in Bezug auf dieses Anrecht ab.

(3) Die Wertänderung nach Absatz 2 ist wesentlich, wenn sie mindestens 5 Prozent des bisherigen Ausgleichswerts des Anrechts beträgt und bei einem Rentenbetrag als maßgeblicher Bezugsgröße 1 Prozent, in allen anderen Fällen als Kapitalwert 120 Prozent der am Ende der Ehezeit maßgeblichen monatlichen Bezugsgröße nach § 18 Abs. 1 des Vierten Buches Sozialgesetzbuch übersteigt.

(4) Eine Abänderung ist auch dann zulässig, wenn durch sie eine für die Versorgung der ausgleichsberechtigten Person maßgebende Wartezeit erfüllt wird.

(5) Die Abänderung muss sich zugunsten eines Ehegatten oder seiner Hinterbliebenen auswirken.

§ 226 Durchführung einer Abänderung des Wertausgleichs bei der Scheidung

(1) Antragsberechtigt sind die Ehegatten, ihre Hinterbliebenen und die von der Abänderung betroffenen Versorgungsträger.

(2) Der Antrag ist frühestens sechs Monate vor dem Zeitpunkt zulässig, ab dem ein Ehegatte voraussichtlich eine laufende Versorgung aus dem abzuändernden Anrecht bezieht oder dies aufgrund der Abänderung zu erwarten ist.

(3) § 27 des Versorgungsausgleichsgesetzes gilt entsprechend.

(4) Die Abänderung wirkt ab dem ersten Tag des Monats, der auf den Monat der Antragstellung folgt.

(5) Stirbt der Ehegatte, der den Abänderungsantrag gestellt hat, vor Rechtskraft der Endentscheidung, hat das Gericht die übrigen antragsberechtigten Beteiligten darauf hinzuweisen, dass das Verfahren nur fortgesetzt wird, wenn ein antragsberechtigter Beteiligter innerhalb einer Frist von einem Monat dies durch Erklärung gegenüber dem Gericht verlangt. Verlangt kein antragsberechtigter Beteiligter innerhalb der Frist die Fortsetzung des Verfahrens, gilt dieses als in der Hauptsache erledigt. Stirbt der andere Ehegatte, wird das Verfahren gegen dessen Erben fortgesetzt.

§ 227 Sonstige Abänderungen

(1) Für die Abänderung einer Entscheidung über Ausgleichsansprüche nach der Scheidung nach den §§ 20 bis 26 des Versorgungsausgleichsgesetzes ist § 48 Abs. 1 anzuwenden.

(2) Auf eine Vereinbarung der Ehegatten über den Versorgungsausgleich sind die §§ 225 und 226 entsprechend anzuwenden, wenn die Abänderung nicht ausgeschlossen worden ist.

§ 228 Zulässigkeit der Beschwerde

In Versorgungsausgleichssachen gilt § 61 nur für die Anfechtung einer Kostenentscheidung.

§ 229 Elektronischer Rechtsverkehr zwischen den Familiengerichten und den Versorgungsträgern

(1) Die nachfolgenden Bestimmungen sind anzuwenden, soweit das Gericht und der nach § 219 Nr. 2 oder 3 beteiligte Versorgungsträger an einem zur elektronischen Übermittlung eingesetzten Verfahren (Übermittlungsverfahren) teilnehmen, um die im Versorgungsausgleich erforderlichen Daten auszutauschen. Mit der elektronischen Übermittlung können Dritte beauftragt werden.

(2) Das Übermittlungsverfahren muss

1. bundeseinheitlich sein,

2. Authentizität und Integrität der Daten gewährleisten und

3. bei Nutzung allgemein zugänglicher Netze ein Verschlüsselungsverfahren anwenden, das die Vertraulichkeit der übermittelten Daten sicher stellt.

(3) Das Gericht soll dem Versorgungsträger Auskunftsersuchen nach § 220, der Versorgungsträger soll dem Gericht Auskünfte nach § 220 und Erklärungen nach § 222 Abs. 1 im Übermittlungsverfahren übermitteln. Einer Verordnung nach § 14 Abs. 4 bedarf es insoweit nicht.

(4) Entscheidungen des Gerichts in Versorgungsausgleichssachen sollen dem Versorgungsträger im Übermittlungsverfahren zugestellt werden.

(5) Zum Nachweis der Zustellung einer Entscheidung an den Versorgungsträger genügt die elektronische Übermittlung einer automatisch erzeugten Eingangsbestätigung an das Gericht. Maßgeblich für den Zeitpunkt der Zustellung ist der in dieser Eingangsbestätigung genannte Zeitpunkt."

6. § 230 wird aufgehoben.

Artikel 13 Änderung des Gesetzes über Gerichtskosten in Familiensachen

...

„§ 50 Versorgungsausgleichssachen

(1) In Versorgungsausgleichssachen beträgt der Verfahrenswert für jedes Anrecht 10 Prozent, bei Ausgleichsansprüchen nach der Scheidung für jedes Anrecht 20 Prozent des in drei Monaten erzielten Nettoeinkommens der Ehegatten. Der Wert nach Satz 1 beträgt insgesamt mindestens 1.000 Euro.

(2) In Verfahren über einen Auskunftsanspruch oder über die Abtretung von Versorgungsansprüchen beträgt der Verfahrenswert 500 Euro.

(3) Ist der nach den Absätzen 1 und 2 bestimmte Wert nach den besonderen Umständen des Einzelfalls unbillig, kann das Gericht einen höheren oder einen niedrigeren Wert festsetzen."

C. Das „FamFG-Berichtigungsgesetz"

4 Artikel 7 Änderung kostenrechtlicher Vorschriften

...

(4) Das Rechtsanwaltsvergütungsgesetz vom 5. Mai 2004 (BGBl I S. 718, 788), das zuletzt durch ... geändert worden ist, wird wie folgt geändert:

C. Das „FamFG-Berichtigungsgesetz" § 12

1. In der Inhaltsübersicht wird nach der Angabe zu § 15 folgende Angabe eingefügt:

„§ 15a Anrechnung einer Gebühr".

2. § 11 Abs. 6 Satz 1 wird wie folgt gefasst:

„Anträge und Erklärungen können ohne Mitwirkung eines Bevollmächtigten schriftlich eingereicht oder zu Protokoll der Geschäftsstelle abgegeben werden."

3. Nach § 15 wird folgender § 15a eingefügt:

§ 15a

Anrechnung einer Gebühr

(1) Sieht dieses Gesetz die Anrechnung einer Gebühr auf eine andere Gebühr vor, kann der Rechtsanwalt beide Gebühren fordern, jedoch nicht mehr als den um den Anrechnungsbetrag verminderten Gesamtbetrag der beiden Gebühren.

(2) Ein Dritter kann sich auf die Anrechnung nur berufen, soweit er den Anspruch auf eine der beiden Gebühren erfüllt hat, wegen eines dieser Ansprüche gegen ihn ein Vollstreckungstitel besteht oder beide Gebühren in demselben Verfahren gegen ihn geltend gemacht werden.

4. § 18 Nr. 8 wird wie folgt gefasst:

„8. jedes Verfahren über Anträge nach den §§ 765a, 813b, 851a oder 851b der Zivilprozessordnung und jedes Verfahren über Anträge auf Änderung oder Aufhebung der getroffenen Anordnungen sowie jedes Verfahren über Anträge nach § 1084 Abs. 1, § 1096 oder § 1109 der Zivilprozessordnung;"

5. § 33 Abs. 7 Satz 1 wird wie folgt gefasst:

„Anträge und Erklärungen können ohne Mitwirkung eines Bevollmächtigten schriftlich eingereicht oder zu Protokoll der Geschäftsstelle abgegeben werden; § 129a der Zivilprozessordnung gilt entsprechend."

6. § 55 Abs. 5 Satz 2 wird durch folgende Sätze ersetzt:

„Der Antrag hat die Erklärung zu enthalten, ob und welche Zahlungen der Rechtsanwalt bis zum Tag der Antragstellung erhalten hat. Bei Zahlungen auf eine anzurechnende Gebühr sind diese Zahlungen, der Satz oder der Betrag der Gebühr und bei Wertgebühren auch der zugrunde gelegte Wert anzugeben. Zahlungen, die der

Rechtsanwalt nach der Antragstellung erhalten hat, hat er unverzüglich anzuzeigen."

Artikel 8   Änderung des FGG-Reformgesetzes

...

1. Artikel 1 wird wie folgt geändert:

a) In der Inhaltsübersicht wird in der Angabe zu § 149 das Wort „Prozesskostenhilfe" durch das Wort „Verfahrenskostenhilfe" ersetzt.

a1) In § 9 Abs. 3 werden das Komma durch das Wort „und" ersetzt und die Wörter „oder besonders Beauftragte" gestrichen.

b) § 10 wird wie folgt geändert:

aa) In Absatz 2 Nr. 1 werden die Wörter „der zuständigen Aufsichtsbehörde oder des kommunalen Spitzenverbandes des Landes, dem sie angehören," durch die Wörter „anderer Behörden oder juristischer Personen des öffentlichen Rechts einschließlich der von ihnen zur Erfüllung ihrer öffentlichen Aufgaben gebildeten Zusammenschlüsse" ersetzt.

bb) In Absatz 4 Satz 2 werden die Wörter „der zuständigen Aufsichtsbehörde oder des jeweiligen kommunalen Spitzenverbandes des Landes, dem sie angehören," durch die Wörter „anderer Behörden oder juristischer Personen des öffentlichen Rechts einschließlich der von ihnen zur Erfüllung ihrer öffentlichen Aufgaben gebildeten Zusammenschlüsse" ersetzt.

b1) Dem § 46 wird folgender Satz angefügt:

„Die Entscheidung der Geschäftsstelle ist mit der Erinnerung in entsprechender Anwendung des § 573 der Zivilprozessordnung

anfechtbar."

b2) In § 55 Abs. 1 Satz 1 wird die Angabe „§ 53" durch die Angabe „§ 54" ersetzt.

c) Nach § 64 Abs. 2 Satz 1 wird folgender Satz eingefügt:

„Die Einlegung der Beschwerde zur Niederschrift der Geschäftsstelle ist in Ehesachen und in Familienstreitsachen ausgeschlossen."

d) In § 66 Satz 1 wird das Wort „Beschwerdeberechtigter" durch das Wort „Beteiligter" ersetzt.

e) In § 67 Abs. 4 werden nach dem Wort „Beschwerdeentscheidung" die Wörter „durch Erklärung gegenüber dem Gericht" eingefügt.

f) § 70 Abs. 3 wird wie folgt geändert:

aa) In Nummer 2 werden nach dem Wort „Unterbringungssachen" die Wörter „und Verfahren nach § 151 Nr. 6 und 7" eingefügt.

bb) Folgender Satz wird angefügt:

„In den Fällen des Satzes 1 Nr. 2 und 3 gilt dies nur, wenn sich die Rechtsbeschwerde gegen den Beschluss richtet, der die Unterbringung oder die freiheitsentziehende Maßnahme anordnet."

g) In § 73 Satz 3 werden die Wörter „oder als unzulässig verworfen" durch die Wörter „als unzulässig verworfen oder nach § 74a Abs. 1 zurückgewiesen" ersetzt.

h) § 99 Abs. 1 wird wie folgt geändert:

aa) In Nummer 1 wird das Komma durch das Wort „oder" ersetzt.

bb) In Nummer 2 wird das Wort „oder" durch einen Punkt ersetzt.

cc) Nummer 3 wird aufgehoben.

dd) Folgender Satz wird angefügt:

„Die deutschen Gerichte sind ferner zuständig, soweit das Kind der Fürsorge durch ein deutsches Gericht bedarf."

i) § 104 Abs. 1 wird wie folgt geändert:

aa) In Nummer 1 wird das Komma durch das Wort „oder" ersetzt.

bb) In Nummer 2 wird das Wort „oder" durch einen Punkt ersetzt.

cc) Nummer 3 wird aufgehoben.

dd) Folgender Satz wird angefügt:

„Die deutschen Gerichte sind ferner zuständig, soweit der Betroffene oder der volljährige Pflegling der Fürsorge durch ein deutsches Gericht bedarf."

j) § 112 wird wie folgt geändert:

aa) In Nummer 1 wird die Angabe „§ 269 Abs. 1 Nr. 7 und 8" durch die Angabe „§ 269 Abs. 1 Nr. 8 und 9" ersetzt.

bb) In Nummer 2 wird Angabe „§ 269 Abs. 1 Nr. 9" durch die Angabe „§ 269 Abs. 1 Nr. 10" ersetzt.

k) In § 113 Abs. 1 Satz 1 wird die Angabe „40 bis 48" durch die Wörter „40 bis 45, 46 Satz 1 und 2 sowie §§ 47 und 48" ersetzt.

l) In § 114 Abs. 3 werden die Wörter „der zuständigen Aufsichtsbehörde oder des kommunalen Spitzenverbandes des Landes, dem sie angehören," durch die Wörter „anderer Behörden oder juristischer Personen des öffentlichen Rechts einschließlich der von ihnen zur Erfüllung ihrer öffentlichen Aufgaben gebildeten Zusammenschlüsse" ersetzt.

m) § 117 wird wie folgt geändert:

aa) In Absatz 1 wird nach Satz 1 folgender Satz eingefügt:

„Die Begründung ist beim Beschwerdegericht einzureichen."

bb) In Absatz 2 Satz 1 wird nach der Angabe „§§ 514," die Angabe „516 Abs. 3, 521 Abs. 2," eingefügt.

cc) In Absatz 5 werden die Wörter „Einlegung und" gestrichen.

n) In § 125 Abs. 2 Satz 2 wird das Wort „Familiengerichts" durch die Wörter „Familien- oder Betreuungsgerichts" ersetzt.

o) In § 149 wird in der Überschrift und im Wortlaut jeweils das Wort „Prozesskostenhilfe" durch das Wort „Verfahrenskostenhilfe" ersetzt.

p) In § 158 Abs. 7 Satz 2 werden nach dem Wort „Verfahrensbeistand" die Wörter „für die Wahrnehmung seiner Aufgaben nach Absatz 4 in jedem Rechtszug jeweils" eingefügt.

q) § 187 wird wie folgt geändert:

aa) Nach Absatz 3 wird der folgende Absatz 4 eingefügt:

„(4) Kommen in Verfahren nach § 186 ausländische Sachvorschriften zur Anwendung, gilt § 5 Abs. 1 Satz 1 und Abs. 2 des Adoptionswirkungsgesetzes entsprechend."

bb) Der bisherige Absatz 4 wird Absatz 5 und in ihm wird die Angabe „3" durch die Angabe „4" ersetzt.

r) In § 233 Satz 1 wird die Angabe „§ 231 Abs. 1 Nr. 1" durch die Angabe „§ 232 Abs. 1 Nr. 1" ersetzt.

s) In § 242 Satz 1 wird das Wort „Prozesskostenhilfe" durch das Wort „Verfahrenskostenhilfe" ersetzt.

t) In § 253 Abs. 2 wird das Wort „sofortigen" gestrichen.

u) In § 255 Abs. 1 Satz 1 werden die Wörter „einer Partei" durch die Wörter „eines Beteiligten" ersetzt.

v) In § 269 Abs. 2 Nr. 1 werden die Wörter „§ 1 Abs. 3 Satz 2 des Lebenspartnerschaftsgesetzes" durch die Wörter „§ 1 Abs. 4 Satz 2 des Lebenspartnerschaftsgesetzes" ersetzt.

w) In § 270 Abs. 1 Satz 2 wird die Angabe „Nr. 3 bis 11" durch die Angabe „Nr. 3 bis 12" ersetzt.

x) In § 375 Nr. 2 wird die Angabe „§ 884 Nr. 4" gestrichen.

y) § 378 wird wie folgt geändert:

aa) Dem Wortlaut wird folgender Absatz 1 vorangestellt:

„(1) Für Erklärungen gegenüber dem Register, die zu der Eintragung erforderlich sind und in öffentlicher oder öffentlich beglaubigter Form abgegeben werden, können sich die Beteiligten auch durch Personen vertreten lassen, die nicht nach § 10 Abs. 2 vertretungsberechtigt sind. Dies gilt auch für die Entgegennahme von Eintragungsmitteilungen und Verfügungen des Registers."

bb) Der bisherige Wortlaut wird Absatz 2.

z) In § 402 Abs. 2 wird die Angabe „§§ 522, 729 Abs. 1 und § 884 Nr. 4" durch die Angabe „§§ 522 und 729 Abs. 1" ersetzt

2. Artikel 2 wird wie folgt geändert:

a) In § 5 Nr. 3 werden die Wörter „nach Absatz 1 Nr. 3 bis 11" durch die Angabe „nach Absatz 1 Nr. 3 bis 12" und die Angabe „nach § 111 Nr. 2, 5 und 7 bis 9" durch die Angabe „nach § 111 Nr. 2, 4, 5 und 7 bis 9" ersetzt.

b) § 57 Abs. 4 Satz 1 wird wie folgt gefasst:

„Anträge und Erklärungen können ohne Mitwirkung eines Rechtsanwalts schriftlich eingereicht oder zu Protokoll der Geschäftsstelle abgegeben werden; § 129a der Zivilprozessordnung gilt entsprechend."

3. Artikel 21 Nr. 2 wird wie folgt geändert:

a) In Absatz 2 Satz 2 wird das Wort „nicht" gestrichen.

b) In Absatz 3 wird die Angabe „§§ 71 bis 74" durch die Angabe „§§ 71 bis 74a" ersetzt.

4. Artikel 36 Nr. 8 wird wie folgt geändert:

a) In Absatz 2 Satz 2 wird das Wort „nicht" gestrichen.

b) In Absatz 3 wird die Angabe „§§ 71 bis 74" durch die Angabe „§§ 71 bis 74a" ersetzt.

5. Artikel 39 Nr. 6 wird wie folgt geändert:

a) In Absatz 2 Satz 2 wird das Wort „nicht" gestrichen.

b) In Absatz 3 wird die Angabe „§§ 71 bis 74" durch die Angabe „§§ 71 bis 74a" ersetzt.

6. Artikel 47 wird wie folgt geändert:

a) Absatz 1 Nr. 12 wird wie folgt gefasst:

‚12. In § 66 Abs. 3 Satz 2 werden das Komma und die Wörter „in bürgerlichen Rechtsstreitigkeiten der in § 119 Abs. 1 Nr. 1, Abs. 2 und 3 des Gerichtsverfassungsgesetzes bezeichneten Art jedoch das Oberlandesgericht" gestrichen.'

b) Absatz 2 wird wie folgt geändert:

aa) Nummer 5 wird wie folgt gefasst:

‚5. In § 14 Abs. 4 Satz 2 werden das Semikolon und die Wörter „in den Fällen, in denen das Familiengericht (§ 23b Abs. 1 des Gerichtsverfassungsgesetzes) über die Erinnerung entschieden hat, ist Beschwerdegericht das Oberlandesgericht" durch die Wörter „in Verfahren der in § 119 Abs. 1 Nr. 1 Buchstabe b des Gerichtsverfassungsgesetzes bezeichneten Art jedoch das Oberlandesgericht" ersetzt.'

bb) Nummer 13 Buchstabe b wird wie folgt gefasst:

‚b) Absatz 2 Satz 1 wird wie folgt gefasst:

„Für die Zurückweisung des Widerspruchs gegen eine angedrohte Löschung in den Fällen der §§ 393 bis 398 des Gesetzes über das Verfahren in Familiensachen und in den Angelegenheiten der freiwilligen Gerichtsbarkeit und für die Zurückweisung des Widerspruchs gegen eine Aufforderung nach § 399 des Gesetzes über das Verfahren in Familiensachen und in den Angelegenheiten der freiwilligen Gerichtsbarkeit wird das Doppelte der vollen Gebühr erhoben."'

c) Absatz 6 Nr. 13 wird wie folgt gefasst:

13. In § 33 Abs. 4 Satz 2 werden die Wörter „in bürgerlichen Rechtsstreitigkeiten der in § 119 Abs. 1 Nr. 1, Abs. 2 und 3 des Gerichtsverfassungsgesetzes" durch die Wörter „in Zivilsachen der in § 119 Abs. 1 Nr. 1 des Gerichtsverfassungsgesetzes" ersetzt.

7. Artikel 50 Nr. 14 Buchstabe b wird wie folgt gefasst:

b) In Absatz 1 werden die Wörter „des Urteils" durch die Wörter „der richterlichen Entscheidung" ersetzt.

Stichwortverzeichnis

fette Zahlen = Paragrafen, magere Zahlen = Randnummern

A

Abänderung
- Ehesachen **5** 123
- einstweilige Anordnung **4** 25
- Entscheidungen mit Dauerwirkung **5** 121
- Familienstreitsachen **5** 123
- gerichtliche Entscheidungen in Unterhaltssachen **3** 160
- Kindschaftssachen **5** 124
- Unterhaltssachen **3** 159

Abänderung der Entscheidung **5** 120
Abänderung von Kindschaftstiteln (FamFG) **3** 103
Abänderung von Vergleichen in Unterhaltssachen **3** 167
Abänderungsbefugnis (BGB) **9** 10
Abänderungsklage (ZPO) **10** 4
Abhilfe **5** 33
Ablehnung Richter **2** 19
Abstammungssachen **3** 106
Abtrennung vom Verbund **3** 65
Adoptionssachen **3** 109
Änderung bestimmter Kindestitel (BGB) **9** 10
Amtseinleitung **2** 62
Amtsermittlung
- Ehesachen **3** 46

Amtsermittlungsgrundsatz **2** 64
Amtsermittlungspflicht
- Erfolgsaussichten und fehlende Mutwilligkeit bei Verfahrenskostenhilfe **8** 33

Angelegenheit, gebührenrechtliche **8** 88
- einstweilige Anordnung **1** 52

Angriffsmittel
- Zurückweisung **3** 33

Anhörungsrüge **5** 129
- außerordentliche Beschwerde **5** 141
- Frist **5** 137
- Gegenvorstellung **5** 142
- neue und eigenständige Verletzung **5** 134
- Statthaftigkeit **5** 130
- Verletzung rechtlichen Gehörs **5** 131

Anordnung, einstweilige
  siehe einstweilige Anordnung
Anrechnung Geschäftsgebühr auf Verfahrensgebühr
- Text der Gesetzesänderung **12** 4

Anschlussbeschwerde **5** 29
Antrag **2** 60
- Ehesachen **3** 45
- Form **2** 63
- Inhalt **2** 61
- Scheidungssachen **3** 49

Antragsrücknahme **2** 52
Anwaltszwang
- Beschwerde und Rechtsbeschwerde in Familienstreit- und Ehesachen **5** 94
- Grundregelung für FamFG-Sachen **2** 39
- Rechtsbeschwerde **5** 58
- Umfang in Familiensachen **3** 28

Anwendungsbereich FamFG **2** 5
Arrest in Familienstreitsachen **4** 37
Aufgebotsverfahren
- Überblick **1** 70

Auskunftspflichten in Unterhaltssachen **3** 142
- Schweigerechte Dritter **3** 157

365

Stichwortverzeichnis

Ausländische Entscheidungen
- Anerkennung **7** 3
- Vollstreckbarkeit **7** 3

Auslandsberührung, Berufungszuständigkeit (ZPO-Sachen) **10** 7

Auslandsbezug in Familienverfahren **7** 1

Außerkrafttreten
- einstweilige Anordnung **4** 29

Außerordentliche Beschwerde **5** 141

B

Beendigungserklärung **2** 53

Bekanntgabe **2** 43
- Beschluss **2** 119

Beratungshilfe
- Gebühren des Rechtsanwalts **8** 89

Beratungshilferecht
- Antrag und Formular **1** 20
- geplante Gesetzesänderung **1** 19
- „Berichtigungsgesetz zum FamFG"
- Text der Gesetzesänderung **12** 4

Berufungszuständigkeit (ZPO-Sachen) **10** 7

Beschleunigungs- und Vorranggebot **3** 80
- Kindeswohl **3** 81

Beschluss **2** 106
- Abänderung **5** 120
- Bekanntgabe **2** 119
- Berichtigung **2** 120
- Beschwerdeentscheidung **5** 42
- Ergänzung **2** 120
- Familiensachen **3** 34
- Mindestinhalt **2** 108
- Rechtskraft **2** 121
- Wirksamwerden **2** 117

Beschwerde **5** 1
- Absehen von Verfahrenselementen nach Hinweis in Familienstreit- und Ehesachen **5** 90
- Anschließung **5** 29
- Anwaltszwang in Familienstreit- und Ehesachen **5** 94
- Begründung **5** 25
- Begründung in Familienstreit- und Ehesachen **5** 80
- Beschwerdeberechtigte **5** 7
- Beschwerdefrist **5** 18
- Beschwerdegericht **5** 30
- Ehesachen **5** 73
- Einlegung **5** 22
- Einlegung beim Ausgangsgericht **5** 22
- einstweilige Anordnung **4** 33; **5** 72
- Einzelrichter **5** 41
- Empfangsgericht für Begründung in Familienstreit- und Ehesachen **5** 81
- Endentscheidung **5** 3
- Erledigung der Hauptsache **5** 10
- Familienstreitsachen **5** 73
- isolierte Anfechtung der Kostengrundentscheidung **5** 16
- nicht werterhöhende Nebenforderung **5** 14
- Prüfungsumfang des Beschwerdegerichts **5** 4
- Rechtsbeschwerdefrist **5** 55
- Sachentscheidung **5** 42
- Statthaftigkeit **5** 3
- Verfahren **5** 39
- Verwerfung in Familienstreit- und Ehesachen **5** 87
- Wert des Beschwerdegegenstands **5** 12
- Wiedereinsetzung in Familienstreit- und Ehesachen **5** 83
- Zulässigkeitsprüfung **5** 37
- Zulassung **5** 17

Beschwerde gegen Hauptsacheentscheidungen **1** 39

Beschwerdegericht *siehe* Beschwerde

Besprechungsgebühr **2** 97

Stichwortverzeichnis

Beteiligte **2** 20
- Anfechtbarkeit der Hinzuziehungsentscheidung **2** 33
- Hinzuziehungsentscheidung **2** 33
- Kann-Beteiligte **2** 28
- kraft Antrags **2** 21
- Mitwirkungspflichten **2** 65
- Muss-Beteiligte **2** 22
- Unterrichtungspflicht **2** 31
- Verfahrensstandschaft **2** 25

Betreuungssachen
- Überblick **1** 66

Beweiserhebung **1** 34; **2** 79
- Aktenkundigkeit **2** 83
- Antragsrecht **2** 81
- Strengbeweis **2** 84

BGB
- Abänderungsbefugnis **9** 10
- Folgeänderung zum FamFG **9** 13
- Genehmigung im Vormundschaftsrecht **9** 15
- Überführung von Vorschriften in das FamFG **9** 14
- Umgangspflegschaft **9** 2

C

Cochemer Modell **1** 29

E

Ehesachen **3** 38
- Abänderung **5** 123
- Abgrenzung **1** 77; **3** 7
- Amtsermittlung **3** 46
- Antrag **3** 45
- Begriff **3** 39
- Beschwerde **5** 73
- Bezeichnungen **3** 21
- Kostenverteilung **8** 18
- örtliche Zuständigkeit **3** 42
- persönliche Anhörung der Ehegatten **3** 47
- Rechtsbeschwerde **5** 93
- Scheidungssachen **3** 48
- Verweisungen auf die ZPO **3** 18
- Vollstreckung **6** 43
- Wirksamwerden von Beschlüssen **3** 37

Ehewohnungssache
- Gesetzesänderung **1** 17; **12** 2
- Vollstreckung **6** 36, 44

Einigungsgebühr in Kindschaftssachen **8** 90

Einleitung
- auf Antrag **2** 60
- von Amts wegen **2** 62

Einstweilige Anordnung **1** 51; **4** 1
- Abänderung **4** 25
- Anhängigkeit der Hauptsache keine Voraussetzung **4** 3
- Antrag auf mündliche Verhandlung in Familiensache **4** 27
- Aufhebung **4** 25
- Außerkrafttreten **4** 29
- Beschwerde **4** 33; **5** 72
- Eilbedürfnis **4** 5
- Eilzuständigkeit **4** 11
- Familienstreitsachen **4** 37
- gebührenrechtliche Angelegenheit **8** 88
- Gewaltschutzsachen **3** 123; **4** 39
- Heranziehung von Hauptsachevorschriften **4** 14
- Kosten **4** 21
- nachfolgende Einleitung der Hauptsache **4** 22
- Selbständigkeit des Verfahrens **4** 18
- Übertragung von Verfahrensergebnissen auf das Hauptsacheverfahren **4** 19
- Unterhaltssachen **3** 170; **4** 41
- Verfahrenseinleitung **4** 13
- Vollstreckung **4** 36
- Zuständigkeit **4** 8

367

Stichwortverzeichnis

Einzelrichter beim Beschwerdegericht 5 41
Endentscheidung
- Abänderung 5 120
- Rechtsmittel 5 1
- Vollstreckungstitel 6 2

Entscheidung Tatsachengrundlage 2 102

Entscheidungsgrundlage
- freie Überzeugung 2 101

Erledigung 2 53

F

FamFG
- Allgemeiner Teil 2 1
- Amtsermittlung 2 64
- Anpassungen im RVG 8 93
- Anwaltszwang 2 39; 3 28
- Anwendung der ZPO in Familiensachen 1 77
- Anwendungsbereich 2 5
- Aufbau, Regelungstechnik 1 71
- Auszug aus Gesetzestext 11 1
- Beschluss 2 106
- Beschwerde 1 39
- Beteiligte 2 20
- Beweiserhebung 2 79
- einstweilige Anordnung 1 51; 4 1
- erstinstanzliches Verfahren nach dem AT 2 58
- Folgeänderungen im BGB 9 13
- Gerichtsverfassungsrecht 1 31; 2 6
- Grundstruktur in Familiensachen 1 76
- Inhaltsübersicht 1 75
- Mitwirkungspflichten 2 65
- neuere Gesetzesvorhaben 1 15
- Nichtöffentlichkeit nach GVG 2 55
- örtliche Zuständigkeit 2 17
- rechtliches Gehör 2 102
- Rechtsbehelfbelehrung 2 110
- Rechtsmittel 5 1

- vom BGB überführte Vorschriften 9 14
- Wahrheitspflicht 2 69

„FamFG-Berichtigungsgesetz"
- Text der Gesetzesänderung 12 4

FamGKG
- Abhängigmachung der Zustellung 8 57
- Auswirkungen ggü. bisheriger Rechtslage 8 56
- Einführung 8 53
- Gebühren 8 60
- Leitlinien 1 83
- Reforminhalte 1 80
- Streitwert 8 61
- Streitwert für einstweilige Anordnung 8 68
- Streitwert in Ehesachen 8 70
- Streitwert in Kindschaftssachen 8 72
- Streitwert in Unterhaltssachen 8 75
- Streitwert Stufenantrag 8 67
- Struktur 8 58
- Verfahren Streitwertfestsetzung 8 79
- Verfahrenswertbeschwerde 8 81

Familiengericht, Großes 1 56

Familiensachen
- Abgrenzung untereinander 3 7
- Beschluss 3 34
- Differenzierung 1 77
- Gesetzestext der allgemeinen Vorschriften 11 1
- Grundstruktur 1 76
- interne Gerichtsorganisation 2 15
- Katalog 3 2
- örtliche Zuständigkeit 2 17
- sachliche Zuständigkeit 2 11
- Zurückweisung von Angriffs- und Verteidigungsmitteln 3 33

Familiensachen, sonstige
- Überblick 1 65

Stichwortverzeichnis

Familienstreitsachen
- Abänderung **5** 123
- Abgrenzung **1** 77; **3** 7
- Begriff **3** 4
- Beschwerde **5** 73
- Bezeichnungen **3** 14
- einstweilige Anordnung **4** 37
- Kostenverteilung **8** 18
- Rechtsbeschwerde **5** 93
- Terminsgebühr **3** 12
- Verweisung auf ZPO **3** 10
- Vollstreckung **6** 39
- Wirksamwerden von Beschlüssen **3** 35

Familienverfahrensrecht
- Rückblick **1** 22

Feststellung der Abstammung (ZPO) **10** 5

Feststellungsklage, negative, in Unterhaltssachen **4** 46

FG-Familiensachen
- Abgrenzung **1** 77; **3** 7
- keine grundlegenden ZPO-Verweisungen **3** 25

FGG
- Rückblick **1** 21

FGG-Reformgesetz
- Gesetzgebungsverfahren **1** 7
- In-Kraft-Treten **1** 9
- Reforminhalte im Einzelnen **1** 30
- Reforminhalte im Überblick **1** 24
- Schwerpunkte **1** 1
- Übergangsregelungen **1** 10
- Ziele der Reform **1** 28

Folgesachen **3** 58

Freibeweis **2** 79

Freiheitsentziehungsverfahren
- Überblick **1** 69

Fristen **2** 46

G

Gebührenrechtliche Angelegenheit
- einstweilige Anordnung **1** 52

Gegenvorstellung **5** 142

Geheimhaltungsinteresse vs. rechtliches Gehör **2** 105

Genehmigung im Vormundschaftsrecht **9** 15

Gerichtlich gebilligter Vergleich **3** 91
- Vollstreckungstitel **6** 2

Gerichtskosten *siehe FamGKG*

Gerichtskostenrecht in Familiensachen
- Rückblick **1** 23

Gerichtsverfassungsrecht für FamFG-Sachen **2** 6

Gewaltschutzsachen **3** 115
- Anordnungsmöglichkeiten **3** 120
- einstweilige Anordnung **3** 123; **4** 39
- örtliche Zuständigkeit **3** 121
- Überblick **1** 60
- Vollstreckung **6** 36, 45

Großes Familiengericht **1** 56

Grundstruktur des FamFG in Familiensachen **1** 76

Güterrechtssachen **3** 178
- Familienstreitsachen **3** 5
- örtliche Zuständigkeit **3** 179
- Überblick **1** 64

Gütliche Einigung
- Hinwirkungspflicht des Gerichts **2** 100
- Kindschaftssachen **3** 88
- Scheidungssachen **3** 53

GVG **1** 31; **2** 6

H

Haushaltssache *siehe Hausratssachen*

Haushaltssachen *siehe Hausratssachen*

Hausratssachen **3** 111
- Gesetzesänderung **1** 17
- Text der Gesetzesänderung **12** 2

369

Stichwortverzeichnis

Herausgabeentscheidungen
- Vollstreckung **6** 12

Herausgabesachen
- Vollstreckung Ordnungsmittel **6** 15

Hinweis- und Hinwirkungspflichten des Gerichts **2** 70

I

In-Kraft-Treten
- FGG-Reformgesetz **1** 9

Internationale Zuständigkeit **7** 2

K

Kindeswohl **3** 81

Kindeswohlgefährdung
- Kindschaftssachen **3** 94

Kindschaftssachen **3** 69
- Abänderung **5** 124
- Amtsermittlung **3** 69
- Ausschluss der Vernehmung von Kindern als Zeugen **3** 102
- Begriff **3** 69
- Beschleunigungs- und Vorranggebot **3** 80
- Cochemer Modell **1** 29
- Einigungsgebühr **8** 90
- gerichtlich gebilligter Vergleich **3** 91
- Hinwirken auf Einvernehmen **3** 88, 101
- Kindeswohl **3** 81
- Kindeswohlgefährdung *siehe dort*
- örtliche Zuständigkeit **3** 72
- Sachverständigengutachten **3** 100
- Terminsgebühr **3** 105
- Überblick **1** 58
- Verfahrensbeistand **3** 95
- Verweisung an Gericht früheren Aufenthalts **3** 77

Kosten
- Ehesachen **8** 18
- einstweilige Anordnung **4** 21
- Erledigung **8** 12
- Familienstreitsachen **8** 18
- Gerichtskosten siehe FamGKG
- Kostengrundentscheidung **8** 1
- Kostenverteilung **8** 1
- Nichterhebung **8** 6
- Rechtsmittel **8** 15
- Rücknahme **8** 12
- Sanktionierung bestimmten Verfahrensverhaltens **8** 8
- Vergleich **8** 12

Kostenentscheidung
- Berücksichtigung des Verfahrensverhaltens **8** 8

Kostenfestsetzung **8** 23
- Anfechtung **8** 25
- Anrechnung der Geschäftsgebühr **8** 24

Kostengrundentscheidung
- Ehesachen **8** 18
- Entscheidungspflicht in Familiensachen **8** 3
- Ermessen **8** 3
- Familienstreitsachen **8** 18
- Gleichzeitigkeit mit Hauptsacheentscheidung **8** 11
- Nichterhebung von Kosten **8** 6
- Rechtsmittel **8** 15
- Unterhaltssachen **8** 22

Kostenverteilung
- Berücksichtigung des Verfahrensverhaltens **8** 8
- Entscheidungspflicht in Familiensachen **8** 3
- Ermessen **8** 3
- Nichterhebung von Kosten **8** 6
- Rechtsmittel **8** 15
- Unterhaltssachen **8** 22

Stichwortverzeichnis

L

Lebenspartnerschaftssachen **3** 193
- Familienstreitsachen **3** 5

Leitung des Verfahrens durch das Gericht **2** 70

M

Mediationskostenhilfe **3** 57
Mitwirkungspflichten des Beteiligten **2** 65

N

Nachlasssachen
- Überblick **1** 67

Nebenentscheidung
- Anfechtung mit sofortiger Beschwerde **5** 105
- sofortige Beschwerde **1** 49

Negative Feststellungsklage in Unterhaltssachen **4** 46
Nichtabhilfe in Familiensachen **5** 33
Nichtöffentlichkeit **2** 55
Nichtzulassungsbeschwerde **5** 70

O

Öffentlichkeit **2** 55
Ordnungsmittel Vollstreckung **6** 15
- Belehrung **6** 20
- Ordnungsgeld **6** 17, 24
- Ordnungshaft **6** 17, 24
- Verschulden **6** 19

P

Pflegschaft, Umgang **9** 2
Prozesskostenhilfe
- Zuleitung von Unterlagen an Gegner **10** 2

R

Rechtliches Gehör
- Einschränkung durch Geheimhaltungsinteresse **2** 105

Rechtsanwalt
- Vergütung nach RVG **8** 87

Rechtsbehelfsbelehrung **1** 38; **2** 110
- Auswirkungen bei Fehlerhaftigkeit **2** 113
- Inhalt **2** 112
- Rechtsbehelfe **2** 111

Rechtsbeschwerde **5** 47
- Anwaltszwang **5** 58
- Ehesachen **5** 93
- Familienstreitsachen **5** 93
- Form **5** 56
- gegen Hauptsacheentscheidungen **1** 45
- Nichtzulassungsbeschwerde **5** 70
- Prüfungsumfang **5** 62
- Statthaftigkeit **5** 49
- Zulassung **5** 49
- Zurückweisungsbeschluss **5** 65

Rechtskraft **2** 121
Rechtsmittel **5** 1
Rechtsweg in Familiensachen **2** 8
Registersachen
- Überblick **1** 68

Revisionsgründe (ZPO) **10** 6
Richterablehnung **2** 19
RVG **8** 87
- Anpassungen zum FamFG **8** 93
- Beratungshilfegebühren **8** 89
- Einigungsgebühr **8** 90
- Terminsgebühr (Besprechungsgebühr) **2** 96
- Terminsgebühr in Familienstreitsachen **3** 12

S

Sachliche Zuständigkeit in Familiensachen **2** 11

371

Stichwortverzeichnis

Sachverhaltsaufklärung **1** 34
Sachverständigengutachten in Kindschaftssachen **3** 100
- Aufgaben des Gutachters **3** 101
Scheidungssachen **3** 48
- Antrag **3** 49
- Mediation **3** 53
- Streitbeilegung **3** 53
- Verbund **3** 58
Scheidungsverbund
- gebührenrechtliche Angelegenheiten nach Abtrennung **8** 88
Scheidungsverfahren, vereinfachtes **1** 3
Sofortige Beschwerde **5** 105
- Anfechtung von Entscheidungen über sofortige Beschwerde **5** 111
- Anwendung der ZPO-Vorschriften **5** 110
- Auslegungsschwierigkeiten **5** 111
- gegen Zwischen-, Nebenentscheidungen **1** 49
- Konzeption des Gesetzgebers **5** 106

Sonstige Familiensachen **3** 183
- besondere Nähe und Zusammenhang **3** 184
- Familienstreitsachen **3** 5
- Katalog **3** 185
- örtliche Zuständigkeit **3** 191
- Überblick **1** 65
Streitwertvorschriften *siehe FamGKG*
Strengbeweis *siehe Beweiserhebung*
Stufenklage in Unterhaltssachen **3** 145

T

Tatsachengrundlage der Entscheidung **2** 102
Tatsachenpräklusion
- Abänderung von gerichtlichen Entscheidungen in Unterhaltssachen **3** 162

Teilungssachen
- Überblick **1** 67
Termin **2** 94
Terminsgebühr **2** 97
Terminsgebühr (Besprechungsgebühr) **2** 96
- in Kindschaftssachen **3** 105

U

Übergangsregelungen zum FGG-Reformgesetz **1** 10
Umgangsentscheidungen
- Vollstreckung **6** 12
Umgangspflegschaft **9** 2
- Befristung der Anordnung **9** 6
- Eingriff in Elternrecht **9** 4
- Gegenstand **9** 5
- Verfassungsrecht **9** 4
- Vergütung **9** 8
- Voraussetzungen **9** 3
Umgangssachen
- Vollstreckung Ordnungsmittel **6** 15
Unterbringungssachen
- Überblick **1** 66
Unterhalt
- vereinfachte Festsetzung **3** 175
Unterhaltssachen **3** 130
- Abänderung **3** 159
- Abänderung gerichtlicher Entscheidungen **3** 160
- Abänderung von Vergleichen **3** 167
- einstweilige Anordnung **3** 170; **4** 41
- Familienstreitsachen **3** 5, 131
- fG-Familiensachen **3** 135
- Kostenverteilung **8** 22
- negative Feststellungsklage **4** 46
- örtliche Zuständigkeit **3** 137
- Schweigerechte Dritter bei Auskunftspflichten **3** 157
- Streitwert **8** 75
- Stufenklage **3** 145

Stichwortverzeichnis

- Tatsachenpräklusion bei Abänderung 3 162
- Überblick 1 62
- verfahrensrechtliche Auskunftspflichten 3 142
- verschärfte Haftung 3 169
- Vollstreckung 6 46

Unternehmensrechtliche Verfahren
- Überblick 1 68

V

Verbund 3 58
- Auflösung 3 65

Vereinfachtes Scheidungsverfahren 1 3
Verfahrensbeistand in Kindschaftssachen *siehe Kindschaftssachen*
Verfahrensbeteiligte 1 33
Verfahrenseinleitung einstweilige Anordnung 4 13
Verfahrensfähigkeit 2 36
Verfahrenskostenhilfe 1 53; 8 29
- Anfechtung 8 46
- Anwendung von ZPO-Vorschriften 8 30
- auswärtiger Rechtsanwalt 8 36
- Beiordnung eines Rechtsanwalts 8 34
- Bewilligung 8 43
- Ehesachen 8 50
- Erfolgsaussichten und fehlende Mutwilligkeit in Amtsermittlungsverfahren 8 33
- Familienstreitsachen 8 50
- Mehrkostenverbot 8 36
- Prozesskostenhilfebegrenzungsgesetz 8 31
- Schwierigkeit der Sach- und Rechtslage 8 35
- Sondervorschrift für Scheidungssachen 8 52
- Verfahren 8 42
- Voraussetzungen 8 32

- Waffengleichheit 8 35

Verfahrensleitung 2 70
Verfahrenswert 8 61
Vergleich 1 36; 2 98
- gerichtlich gebilligter 3 91

Vergütung
- Beratungshilfe 8 89
- Rechtsanwalt 8 87
- Umgangspfleger 9 8

Vergütungsklage Rechtsanwalt
- sachliche Zuständigkeit 2 13

Vermerk des Gerichts
- Anhörung 2 78
- Termin 2 78

Versorgungsausgleichssachen 3 126
- Gesetzesänderung 1 18
- Text der Gesetzesänderung 12 3

Verteidigungsmittel
- Zurückweisung 3 33

Vollstreckung 6 1
- Anfechtung 6 9
- Anwendung von ZPO-Vorschriften 6 33
- Ehesachen 6 43
- Ehewohnungssachen 6 44
- Einleitung Verfahren 6 6
- einstweilige Anordnung 4 36
- Endentscheidungen 6 2
- Familienstreitsachen 6 39
- gerichtlich gebilligter Vergleich 6 2
- Gewaltschutzsachen 6 36, 45
- Ordnungsmittel 6 15
- Titel 6 2
- Umgangs- und Herausgabeentscheidungen 6 12
- unmittelbarer Zwang 6 25
- Unterhaltssachen 6 46
- Verfahren bei Herausgabetiteln 6 29
- Verfahren bei Umgangstiteln 6 29
- Wohnungszuweisungssachen 6 36, 44

373

Stichwortverzeichnis

Vorrang- und Beschleunigungsgebot **3** 80
- Kindeswohl **3** 81

W

Wahrheitspflicht **2** 69
Wiederaufnahme **5** 149
Wiedereinsetzung **2** 47
Wirksamkeit von Beschlüssen in Ehesachen **3** 37
Wirksamkeit von Beschlüssen in Familienstreitsachen **3** 35
Wirksamwerden des Beschlusses **2** 117
Wohnungszuweisungssachen **3** 111
- Gesetzesänderung **1** 17
- Text der Gesetzesänderung **12** 2
- Vollstreckung **6** 36, 44
Würdigung Entscheidung **2** 101

Z

ZPO
- Abänderungsklage **10** 4
- Aufhebung von Vorschriften **10** 1
- Auslandsberührung **10** 7
- Feststellung der Abstammung in Nichtfamiliensachen **10** 5
- Länderklausel **10** 7
- Revisionsgründe **10** 6
- Zuständigkeit des Oberlandesgerichts **10** 7
Zugewinn
- Gesetzesänderung **1** 17
- Text der Gesetzesänderung **12** 2
Zuleitung von PKH-Unterlagen **10** 2
Zurückweisungsbeschluss
- Rechtsbeschwerde **5** 65
Zuständigkeit
- einstweilige Anordnung **4** 8
- internationale **7** 2
Zuständigkeit, örtliche
- Ehesachen **3** 42
- Gewaltschutzsachen **3** 121
- Güterrechtssachen **3** 179
- Kindschaftssachen **3** 72
- sonstige Familiensachen **3** 191
- Unterhaltssachen **3** 137
Zuständigkeit, sachliche, Familiensachen **2** 11
Zwischenentscheidungen
- Anfechtung mit sofortiger Beschwerde **5** 105
- sofortige Beschwerde **1** 49